ABGEFAHREN

UNENTDECKTE BIKERTOUREN
IN DEUTSCHLAND

KUNTH

ABGEFAHREN

UNENTDECKTE BIKERTOUREN IN DEUTSCHLAND

DEUTSCHLAND NEU ENTDECKEN

Wenn der Winterschlaf endet, beginnt die Chrompflege. Die Blenden und Bleche müssen die ersten Sonnenstrahlen spiegeln – lange bevor der Daumen erstmals wieder auf den Starter drückt und der Motor erwacht. Dann aber geht es hinaus ins Grüne, die erste Ausfahrt steht an. Grund genug, ein Buch wie dieses auf der Suche nach neuen Ideen und Routen durchzublättern. Schließlich gibt es auch hierzulande Regionen, Bergstraßen, vielleicht sogar Bundesländer, die für Biker bisher noch unbekannt sind.

Dabei ist es besonders spannend, in Gegenden unterwegs zu sein, die auf den ersten Blick nicht unbedingt als Motorrad-Eldorado gelten. In Ostfriesland beispielsweise, wo nordisch-herbe Bikertreffs und wunderbare Ausblicke auf die Weite des Meeres locken. Interessant ist auch der Spreewald, in dem es nicht nur Gurken und Paddelboote gibt, sondern auch schmale Kopfsteinpflaster-Sträßchen, die man nur gemächlich befahren kann. Ein besonderes Anliegen der Autoren ist es aber, die Mittelgebirge zu entdecken. Diese Regionen werden viel zu oft touristisch vernachlässigt. Wer beispielsweise einmal in der Rhön, im Harz oder in der Eifel unterwegs war, wird sicher gerne wiederkommen.

Die 42 hier vorgestellten Rundtouren locken zudem mit zahlreichen Ausflugstipps wie Museen, Burgen oder Naturparks – schließlich soll niemand behaupten, Biker seien Kulturbanausen. Und auch Übernachtungs- und Einkehrempfehlungen, speziell für Biker, werden vorgestellt. Exakte Detailkarten und GPS-Tracks sind natürlich auch dabei – damit das Ziel nie aus den Augen verloren wird.

Doch genug geschrieben und gelesen, jetzt noch einmal den Ölstand messen und dann rauf auf den Bock. Die Saison erwartet die Biker mit coolen Trips in good old Germany.

Ride save – und viel Spaß dabei.

INHALT

Deutschland Mitte

Deutschland Süd

Bild oben:
Allein auf weiter Flur – viele Touren in diesem Buch
kennt nicht jedermann.

Bilder auf den vorhergehenden Seiten:
S. 2/3: Einsame Landstraße in der Vulkaneifel.
S. 4/5: Motorradfahrer auf der Deutschen
Alpenstraße bei Oberaudorf.
S. 6/7: Besonders schön fährt es sich zur Kirschblüte,
wie hier bei Görlitz.

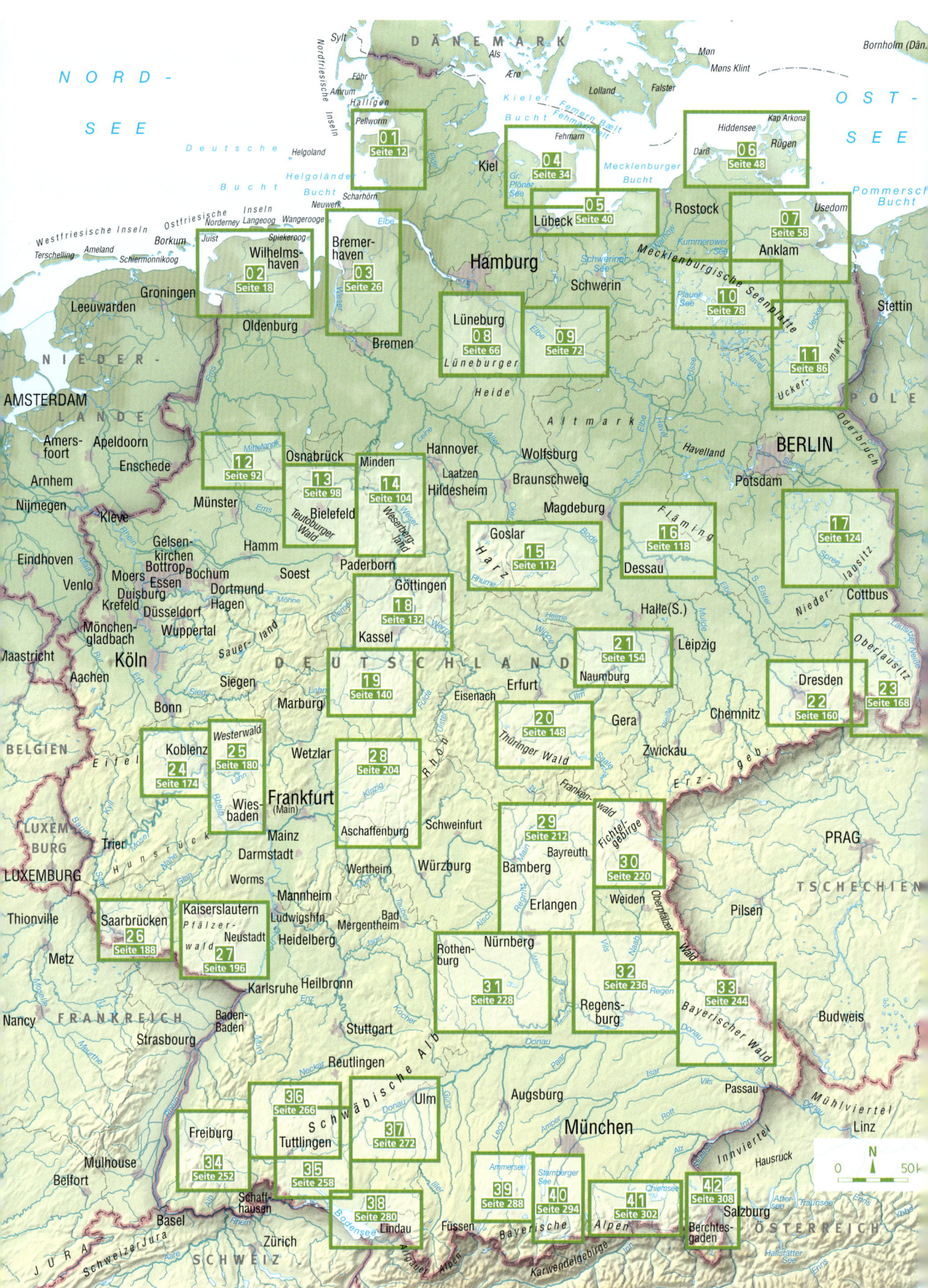

NORD-
SEE

DÄNEMARK

OST-
SEE

01 Seite 12

04 Seite 34

06 Seite 48

05 Seite 40

07 Seite 58

Kiel

Rostock

Lübeck

Anklam

AMSTERDAM

NIEDER-
LANDE

02 Seite 18

03 Seite 26

Bremer-
haven

Hamburg

10 Seite 78

11 Seite 86

BERLIN

Wilhelms-
haven

Bremen

Oldenburg

Schwerin

Potsdam

Groningen

Leeuwarden

08 Seite 66

09 Seite 72

Lüneburg

Lüneburger
Heide

Altmark

Havelland

STETTIN

POLEN

Amers-
foort

Apeldoorn

Enschede

12 Seite 92

13 Seite 98

14 Seite 104

Osnabrück

Minden

Hannover

Wolfsburg

Braunschweig

17 Seite 124

Arnhem

Nijmegen

Münster

Bielefeld

Teutoburger
Wald

Weserberg-
land

Laatzen

Hildesheim

Magdeburg

Cottbus

Kleve

Hamm

Paderborn

15 Seite 112

16 Seite 118

Goslar

Dessau

Dresden

23 Seite 168

Gelsen-
kirchen

Bottrop

Bochum

Essen

Dortmund

Hagen

Soest

18 Seite 132

Göttingen

Kassel

Halle(S.)

Leipzig

22 Seite 160

Oberlausitz

Moers

Duisburg

Krefeld

Düsseldorf

Wuppertal

Sauer-
land

Möhne

19 Seite 140

21 Seite 154

Naumburg

Chemnitz

Mönchen-
gladbach

Köln

Siegen

Marburg

Erfurt

Gera

Maastricht

Aachen

Bonn

24 Seite 174

25 Seite 180

Koblenz

Westerwald

Wetzlar

28 Seite 204

20 Seite 148

Thüringer Wald

Zwickau

Erzgeb.

BELGIEN

Eifel

Wiesbaden

Frankfurt
(Main)

Kinzig

Rhön

PRAG

LUXEM-
BURG

Trier

Aschaffenburg

Schweinfurt

29 Seite 212

Fichtel-
gebirge

30 Seite 220

TSCHECHIEN

LUXEMBURG

Hunsrück

Mainz

Darmstadt

Worms

Wertheim

Würzburg

Bamberg

Bayreuth

Erlangen

Weiden

Pilsen

Nancy

26 Seite 188

Saarbrücken

Kaiserslautern

Pfälzer-
wald

27 Seite 196

Neustadt

Mannheim

Ludwigshfn.

Heidelberg

Bad
Mergentheim

Rothen-
burg

Nürnberg

32 Seite 236

33 Seite 244

Bayerischer Wald

Budweis

Metz

FRANKREICH

Karlsruhe

Heilbronn

31 Seite 228

Regens-
burg

Strasbourg

Baden-
Baden

Stuttgart

Reutlingen

Schwäbische Alb

Ulm

Augsburg

Passau

Mühlviertel

Linz

36 Seite 266

37 Seite 272

Donau

München

Innviertel

Hausruck

Freiburg

Tuttlingen

35 Seite 258

38 Seite 280

Lindau

Füssen

39 Seite 288

Ammersee

40 Seite 294

Starnberger
See

41 Seite 302

42 Seite 308

Salzburg

Berchtes-
gaden

34 Seite 252

Mulhouse

Belfort

Basel

Schaff-
hausen

Zürich

SCHWEIZ

Bodensee

Bayerische
Alpen

Karwendelgebirge

ÖSTERREICH

JURA

Schweizer Jura

N

0   50

Zeichenerklärung Routenkarten

Verlauf der Motorradroute

05 Sehenswerter / beschriebener Stopp auf der Motorradroute

TOUR START Start der Motorradroute

Bikertreff Oldersum Bikertipp / Bikertreff

Autobahn (im Bau)

4- oder mehrspurige Schnellstraße (im Bau)

Fernstraße/Nationalstraße (im Bau)

Wichtige Hauptstraße (im Bau)

Hauptstraße (im Bau)

Nebenstraße mit Mautstelle

10,5 Fernkilometrierung an Autobahnen

10 Kilometrierung

Fernstraße im Tunnel

16 % Straße gesperrt / Steigung

Ferienstraße

45 Autobahn-Nr.

E54 Europastraßen-Nr.

471 Bundesstraßen-Nr.

24 Autobahn-Anschlussstelle

o o Sonstige Anschlussstelle

Pass

Für Wohnwagen ungeeignet

Für Wohnwagen gesperrt

Internationaler Flughafen

Nationaler Flughafen

Regionaler Flughafen

Naturparkgrenze / Biosphärenreservat

Nationalparkgrenze

Sonstige Bahnlinie

Zahnradbahn / Bergbahn

ICE/IC/EC Bahnlinie

Autofähre

Staatsgrenze

Regionalgrenze

Besondere Sehenswürdigkeiten

UNESCO-Weltnaturerbe

Gebirgslandschaft

Felslandschaft

Schlucht/Canyon

Vulkan, erloschen

Höhle

Wasserfall/Stromschnelle

Seenlandschaft

Flusslandschaft

Dünenlandschaft

Nationalpark (Landschaft)

Nationalpark (Flora)

Nationalpark (Fauna)

Biosphärenreservat

Naturpark

Botanischer Garten

Zoo/Safaripark

Wildreservat

Schutzgebiet für Büffel

Vogelschutzgebiet

Küstenlandschaft

UNESCO-Weltkulturerbe

Vor- und Frühgeschichte

Römische Antike

Wikinger

Keltische Geschichte

Jüdische Kulturstätte

Kirche allgemein

Kirchenruine, Klosterruine

Christliches Kloster

Romanische Kirche

Gotische Kirche

Barocke Kirche

Byzantinisch/ orthodoxe Kirche

Kulturlandschaft

Historisches Stadtbild

Burg/Festung/Wehranlage

Burgruine

Palast/Schloss

Technisches/ industrielles Monument

Staumauer

Bergwerk geschlossen

Sehenswerter Leuchtturm

Windmühle

Herausragende Brücke

Kriegsschauplatz/Schlachtfeld

Grabmal

Denkmal

Mahnmal

Sehenswerter Turm

Herausragendes Gebäude

Freilichtmuseum

Markt/Basar

Feste und Festivals

Museum

Theater

Winzerei/Weinanbaugebiet

Ferienstraße

Bahnstrecke

Insel

Strand

Quelle

Arena/Stadion

Rennstrecke

Golf

Pferdesport

Skigebiet

Segeln

Badeort

Freizeitbad

Mineralbad/Therme

Freizeitpark

Spielcasino

Aussichtspunkt

Wandern/Wandergebiet

Campingplatz

NORDFRIESLAND

Ein endloser weißer Sand mit Pfahlbauten – das kann nur Sankt Peter-Ording sein, Norddeutschlands größter Sandstrand. Dort haben Biker genügend Platz für sich, außerdem zeigt sich hier das Naturwunder Wattenmeer von seiner schönsten Seite. Aber auch jenseits des berühmten Urlaubsorts locken gemütliche Seebäder und verkehrsarme Landstraßen in Nordfriesland – denn Deutschlands nördlichster Landkreis ist insbesondere eine Empfehlung für Biker, die Ruhe und Entspannung suchen. Wer es wirklich mal etwas turbulenter will, besucht einfach die großen Seebäder, denn hier ist immer etwas los.

Allerdings sollten sich Motorradfahrer, die hier unterwegs sind, auf wechselhaftes Wetter einstellen. Selbst wenn es noch so sonnig aussieht, kann der nächste Schauer ganz plötzlich kommen. Regenkleidung und eine entsprechende Ausrüstung gegen Wind und Wetter ist daher Pflicht.

Bei so viel Himmel und Weite ist es nur ganz logisch, dass die Nordfriesen für ihr großes Freiheitsbedürfnis bekannt sind. »Lever duad as Slav« (»Lieber tot als Sklave«) lautet von alters her das Lebensmotto der Nordfriesen, ganz im Nordwesten der Republik. Klingt nach störrischen Gesellen, was kein Wunder ist, denn das raue Klima mit seinen Sturmfluten und dem Auf und Ab von Ebbe und Flut sorgte dafür, dass die Menschen hier seit jeher gezwungen waren, sich eine harte Schale zuzulegen. Sie haben mit ausgeklügelter Technik dem Meer Stück für Stück Land oder besser Deich abgerungen, um dort eine Lebensgrundlage zu haben. Aber keine Sorge, unter der harten Schale liegt ein weicher Kern, und wer die Nordfriesen besser kennenlernt, wird schnell feststellen, was für nette Kerle das sind.

Der schöne Hafen von Husum ist eine Station auf dieser Tour. Im Fischerhafen dümpeln bunte Boote auf dem Wasser.

Im hohen Norden

Wind vorm Visier, Sonne im Bikerherzen und Halligen am Horizont –
Nordfriesland bietet eine Menge Abwechselung für Motorradfahrer.
Die Norddeutschen lieben ihre Lonely Rider.

In Friedrichstadt mit den Grachten und den schönen Giebelhäusern am Marktplatz könnte man fast glauben, man ist in den Niederlanden und nicht in Deutschland.

ROUTE 1

Routenlänge: ca. 220 km
Zeitbedarf: ca. 3 Tage, reine Fahrzeit ca. 5 Std.
Charakteristik: Eine Tour an der rauen Küste am Deich entlang. Kleine Cafés locken immer wieder zur Einkehr, außerdem gibt es viele Aussichtspunkte. Die Straßen sind kurvenlos und teilweise sehr schmal.
Start und Ziel: Heide
Informationen:
die-nordsee.de
husum-tourismus.de
nordseetourismus.de

Hier geht's zum GPS-Track

01 Heide

Einst war sie lediglich der Versammlungsort der Bauern, heute hat die kleine Stadt in Dithmarschen den größten Marktplatz Deutschlands. Südwestlich davon steht die spätgotische Kirche St. Jürgen.

02 Friedrichstadt

Friedrichstadt, ein kleiner Ort ca. 13 Kilometer südlich von Husum, verzaubert durch sein holländisches Flair. Herzog Friedrich III. von Schleswig-Gottorf gründete die Stadt 1621 für niederländische Glaubensflüchtlinge. Baulich wird sie von der niederländischen Backsteinrenaissance geprägt. Dieser ältere Teil der Stadt ist von zwei Gräben, dem Fürstenburggraben und dem Mittelburggraben, durchzogen. Der historische Stadtkern Friedrichstadts ist als Planstadt angelegt und folgt einem Schachbrettmuster. Durch die Grachten und kleinen Giebelhäuser der 2500-Einwohner-Stadt wähnt

man sich in einer holländischen Kleinstadt. Der Marktplatz liegt am Mittelburggraben, über den vier Brücken führen. Die Prinzenstraße verläuft vom Fürstenburggraben zum Marktplatz und ist die wichtigste Einkaufsstraße. Das Städtchen lebt heute vor allem vom Tourismus.

03 Husum

Der Dichter Theodor Storm, der 1817 in Husum geboren wurde, hat seine Heimatstadt, die er selbst als die »graue Stadt am Meer« bezeichnete, berühmt gemacht. In der Wasserreihe 31 ist sein Wohnhaus zu besichtigen. Bürgerhäuser aus dem 16. und 17. Jahrhundert sowie das Rathaus (1601) umrahmen malerisch den Marktplatz. Sehenswert ist die Marienkirche mit ihrem Bronzetaufbecken (1643). Im Norden des Stadtzentrums liegt das von den Herzögen von Gottorf zwischen 1577 und 1582 errichtete Husumer Schloss, das von einem schönen

Der rot-weiß geringelte Leuchtturm Westerheversand ist das Wahrzeichen der Halbinsel Eiderstedt.

Schlosspark umgeben ist. Hier kann man sein Bike abstellen und sich in wunderbar grünem Ambiente die Beine vertreten.

04 Nordstrand

Die knapp 50 Quadratkilometer große Insel wurde 1906 bis 1934 durch den Bau eines 2,5 Kilometer langen Straßendamms mit dem Festland verbunden. Die Insel wurde durch zahlreiche schwere Sturmfluten immer wieder zerstört. Menschen flüchteten auf Nachbarinseln oder aufs Festland. Heute ist Nordstrand durch so hohe Deiche geschützt, dass es als sturmflutsicher gilt. Seit 1990 ist es Nordseeheilbad.

05 Halbinsel Eiderstedt

15 Kilometer breit und 30 Kilometer lang ist die Halbinsel Eiderstedt, die im 15. Jahrhundert von Menschen-

AUSFLUGSZIELE

Motorradmuseum Ostrohe

Ein Dithmarscher Bauer kam auf die Idee, alte Motorräder nicht zu verschrotten, sondern lieber zu sammeln. Aus der privaten Sammlung ist inzwischen ein stattliches Museum erwachsen mit mehr als 220 Motorrädern und 40 Fahrrädern. Walter Thede, der Museumsgründer, ist inzwischen gestorben, seine Kinder führen sein Lebenswerk fort.
www.classic-motorrad.de/cm2004/
Museum-Thede-web/
GPS 54.21956, 9.12630

Pellworm

Die Insel liegt etwa einen halben Meter unter dem Meeresspiegel und wird lediglich durch Deiche vor Überschwemmungen geschützt. Die Turmruine der Kirche St. Salvator ist ein Mahnmal für die auch heute heftig wütenden Sturmfluten. Die Überfahrt mit der Fähre dauert ca. 40 Minuten. Eine Anmeldung für Motorräder ist nicht notwendig.
www.pellworm.de
GPS 54.52330, 8.64088

Bei dieser Tour ist das Wasser allgegenwärtig. Oft führt die Route direkt am Meer entlang. Das lädt geradezu dazu ein, immer wieder mal ein Päuschen einzulegen und die schöne Aussicht zu genießen.

hand unter Mühsal dem Meer abgerungen wurde – wunderschönes Marschland, auf dem es mehr Schafe als Menschen gibt. Steht man auf dem hohen Deich, der die Halbinsel vor den Fluten schützt, kann man weit hinaus ins Land schauen. Dann sieht man die gedrungenen romanischen Kirchen in den Orten und die Haubarge, jene für diese Gegend typischen friesischen Bauernhäuser.

06 Sankt Peter-Ording

Ganz am äußersten Zipfel der Halbinsel Eiderstedt liegt St. Peter-Ording, das in den vergangenen Jahrzehnten aus vier Dörfern zusammengewachsen ist. Die Gemeinde St. Peter-Dorf ist mit ihrer gotischen Backsteinkirche St. Petri die älteste unter ihnen. St. Peter-Bad wurde durch seine Schwefelquellen, St. Peter-Böhl durch seinen Leuchtturm bekannt. St. Peter-Ording ist als ein Mekka für Strandsegler, Wattwanderer und Drachenflieger

berühmt. Elf Kilometer lang und teilweise über 500 Meter breit ist der Strand dort, ausgedehnte Strandspaziergänge sind also ein Muss. Bei Ebbe ist Zeit genug, um sich in einem der Pfahlbau-Restaurants am Strand eine Stärkung zu gönnen.

07 Büsum

Büsum ist das klassische Touristenzentrum des nordfriesischen Festlands. In der ersten urkundlichen Erwähnung (1140) war Büsum noch eine Insel, doch dank der Eindeichung wurde Büsum im 16. Jahrhundert Teil des Festlandes. Fisch- und Krabbenfang spielen bis heute eine zentrale Rolle in dem Ort und der kleine Hafen mit den bunten Kuttern ist Zentrum des touristischen Angebotes. Wer in Büsum baden will, geht meist über den Grünstrand ins Meer. Familien lieben den künstlich aufgeschütteten Sandstrand der Perlebucht, deren verschiedene Strandabschnitte für jeden das Passende bieten und in

deren Bar Biker einen perfekten Platz für ihr Feierabendbier finden. Nicht verpassen sollte man eine Wattwanderung, und wer den Sattel seines Motorrades einmal länger verlassen will, steigt auf den Dampfer nach Helgoland um.

08 Meldorf

Der kleine Ort südlich von Heide war früher Hauptort der Bauernrepublik Dithmarschen. Die St.-Johannis-Kirche stammt aus dem 13. Jahrhundert. Ein Prunksaal im Landesmuseum und ein original Dithmarscher Bauernhaus gewähren einen Einblick in den Alltag der einstigen Bauernrepublik.

09 Heide

Zurück in Heide hat der Biker die Wahl zwischen Kultur und Kneipe. Ersteres lockt im Brahmshaus und auf der Museumsinsel Lüttenheid, Zweiteres gibt es im Zentrum mit einem deftigen Burger auf dem Marktplatz.

AUSFLUGSZIELE

Schleswig-Holsteinisches Wattenmeer

Der weite Blick zum Horizont, das Spiel der Wolken und die verschiedenen Farben des Meeres verleihen dem Schleswig-Holsteinischen Wattenmeer seinen Charme. Mal strahlt diese Landschaft große Ruhe aus, dann wieder wird sie von den tobenden Elementen regelrecht durchgepeitscht. Während eben noch die endlos scheinende Weite beeindruckte, fasziniert oft schon wenig später das unmittelbare Erleben von Wind und Wetter.
www.nationalpark-wattenmeer.de

ROUTE 1

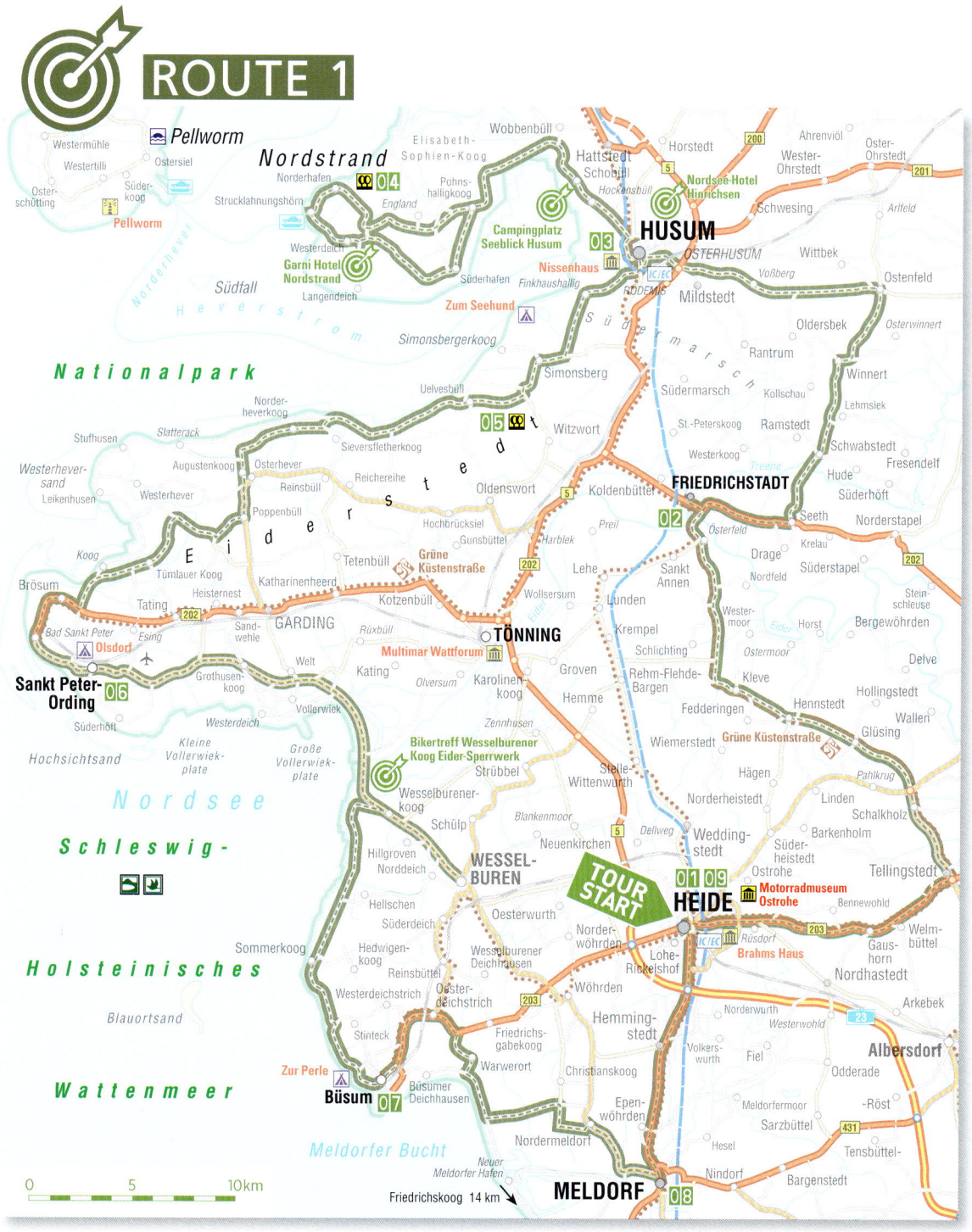

Campingplatz Seeblick
Nordseestr. 39, 25813 Husum
Tel. 04841/3321
camping-seeblick.de

Bikertreff Wesselburener Koog
Eider-Sperrwerk
25764 Wesselburenerkoog

Hotel Myn Utspann
Schleswiger Chaussee 65
25813 Husum
Tel. 04841/96050
www.myn-utspann.de

Bikertreff Heide
Markt, 25746 Heide

Nordsee-Hotel Hinrichsen
Süderstr. 35-43, 25813 Husum
Tel. 04841/89070
www.hotel-hinrichsen.de

Garni Hotel Nordstrand
Am Ehrenmal 10
25845 Nordstrand
Tel. 04842/8212
www.hotelnordstrand.de

So viel Himmel über dem Helm

Motorradfahren in Ostfriesland – das garantiert vor allem Weitblick und Wolkenkino. Dort scheint der Himmel größer als anderswo. Doch die rauen Winde bringen nicht nur herrliche Wolkenformationen, sondern oft auch plötzliche Schauer. Dann heißt es: Ab ins Café und Tee trinken.

OSTFRIESLAND

Wir werden jetzt keine dummen Witze machen, sondern nichts als die Wahrheit sagen: Ostfriesland ist abgeschieden – und das macht vielleicht seinen Charme aus. Dieses platte Land mit den vielen Deichen, Schafen und dem ständig wechselnden Watt vor der Haustür ist keineswegs ein rückständiger Landstrich, der von einem tumben Bauernvolk bewohnt wird.
Es ist eine Region von herber Schönheit, die sich eine bewundernswerte Eigenständigkeit ebenso bewahrt hat wie Traditionen. Dazu gehören auch so außergewöhnliche Sportarten wie Boßeln – ein Kugelwurfwettbewerb –, der gerne mal auf offener Straße stattfindet. Also Vorsicht beim Um-die-Kurve-Lenken.
Dank ihrer isolierten Lage ganz im Nordwesten Deutschlands sind die Ostfriesen durch ausgedehnte Moore vom übrigen Niedersachsen getrennt. So konnten sich hier Traditionen bewahren, die anderswo längst verloren gegangen sind. Jeder zweite Ostfriese redet noch Platt, und das Bild eines gemütlichen Schnacks bei einer Tasse Tee ist kein Mythos. Im Übrigen steckt hinter Orten wie Carolinensiel, Harlesiel oder Greetsiel eine jahrhundertealte Schifffahrtstradition: Siele sind Öffnungen in Deichen zur Entwässerung des dahinter liegenden Marschlandes. Bei Ebbe werden sie geöffnet, sodass das Wasser aus der Marsch ins Meer abfließen kann. Dabei spült es Rinnen aus, die früher für die Schifffahrt benutzt wurden. Und so wurden an diesen Sielen Dutzende von Häfen gegründet, die teilweise bis heute existieren. Zugegeben, die großen Kurvenabenteuer sind im Norden Niedersachsens eher rar gestreut.
Wer jedoch im Motorradsattel gerne seine Seele baumeln lässt, der ist oben an der rauen Küste mit ihrer stürmischen Geschichte genau richtig. Auf dem Netz der Landsträßchen lässt es sich herrlich im großen Gang dahinbummeln.

Platt, platter, am plattesten – die Straßen in Ostfriesland sind zwar nicht die spektakulärsten, dafür kann der Blick endlos weit in die Ferne schweifen.

Morgendlicher Blick von der Kaiser-Wilhelm-Brücke in Wilhelmshaven. Hier liegen u.a. auch die mächtigen Kreuzer der deutschen Bundesmarine.

ROUTE 2

Routenlänge: ca. 280 km
Zeitbedarf: 3 Tage, reine
Fahrzeit ca. 5–6 Std.
Charakteristik: Gut
ausgebaute Straßen, die
durch eine platte Region
führen. Scharfe Kurven sind
nicht zu erwarten, dafür hübsche Dörfer und nordisches
Panorama.
Start und Ziel: Varel
Informationen:
www.ostfriesland.travel
wangerland.de
www.die-nordsee.de

Hier geht's
zum
GPS-Track

01 Varel

Auf den ersten Blick sieht Varel aus wie jeder andere Ort in Friesland: Gesäumt von Backsteinhäusern und eine große Windmühle am Rand. Dass sie eine der größten Windmühlen in Deutschland ist, sieht man ihr kaum an, denn sie liegt fast versteckt inmitten eines Wohngebietes. Nicht nur sie wartet mit Rekorden auf, vor allem der Ausflug zum Vareler Hafen lohnt sich. Dort schaukeln nicht nur die Boote im Wind und Fischhändler bieten Krabbenbrötchen an, dort lockt mit der »Up´n Prüfstand« auch die kleinste Kneipe Deutschlands, ein Häuschen, das mit seinen gut vier Quadratmetern eher ein Fahrradschuppen sein könnte. Zudem findet sich am Hafen mit dem Spijöök ein außergewöhnliches Kuriositäten-Museum, das sogar russisches Atom-U-Boot präsentiert. Von dort aus lohnt sich auf jeden Fall die kurze Fahrt zur Schleuse, einfach auf den Deich stellen und Ebbe und Flut bestaunen oder dem Möwengeschrei lauschen.

02 Jadebusen

Was für ein Name: Jadebusen klingt so exotisch, fast asiatisch, dabei könnte dieses Stück Land kaum norddeutscher sein. Südlich von Wilhelmshaven schmiegt sich die von Ebbe und Flut geprägte Bucht wie weibliche Rundungen ans platte friesische Land und offenbart immer wieder den Blick aufs Wasser. Einen Stopp für Biker wert ist vor allem Dangast mit dem Kunstort rund um das Kurhaus Dangast. Draußen treffen sich Biker und blicken deichfrei auf das Watt bei leckerem Rharbarberkuchen. Wochentags ist der Weg sogar frei, zu Urlauberstoßzeiten verwandelt ein Schlagbaum die Straße in eine Fußgängerzone. Doch selbst dann lohnt sich der kleine Fußweg von zehn Minuten, denn der Blick auf das Watt sowie der Sandstrand mit den einmaligen

In Ostfriesland können einige historische Holländermühlen besichtigt werden, wie dieses hübsche Exemplar in Greetsiel.

Kunstwerken wie etwa dem Riesenphallus, der Venusskulptur oder der große Thron sind einen Blick wert.

03 Wilhelmshaven

Auch wenn das direkt am Jadebusen am Endpunkt des Ems-Jade-Kanals gelegene Wilhelmshaven schon lange Zeit als Hafen bedeutend war, wurde es erst Ende des 19. Jahrhunderts eine richtige Stadt. Vorher hatte Preußen hier in einem Kraftakt über 14 Jahre einen Kriegshafen bauen lassen. Heute ist Wilhelmshaven noch immer der wichtigste Hafen für die Bundesmarine an der Nordsee. Hier befindet sich die größte Drehbrücke Europas, die Kaiser-Wilhelm-Brücke aus dem Anfang des 20. Jahrhunderts. Für die Durchfahrt großer Schiffe muss sie nach wie vor regelmäßig geöffnet werden. Sehenswert ist auch das Rathaus. Maritime Welten erschließen einige Museen, etwa das Marinemuseum oder die Unterwasserstation

Oceanis, ein Überrest der Weltausstellung 2000.

04 Jever

Bereits im 10. Jahrhundert wurde die Stadt erstmals erwähnt. Viele Fürsten regierten in den folgenden Jahrhunderten das Jeverland, darunter auch Zarin Katharina II. (1793–1806). Überregional bekannt wurde das ostfriesische Städtchen jedoch erst durch die gleichnamige Brauerei, die bereits 1848 gegründet wurde. Hauptsehenswürdigkeiten sind das Schloss aus dem 15./16. Jahrhundert, das Rathaus im historischen Zentrum (17. Jahrhundert) und das Friesische Brauhaus mit Museum und Brauereiführungen.

05 Horumersiel-Schillig

Sanddünen sind am niedersächsischen Festland eher Mangelware. Umso schöner, wenn man sie dann doch findet wie in Schillig, an der Spitze der Wesermündung. Die Stre-

cke zur Landspitze ist schön – wenn man sie jenseits der Urlauberstoßzeiten fährt. Während im vorgelagerten Horumersiel der kleine Hafen sowie der Strand mit dem Saunawagen locken, ist in Schillig der Blick in die Weite angesagt. Wer seine Badesachen vergessen hat, ist in Schillig gut aufgehoben, denn dort gibt es auch einen FKK-Bereich. Allerdings ist es wie immer ein längerer Weg, um ans Meer zu kommen, denn die Dünenlandschaft ist breiter, als man denkt. Zum Parken bietet sich die Inselstraße an.

06 Minsen

Meerjungfrauen gibt es nicht nur in Kopenhagen, sie sind auch in Ostfriesland zu finden. In dem kleinen Ort Minsen mit seinen 600 Einwohnern ziert die Bronzestatue »Seewiefken« den Ort. Sie erinnert an eine Sage, nach der die Fischer im 16. Jahrhundert eine Meerjungfrau aus den Netzen gezogen haben sol-

len. Aus Zorn hat die Gefangene dem Ort dann eine Sturmflut geschickt, so erzählt man sich. Minsen ist ein echtes, friesisches Dorf, in dem sich Kühe und Schafe gute Nacht sagen. Ein Reiterhof gibt die Möglichkeit zum Umsteigen auf ein PS, während die Backsteinkirche mit ihrem seitlich stehenden Turm einen Ort der Stille bietet, dort startet auch ein Pilgerweg durch das Wangerland. Kleine Verkaufsstände am Wegesrand garantieren dem Biker gesunde, knackige Snacks für zwischendurch, etwa Äpfel oder Pflaumen, je nach Jahreszeit.

07 Carolinensiel

Gleich drei Häfen hat Carolinensiel-Harlesiel zu bieten. Da ist zunächst der Museumshafen im Zentrum des Ortes. Er entstand im Rahmen der Deichbauarbeiten 1729. Wo die Harle vom Deich begrenzt wurde, entstand der Sielhafen, der einmal zu den wichtigsten Häfen Ostfrieslands gehörte. Heute ist er mit seinen Traditionsseglern und den Friesenhäusern ein Besuchermagnet. Passiert man die Klappbrücke Friedrichsschleuse, erreicht man den zweiten Hafen, nämlich den Jachthafen. Hinter dem Deich, auf dem die einzige Deichkirche Ostfrieslands zu finden ist, liegt der Außenhafen. Von hier aus starten die die zahlreichen Ausflugsschiffe und die Fähre zur östlichsten der Ostfriesischen Inseln, nach Wangerooge.

Bildleiste von oben:
Ein Bier geht immer, aber natürlich erst nach der Tour.

Das prächtige Rathaus von Emden beherbergt das Ostfriesische Landesmuseum.

Seit 1915 nicht mehr in Betrieb, der Pilsumer Leuchtturm bei Krummhörn.

Der kleine Ort Greetsiel mit seinem hübschen Hafen.

08 Dornum und Dornumersiel

In Ostfriesland werden alte Legenden und Sagen wieder lebendig, vor allem, wenn die Biker durch das Dornumer Land fahren. Dort haben einst die ostfriesischen Häuptlinge regiert und bis heute ihre Spuren hinterlassen. Doch bevor es zu den Sagen geht, führt die Strecke immer am Deich entlang nach Dornumersiel, vorbei an Pferde- und Schafsweiden. Das quirlige Hafenörtchen lockt mit Fischbuden und einem Sandstrand, bevor die Route ins Landesinnere führt. Die Herrlichkeit Dornum, wie der Ort ganz offiziell heißt, war einst Sitz der friesischen Häuptlinge, den mittelalterlichen Herrschern dieser Gegend. Die alte Wasserburg zeugt noch vom Streben nach Pracht, aber auch von Verteidigung. Vor der Burg lockt ein hübsches Café zur süßen Einkehr.

09 Norden

Die nordwestlichste Stadt Deutschlands ist vor allem durch ihr Seebad Norddeich und ihre Seehundaufzuchts- und Forschungsstation bekannt. Einen Besuch lohnt auch die Ludgerikirche mit spätgotischem Sakramentshaus, einem Chorgestühl samt Fürstenstuhl (1601) und einer Arp-Schnitger-Orgel.

10 Wasserschloss Lütetsburg

Es ist fast noch ein Geheimtipp: Die kleine Wasserburg Lütetsburg am Rande von Norden gelegen, wirkt verwunschen mit ihren trutzigen roten Mauern und dem glitzernden Wassergraben. Das Gebäude ist zwar nicht öffentlich zu besichtigen, dafür aber der Park. Und dafür allein lohnt es sich, leichtere Kleidung im Gepäck zu haben, den Helm abzusetzen und diesen besonderen Ort zu genießen. Denn nur am Schloss vorbeizurauschen, wäre in diesem Fall viel zu schade, denn der Park gehört zu den schönsten in Ostfriesland. Dort sind künstliche Ruinen, exotische Bäume, Wasserläufe und romantische Pavillons zwischen knorrigen alten Stämmen zu sehen. Verschlungene Wege schlängeln sich durch das Grün, das an jeder Ecke nach anderen Stilvorgaben angepflanzt wurde. Wer sich den Weg sparen möchte, sucht wenigstens das angeschlossene Café auf, während das Motorrad auf dem öffentlichen Parkplatz schön im Schatten abkühlt.

11 Greetsiel

Man war nicht in Ostfriesland, wenn man nicht durch Greetsiel geschlendert ist. Die niedrigen Häuser zu beiden Seiten der Kopfsteinpflasterstraße bieten Schnickschnack mit Muschel- und Möwenmotiven an, während der Biker den Weg zum Hafen sucht. Dieser sorgt mit seiner eigenen Krabbenkutterflotte noch immer für den Originalbelag der ostfriesischen Fischbrötchen. Irgendwie läuft immer grade ein Kutter ein oder aus und kurbelt das Fernweh an. Wer sich davon zu sehr anstecken lässt, kann umsteigen auf den Ausflugsdampfer und eine Fahrt durch die Salzwiesen zur Schleuse von Greetsiel buchen.

12 Emden

Das Tor zur Welt – so sehen die Ostfriesen die altehrwürdige Handelsstadt an der Emsmündung. Im 16. Jahrhundert angesehen und wohlhabend, im Zweiten Weltkrieg zerbombt, zählt Emden heute zu den wichtigsten Seehäfen Deutschlands und ist der Mittelpunkt Ostfrieslands. Den Weltkrieg überstanden hat das Pelzerhaus (erbaut 1585), das Rathaus hingegen ist eine Rekonstruktion des Originals aus dem 16. Jahrhundert. Vom Rathausturm aus bietet sich ein weiter Blick über die Stadt und den Hafen mit seinen Kränen und Docks. Ganz in der Nähe ragt die Neue Kirche, ein imposanter Barockbau, hoch in den Himmel. Ein Spaziergang auf den begrünten Wallanlagen, die noch immer einen großen Teil Emdens umgeben, führt an Stadtgraben und Altem Graben entlang. Das bedeutendste Museum von Emden ist die von Henri Nannen gegründete Kunsthalle mit den Sammlungsschwerpunkten Expressionismus und Neue Sachlichkeit.

13 Aurich

Jahrhundertelang war das von einem Oldenburger Grafen gegründete Aurich die Hauptstadt von Ostfriesland. Sehenswert ist hier die

AUSFLUGSZIELE

Buddelschiffmuseum

Es gibt Handwerkskünste, die muten wie Wunder an. Zu diesen gehört die Fähigkeit, ausladende Schiffe in einer Flasche zu zeigen. Im Buddelschiffmuseum im malerischen Fischerort Neuharlingersiel sind große Schiffe im ganz Kleinen zu bewundern, allen voran ein opulentes Modell der Titanic.
www.buddelschiffmuseum.de
GPS 53.69927, 7.70357

Rhododendronpark

Es gibt wohl keine andere Region Deutschlands, die so sehr die Liebe für Rhododendron ausdrückt wie die Gemeinde Westerstede. Vielleicht liegt es auch an der Familie Hobbie, die dort vor 90 Jahren auf die Idee kam, einen Rhododendrenpark anzulegen. Einige Rhododendren sind mehr als neun Meter hoch gewachsen. Am schönsten ist der Besuch im Frühjahr.
www.hobbie-rhodo.de
GPS 53.28707, 8.00736

**Hotel Fährhaus
Norden-Norddeich**
Hafenstr. 1
26506 Norden
Tel. 04931/98877
hotel-faehrhaus.de

**Motorradhotel
Prinz Heinrich Emden**
Wolthuser Str. 19, 26725
Emden, Tel. 04921/93180
hotel-prinzheinrich.de

Bikertreff Oldersum
An der Rotbuche 20, 26802
Moormerland, Tel. 04924/
2991, bikertreff-oldersum.de

Hotel zu Schanze Apen
Hauptstr. 717, 26689 Apen
Tel. 04489/9427620
bikerhotel-zur-schanze.de

**Eili´s Bikertreff Waldhaus
Hollsand**
Neufirreler Str. 18
26670 Uplengen-Großolden-
dorf, Tel. 04956/1062
eili.de

Das Auricher Schloss wurde auf den Mauern einer ehemaligen Burg errichtet. Der Turm des Schlosses ist für die Öffentlichkeit zugänglich. Von oben hat man einen schönen Blick auf die Umgebung.

Lambertuskirche aufgrund ihrer wertvollen Ausstattung. In dem »Haus der Ostfriesischen Land-schaft« befinden sich im Sitzungs-saal Porträts ostfriesischer Grafen und Fürsten. Eine Besichtigung ver-dient auch die Stiftsmühle mit ihrem Mühlenmuseum.

14 Apen
Süßwasserwatt klingt exotisch – und das ist es auch. In Apen gibt es das einzige Süßwasserwatt im Nordwes-ten Deutschlands, das sich mit einer Wattwanderung erkunden lässt. Doch die meisten Biker steuern in Apen meistens schnurstracks »Bör-jes Biker Outfit Augustfehn« an. Ein Shoppingparadies für Herren (und Damen), das nicht nur mit Neuigkei-ten zwischen Helm und Stiefel auf-wartet, sondern auch Benzingesprä-che garantiert.

15 Westerstede
Sehenswert in der Hauptstadt des Ammerlandes ist die St.-Petri-Kirche (1123) mit ihrem schiefen Glocken-turm. In dem historischen Bahnhof (1906) ist heute eine Galerie ansässig.

16 Varel
Am Ende der Route in Varel muss ein Stopp einfach sein: Der Hafen der Kleinstadt lockt mit Außergewöhn-lichem. Zum einen ist dort das Museum »Spijöök«, das für seine Sammlung an Kuriositäten berühmt ist, zum anderen findet sich direkt gegenüber die kleinste Kneipe Deutschlands.

WESER- UND ELBMÜNDUNG

Bevor sich Biker auf ihre Zweiräder schwingen und die Tour starten, sollten sie sich Zeit nehmen für den Start- und Zielort Bremerhaven. Selbst wer kein Museumsfan ist, wird begeistert sein, was die Stadt in den letzten Jahrzehnten auf die Beine gestellt hat, um attraktiv für Besucher zu sein. Herausragend ist das »Klimahaus«, das gar nicht mehr viel mit einem Museum zu tun hat, sondern vielmehr einer Tour durch verschiedene Länder am 8. Längengrad gleicht. Es ist wie eine Reise, mal rinnt der Wüstensand den Besuchern durch die Hände, mal halten sie die Finger an einen künstlichen Gletscher. Gegenüber dem Klimahaus befindet sich ein weiteres, spektakuläres Museum, das »Auswandererhaus«, das die Geschichte der Deutschen erzählt, die in die USA ausgewandert sind.

Anschließend geht es aber endlich auf den Sattel. Obwohl die Nase durch Visier und Helm geschützt ist, ist der Nordseewind deutlich zu schnuppern. In Dorum stoppt der Biker dann das erste Mal, um einen Blick auf das Watt zu werfen. Die Landschaft bleibt platt, teilweise säumen Moore die Straßen und immer wieder führt der Weg an die Weser, die sich wie ein blaues Band durch diese Gegend schlängelt. Es sind die kleinen Orte, die touristisch noch unentdeckt sind, wie Brake oder Bremervörde, die den Motorradfahrer auf dieser Tour überraschen werden. Weithin bekannt hingegen ist das Teufelsmoor mit dem Künstlerdorf Worpswede, das in eine ganz andere Welt entführt – irgendwie beschaulich und vollgestopft mit Kunstwerken und Handwerkskunst. Alles in allem eine abwechslungsreiche Strecke. Und wem das Urbane dann doch zu kurz gekommen ist, der genießt die futuristisch anmutende Skyline am Alten Hafen von Bremerhaven.

Nur ein paar Meter entfernt von den Attraktionen der Havenwelten Bremerhaven und den großen Einkaufszentren der Stadt findet man mit dem Weser-Strandbad eine Oase der Ruhe.

Rund um Bremerhaven

Auf den ersten Blick scheint es zwischen Cuxhaven im Norden und Bremen im Süden nur flaches Land und Wasser zu geben. Aber eben nur auf den ersten Blick. Denn wer genauer hinsieht, der entdeckt reizende Seebäder und heimelige Stadtkerne aus rotem Backstein. Diese lassen sich auf kleinen Nebenstrecken perfekt miteinander verbinden.

Historisches Feuerschiff im Außengelände des Deutschen Schifffahrtsmuseums von Bremerhaven. Hauptattraktion ist allerdings die in Bremen gefundene Bremer Kogge aus dem Jahr 1380.

ROUTE 3

Routenlänge: ca. 250 km
Zeitbedarf: ca. 2 Tage,
reine Fahrzeit ca. 5 Std.
Charakteristik: Die flache
Topografie eignet sich gut für
Motorrad-Anfänger bzw.
Biker, die es lieber gemütlich
angehen lassen.
Start und Ziel: Bremerhaven
Informationen:
www.cuxland.de
www.bremerhaven.de
www.kulturland-teufelsmoor.
de; www.die-nordsee.de

Hier geht's
zum
GPS-Track

01 Bremerhaven

Auch wenn die 130 000-Einwohner-Stadt Bremerhaven in ihren riesigen Hafenanlagen rund 50 Prozent aller deutschen Fischfänge umschlägt, befinden sich am Fischereihafen witzige Kneipen, gute Restaurants, Fischräuchereien und allerlei Geschäfte, die sich dem Maritimen verschrieben haben. Vom Ufer der Weser windet sich die Geeste durch die Stadt. Nur wenige Schritte von der Alten Geestebrücke liegt der ehemalige Marktplatz, jetzt Theodor-Heuss-Platz. Ein Denkmal erinnert an Bürgermeister Johann Smidt, der Hannover, dem das Land an der Geeste gehörte, dazu brachte, Bremen genug Fläche für den Bau des Hafens abzutreten. Im Alten Hafen dokumentiert das Deutsche Schifffahrtsmuseum die Geschichte der Kriegs- und Handelsmarine. Relativ neu ist der Themenzoo am Weserdeich, der sich auf nordische Tiere spezialisiert hat.

02 Dorum

Eingebettet zwischen Moor und Salzwiesen liegt Dorum in der Gemeinde Wurster Nordseeküste. Vor allem Dorum-Neufeld mit dem kleinen Kutterhafen, aus dem noch immer Krabbenkutter auslaufen, dem Wellenbad und den kleinen Läden ist für Besucher interessant. Besondere Momente verspricht der Leuchtturm Obereversand, der auf einer Gitterkonstruktion über dem Watt thront. Vor allem zum Sonnenuntergang ist das ein beliebtes Plätzchen, oftmals findet die Maschine ganz in der Nähe einen Parkplatz. Informativ ist auch der Besuch des Deichmuseums des Ortes, das den Küstenschutz von der Steinzeit bis heute darstellt. Nicht nur die Arbeitsgeräte sind beeindruckend, sondern auch die alten Karten, die zeigen, wie viel Land die Menschen einst dem Watt abgetrotzt haben. Auch die St.-Urbanus-Kirche lohnt eine Besichtigung.

*Dorum besitzt eine eigene Krabbenkutterflotte,
die jeden Morgen und Abend in See sticht.*

03 Aeronauticum Nordholz

Ein Zeppelin hängt von der Decke des modernen Glasbaus und erinnert daran, dass Nordholz einst das Zentrum der modernen Luftschiffstützpunkte im Ersten Weltkrieg war. Im Zweiten Weltkrieg sicherte der Stützpunkt die Nordseeküste ab. Heute ist aus dem ehemaligen Stützpunkt ein Luftschiff- und Marinefliegermuseum mit echten Marineflugzeugen und Hubschraubern geworden. Manche der Exponate sind begehbar, andere nur als Modelle vorhanden. Tornados sind ebenso zu finden wie Torpedos. Insgesamt 17 Flugzeuge und Hubschrauber präsentieren sich auf dem 36 000 Quadratmeter großen Außengelände, manche mintgrün, andere weiß. Hier sind zudem Waggons und eine Marinelok zu besichtigen.

.

04 Schloss Ritzebüttel

Das Schloss wurde um 1340 ursprünglich als Turmburg errichtet und ging Ende des 14. Jahrhunderts

AUSFLUGSZIELE

Ahlenmoor

Mit Frühnebel ist es am schönsten: Wenn die Sonnenstrahlen die tief hängenden Wolken beleuchten, Birkenstämme hell aus dem dunklen Boden heraus leuchten, dann zeigt sich dieses Feuchtgebiet von seiner beeindruckendsten Seite. Es gehört zu den größten Mooren Niedersachsens und trotz extensiven Torfabbaus seit dem 17. Jahrhundert hat sich dort eine einzigartige Flora und Fauna erhalten. Libellen schwirren um seltene Gräser, Eisvögel sitzen auf den Ästen. Wahrhaft exotisch mutet aber der Dahlemer See an, der jedes Jahr ein Stückchen wandert. Während er im Nordwesten verlandet, knabbert er stetig im Osten Land von der steilen Moorkante ab. Für Motorradfahrer gut erreichbar ist der Flögelner See, der mit einer Aussichtsplattform, einem Campingplatz und Cafés lockt. Nicht entgehen lassen sollten sich Fischliebhaber einen frisch geräucherten Fisch.
GPS 53.68833, 8.78444

in Hamburger Besitz über – und das für mehr als 500 Jahre, denn so lange gehörten Cuxhaven und Schloss Ritzebüttel zu Hamburg. Ebenso lange residierten die Hamburger Amtmänner in dem Schloss. Im 18. Jahrhundert kam ein barocker Vorbau hinzu. Im Zuge des sogenannten »Groß-Hamburg-Gesetzes« ging das Amt im Jahr 1937 an das Land Preußen über und das Schloss erhielt einen neuen Besitzer. Heute zählt Schloss Ritzebüttel zu den ältesten erhaltenen Profanbauten der Norddeutschen Backsteingotik in der Region und beherbergt unter anderem ein Restaurant, Ausstellungsräume sowie ein Trauzimmer.

Schloss Ritzebüttel ist nicht nur von außen hübsch anzusehen, es lohnt auch von innen einen Besuch.

Viele historische Fachwerkhäuser prägen Otterndorf.

Burg Bederkesa beherbergt ein archäologisches und kulturhistorisches Museum.

05 Cuxhaven

Die Stadt mit ihren 50 000 Einwohnern am Westufer der Elbmündung ist immerhin das zweitälteste Seebad Deutschlands. 1816 bekam Cuxhaven dieses Prädikat – lange bevor es zur Stadt erhoben wurde (1907). Der eigentliche Kern der Stadt, die heutige Altstadt, befindet sich im Süden um das ehemalige Schloss Ritzebüttel. Der Fischereihafen und der Großmarkt liegen im Osten, in der Nähe der Außenmole »Steubenhöft«, wo die großen Passagierschiffe festmachen und das Feuerschiff »Elbe 1« liegt, das 1988 als letztes seiner Art aus dem Dienst genommen wurde. Einen guten Überblick über das gesamte Hafengelände erhält man auf der Aussichtsplattform »Alte Liebe«. Das Wahrzeichen Cuxhavens ist eine große hölzerne Kugelbake, die einst den Seefahrern als Seezeichen diente. Heute, im Zeitalter von GPS, hat sie ausgedient.

06 Otterndorf

Diese niedersächsische Kleinstadt ist ein Schmuckkästchen: Am südlichen Ufer der Elbe und an der Medem gelegen, entführt das beschauliche Nordseebad in eine jahrhundertealte Geschichte. In der Altstadt finden sich kleine Gassen und Plätze, die von hübschen historischen Fachwerkhäusern gesäumt werden. Sehenswürdigkeiten wie das Gelbe Barockgiebelhaus, das Rathaus aus dem Jahr 1583 oder das Schloss im Park – heute Amtsgericht – sind wahre Augenweiden. Das Strandbad samt Grünstrand erstreckt sich nordwestlich der Altstadt an der breiten Elbmündung. Hier kann man nicht nur die vorbeifahrenden Schiffe beobachten, sondern findet auch ideale Bedingungen zum Segeln und Surfen vor. Im Osten der Stadt ist der waldreiche Höhenzug der Wingst auszumachen, im Süden prägt die weite Marsch das Landschaftsbild.

07 Bad Bederkesa

Bad Bederkesa ist Luftkurort und Moorheilbad und liegt eingebettet in eine wald- und wiesenreiche Landschaft am Bederkesaer See sowie am Hadelner und Bederkesa-Geeste-Kanal. Der Name Bederkesa geht auf Ritter Bederich zurück, dessen Nachfahren die schmucke Burg am Ufer des Sees bauen ließen. Diese beherbergt das Museum Burg Bederkesa, das archäologische bis neugeschichtliche Funde zur Kulturgeschichte aus dem Landkreis Cuxhaven zeigt. Während in der Moor-Therme Erholung und Badespaß angesagt sind, bietet der Ort architektonische Highlights wie das Alte Amtshaus oder eine Windmühle aus dem 19. Jahrhundert.

08 Bremervörde

Im Elbe-Weser-Dreieck zwischen Stade und Bremerhaven gelegen, bietet das Städtchen Bremervörde einen perfekten Stopp, um sich zwischendurch einmal die Beine zu vertreten, anstatt die ganze Zeit auf dem Sattel zu sitzen. Besonders der Vörder See mit seinen Cafés und dem Sandstrand bietet sich für eine Pause an. Wer genug davon hat, selbst zu fahren, kann in Bremervörde umsteigen auf den Moorexpress und per Bummelzug durchs Teufelsmoor ins Künstlerdorf Worpswede tuckern. Kultur gibt es aber auch im Bachmann-Museum, das im Außengelände nicht nur mit interessanten Steinzeithütten aufwartet, sondern im Inneren Exponate zur Heimat- und Kulturgeschichte zeigt, etwa Faustkeile, alte Walskelette oder versteinerte Mammutknochen. Die Dauerausstellung informiert über die Urbarmachung der Moore ebenso wie über Archäologie und Geologie.

AUSFLUGSZIELE

Fort Kugelbake

Nicht nur Washington kann Pentagon, auch Cuxhaven: Ein fünfseitiges Fort, an strategisch wichtiger Stelle, das ist das Fort Kugelbake. Erbaut wurde es 1869, um feindlichen Kriegsschiffen die Zufahrt zur Elbe zu versperren, denn es befindet sich direkt an der Mündung der Elbe in die Nordsee. Zur Bauzeit des Forts im 19. Jahrhundert waren es die französischen Schiffe, die an der Nordsee zu Feinden erklärt wurden. Im Zweite Weltkrieg diente Fort Kugelbake als Stützpunkt für die Flaks. Heute erinnert ein Museum an diese wehrhaften Zeiten und die vor allem feuchten Lebensbedingungen der in den Kasematten untergebrachten Soldaten.
Strandstraße 80, 27476 Cuxhaven
GPS 53.88351, 8.67530

Hadeln und Wurster Heide

Die Geschichte der Geest- und Moorgebiete Hadeln und Wursten südlich der Elbe und deren Mündung im heutigen Landkreis Cuxhaven reicht weit in die Steinzeit zurück. Im Mittelalter war sie geprägt durch die freiheitsliebenden Bauern, und erst im 19. und im 20. Jahrhundert erlangten Zentren wie Bremerhaven und Cuxhaven erstes städtisches Flair. Heute ist die sehenswerte historische Landschaft mit ihren stolzen Fachwerkhäusern vor allem durch Landwirtschaft mit Weiden für Milchvieh und die Fischerei mit kleinen Häfen geprägt, auch wenn gerade die durch zahlreiche Wasserläufe entwässerte Landschaft hauptsächlich vom Seebäder-Tourismus lebt. Zu den beliebtesten touristischen Zielen zählen Bad Bederkesa sowie Otterndorf.

Viel Wasser und schöne Aussichten erwarten den Biker auf dieser Tour.

09 Teufelsmoor

Etwa 400 Quadratkilometer Hoch- und Niedermoor, dunkle Wälder, kuschelige Niederungen: Das Teufelsmoor gehörte einst zu den größten Mooren Nordwestdeutschlands, seine Torflagen erreichten bis zu elf Meter Tiefe. Es ist eine Landschaft mit geheimnisvoller Schönheit. Zur Zeit der Besiedlung im 17. und 18. Jahrhundert achtete aber wohl niemand auf Ästhetik. Arbeitsame Menschen stachen Torf und legten ein Kanalsystem an, um das Teufelsmoor trockenzulegen. Bis in die 1980er-Jahre hinein wurde das Moorgebiet entwässert, erst danach setzte ein Umdenken ein. Nach und nach werden nun Flächen wieder bewässert, damit dieser ganz besondere Landstrich erhalten bleibt.

10 Worpswede

Worpswede war das Versprechen eines Traums – des Traums einer Verschmelzung von Kunst und Alltag, von Bauernleben und Malerexistenz. 1889 wagte es eine Gruppe von Künstlern, diesen Traum wahr werden zu lassen. Sie zogen in das Dorf Worpswede am Rand des Teufelsmoors und gründeten eine Künstlerkolonie, um eine bessere Welt mit einer besseren Kunst zu erschaffen. Paula Becker war dabei, die später Otto Modersohn heiratete, Clara Westhoff, Heinrich Vogeler, Fritz Mackensen, Fritz Overbeck. Sie lebten in Bauernhäusern, malten die Wolkenberge am Himmel, porträtierten Birken, Schafe, Kanäle, Kähne, ließen sich vom melancholischen Licht der Moore verzaubern, suchten nach der Mystik des Ursprünglichen und fanden sie trotz allen Enthusiasmus nicht. Der Traum war kein Lebensprojekt, sondern löste sich nach ein paar Jahren auf, und die Maler zerstreuten sich in alle Himmelsrichtungen. Doch das Glücksversprechen Worpswedes überdauerte sie. Heute ist das Teufelsmoor wieder ein Biotop, das zu langen Spaziergängen einlädt.

11 Brake

Zwischen Bremen und Bremerhaven liegt am westlichen Weserufer die Kleinstadt Brake, die aus einer Fischersiedlung hervorgegangen ist. Bis heute hält sich die Fischerei in der Stadt aufrecht, am Binnenhafen liegen noch immer Fischkutter an der Reede. Das Schifffahrtsmuseum gibt mit Gallionsfiguren, Schiffsmodellen oder Seekarten einen umfassenden Einblick in die Geschichte der Schifffahrt. Die Stadt, die von weitem mit der Betonsilhouette aus riesigen Getreidesilos etwas abschreckend wirkt, ist beim näheren Hinsehen charmant. Oder wer hat schon einen Anker als Kirchturmspitze?

12 Bremerhaven

Wieder in Bremerhaven, sollte man sich den Besuch eines der berühmtesten Museen nicht entgehen lassen. Doch wer ins Klimahaus geht, muss mindestens drei Stunden Zeit mitbringen, so lang ist man dort »auf Reisen«.

Campingplatz Bäderring Cuxhaven
Duhner Allee 5, 27476 Cuxhaven
Tel. 04721/426161,
www.campingplaetze-cuxhaven.de

Motorradtreff Dorumer-
Neufeld am Fischerhafen
Am Kutterhafen
27632 Wurster Nordseeküste

Pavillon an der Burg
Bad Bederkesa, Amtsstr. 19
27624 Geestland, Tel. 04745/781717

Alte Nordsee Kantine
Nordseekai 1
27472 Cuxhaven

Bikertreff Alter Fähranleger
Dedesdorf, Fährstr. 24
27612 Loxstedt

Pura Vida Hotel
Steinmarner Trift 15, 27476
Cuxhaven, Tel. 04721/5907945
www.pura-vida-hotel.de

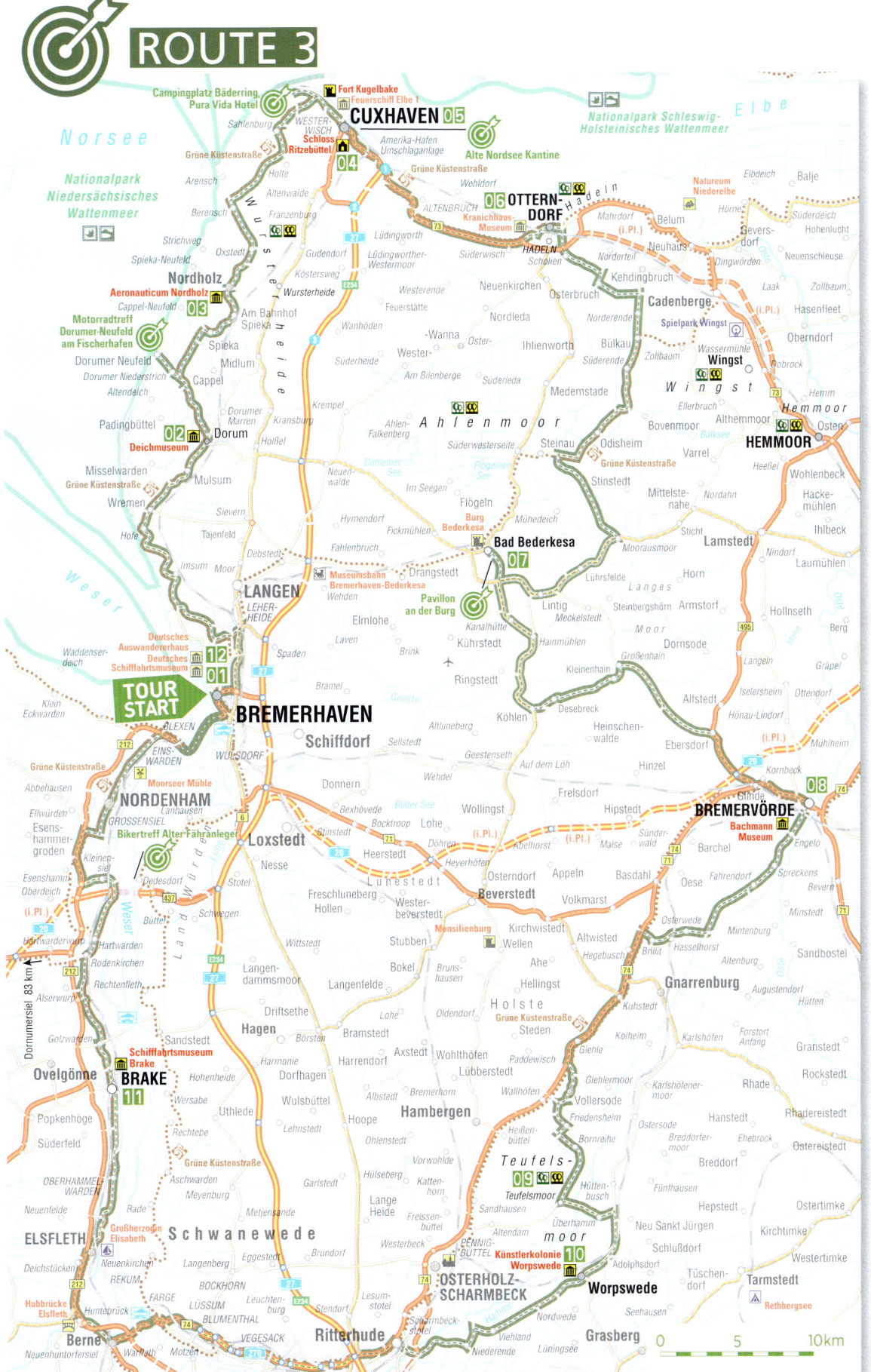

ROUTE 3

Immer der Nase nach

Manche Landstriche sind Orte für die Nase. Die Holsteinische Schweiz etwa, die in jedem Monat andere Gerüche vorweist. Im Frühling liegt Rapsduft in der Luft, wenn sich die gelben Felder im Wind wiegen, und im Sommer der süße Duft der Heckenrosen. Und immer dabei ist eine Prise salziger Ostseeluft.

HOLSTEINISCHE SCHWEIZ

Wer sagt, dass es im deutschen Norden keine Kurven gibt? Dass eine Autobahnauffahrt die einzige Möglichkeit ist, sein Motorrad in Schräglage zu bringen? Alles Vorurteile. Denn die zweirädrige Realität sieht in Schleswig-Holstein ganz anders aus. Dort ist es vor allem die Holsteinische Schweiz rund um Plön, die mit ihren Hügeln für ein tolles Fahrerlebnis sorgt.

Holsteinische Schweiz wird die seenreiche Hügellandschaft rund um Preetz, Plön und Eutin im Osten des nördlichsten Bundeslandes genannt. Wie fast die gesamte Landschaft Schleswig-Holsteins ist auch sie ein Kind der Eiszeit. Gletscher unvorstellbarer Größe schoben hier Geröll und Sand in- und übereinander. Über Jahrtausende formten Wind und Wetter nach dem Beginn der Warmzeit diese eindrucksvolle wellige Landschaft, die mit ihrem Wechsel von Seen und Wäldern eine besondere Qualität bekommt. Wie ein überdimensionales Gemälde wirkt die Landschaft im Frühjahr, wenn die Rapsblüte die Felder in ein leuchtendes Gelb verwandelt. Reizvoll ist es, diese Landschaft zu durchstreifen – mit Motorrad, aber auch dem Fahrrad, zu Fuß, mit einem der Ausflugsschiffe auf den Seen oder mit dem Kanu auf der Schwentine, dem Hauptfluss dieser Region, der am Bungsberg entspringt, die Seen durchfließt und in Kiel in die Ostsee mündet.

Für Biker bietet die Holsteinische Schweiz viel Wasser, denn es sind die zahlreichen Seen, die diese Landschaft kennzeichnen. Dennoch gibt es auch so manchen Hügel, die die Eiszeit hinterlassen hat – Erhebungen, die stets zum richtigen Zeitpunkt dafür sorgen, dass die Strecke nicht zu platt wird. Nicht zu vergessen wären da noch die feinen Ostseestrände, die zu einer Pause locken, bevor es wieder zum Ausgangsort Plön geht.

Der Kellersee ist in den 1950er-Jahren durch den Film »Die Mädels vom Immenhof« berühmt geworden.

Das Plöner Schloss und die Nikolaikirche mit ihrem 60 Meter hohen Turm prägen die Silhouette der Stadt Plön am Großen Plöner See. Plön ist Start- und Endpunkt dieser Tour.

ROUTE 4

Routenlänge: ca. 250 km
Zeitbedarf: ca. 3 Tage,
reine Fahrtzeit ca. 5 Std.
Charakteristik: Eine höchst
abwechslungsreiche Tour,
die von den blauen Seen und
grünen Hügeln rund um Plön
an den Gestaden der Ostsee
entlang bis zur Insel
Fehmarn führt.
Start und Ziel: Plön
Informationen:
www.holsteinischeschweiz.de
www.hohwachterbucht.de
www.ostsee-schleswig-
holstein.de

Hier geht's
zum
GPS-Track

01 Plön

Herrschaftlich am Nordufer des großen Plöner Sees gelegen, ist es
schon von Weitem sichtbar: das
weiße Plöner Schloss (1633–1636),
ein Dreiflügelbau im Stil der Renaissance. Im Zentrum der Stadt befindet sich die St.-Nikolai-Kirche, ein
1868 aus Backstein errichtetes ein-
schiffiges Gotteshaus. Die Fach-
werkkirche St. Johannis wurde 1685
erbaut. In der Altstadt stehen noch
heute historische Fachwerkhäuser.
Einen guten Überblick über den Plöner See mit seinen Inseln hat man
vom Parnassturm.

02 Naturpark Holsteinische Schweiz

Stille Wälder, weite Wasserflächen,
Wiesen und Hecken voll geheimem
Leben – das ist die Holsteinische
Schweiz mit über 200 Seen, auf
etwa halber Strecke zwischen
Lübeck und Kiel gelegen. Ihre
höchste Erhebung, der Bungsberg,

misst zwar nur 168 Meter, doch es
führt sogar ein Schlepplift in
Deutschlands »nördlichstes Skigebiet«. Hier beginnt die Schwentine – mit 62 Kilometern der längste
Fluss Schleswig-Holsteins – ihre verschlungene Reise bis nach Kiel. 1986
wurde die Region der größte Naturpark des Landes und bietet nun
Seeadlern und anderen seltenen
Tier- und Pflanzenarten Schutz.

03 Eutin

Zwischen Kleinem und Großem
Eutiner See liegt die im 11. Jahrhundert gegründete Rosenstadt Eutin.
Die Region wurde 1150 von Friesen
urbar gemacht. Hauptattraktion ist
das Schloss (1716–1727), ein vierflü-
geliger Backsteinbau am Großen
Eutiner See. Die Schlosskapelle birgt
eine Arp-Schnitger-Orgel (1750), der
Schlossplatz wird gesäumt von mehreren Wirtschaftsgebäuden aus dem
18. und 19. Jahrhundert. Der
Schlossgarten wurde Ende des 18.

Rosenumrankte Backsteinhäuser sind nicht das Einzige, was die Stadt Eutin so reizvoll macht.

Jahrhunderts zu einem Landschaftspark im englischen Stil umgestaltet. Fürstbischof Friedrich August engagierte 1770 Johann Gottfried Herder als Hauslehrer. Damit begann Eutins Karriere als »Weimar des Nordens«. Zahlreiche Gelehrte und Literaten wie Wilhelm von Humboldt, Friedrich Gottlieb Klopstock oder Matthias Claudius lebten zeitweilig in Eutin. Der berühmteste Eutiner, Carl Maria von Weber, wurde 1786 hier geboren. Unterhalb des Schlosses befindet sich die Altstadt mit kleinen Gassen und schönem Marktplatz. Das gelb verputzte Rathaus wurde 1791 gebaut. Die Kirche St. Michaelis stammt ursprünglich aus dem 13. Jahrhundert, erhielt ihr heutiges Aussehen aber im 14. Jahrhundert.

04 Scharbeutz-Haffkrug
Die Doppelgemeinde an der Ostsee ist ein beliebter Kur- und Badeort, vor allem für Familien, im Hinterland laden die Pönitzer Seen zum Baden.

05 Grömitz
Der acht Kilometer lange Sandstrand, eine Strandeisenbahn, ein Jachthafen und eine fast 400 Meter

AUSFLUGSZIELE

Hohwachter Bucht

Zwischen Kiel und Fehmarn umschließt die Hohwachter Bucht die Ostsee mit ihren breiten Armen. Es lohnt sich, dort mehr als nur ein paar Stündchen zu verweilen und sich vielleicht ein Bikerhotel zu suchen. Die Hohwachter Bucht gehört zu den schönsten und abwechslungsreichsten Gegenden an der Ostseeküste Schleswig-Holsteins. Feine Sandstrände, mondäne Orte wie etwa Hohwacht wechseln sich mit wilden Naturstränden ab, an denen die Steilküste beeindruckende Bruchkanten zeigt. Während es in Hohwacht eher gediegen zugeht, wartet der Weißenhäuser Strand mit großer touristischer Infrastruktur und vielen Spaßangeboten auf. Es lohnt sich aber auch immer, Abstecher in die kleinen Orte oder das Hinterland zu machen. **www.hohwachterbucht.de**
GPS 54.3092, 10.68496

lange Seebrücke locken viele Badeurlauber in die alte slawische Siedlung aus dem 11. Jahrhundert.

06 Kellenhusen

Im Norden der Lübecker Bucht, eingebettet zwischen Wald und Rapsfeldern, taucht plötzlich Kellenhusen auf der Route auf. Schon von Weitem ist der riesige Steg ins Wasser zu sehen, der sich bei näherem Hinsehen als 305 Meter lange Seebrücke entpuppt. Am besten wäre es, gleich einen Strandkorb zu kapern und den Blick auf Wellen und Strand schweifen zu lassen. Biker, die die Badesaison verpasst haben, genießen den Bummel auf der abwechslungsreichen Promenade.

07 Fehmarn

Nach Rügen und Usedom ist Fehmarn mit 185 Quadratkilometern die drittgrößte deutsche Ostseeinsel und mit herrlichen Sandstränden bei bis zu 1900 Sonnenstunden jährlich ein beliebtes Ferienziel. Viele Fachwerkhäuser aus dem 16. und 17. Jahrhundert säumen die kopfsteingepflasterten Straßen des Hauptortes Burg.

08 Oldenburg

Von vielen Urlaubern wird die Stadt einfach links liegen gelassen, weil sie Kurs auf das Meer nehmen. Das ist schade, denn Oldenburg hat viel zu bieten und ein Stopp lohnt sich in jedem Fall. Vor 1000 Jahren war die Stadt »Starigard« eine der bedeutendsten Siedlungen im Ostseeraum und vor allem bekannt für ihre Burganlage. Von der einstigen Festung zeigt sich auch die wichtigste Sehenswürdigkeit: Der Wall mit seinem angeschlossenen Museum. Nach dem Besuch des Freilichtmuseums bietet sich ein Bummel in der Innenstadt an, in der die Backsteinhäuser für die typisch holsteinische Stimmung sorgen. Wer Muße hat, schaut sich die St.-Johanniskirche an, sie gehört zu den ältesten Backsteinkirchen Nordeuropas. Sie befindet sich in der Wallstraße, direkt am Oldenburger Wall, einer slawischen Verteidigungsanlage.

09 Lütjenburg

Lütjenburg strahlt schon bei der Einfahrt eine romantische Atmosphäre aus. Der erste Eindruck täuscht nicht, denn rund um den Marktplatz zeigt sich eines der schönsten baulichen Ensembles der Gegend: Das Backsteinrathaus mit dem geschwungenen Barockgiebel und der hübschen Rundbogentür zeugt von Gastfreundschaft, die umstehenden Bürgerhäuser dokumentieren den Baustil aus vier Epochen.

10 Selenter See

Wer den ganzen Tag auf dem Sattel gesessen hat, freut sich vor allem im Sommer über ein ruhiges, schattiges Plätzchen. Der Selenter See ist der zweitgrößte See der Region und bietet nicht nur schattige Plätzchen unter Bäumen, sondern vor allem auch echte Sandstrände.

11 Plön

Zurück in Plön bietet der Schlosspark der Stadt viele lauschige Ecken, um sich nach der langen Zeit im Sattel zu entspannen. Danach geht es in vielfacher Hinsicht ausgeruht wieder in Richtung Heimat.

Motorradhotel Hohe Wacht
Ostseering 5, 24321
Hohwacht, Tel. 04381/90080,
www.hohe-wacht.de

Bikertreff Rasthuus aant Krüz
Tel. 04307 8034, Rastorfer Weg 1, 24211 Rastorf,
www.rasthuus-ant-kruez.de

Biker Treff Chrome Diner
Dieselstrasse 1a,
23738 Lensahn,
Tel. 04363 901 486,
www.chrome-diner.de

Wisser's Hotel
Am Markt 21, 23769
Fehmarn, Tel. 0 43 71 31 11,
www.wissers-hotel.de

ROUTE 4

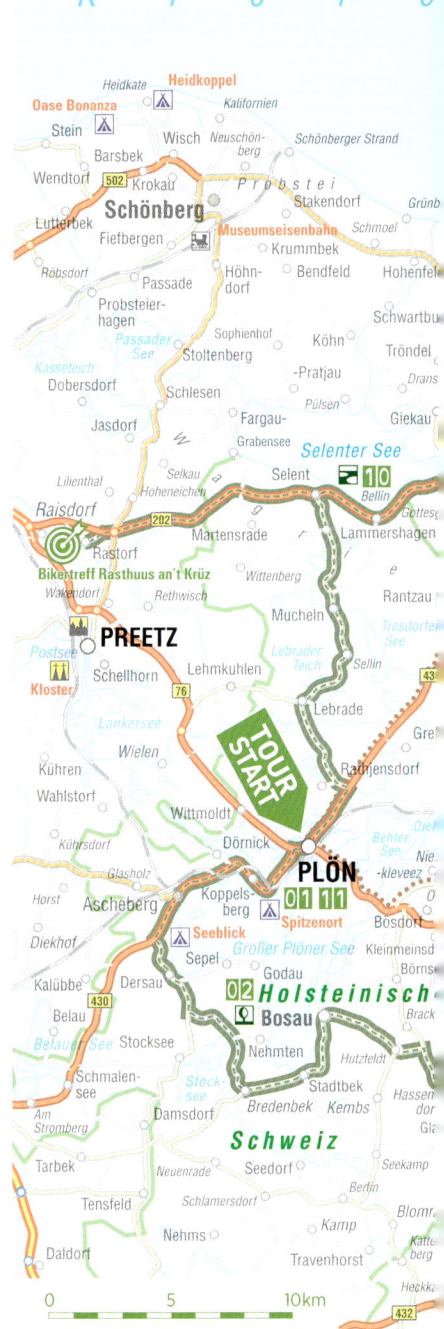

MECKLENBURGER BUCHT

Zwischen Wismar und Lübeck reihen sich die hübschesten Seebäder der Ostsee aneinander wie Perlen an einer Schnur. Grund genug, diese landschaftlich und kulturell überaus reizvolle Region per Motorrad unter die Lupe zu nehmen. Dabei sollten Biker immer wieder Zeit einplanen, sich einfach mal in den Sand zu setzen oder zumindest auf einer Bank den Blick übers Wasser schweifen zu lassen. Die Küste der Mecklenburger Bucht ist teilweise bestimmt von Meeresstrand mit steilen Abbrüchen. Steilküsten wechseln sich mit langen Sandstränden und traditionsreichen Seebädern wie etwa Boltenhagen oder Travemünde ab. Dabei wird auch das Fernweh bedient, denn am Horizont laufen sie aus, die großen Fähren nach Schweden und wecken Wünsche, vielleicht mit dem Bike doch noch mal eine Tour nach Skandinavien zu wagen.

Doch zunächst heißt es hiergeblieben – und das ist auch gut so, denn es gibt viel zu sehen. Zwischen den Orten verlaufen die typischen Alleen mit ehrfürchtig alten und hohen Bäumen. Das wirft nicht nur angenehmen Schatten, sondern riecht selbst unter dem Helm wunderbar würzig. Am schönsten natürlich ist es im Sommer zur Lindenblüte. Aber auch die Rapsblüte im Frühjahr ist eine schöne Zeit, nach der langen Winterpause die länger werdenden Tage zu genießen und endlich wieder durch die Landschaft zu kurven. Dank der Eiszeit ist die Topografie an der Ostseeküste auch nicht so platt wie an der Nordsee, sondern es sind teilweise sogar Steigungen zu überwinden. Und dann schließlich zeigt sich immer wieder glitzerndes Wasser, entweder als See oder die Ostsee selbst, die irgendwo als Silberstreif am Horizont auftaucht.

Perfekter Stopp mit Blick aufs Meer –
die weit ins Wasser ragende Seebrücke
im Ostseebad Heiligendamm.

Und ewig lockt das Wasser

Wasser ist das Thema dieser Tour, die zwar nicht immer so kurvig ist, wie sich das mancher Biker erträumen würde, dafür führt sie durch liebliche Landschaft und fast jeder Stopp bietet die Möglichkeit, sich in der Ostsee oder einem See abzukühlen.

Die berühmte, reich verzierte Wasserkunst auf dem Wismarer Marktplatz diente einst zur Trinkwasserversorgung der Stadt. Heute ist sie das Wahrzeichen des Ortes.

ROUTE 5

Routenlänge: ca. 260 km
Zeitbedarf: ca. 3 Tage, reine Fahrtzeit ca. 5 Stunden
Charakteristik: Mehrere romantische Badeorte, zwei bunte Hafenstädte und eine Vielzahl kleiner Bauerndörfer lassen sich auf Landsträßchen und Alleen zu einer eindrucksvollen Motorradtour verbinden.
Start und Ziel: Wismar
Informationen:
www.herzogtum-lauenburg.de
www.mecklenburg-schwerin.de, www.luebeck-tourismus.de

Hier geht's zum GPS-Track

01 Wismar

Die 1229 erstmals urkundlich erwähnte Stadt liegt an der nach ihr benannten Bucht. Ihre Altstadt wurde 2002 zum UNESCO-Weltkulturerbe. Wismar entwickelte sich dank der Lage an der Handelsstraße zwischen Lübeck und dem Baltikum bald zu einem wichtigen Warenumschlagplatz. 1259 trat es der Hanse bei. Obwohl im Zweiten Weltkrieg stark zerstört, erstrahlt Wismar nach umfangreicher Restaurierung heute wieder in neuem Glanz. Eines der Prunkstücke ist der Marktplatz, der von schönen Giebelhäusern gesäumt wird. Der »Alte Schwede« an der Ostseite geht auf das 14. Jahrhundert zurück und gilt als das älteste profane Gebäude der Stadt. Der Name erinnert an die schwedische Herrschaft (1648–1803). Die »Wasserkunst«, ein filigranes Gebäude mit Kupferkuppel (1580–1602), diente bis Ende des 19. Jahrhunderts der Wasserversorgung. Die Nordseite des Platzes wird vom Rathaus (1817–1819) dominiert. Westlich des Marktes befindet sich die Marienkirche (1339), 1945 bis auf den Turm zerstört.

02 Klütz

Als Kleinstadt lockt Klütz mit etwas weniger Trubel als das nahe Ostseebad Boltenhagen. Den Ort umgibt der berühmte »Klützer Winkel«, ein Ausdruck, der die Landschaft beschreibt, die hier typisches Ostseeflair ausstrahlt. Backsteinkirchtürme ragen aus der gewellten Landschaft, die von alten Alleen schön strukturiert ist. Auch in Klütz selbst dominiert der rote Backstein und gibt der dreischiffigen Marienkirche ihr frühgotisches Aussehen. Hübsch anzusehen ist auch die Klützer Mühle, ein Galerieholländer aus dem Jahr 1902, der mit einem angeschlossenen Restaurant seine Gäste verwöhnt. Etwas außerhalb befindet sich mit Schloss Bothmer die größte

Die roten Fischerhäuser im Ostseebad Boltenhagen sind nicht nur hübsch anzusehen, sie sind auch heute noch in Benutzung.

barocke Gartenanlage Mecklenburgs. Wer nach Kunsthandwerk sucht, wird in der Alten Molkerei fündig, dort stellen lokale Künstler ihre Produkte aus. Auffällig ist auch der alte Getreidespeicher, heute das Literaturhaus »Uwe Johnson«.

03 Ostseebad Boltenhagen

Wenn die Ostseewellen an die Fundamente der Seebrücke platschen, spätestens dann ist das Brummen der Maschine vergessen. Leichter Ostseewind um die Ohren statt Helm auf dem Kopf – Boltenhagen lohnt sich auch für einen längeren Stopp. Immerhin fünf Kilometer langer Ostseestrand lässt sich dort entdecken, sogar ein FKK-Strand ist dabei. Mancher Biker streckt sich gleich im Strandkorb aus und liebäugelt, noch ein wenig länger zu bleiben, andere stillen ihren Hunger an der Fischbrötchenbude. Neben dem mondänen Jachthafen mit seiner Marina befindet sich noch der alte Fischerhafen mit seinen Kuttern. Auch schön ist es, auf der frisch erstellten Holzbohlen-Promenade durch die Dünen zu wandern, doch das werden sich die Biker mit ihrer schweren Lederkluft wohl eher sparen.

04 Travemünde

Um 1900 war das Seebad mit dem fünf Kilometer langen Sandstrand

AUSFLUGSZIELE

Heiligendamm

Das älteste Seebad Deutschlands wurde 1793 als »Weiße Stadt am Meer« gegründet. Sie war im 19. und zu Beginn des 20. Jahrhunderts ein Treffpunkt des europäischen Hochadels. Kurhaus, Haus Mecklenburg, Burg Hohenzollern oder auch die Orangerie wurden zwischenzeitlich restauriert und erstrah len wieder in altem Glanz. Den besten Überblick über das mondäne Ensemble, in dem heute das »Grand Hotel Heiligendamm« residiert, hat man auf der rund 200 Meter langen Seebrücke.
www.heiligendamm.info
GPS 54.14372, 11.84324

noch in der Hand betuchter Gäste. Heute zeugen nur noch die schönen Fachwerkhäuser (18. und 19. Jahrhundert), die Villen, das Kasino (1861) und die edlen Hotels aus den Anfangstagen des Seebads von seinem mondänen Ursprung. Der Blick auf die Lübecker Bucht ist herrlich.

05 Dassow

Hat hier der legendäre Seeräuber Klaus Störtebeker seine Schätze versteckt? Die Einheimischen nicken gerne bestätigend bei dieser Frage, doch ob es wirklich so ist? Fest steht, den kreisrunden Burgwall Feldhusen umgibt etwas Geheimnisvolles. Ebenso wie das benachbarte Großsteingrab. Der kleine Ort Dassow mit den umgebenden Herrenhäusern und kleinen Schlössern fügt sich verträumt in die Landschaft ein. Hier ist die Ostsee noch ganz naturbelassen, und kaum ein Ort hat so viel Küstenlinie zu bieten wie diese kleine Gemeinde. Das liegt daran, dass sie nicht nur an die Ostsee grenzt, sondern auch an den Dassower See, der in die Trave mündet. Vielleicht noch ein kleiner Stopp an der Küste oder in einem Landcafé, bevor es für den Biker weiter in Richtung Hansestadt Lübeck geht.

06 Lübeck

Als Kaufmannssiedlung wurde Lübeck im Jahr 1143 von Graf Adolf II. von Holstein gegründet, 1226 wurde sie freie Reichsstadt. Handels-

geschick und Fleiß machten die Stadt bald zur »Königin der Hanse« mit einer führenden Stellung innerhalb des Städtebundes Ende des 13. Jahrhunderts. Aber auch in geistlicher Hinsicht war Lübeck sehr bedeutend. Der im 13. Jahrhundert im romanischen Stil errichtete, später gotisch umgebaute Dom zeugt vom Einfluss des Bischofs, die doppeltürmige Hauptkirche St. Marien von der Spendenfreudigkeit des Rates. Das Rathaus, eines der größten des Mittelalters, und das im Jahr 1280 gestiftete Heiligen-Geist-Hospital offenbaren den Reichtum der Kaufmannschaft ebenso wie zahlreiche stolze Bürger- und Gildehäuser. Von den einst vier mächtigen Stadttoren sind lediglich das Holstentor (1464–1478), das Wahrzeichen der Stadt, und das Burgtor erhalten geblieben.

07 Groß Grönau

Verwundert die Augen reiben sollten sich Motorradfahrer nicht, wenn sie durch die Landschaft südlich von Lübeck fahren. Es könnte nämlich sein, dass straußgroße Vögel am Wegesrand stehen: Eine wilde Herde Nandus hat sich in dieser Gegend niedergelassen. Zwei Vögel waren es ursprünglich, ein Pärchen, das aus einer Zucht ausgebüxt ist. Man dachte nicht, dass die Tiere, die eigentlich südamerikanische Temperaturen gewöhnt sind, das norddeutsche Klima überleben würden.

Rund 500 Laufvögel sind heute in der Wakenitz-Niederung anzutreffen, sie haben keine natürlichen Feinde und so überlegen sich die Politiker, ob sie die Tiere nicht in die Jagdverordnung aufnehmen sollen. Also schnell Nandus gucken, bevor sie sich noch mehr Feinde gemacht haben und schon bald frische Nandu-Steaks auf Schleswig-Holsteins Grills dampfen. Jenseits der Großvögel ist dieser Streckenabschnitt mit seinen verträumten Bachtälern einfach nur zauberhaft.

08 Grevesmühlen

Die große Backsteinkirche ragt schon von Weitem sichtbar aus dem Häusermeer: Grevesmühlen kündigt sich bereits aus der Ferne an. Es lohnt sich, diesen Ort näher zu untersuchen, denn er hat viel zu bieten. Rund um die Kirche breitet sich eine schattige Oase der Ruhe aus, mitten im Trubel des Zentrums, das mit kleinen Läden, Bars und Eisbuden für die Verköstigung sorgt. Besonders angenehm fallen die vielen Bäume auf, die vor allem im Sommer für Schatten und gute Luft sorgen. Wer die Stadt erkunden möchte, sollte sich auf keinen Fall die hübschen Häuser wie die Markt-Apotheke oder die schönen Fachwerkhäuser in der Großen Seestraße entgehen lassen. Auch das kaiserliche Postamt mit seiner Gründerzeitarchitektur erfreut den Ästheten. Und wie der Name vermuten lässt,

AUSFLUGSZIELE

Ratzeburger See

Unterhalb von Lübeck breitet sich ein S-förmiger See aus, der ein wenig an Schwedens unberührte Weite erinnert: Der Ratzeburger See lädt nicht nur zum Baden, sondern auch zum Wandern und Radfahren ein. Alles Tätigkeiten, die den Biker vielleicht nicht allzusehr reizen. Doch Motorradfahrer kennen in Ratzeburg sowieso zunächst nur ein Ziel: die Eisbude auf der Schlosswiese, der bekannteste Bikertreff der Stadt. Mit dem Eis in der Hand lohnt es sich dann auch, doch noch ein Stückchen zu gehen. Selbst in schwerer Kluft, denn ein Blick in die Innenstadt lohnt sich wirklich. Nicht nur wegen des schönen Backsteindoms, der direkt am Wasser liegt, sondern auch wegen der hübschen Häuser. Kulturinteressierte suchen das Barlach-Museum auf. Wer Zeit hat, steigt um auf den Ausflugsdampfer und lässt sich auf dem Wasser eine Weile schippern. Und sollte anschließend unbedingt den Lauenburg'schen Teller probieren.
www.herzogtum-lauenburg.de
GPS 53.78097, 10.76580

Bildleiste von oben:
Und immer wieder lockt auf dieser
Tour frisch gefangener Fisch.

Das Ostseeheilbad Travemünde
heißt auch »Lübecks schönste
Tochter«.

Der Ratzeburger See zählt zu den
größten der Schleswig-Holsteini-
schen Seenplatte.

Restaurierte Segelschiffe liegen im
Lübecker Museumshafen.

Bikerhotel Mecklenburger Mühle
An der Mühle 3
23972 Dorf Mecklenburg
www.hotel-mecklenburger-
muehle.m-vp.de

Motorradparkplatz
Am Leuchtenfeld 8
23570 Travemünde

Riders Café Lübeck
Leinweberstraße 4
23556 Lübeck
www.riders-cafe.de

Bikertreff Parkplatz beim Kurhaus
Ostseeallee 4
23946 Ostseebad Boltenhagen

Bikertreff am Hafen in Wismar
Am Hafen, 23966 Wismar

Bikertreff Ratzeburger Eispavillon
Schloßwiese 1
23909 Ratzeburg

ROUTE 5

gibt es natürlich auch eine Mühle, sie stammt aus dem Jahr 1878 und ist das Wahrzeichen der Stadt.

09 Dorf Mecklenburg

Etwa sechs Kilometer südlich von Wismar liegt das namensgebende Dorf des Bundeslandes. Slawische Stämme der Obotriten gründeten hier die Burganlage Wiligrad und erkoren sie zum Hauptsitz ihrer Stammesfürsten. 995 stellte König Otto III. eine Urkunde aus, auf der

erstmals der Name »Michelenburg« erwähnt wurde, woraus der heutige Name Mecklenburg abgeleitet wurde. Die einstige Wasserburg verfiel, nachdem sie im 13./14. Jahrhundert verlassen worden war. Archäologen fanden 1970 bei Ausgrabungen Reste von Block- und Flechtwandhäusern. Eine Besichtigung lohnt die historische Backsteinkirche mit ihrer Knorpelwerkornamentik im Inneren.

10 Neukloster

Das heute rund 15 Kilometer östlich von Wismar gelegene Kloster wurde 1219 von Benediktinerinnen gegründet. Die schlichte Basilika und älteste Klosterkirche Mecklenburgs ist streng gegliedert und gilt als Vorbild zahlreicher Kirchen im Lande. 1865 wurde die Kirche restauriert und die Balkendecke bemalt. Die schlanken Glasfenster an der Chorwand entstanden 1245 und sind damit die ältesten ihrer Art in Mecklenburg.

11 Kröpelin

Auf den ersten Blick vermag dieser Ort vielleicht zum Durchfahren motivieren, doch halt. Es gibt in Kröpelin etwas, das es nirgendwo sonst auf der Welt gibt: ein Museum, das sich mit der Geschichte des Ostrock beschäftigt. Im »Ostrockmuseum« wird die Zeit zwischen 1970 und 1990 wieder lebendig. Das Museum thematisiert den Spagat der Künstler, deren künstlerische Freiheit immer Grenzen im politischen System der DDR hatte. Ein Arbeitsplatz des Kulturfunktionärs wird im Museum ebenso gezeigt wie ein

Plattenladen und ein Tonstudio. Einfach mal ins Museum gehen und die Zeit zurückdrehen, und das nicht nur in musikalischer Hinsicht.

12 Kühlungsborn

Eine Ahnung vom Glanz alter Seebadzeiten erhält man hier in der Ostseeallee mit ihren Häusern im Stil der Bäderarchitektur. An der vier Kilometer langen Strandpromenade ragt die Seebrücke 400 Meter in die Ostsee hinaus. Der perfekte Ort, um ein kleines Päuschen einzulegen, bevor es zur letzten Station auf unserer Fahrt geht.

13 Rerik

Das einstige Fischerdorf ist heute ein Eldorado für Wassersportler. Liebhaber von Buddelschiffen und Schiffsmodellen kommen im Heimatmuseum auf ihre Kosten. Sehenswert ist die von außen schlichte frühgotische Pfarrkirche. Die Bemalungen, die zu den üppigsten an der mecklenburgischen Ostseeküste gehören, stammen von Hinrich Greve aus Wismar.

14 Wismar

Am Ende der Tour lockt der Ausgangsort Wismar mit mehr als 800 Jahren Stadtgeschichte. Die roten Backsteingebäude, der hübsche Hafen oder einfach nur eine Eisdiele suchen und eine süße Stärkung naschen – Möglichkeiten, den perfekten Abschluss der Tour zu finden, gibt es in Wismar genügend.

Strandkörbe am Strand von Kühlungsborn warten auf Besucher.

Ab durch die Mitte

Landschaftliche Idylle, kleine Städte und jede Menge Strand:
Wer zwischen Rügen und dem Darß unterwegs ist, kann zwar nicht
auf große Kurvenabenteuer hoffen, dafür wird das Auge mit
Szenerien verwöhnt, wie man sie kaum auf anderen Strecken findet.

RÜGEN UND DARSS-ZINGST

In Deutschlands nordöstlicher Ecke warten zwei Superlative auf den Besucher: Rügen ist die größte Insel Deutschlands und der Darß-Zingst besitzt den schönsten Sandstrand der Ostsee. Muschelsucher im Motorradsattel sind also hier oben genau richtig und werden neben Sonne, Sand und Meer auf schmalen, kurvenreichen Landsträßchen eine Menge Fahrspaß abbekommen. Gestartet wird in Stralsund, dem Tor zur Insel und gleichzeitig dem Zielort der Tour. Bei der Fahrt über die Brücke wird schon deutlich, wie weit sich Rügen ausdehnt, und dass die Insel an sich schon als Ziel reichen würde.

Doch das wäre schade, denn dann würden Biker den Darß verpassen. Dort bekommt man ein Gefühl für die Zeit, in der Land geschaffen wird und wieder vergeht. Es sind nicht immer Jahrmillionen, sondern manchmal nur ein paar Jahre, in denen sich dieser Prozess des Entstehens und Verschwindens abspielt. Und hier ist man quasi live dabei. Erst vor 7000 Jahren nahm die Ostsee ihre heutige Gestalt an, die sich aber seitdem laufend wieder verändert. Ihre Küstenlinien sind im ständigen Fluss, so auch die der Halbinsel Darß, die durch das Zusammenwachsen dreier Inseln entstanden ist. Das Land schiebt sich bis heute weiter ins Meer hinein, um bis zu neun Meter wächst es jedes Jahr. Umgekehrt holt sich die Ostsee immer auch Land zurück und lässt die Kiefern sterben, die am Ufer den Kampf gegen Wind und Salz verlieren und ihre kahlen Äste in den Himmel recken. Ein Anblick, der auch im Kopf bleiben wird, wenn der Biker längst wieder am Zielort Stralsund angekommen sein wird.

Da lacht das Motorradherz –
grüne Allee auf Rügen, die nur darauf
wartet, erobert zu werden.

In Stralsund steht die Kirche St. Nikolai direkt neben dem Rathaus. Innen prunkt die Basilika mit gleich mehreren Altären und farbenprächtig bemalten Arkaden.

ROUTE 6

Routenlänge: ca. 300 km
Zeitbedarf: ca. 3-5 Tage, reine Fahrzeit 6 Std.
Charakteristik: Diese landschaftlich überaus reizvolle Runde streift die kulturellen und landschaftlichen Schönheiten Rügens, ebenso wie die von Fischland, Darß und Zingst.
Start und Ziel: Stralsund
Informationen:
www.auf-nach-mv.de
www.ruegen.de
www.fischland-darss-zingst.de

Hier geht's zum GPS-Track

01 Stralsund

Das an der Ostsee gelegene Stralsund gehört als idealtypisches Beispiel für das kulturelle Vermächtnis der Hanse zum Weltkulturerbe der UNESCO. Die Stadt zeichnet sich durch ein geschlossenes mittelalterliches bzw. frühneuzeitliches Altstadt-Ensemble mit den für Norddeutschland typischen Backsteinbauten aus. Ihr historisches Zentrum wurde in den 1990er-Jahren umfassend restauriert. Seit 1293 Mitglied der Hanse, war Stralsund im 14. Jahrhundert eine der bedeutendsten Städte im Ostseeraum. Vom Stolz des wohlhabenden Bürgertums zeugen heute noch die aufwendig gestalteten Kaufmannshäuser in der hübschen Altstadt, die auf einem Inselkern zwischen dem Strelasund und den im 13. Jahrhundert aufgestauten Teichen liegt. Die Nikolaikirche und das Rathaus mit den Schaugiebeln beherrschen den Alten Markt.

02 Wiek

Direkt am Wieker Bodden liegt dieser nette Fischerort mit einer Brücke aus dem Ersten Weltkrieg. Die hübsche Dorfkirche im Stil der Backsteingotik stammt aus dem 15. Jahrhundert und ist dem heiligen Georg gewidmet.

03 Wittow

Im Norden der Insel Rügen erstreckt sich beinahe eine zweite Insel: Nur mit einer schmalen Landzunge mit Rügen verbunden, eröffnet sich hinter Breege die Wittower Landschaft. Es ist eine Region, die aus weiten Feldern, Steilküste und kleinen Häusern zu bestehen scheint. Tatsächlich befindet sich hier auch der nördlichste Punkt Mecklenburg-Vorpommerns. Es lohnt sich, hier abzusteigen, etwa beim Punkt »Steile Kreide« und zum Meer zu gehen, dort hat man einen wunderbaren Ausblick auf die helle Kreideküste Rügens. Wer sich ein Stück der

Die Pfähle am Strand von Kap Arkona sollen die Küste vor den Wellen schützen. Immer wieder kommt es hier zu Erdabbrüchen.

Strecke sparen will, kann hier auf die Fähre steigen, sie bringt die Passagiere gleich zur Südspitze der Insel.

04 Kap Arkona

Weit in die Ostsee reckt sich Kap Arkona, eine der sonnenreichsten Ecken Deutschlands. Die exponierte Lage an der äußersten Nordspitze Rügens ist vor allem für die Seefahrt bedeutsam. Bei unsichtiger Wetter-

lage, Sturm oder Fehlnavigation laufen Schiffe auf West- oder Ostkurs hier Gefahr, zu stranden. Kein Zufall, dass auf Kap Arkona der älteste Leuchtturm der Ostseeküste steht. Den 1826 erbauten, 21 Meter hohen Turm hat Karl Friedrich Schinkel entworfen. Der markante Ziegelbau mit viereckigem Grundriss war bis 1905 in Betrieb. Direkt neben dem klassizistischen Oldtimer ragt

der inzwischen bereits über 100 Jahre alte, heute noch betriebene Nachfolger auf. Noch älter ist unweit der beiden Leuchttürme die namensgebende slawische Tempelburg »Arkona«, von der ein etwa 1400 Jahre alter Ringwall erhalten ist.

05 Breege

Zwischen Bodden und Meer bildet dieser Ort das Nadelöhr zwischen

AUSFLUGSZIELE

Hiddensee

Autofrei leben die gut 1000 ständigen Bewohner der Insel Hiddensee, die Bestandteil des Nationalparks Vorpommersche Boddenlandschaft ist. Heideflächen, Wald, Dünen und Meer vereinen sich hier zu einem einzigartigen Naturerlebnis. Eines der meistfotografierten und -gezeichneten Motive der Insel ist der Leuchtturm auf dem Dornbusch im hügeligen Nord-

teil von Hiddensee. In Kloster dient Haus Seedorn, in dem Gerhart Hauptmann die Sommer verbrachte, als Gedenkstätte für den Dichter. Auch Motorräder dürfen auf der Insel nicht fahren. Ein Tagesausflug nach Hiddensee lohnt sich aber dennoch. Fähren verkehren ab Schaprode, Stralsund, Wiek und Dranske.
www.reederei-hiddensee.de

Bildleiste von oben:
Eine majestätische Erscheinung ist
das Kurhaus Binz. Unter den ersten
Gästen des Ostseebads war Kaiserin
Auguste Viktoria.

Sassnitz' Nachtleben spielt sich an
lauen Sommerabenden oft auch
draußen ab.

Die ältesten Laubwaldgebiete im
Nationalpark Jasmund befinden
sich in der Stubnitz und Granitz.
Oft hinterlässt das Meer an den
Stränden Treibholz.

der Nehrung Schaabe und der Halbinsel Jasmund. Der kleine Hafenort hat mehr zu bieten, als es auf den ersten Blick vielleicht scheinen mag. Immerhin blüht dort der Tourismus schon seit Ende des 19. Jahrhunderts. Da sind zum einen die hübschen Kapitänshäuser, die von der Tradition der Seefahrer auf Rügen erzählen. Weiter im Norden befindet sich der Park von Juliusruh, einem Ortsteil von Breege, der mit seinen schattigen Alleen, den aufgestellten Skulpturen und den vielen Frühblühern zu jeder Jahreszeit ein Fest für die Augen bietet. Nur wenige Gehminuten entfernt ist der Strand von Juliusruh, der mit seinem sanft abfallenden Charakter viele Familien anlockt. Biker schätzen auch die vielen Bars und Buden im Ort, an denen man sich schnell eine kleine Stärkung holen kann.

06 Schaabe
Die Schaabe ist eine natürliche Landbrücke, die von der Halbinsel Wittow zur Halbinsel Jasmund führt. Auf dem von der Natur damals aufgeschütteten Sandstrand wurden Mitte des 19. Jahrhunderts Birken, Fichten und Kiefern angepflanzt, um zu verhindern, dass der Sand wieder wegfliegt. Heute ist die Schaabe ein beliebtes Ziel für Strand- und Badegäste.

07 Lohme
Nach der Fahrt über die Schaabe, die dem Biker vielleicht wie eine Art natürlicher Steg vorgekommen sein mag, wird Rügen wieder weiter und

die Größe der Insel lässt sich wieder erspüren. Kein Ort auf Rügen liegt höher als dieser Küstenort. In Lohme müssen die Besucher bis zu 70 Meter Steilküste überwinden, um ans Meer zu kommen. Diese vielen Treppenstufen sind nicht für jeden Biker das Richtige, doch es lohnt sich, auch nur oben zu stehen und einen Blick auf Treppe und Panorama zu werfen. Wer es doch hinunter schafft, wird mit einem schönen Café belohnt. Der Ort ist auch der nächstgelegene zum berühmten Königsstuhl. Doch anstatt unten am Strand entlangzuwandern, empfiehlt es sich, lieber den Höhenweg zu wählen, denn die Abbruchgefahr ist mittlerweile am Strand zu hoch und viele Passagen gesperrt.

08 Nationalpark Jasmund
Rügen besteht eigentlich aus fünf Inseln, die im Laufe der Zeit zusammenwuchsen – Jasmund ist die ursprünglichste, abgeschieden zwischen Meer und Bodden. In der bewaldeten Nordhälfte entstand 1990 der Nationalpark Jasmund. Sein Kernbereich ist die Kreideküste mit den optischen und geologischen Höhepunkten Königsstuhl und Wissower Klinken in der »Stubbenkammer«. Die 80 Millionen Jahre alten Relikte aus der Kreidezeit sind weltberühmt, seitdem der Maler Caspar David Friedrich 1818 die »Kreidefelsen auf Rügen« schuf.

09 Kreidefelsen
Als Hauptattraktion Rügens gilt die Kreideküste der Stubbenkammer

mit dem rund 120 Meter hohen Königsstuhl als bekanntestem Felsen, von dessen Aussichtsplattform sich ein grandioser Ausblick auf das Meer bietet. Die vor 50 Millionen Jahren aus den kalkhaltigen Ablagerungen von Kleinstlebewesen entstandenen Felsformationen ragen an der Steilküste über 100 Meter auf und bieten – zusammen mit dem Meer und den Buchenwäldern – ein einzigartiges Landschaftsensemble.

10 Sassnitz
Nach schweren Verwüstungen im Zweiten Weltkrieg wurde die auf der Halbinsel Jasmund gelegene Hafenstadt wiederaufgebaut und etablierte sich zu DDR-Zeiten als bedeutender Handels- und Fischerhafen. Inzwischen wurde im benachbarten Mukran ein neuer, größerer Hafen angelegt. Von der 1,4 Kilometer langen Steinmole aus hat man eine gute Sicht auf das Städtchen. Oberhalb der Promenade liegt die Altstadt mit schönen alten Villen.

11 Binz
Mit insgesamt rund zehn Kilometer langen Sandstränden ist Binz das größte Seebad auf Rügen. Mitte des 19. Jahrhunderts begann sich der Ort zu einem mondänen Treffpunkt der damaligen Eliten zu entwickeln. Zu DDR-Zeiten verbrachten Arbeiter hier ihre Ferien. Nach der Wende 1989 wurden die heruntergekommenen Villen und Hotels aufwendig restauriert, sodass Binz heute wieder in altem Glanz erstrahlt. Die Strandpromenade ist über drei Kilometer

AUSFLUGSZIELE

Biosphärenreservat Südost-Rügen
Die Halbinsel Mönchgut ist als Abbild der gesamten Wasserlandschaft von Mecklenburg-Vorpommern besonders geschützt; 1990 wurde hier ein Biosphärenreservat eingerichtet. Schmale Nehrungen verbinden Halbinseln zwischen flachen Boddengewässern, schroffe Steilküsten wechseln ab mit langen, flachen Sandstränden. Direkt hinter Binz beginnt das Schutz gebiet, zu dem die Orte Sellin, Baabe, Göhren und Putbus gehören. Auch die Zickerschen Berge, die ganze 66 Meter hoch in den Himmel ragen, gehören dazu – mit dem romantischen Kliff am Zickerschen Höft reicht die Formation bis in den Greifswalder Bodden hinein.
www.biosphaerenreservat-suedostruegen.de

lang und von imposanten Villen im Stil der Bäderarchitektur gesäumt.

12 Jagdschloss Granitz

Wenn das Runde im Eckigen ist, dann ist nicht immer nur vom Fußball die Rede. In diesem Fall könnte es auch das Jagdschloss Granitz sein. Dort ragt ein mächtiger, runder Bergfried aus dem rechteckigen Grundgebäude. Das Jagdschloss beindruckt seine Besucher mit einer ganz besonderen Architektur. Sie stammt aus dem Jahr 1846, als das heutige Gebäude als standesgemäße Unterkunft der Grafen zu Putbus für Jagdausflüge errichtet wurde. Am Entwurf war kein Geringerer beteiligt als der preußische Baumeister Karl Friedrich Schinkel. Sehenswert sind die 54 freitragenden Stufen im Inneren des Turms. Wer die Stufen erklommen hat, genießt einen fantastischen Blick über die Insel.

13 Neuendorf

Direkt am Wasser der Ostsee entlang cruisen, diesen Traum erfüllt der kleine Ort Neuendorf den Bikern. Dort liegt die vielleicht schönste Straße auf Rügen. Die Uferstraße schlängelt sich direkt am Saum des Meeres entlang, manchmal tupfen Bäume wohltuenden Schatten auf den Asphalt. Der Blick fällt auf den Greifswalder Bodden mit der vorgelagerten Insel Vilm. Reetgedeckte Häuser am Rand, eingebettet in fröhlich bunte Gärten mit Stockrosen oder Lavendelbüschen vor der Tür.

14 Putbus

Ursprünglich ging Putbus aus einer slawischen Siedlung hervor. Anfang des 13. Jahrhunderts erwarben die Freiherren von Putbus die Stadt, und Anfang des 19. Jahrhunderts ließ Fürst Malte von Putbus den Ort zu einer klassizistischen Residenz ausbauen. Die Häuser sind um den sogenannten Circus, einen kreisrunden Prunkplatz, angeordnet. Die 75 Hektar große Grünfläche ließ Fürst Putbus zu einem englischen Landschaftsgarten mit Orangerie ausbauen, Mammutbäume pflanzen und ein Wildgehege einrichten.

15 Garz

Der kleine Ort im Inselinneren hat bereits 1319 das Stadtrecht erhalten und ist damit die älteste Stadt der Insel. Garz war, bis die Ranen, ein auf Rügen ansässiges westslawisches Volk, im 12. Jahrhundert unterworfen wurden, deren politisches Zentrum. Der Burgwall, auf dem sich eine Tempelanlage befand, ist noch erhalten.

16 Ribnitz-Damgarten

In der »Bernsteinstadt« befindet sich das Deutsche Bernsteinmuseum. Einen Besuch wert sind auch die Marienkirche (13. und 18. Jahrhundert) sowie das ehemalige Klarissinnenkloster, das 1323 gegründet wurde. Im Chorsaal der Kirche ist mittelalterliche Sakralkunst zu besichtigen.

17 Fischland-Darß-Zingst

Die Halbinsel ist vor allem bei Naturfreunden beliebt. Ein unberührter Urwald mit jahrhundertealten knorrigen Buchen, Gestrüpp, Sümpfen, Moorgebieten und riesigen Farnwäldern bedeckt den größten Teil des Darß. Seit Jahrhunderten nagt das Meer an der Landzunge von Fischland; zwischen Wustrow und Ahrenshoop holt sich das Wasser jährlich einen halben Meter Land, um es im Norden des Darß wieder anzulanden.

18 Ahrenshoop

Zwischen Wustrow und Born, am Ende der Nehrung am Saaler Bodden erstreckt sich ein Ort, dessen Licht und Natur immer wieder Künstler fasziniert hat. Ahrenshoop gilt zu Recht als Künstlerort am Darß. Begonnen hatte alles vor rund 100 Jahren, als der Maler Paul Müller-Kaempff das schmale Stück Land zwischen Ostsee und Bodden erblickte und von diesem besonderen Licht beeindruckt war. Er gründete eine Malschule und Künstlerkolonie, die Größen wie Louis Douzette, Erich Heckel, Marianne von Werefkin, Georg Ludwig oder Arnold Lyongrün nach Ahrenshoop brachte. Heute erinnern nicht nur

AUSFLUGSZIELE

Alleen – Fahrvergnügen unter grünen Dächern

Ihre braunen Stämme stehen Spalier an den Chausseen, ihre Kronen reihen sich wie grüne Perlen auf einer Schnur aneinander. Besser gesagt: auf zwei Schnüren. Denn die stattlichen Bäume säumen stets beide Seiten der Straße. Alleen sind ein Markenzeichen von Mecklenburg-Vorpommern und aus dem Landschaftsbild nicht mehr wegzudenken. Wer auf einer solchen Strecke unterwegs ist, fühlt sich von den mächtigen Kastanien und Eichen ans Ziel geleitet, wie magisch durch einen grünen Tunnel gezogen. Viele Bäume sind bis zu 250 Jahre alt und stehen unter Naturschutz. Auf 2500 Kilometern gibt es den historischen Baumbestand, jüngst bepflanzten Landschaftsgärtner weitere 770 Kilometer Straßenrand. Buchen, Ahornbäume, Linden oder Birken – sie bewachen die unterschiedlichsten Wege von Landstraßen über Kopfsteinpflastergassen bis hin zu Feldwegen. Oftmals führen sie zu Burgen und Schlössern und zeigen, welche grüne Pracht dem einstigen adligen Bauherrn am besten gefiel. **www.alleen-fan.de**

Bildleiste von oben:
Der 38 Meter hohe Mittelturm von
Jagdschloss Granitz beherbergt eine
freitragende Wendeltreppe.

Auf dem weitläufigen Gelände um
die Schlosskirche Putbus streichen
zahlreiche Hirsche umher.

Den Darßer Weststrand kennzeich-
net ein großer Küstenwald mit den
charakteristischen Windflüchtern.

viele Galerien und Künstlerhäuser im Ort an diese Tradition, sondern auch Grabsteine auf dem Friedhof zeugen von künstlerischen Berühmtheiten. Wer es nicht scheut, ein wenig zu wandern, macht sich auf zum Hohen Ufer, von dort reicht der Blick bis in die dänische Inselwelt.

19 Perow

Das Ostseebad lockt mit weiten Sand- und Dünengebieten sowie zahlreichen Kuranlagen und dient als Ausgangspunkt für Wanderungen in den Darßer Urwald. Das kleine Born am Saaler Bodden ist ein idyllisches Dorf mit hübschen Häuschen und einer Fischerkirche.

ROUTE 6

Hotel Zur Post
Stralsund, Tribseer Str. 22
18439 Stralsund
Tel. 03831/200500
www.hotel-zur-post-
stralsund.de

Hotel Hafenresidenz
Seestr. 10-13
18439 Stralsund
Tel. 03831/282120
www.hotel-hafenresidenz.de

*Bikertreff Alte Tanke
Wustrow*
Ernst-Thälmann Str. 41
18347 Ostseebad Wustrow
Tel.0382/20 517

Motorrad Touristik Milan
Kleinschmiedstraße 15
18439 Stralsund
Tel. 0171/6405737
www.bikertreff-stralsund.de

Motorsportclub Rügen
Siedlung am Wald 10a
18586 Sellin, msc-ruegen.de

2831 Meter lang ist die Rügenbrücke über den Strelasund.

20 Barth

Im Ortskern des über 750 Jahre alten Hafen- und Handwerkerstädtchens, in dessen Nähe das sagenhafte Vineta gelegen haben soll, erhebt sich die gotische Marienkirche (14. Jahrhundert) mit einer Orgel aus dem Jahr 1821.

21 Stralsund

Modern und Alt als perfekter Gegensatz – so präsentiert sich die Speicherstadt von Stralsund. Der Neubau des »Ozeaneums« mit seiner futuristisch wirkenden, weißen Fassade bietet ein Motiv, bei dem wohl jeder gern die Handykamera herausholt.

USEDOM UND PEENETAL

Ob die Seebrücke von Ahlbeck auf Usedom tatsächlich die schönste Deutschlands ist, weiß wohl niemand ganz genau. Sicher ist jedoch, dass eine Motorradtour durch diesen Teil Vorpommerns einen ganz besonderen Reiz hat. Denn in der Region zwischen Greifswald und Polen ticken die Uhren eindeutig langsamer.

Doch bevor es auf die Insel geht, erkundet der Biker erst mal das Festland. Und das hat ganz schön viel zu bieten. Vorpommern ist die kleine, unbekannte Schwester Mecklenburgs, so scheint es, wenn man die Reise vorbereitet. Mag man die Namen vielleicht schon gehört haben, verblüffen die Orte auf der Strecke aber mit reichem Kulturerbe, oftmals geprägt von Backsteinbauten. Der Biker lernt schnell: Lübeck mag zwar sein berühmtes Holstentor haben, doch die vorpommerschen Schwesterbauten können sich ebenfalls sehen lassen. So zieht sich eine Hansestadt nach der anderen an der sanften Küste entlang, bis schließlich Anklam in Sicht kommt. Halt gebietet sich auch dort, denn einfach nur zum Durchfahren ist die schöne Stadt viel zu schade. Dann aber endlich geht es nach Usedom. »Man hat Ruhe und frische Luft und diese beiden Dinge wirken wie Wunder und erfüllen Nerven, Blut und Lungen mit einer stillen Wonne.« Diese Zeilen schrieb Theodor Fontane 1863 auf Usedom an seine Frau Emilie. Die fast 450 Quadratkilometer große Insel, die sich zwischen Peene und Swina, den beiden Mündungsarmen der Oder, erstreckt, ist ein Feriengebiet par excellence. Während die alten Siedlungen der Fischer mit ihren reetgedeckten Häusern idyllisch am Achterwasser liegen, entstand gegen Ende des 19. Jahrhunderts zum offenen Meer hin eine Reihe großer, eleganter und mondän wirkender Seebäder in wilhelminischer Bäderarchitektur. Einfach nur genießen, bevor es wieder gen Greifswald geht.

Seebrücken hat Usedom mehrere, die Kaiser-Wilhelm-Brücke in Heringsdorf ist sicher eine der schönsten.

Wo Ostseeträume
wahr werden

Vorpommern lockt mit seiner Vielfalt: Hübsche Städtchen wechseln sich mit wilden Flusslandschaften ab. Kultur und Geschichte gibt es am Wegesrand reichlich, immerhin hat Otto Lilienthal dort seine Gleitflüge erfunden. Und am Ende lockt die Insel Usedom mit ihrer berühmten Bäderarchitektur und den feinen Sandstränden.

Historische Schoner, Schlepper und Barkassen – gut 50 historische Schiffe warten im Greifswalder Museumshafen auf ihre Besichtigung, es ist der größte Museumshafen Deutschlands.

ROUTE 7

Routenlänge: ca. 300 km
Zeitbedarf: ca. 1 Woche, reine Fahrzeit 6 Std.
Charakteristik: Pittoreske Rundtour, die sowohl die bildhübschen Seebäder Usedoms als auch die weniger bekannten gemütlichen Städte des Hinterlandes berührt.
Start und Ziel: Greifswald
Informationen:
www.usedom.de
www.kaiserbaeder-auf-usedom.de
www.auf-nach-mv.de

Hier geht's zum GPS-Track

01 Greifswald

Neben dem einstigen Zisterzienserkloster Eldena (1199) etablierte sich eine Handwerker- und Bauernsiedlung, die rasch wuchs, bereits 1250 von den Herzögen von Pommern das Stadtrecht erhielt und der Hanse beitrat. Greifswald blühte wirtschaftlich auf, und das Geistesleben wurde 1496 durch die Gründung einer Universität bereichert, die zweitälteste im Ostseeraum. Den Zweiten Weltkrieg überstand Greifswald relativ unbeschadet, weniger gut hingegen die Zeit der DDR. Ganze Stadtviertel verfielen und wurden abgerissen. Seit der Wende wurde der historische Stadtkern aufwendig restauriert. An der Westseite des denkmalgeschützten Marktplatzes befindet sich das Rathaus, ein gotischer Backsteinbau aus dem 14. Jahrhundert. Bürgerhäuser aus verschiedenen Epochen und Jahrhunderten säumen den Platz. Die dreischiffige Marienkirche aus dem 14. Jahrhundert ist das älteste der drei mittelalterlichen Gotteshäuser. Der Dom St. Nikolai, ursprünglich im 13. Jahrhundert errichtet, wurde im 15. Jahrhundert zu einer Basilika umgebaut. Ihre Barockhaube ist heute ein prägnanter Bestandteil des Greifswalder Stadtbilds.

02 Grimmen

Es gibt Orte, die hat man eigentlich gar nicht auf dem touristischen Radar. Die sieht man auf der Karte und denkt sich: Durchfahren, prima. Das hält in Grimmen genau so lange an, bis man das Tor zur Altstadt erreicht hat. Ältestes Gebäude ist die Marienkirche aus dem Jahr 1267, die als gotischer Backsteinbau die Silhouette des Ortes heute ebenso prägt wie die drei Stadttore mit ihren zinnenbesetzten Giebeln. Die Altstadt mit ihren Patrizierhäusern eignet sich nicht nur zum Gucken, sondern auch zum Bummeln. Besonders hübsch ist das alte

Ein historisches Speichergebäude aus Backstein prägt die Silhouette von Demmin. Das Städtchen liegt direkt an der Peene.

Rathaus, dessen Glockenspiel einen Blick wert ist. Weit über die Stadt hinaus ragt nicht nur der Kirch- sondern auch der Wasserturm, der ein herrliches Panorama bietet.

03 Demmin

Sternförmig treffen sich die Flüsse im Peenetal bei Demmin. Kein Wunder, dass sich an einer derart expo-nierten Stelle eine florierende Stadt gebildet hat: Demmin war einst Mitglied der Hanse und der Handel brachte die Stadt zum Blühen. Die Stadt ist geprägt von der Backsteingotik, vor allem der filigran wirkende Kirchturm aus dem 14. Jahrhundert dominiert die Optik der Altstadt. Aber auch das Luisentor sowie der Pulverturm erinnern an vergangene Zeiten. Wer wieder aus Demmin hinausfährt, wird auf jeden Fall durch das Peenetal kommen, das größte, zusammenhängende Niedermoorgebiet Deutschlands.

04 Altentreptow

Bunte Häuser an einer Kopfsteinpflastergasse, eine mächtige Backsteinkirche mit gedrungenem Helm,

AUSFLUGSZIELE

Historisch-Technisches Museum

Das ehemalige Kraftwerk der Heeresversuchsanstalt von Peenemünde präsentiert auf einer 1500 Quadratmeter großen Ausstellungsfläche die Geschichte der deutschen Luft- und Raumfahrt, insbesondere die Geschichte der Heeresversuchsanstalt Peenemünde und der Luftwaffenerprobungsstelle Peenemünde West. Auf dem Areal des ehemaligen Kraftwerks des militärischen Forschungszentrums wird ein kurzer Abschnitt der Peenemünder Geschichte aufgegriffen: Originalteile, Dokumente, Modelle, Dokumentationsfilme und Zeitzeugenberichte erzählen von den Ideen der Raketenpioniere, das etwa 110000 Quadratmeter große Freigelände umfasst eine Vielzahl von interessanten Großexponaten.
www.peenemuende.de
GPS 54.13821, 13.76658

die über dem Meer roter Dächer der Stadt zu thronen scheint – Altentreptow wirkt schon von Weitem anziehend. Es lohnt sich, sein Bike altstadtnah abzustellen und ein wenig über das Kopfsteinpflaster zu bummeln. Auch kann man hier durch ein Brandenburger Tor schreiten, ohne den Weg nach Berlin antreten zu müssen: Das Brandenburger Tor von Treptow ist eher hoch als breit und leuchtet mit seinem roten Backstein aus dem Stadtbild hervor. Hinter dem Staffelgiebel befand sich einst sogar ein Gefängnis, heute ist es ganz und gar ein museales Gebäude, das sich prima in das umgebende Ensemble von Fachwerkhäusern und schönen Kirchen einreiht.

05 Friedland

Wie schön Wehranlagen aus Backstein aussehen können, beweist diese mecklenburgische Stadt: In Friedland ist ein Großteil der alten Stadtbefestigung erhalten geblieben und erfreut die Biker schon bei der Einfahrt mit beeindruckenden Bauten. Das Anklamer Tor wirkt fast wie die kleine, schmale und hochgewachsene Form des Lübecker Holstentores. Auch das Neubrandenburger Tor ist sehenswert, ebenso wie der runde Fangelturm oder das Wiekhaus, dessen Fachwerkkörper aus der Stadtmauer hervorragt.

06 Ueckermünde

Der Hafenort am Stettiner Haff war einst ein Handwerkerstädtchen. Im 19. und 20. Jahrhundert war hier die Ziegelindustrie dominierend. Seitdem der letzte Brennofen 1997 erlosch, lebt der Ort vor allem vom Tourismus. Im ehemaligen Renaissanceschloss ist heute das Haffmuseum untergebracht. In Torgelow südlich von Ueckermünde gründete Friedrich der Große 1754 ein Eisenhüttenwerk, aus dem 1993 die Eisengießerei Torgelow hervorging.

07 Anklam

In dieser Stadt kommt man nicht weiter, ohne auf diesen Namen zu treffen: Otto Lilienthal. Der Erfinder der Gleitflüge wurde 1848 in Anklam geboren. Er gilt als Pionier der Luftfahrt und so ist es kein Wunder, dass die Stadt ihm stolz ein Museum gewidmet hat (www.lilienthal-museum.de). Die Hansestadt ist zudem das Tor zur Insel Usedom, denn sie befindet sich direkt am Peenestrom. Immer wieder wird der Biker beim Stadtbummel an Restaurants oder Cafés vorbeikommen, die mit einheimischen Spezialitäten, Fisch, verwöhnen.

08 Usedom

Die fast 450 Quadratkilometer große Insel Usedom, die sich von der Peene bis zur Swina, den beiden Mündungsarmen der Oder, erstreckt, ist ein Feriengebiet par excellence. Hauptgründe für ihre Beliebtheit sind die heilsame Seeluft und die kilometerlangen familienfreundlichen Strände, die ihr schon vor Generationen den Kosenamen »Badewanne Berlins« bescherten. Während die alten Siedlungen der

Fischer mit ihren reetgedeckten Häusern mehrheitlich am Achterwasser liegen, entstand gegen Ende des 19. Jahrhunderts zum offenen Meer hin eine Reihe eleganter Seebäder. Zu den namhaftesten ihrer Art zählen Bansin, Ahlbeck und Heringsdorf, Koserow und Zinnowitz.

09 Ahlbeck

Ahlbeck war früher ein kleines, beschauliches Fischerdorf – dann wurde es berühmt. Der Ort blickt auf einen grandiosen Aufstieg zum Seebad und Erholungsgebiet zurück, hier findet sich die gleiche beeindruckende Baustruktur wie in Heringsdorf und Bansin. Auch Ahlbeck hat eine Seebrücke: 1899 fertiggestellt, ist sie nicht nur eine der ältesten Deutschlands, sondern auch eines der berühmten Wahrzeichen der Insel Usedom. Ganz in Weiß strahlt am Anfang des 280 Meter weit ins Meer ragenden Stegs ein Restaurant mit kleinen Türmchen dem Besucher entgegen. Ahlbeck ist übrigens das östlichste der »drei Kaiserbäder«, eine mehr als acht Kilometer lange Uferpromenade verbindet alle drei miteinander.

10 Heringsdorf

Hier ist es besonders schick: Heringsdorf zählt zweifellos zu den mondänsten Seebädern an der Ostsee. Das Flair der einstigen Blütezeit in den 1920er-Jahren ist auch heute noch deutlich spürbar. Die Gästeliste des 19. und frühen 20. Jahrhunderts

liest sich wie das »Who is Who« der Künstler und Intellektuellen. Der Kaiserbädersaal ist nach wie vor kultureller Mittelpunkt der Insel, auch in der Konzertmuschel des Kurparks finden das ganze Jahr über Veranstaltungen statt.

11 Bansin

Es waren glorreiche, goldene Tage, als sich Filmgrößen wie Heinz Rühmann oder Willi Fritsch in Bansin am Strand erholten. Prächtige Villen im typischen Stil der Bäderarchitektur entlang der Uferpromenade erzählen bis heute von der Zeit des Glanzes als Seebad. Mit dabei ist auch das Café Asgard, in dem sich schon die UFA-Filmlegenden einst trafen. Im Landesinneren locken kleine Seen zu einer Auszeit jenseits des Meeresrauschens.

12 Koserow

Wie lange mag diese Landenge wohl noch durchhalten? Immerhin ist die schmalste Stelle zwischen Ostsee und Achterwasser nur 300 Meter breit. Doch die Wellenbrecher und mächtigen Holzbuhnen zeigen Wirkung. Eine Landschaft, in der sich auch der Künstler Otto Niemeyer-Holstein wohl gefühlt hat. Sein ehemaliges Wohnhaus ist heute zum Museum umfunktioniert. Moderner mutet die Seebrücke an.

13 Zinnowitz

Zinnowitz ist mehr als 700 Jahre alt, seit rund 160 Jahren pflegt es seine Badekultur. Wie Koserow – ebenfalls

AUSFLUGSZIELE

Naturpark Flusslandschaft Peenetal

Manche nennen sie auch »Amazonas des Nordens«: Die Peene gilt als einer der letzten wilden Flüsse Deutschlands. Ihr Weg führt 85 Kilometer lang vom Kummerower See bis nach Anklam. Wild ist nicht nur ihr Lauf, wild ist vor allem das Leben am Fluss, denn dort arbeitet eine große Biberpopulation daran, die Landschaft mitzugestalten, aber auch Fischotter kommen dort vor. Das Wasser der Peene ist ungewöhnlich reich an Fischarten, so lebt dort der Steinbeißer ebenso wie das seltene Flussneunauge. Drei Adlerarten freuen sich sicher ab und zu über solche Leckerbissen, sie brüten am Rand des Flusses. Dort sind auch seltene Falter und Orchideen zu finden. Wer das Peenetal erleben will, bucht am besten eine geführte Flusswandertour.
www.naturpark-flusslandschaft-peenetal.de

eine der ältesten Siedlungen auf Usedom – liegt es mit Zempin an der schmalsten Stelle der Insel. Die Engstelle zwischen Ostsee und Achterwasser ist hier nur wenige hundert Meter breit. Zahlreiche Hotels, hübsche Ferienwohnungen und schmucke Villen im Stil der Bäderarchitektur aus den 1920er-Jahren bieten direkt an der Ostseeküste perfekte Unterkunftsmöglichkeiten.

14 Wolgast

An einer der engsten Stellen des gewundenen und verzweigten Peenestroms liegt Wolgast, das »Tor zur Insel Usedom«. In der hübschen Altstadt beeindruckt die historische Kirche: Das dem Apostel St. Petri geweihte Gotteshaus wurde zwi-

schen 1280 und 1350 im gotischen Stil errichtet. Im Inneren befinden sich neun Sarkophage von Verwandten der ehemaligen Greifenherzöge. Im Museumshafen Wolgast kann man das historische Fährschiff

»Stralsund«, welches bis 1990 die Verbindung zwischen Wolgast Hafen und Wolgast Fähre herstellte, besichtigen. Das 1890 erstmals in Dienst gestellte Schiff konnte Personen, Autos und Eisenbahnwaggons

Das Gutshaus Hotel
Siedenbüssow Nr. 9
17129 Alt Tellin
Tel. 039991/36965
www.dasgutshaus.de

Hotel am Markt
Altentreptow
Am Marktpl. 1
17087 Altentreptow
Tel. 03961/25820
www.ferienhotel-
vorpommern.de

Motorradmuseum
Ducherow
Hauptstr. 2
17398 Ducherow
Tel. 0170/2077945

Motorsport- und
Freizeitzentrum Neuendorf
Mittelweg 1
17509 Neuendorf
Tel. 038352/204

Hotel Aurelia St. Hubertus
Heringsdorf
Grenzstr. 1
17424 Seebad Heringsdorf
Tel. 038378 47760
www.aurelia.net

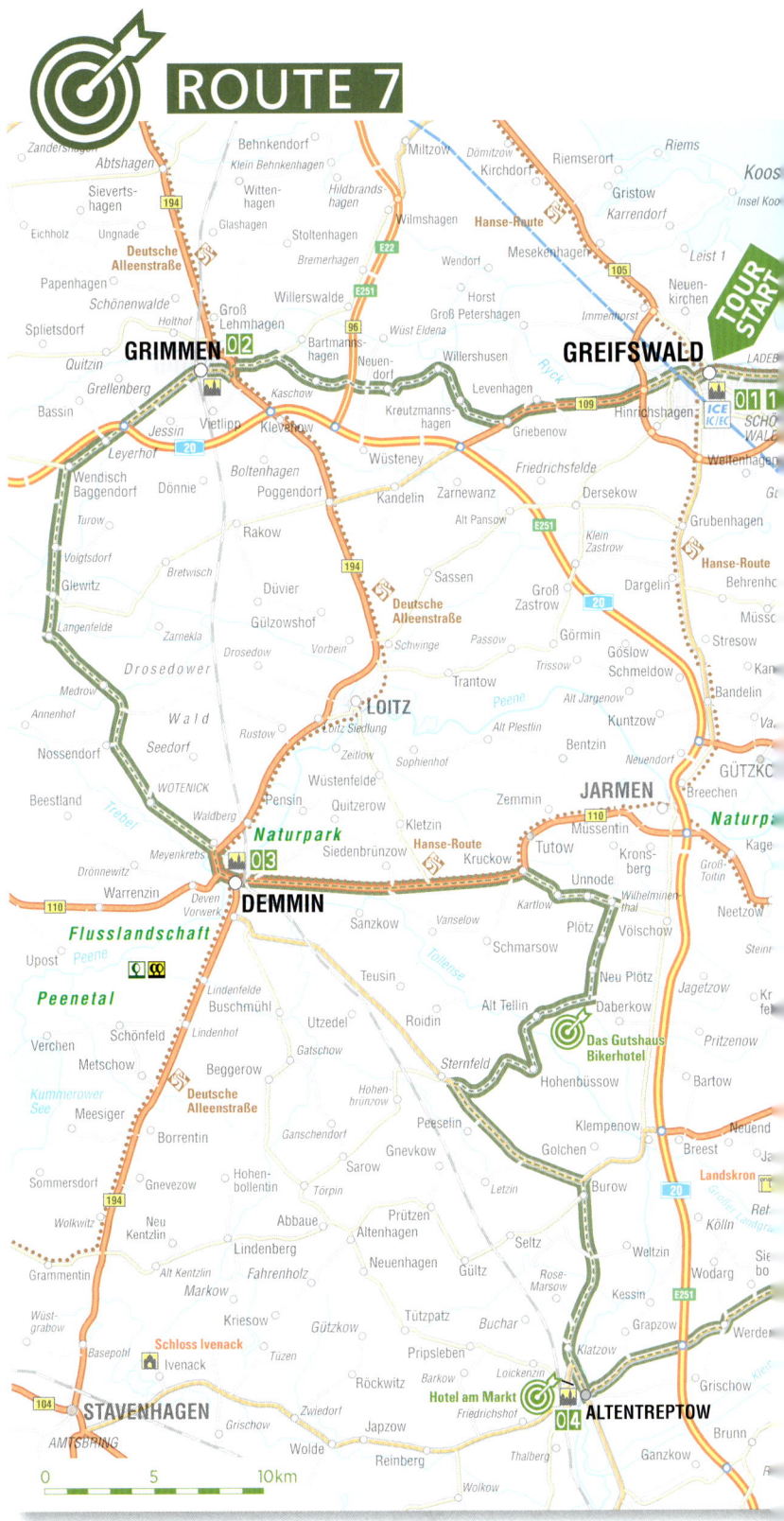

befördern und wurde zum Teil auch als Eisbrecher auf der Peene und der Swine eingesetzt. Heute ist das Fährschiff ein Museum. Weiterhin findet man im Museumshafen Wolgast einen alten Schlepper, der zum Ziehen der auf der Peenewerft gebauten Schiffe benutzt wurde. .

15 Greifswald

Die Treppengiebel des Marktplatzes sollte sich der Biker unbedingt anschauen, wenn er zurück in Greifswald ist. Die von Backsteingotik geprägte Stadt hat viel zu bieten, wie wäre es mit einem Ausflug zur alten Klosterruine Eldena? Oder mit einer Erfrischung im Strandbad?

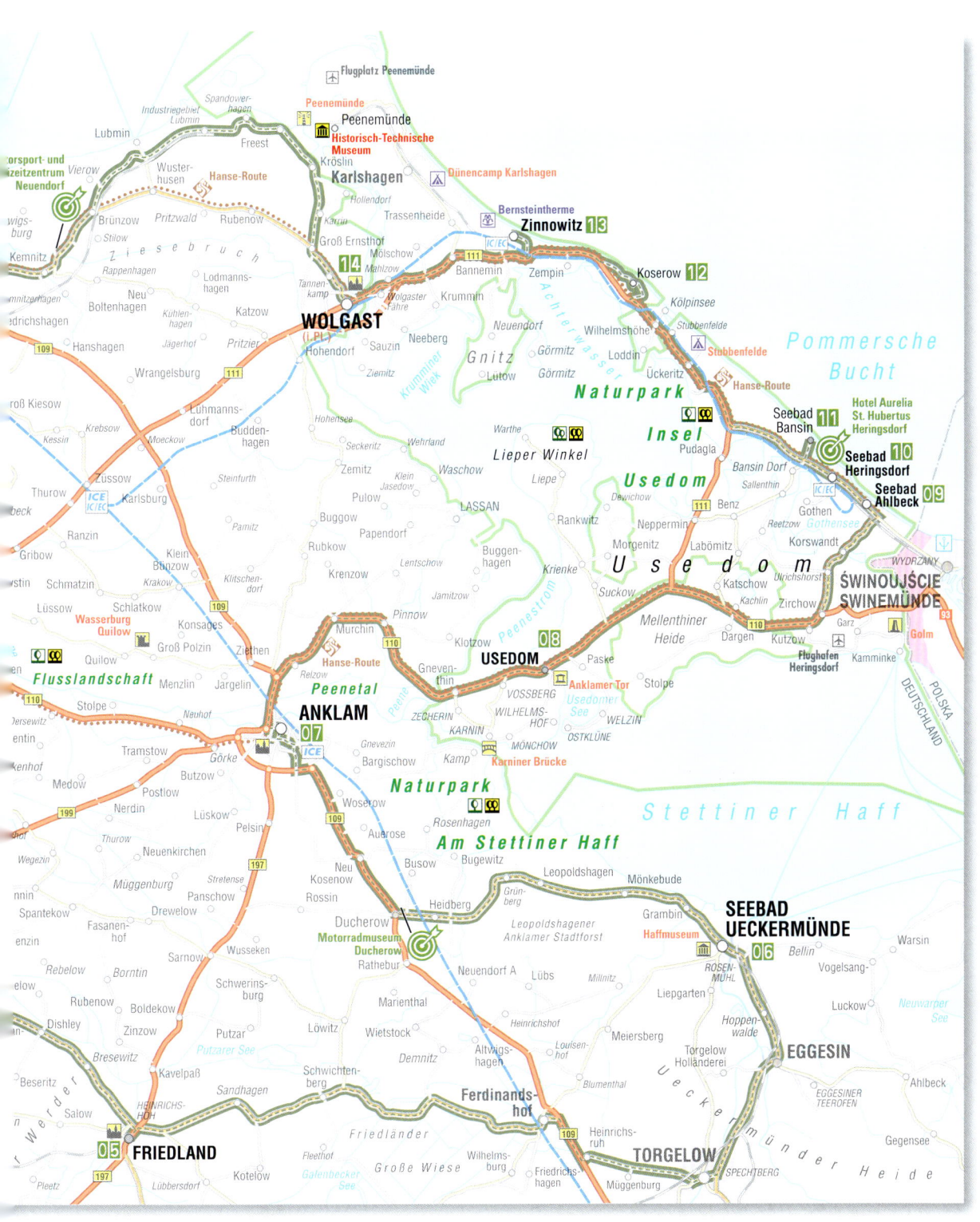

Die Farbe Lila

Auch wenn das Klischee immer die lilafarbenen Heideflächen zeigt: Die Lüneburger Heide ist viel mehr als das. Sie bezaubert mit kleinen Dörfern, Straßen durch dichte Tannenwälder und manchmal gibt es sogar eine Steigung. Überall am Wegesrand locken Gasthöfe und Kunstcafés zur Einkehr.

LÜNEBURGER HEIDE

Kaum Höhenunterschiede, kaum scharfe Kurven – eine Motorradtour durch die Lüneburger Heide ist nichts für sportliche Naturen. Wer hier unterwegs ist, setzt andere Prioritäten und sucht vielmehr Ruhe und Erholung in einer Landschaft, die dank des Naturschutzes so aussieht, als hätte sich seit Jahrhunderten nichts verändert.

Ohne Salz gibt es kein Leben. Deswegen sind die Herren des Salzes schon immer reich und mächtig gewesen. In der Vergangenheit, als es noch keine industrielle Salzgewinnung gab, galt dieses Gesetz viel stärker als heute. Und so bescherte es der schönen Stadt Lüneburg ruhmreiche Jahrhunderte. Denn der Ort liegt genau über einem riesigen Salzstock, der – so will es die Legende – vor mehr als tausend Jahren von einem Jäger entdeckt wurde. Der Salzstock ist längst stillgelegt, dennoch prägt er bis heute die Universitätsstadt, denn der Boden arbeitet nach wie vor und so senken sich manche Häuser in Lüneburg derart, dass sie dicke Bäuche bekommen, wie etwa das berühmte schwangere Haus rückseitig des Rathauses. Nach einem Besuch auf der legendären Kneipenmeile Stint gilt es tags darauf aber das Motorrad zu starten. Über kleine Straßen geht es direkt in den Naturschutzpark. Da werden Klischees aus Heimatfilmen bedient mit den Fachwerkbauernhöfen am Wegesrand und den Kutschen, die klappernd die Touristen in die Natur tragen. Weiter geht es, immer wieder liegen kleine Dörfer am Wegesrand. Auch die Tradition der Schäferei wird in der Heide noch gepflegt. Auf dem Rückweg wird es trubelig beim Durchqueren der Region der Vergnügungsparks, bis der Biker schließlich wieder am Ausgangspunkt der Tour angelangt ist. Lüneburg, Vielleicht ist die Salzstadt doch das Schönste an der Heide.

Wer eine Tour durch die Lüneburger Heide unternimmt, möchte dies vermutlich unbedingt zur Heideblüte tun.
Der Nachteil: In dieser Zeit ist es in der Region besonders voll. Also eventuell besser auf die Vor- oder Nachsaison ausweichen.

Zahlreiche Backsteinhäuser verleihen Lüneburg sein malerisches Aussehen. »Auf dem Meere« gilt als eine der schönsten Straßen der Stadt.

ROUTE 8

Routenlänge: ca. 280 km
Zeitbedarf: ca. 3 Tage, reine Fahrzeit ca. 6 Std.
Charakteristik: Wer nach dieser Tour den Zündschlüssel abzieht, ist so entspannt wie nie zuvor. Da liegt an dem ausgeglichenen Charakter dieser Runde durch eine der faszinierendsten Landschaften Deutschlands.
Start und Ziel: Lüneburg
Informationen:
www.lueneburger-heide.de

Hier geht's
zum
GPS-Track

01 Lüneburg

Bereits im 16. Jahrhundert gehörte Lüneburg zu den reichsten Städten Norddeutschlands. In der Neuzeit gewann die gut erhaltene Stadt durch ihr anerkanntes Moor- und Solebad, einige Industriebetriebe und seit 1980 auch durch die Universität an Bedeutung. In der alten Salzstadt gibt es eine Fülle von Backsteingebäuden aus Spätgotik und Renaissance. Sehenswert ist das Rathaus mit seiner barocken Fassade. Durch die schöne Altstadt gelangt man zur 1409 geweihten Nikolaikirche. Die Straße Am Sande, einst Handelsplatz, wird von Häusern aus Renaissance- und Barockzeit gesäumt. Die beeindruckende Johanniskirche beherrscht mit ihrem 108 Meter hohen Turm den Platz. Die Orgel der Kirche gehört zu den ältesten Deutschlands. Im Deutschen Salzmuseum auf einem ehemaligen Salinengelände kann man sich über die 1000-jährige Geschichte der Salzgewinnung in Lüneburg informieren. Das »weiße Gold« wurde von hier aus in die Ostseeländer verschifft.

02 Lüneburger Heide

Der 1921 gegründete Naturschutzpark war der erste seiner Art in Deutschland. Ein Gebiet von rund 20 000 Hektar ist für Autos gesperrt, zugelassen sind nur Pferdefuhrwerke und Fahrräder. Vom 169 Meter hohen Wilseder Berg bietet sich im Spätsommer ein bezaubernder Blick über das dunkelrosa Blütenmeer dieser historischen Kulturlandschaft. Allgegenwärtig sind in der Heide die Heidschnucken, eine genügsame Schafart.

03 Bispingen

Auch dieser Ort ist ein beliebtes Tor zum Naturschutzpark. Ehe man zu Fuß oder per Rad aufbricht, sollte man einen Blick auf die aus Feldsteinen erbaute schlichte »Ole Kerk«,

Idyllisch bewachsene Fachwerkhäuser und Kopfsteinpflaster-Straßen – im Hintergrund die Klosterkirche St. Michaelis in Lüneburg.

die »alte Kirche«, von 1353 werfen. Wer das wirkliche Leben vorzieht, nimmt ein Bad im Brunausee oder fährt zum Ortsteil Volkwardingen, von wo aus ein Wanderweg durch das Heidetal des Totengrunds nach Wilsede führt. Eine Kuriosität ist das sogenannte »Verrückte Haus«, das außen wie innen komplett auf dem Kopf steht.

04 Neuenkirchen

Eingebettet zwischen Heide und Moor liegt Neuenkirchen. Am Südrand der Lüneburger Heide bietet Neuenkirchen eine Attraktion, die selbst in der Heide etwas Besonderes ist: Jeden Morgen treibt der Heideschäfer seine Schnucken aus dem Stall in die Weide und abends wieder zurück. Besucher sind herzlich eingeladen, diesem Schauspiel beizuwohnen. Neben dem berühmten Schäferhof locken in Neuenkir-

AUSFLUGSZIELE

Jesteburg

Wenige Kilometer nördlich der Lüneburger Heide liegt das kleine Städtchen Jesteburg. Im hölzernen Turm von Jesteburgs Kirche schlägt Niedersachsens älteste Glocke. Auf dem Weg nach Jesteburg, am Rande des Dörfchens Lüllau, trifft man auf eine unvermutete Attraktion: den eigentümlichen Kunsttempel von Johann Michael Bossard. Das 1926–1929 erbaute Haus ist das Lebenswerk des aus der Schweiz stammenden Kunstprofessors.
www.jesteburg.de, GPS 53.30853, 9.95799

Oldendorfer Totenstatt

Die Hügelgräber, die sich mitten in der Heidefläche auftun, sind teilweise mehr als 5700 Jahre alt. Die sechs Megalithanlagen im Tal der Luhe bestehen nicht nur aus aufrecht stehenden Steinen, sondern auch Grabkammern sind freigelegt und zu erkennen. Die Fundstücke können im Archäologischen Museum Oldendorf/Luhe besichtigt werden. Dort gibt es auch die Dauerstellung »Wohnungen für die Ewigkeit. 5700 Jahre Oldendorfer Totenstatt«.
GPS 53.14192, 10.21175

ROUTE 8

chen aber auch eine Windmühle im Galerie-Holländer-Stil sowie eine Draisinenbahn, bei der man mit Muskelkraft auf alten Bahnschienen vorwärtskommen kann.

05 Kloster Ebstorf

Es muss nicht immer laut sein und brummen, manchmal sind beschauliche Stopps in der Stille genau das

Hotel Sellhorn
Winsener Straße 23
21271 Hanstedt
Tel. 04184/8010
www.hotel-sellhorn.de

Akzenthotel
Zur Grünen Eiche
Mühlenstraße 6
29646 Bispingen
Tel. 05194/98580
www.hotel-behringen.de

Hotel Schützenhof
Große Str. 22
21380 Artlenburg
Tel. 04139/7030
www.schuetzenhof-
artlenburg.de

Klimperkasten in Stelle
Uhlenhorst 1, 21435 Stelle
Tel. 04174/3027
www.klimperkasten-stelle.de

Bikerparkplatz
Schiffshebewerk
Am Unteren Vorhafen
21379 Scharnebeck

Richtige. Wer innere Einkehr mit Geschichte verbinden will, legt einen Stopp in Kloster Ebstorf ein. Die Anlage stammt aus dem 12. Jahrhundert und wurde seitdem durchgängig als Kloster genutzt. Nach der Reformation wurde aus dem ehemaligen Benediktinerinnenkloster ein evangelisch-lutherischer Konvent, dessen Backsteingotik zur feinsten der Region zählt. Vor allem die Buntglasfenster beeindrucken, aber auch das 700 Jahre alte Taufbecken. Überregional bekannt ist das Kloster für die Ebstorfer Weltkarte. Sie wurde 1830 gefunden und zählt zu den größten Karten, die das auf dem Glauben, die Welt sei eine Scheibe, beruhende Weltbild des Mittelalters dokumentieren. Nicht versäumen sollten Besucher auf jeden Fall einen Blick in den Kreuzgang und auch die Gartenanlage ist zauberhaft und bietet einen Raum zum Innehalten.

06 Scharnebeck

Direkt am Elbe-Seitenkanal befindet sich das zweitgrößte Schiffshebewerk der Welt. Die Schiffe überwinden in mit Wasser gefüllten »Fahrstühlen« in nur drei Minuten 38 Meter Höhendifferenz zwischen Elbe und Geest.

07 Lüneburg

Zurück in der Salzstadt wird der Biker sicherlich schnell den Weg zum Stint finden. Die Straße am Flüsschen Ilmenau ist einfach herrlich mit den Biergärten und den Restauranttischen auf dem Kopfsteinpflaster.

Blüten über Blüten – bei einer Fahrt durch die Lüneburger Heide kommt man aus dem Schwelgen nicht heraus.

ELBHÖHEN-WENDLAND

Flussromantik gepaart mit Landluft – im Naturpark Elbhöhen-Wendland finden Motorradfahrer eine reiche Auswahl an entspannten Strecken vor. Die vielen Hügel der Region sorgen dafür, dass der Fahrspaß nicht zu kurz kommt.

Das Wendland, ganz im Osten von Niedersachsen gelegen, berühmt für seine widerstandsfähigen Menschen und ihren Protest gegen das Atomlager Gorleben, ist ein ganz besonderer Landstrich. Das hat auch der Schriftsteller Andreas Maier erfahren, der selbst dort gelebt hat und schrieb: »Wer ins Wendland geht, kommt als ein anderer wieder heraus. Das lässt sich gar nicht vermeiden, auch wenn man einfach nur seine Ruhe haben will. Denn die Geschehnisse dringen in jedes Dorf, in jeden Garten, in jeden Kopf ein, ob man will oder nicht, und man kommt ins Nachdenken wie nirgendwo sonst. Übers Jonglieren, über die Polizei und über die Demokratie an sich. Das Wendland polarisiert.« Warum das so ist, das wird der Motorradfahrer selbst beim Durchfahren spüren. Es ist eine Landschaft am breiten, wilden Teil der Elbe, eine Landschaft, in der die Dörfer weit auseinanderliegen und die Natur sich vieles zurückerobert hat. Dank der Nähe zu Hamburg haben sich dort viele Künstler angesiedelt und bereichern die Gegend nun mit ihren Ateliers und Galerien. Der Ausgangsort Dannenberg lohnt ebenso einen Blick wie die Orte auf der anderen Elbseite, zum Beispiel Boizenburg und Lauenburg. Und wenn man dann wieder zurück beim Kaffee in Dannenberg sitzt, staunt man nicht schlecht, wie vielfältig diese kleine Region doch ist.

Der Herbst an der Elbe und im Wendland ist bekannt für sein Farbenspiel. In den Monaten September und Oktober dominieren atemberaubende Rot-, Orange- und Gelbtöne die Uferlandschaft und bieten einen tollen Kontrast zu Elbe und Herbsthimmel.

Wo die Elbe noch wild ist

Wie ein blaues Band zieht sich die Elbe durch Niedersachsen. Entlang des Flusses bieten sich herrliche Möglichkeiten für Motorradfahrer und manchmal lockt sogar die ein oder andere Fährfahrt.

Schreyahn bei Wustrow gilt mit seinen zehn Vierständerbauten aus dem 18. und 19. Jahrhundert als eines der am besten erhaltenen Rundlingsdörfer im Wendland.

ROUTE 9

Routenlänge: ca. 250 km
Zeitbedarf: ca. 2 Tage, reine Fahrzeit ca. 5 Std.
Charakteristik: Das Herzstück dieser Tour ist die 55 km lange Kurvenstrecke zwischen Boizenburg und Dömitz. Sie gilt als die beste Motorradetappe Norddeutschlands.
Start und Ziel: Dannenberg
Informationen:
www.region-wendland.de
www.herzogtum-lauenburg.de
www.kurs-elbe.de

Hier geht's
zum
GPS-Track

01 Dannenberg

Ein backsteinroter Turm mitten in der Altstadt – das muss Dannenberg sein. Die Kleinstadt liegt direkt am Flüsschen Alte Jeetzel, das sich in Schlaufen durch die Landschaft windet. Gleich hinter der Innenstadt breitet sich der Thielenburger See aus, an dessen Ufer Bänke dazu einladen, den Blick auf der Insel oder den vorbeipaddelnden Schwänen ruhen zu lassen. Alte Fachwerkhäuser säumen nicht nur das Ufer des Sees, sondern auch die Altstadt, etwa in der Fischerstraße. Im alten Waldemarturm befinden sich heute das städtische Museum sowie ein Marionettentheater. Wichtig zu wissen: Am Wochenende ist die Elbuferstraße von Dannenberg nach Lauenburg für Motorräder gesperrt.

02 Uelzen

Hauptsehenswürdigkeiten sind hier das »Goldene Schiff«, das Modell einer Hansekogge, in der gotischen Marienkirche sowie der von Friedensreich Hundertwasser gestaltete Bahnhof.

03 Bad Bevensen

Manchmal lohnt es sich, Dinge langsam angehen und den Blick schweifen zu lassen. In Bad Bevensen etwa ist es ratsam, nicht nur durchzufahren, sondern zu stoppen und die hübschen Fassaden der Fachwerkhäuser einmal genauer unter die Lupe zu nehmen. Da wären die alte Ratsapotheke mit ihren vielen Fenstern oder Hauseingänge mit Sprüchen in den Balken. Doch die meisten Menschen kommen nicht wegen der hübschen Innenstadt, sondern weil Bad Bevensen das einzige Mineralheilbad der Lüneburger Heide ist. Die Jod-Sole-Therme bietet viele Becken mit Heilwasser an, dazu einen riesigen Komplex mit Wellness-Angeboten. Wem das alles immer noch nicht reicht, der macht sich auf in die Natur, die Landschaft

Zwischenstopp Bleckede. Hier ist nicht nur das interessante Biosphaerium Elbtalaue untergebracht, es gibt natürlich auch ein Café zur Stärkung.

um den Ort herum ist leicht hügelig und bietet ein perfektes Wanderrevier in der Heide.

04 Kloster Medingen

Zugegeben, diese Farbwahl ist nicht jedermanns Sache: Was den einen völlig begeistert, ist dem anderen zu bonbonfarben. Rosa-weiß-gestreift als Fassade ist schon etwas mutig. Es deutet ganz klar auf den beginnenden Klassizismus hin, den Baustil, in dem das Kloster 1788 errichtet worden ist. Es ist das einzige protestantische Kloster, das in Norddeutschland neu gebaut wurde. Vor allem der 40 Meter hohe Kirchturm dominiert den Anblick, er zeigt mit seinem geschwungenen Helm noch deutliche Züge des Rokokos. Sehenswert sind unter anderem der Kuppelsaal und der Innenraum der Kirche. Weltliches und Kirchliches verbindet der Festsaal, in dem Konzerte und Kulturveranstaltungen stattfinden.

05 Bleckede

Historisches Ambiente, eine reizvolle Flusslandschaft sowie reichlich

AUSFLUGSZIELE

Wustrow

Dieser kleine Ort zwischen Lüchow und Salzwedel schmiegt sich eng an die Grenze zu Sachsen-Anhalt. Wie das mit Dörfern so ist, die weitab vom Schuss liegen, hat sich auch in Wustrow eine Stimmung erhalten, die einzigartig ist. Die alten, elbetypischen Fachwerkhäuser, die Rundlingsdörfer sind etwas, das sich Motorradfahrer unbedingt anschauen sollten – und in diesem Fall geht das sogar im Vorbeifahren. Doch Wustrow selbst lohnt auch das Absteigen, denn das örtliche Museum dokumentiert die Zeit der Kolonialwarenläden und der DDR-Geschichte. Ein Kali- und Leinen-Pfad führt ein in die Welt des Handels und Bergbaus. Ganz besonders kreativ ist Schreyahn, das als Künstlerdorf im Wendland weit über die Grenzen der Region hinaus bekannt ist.
GPS 52.925229, 11.130244

Kunst, Kultur und Natur, all das bietet die über 800 Jahre alte Stadt. Und in puncto vielfältige Fortbewegungsmittel ist sie wohl nur schwer zu übertreffen. Bleckede und Umgebung kann man zu Fuß, per Fahrrad, mit dem Oldtimerzug »Heide-Elbe-Express«, per Kutsche oder mit

Allein zwischen Birken – das Wendland ist vielen noch unbekannt, um so leerer sind die Straßen.

ROUTE 9

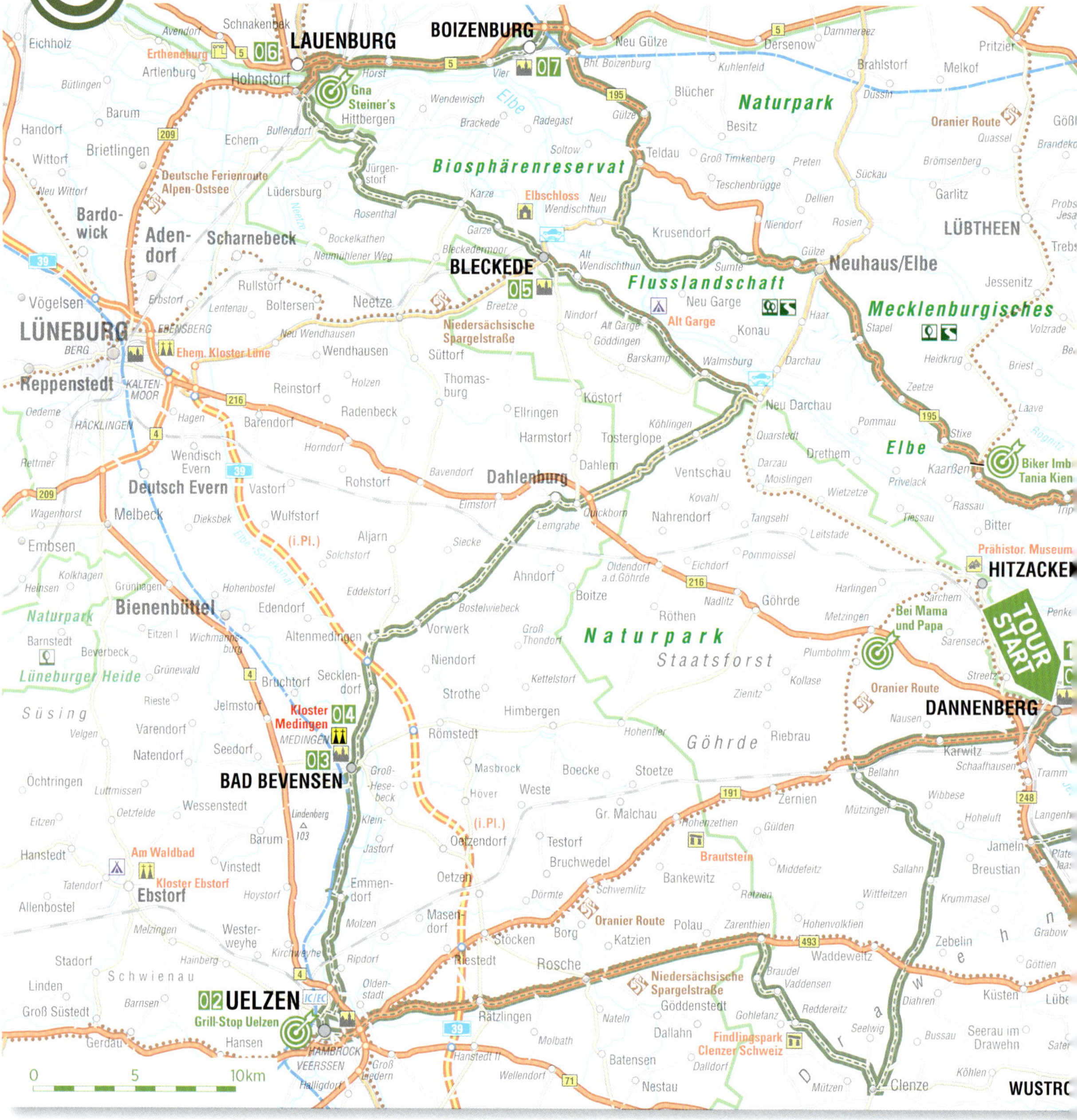

Eichholz
Avendorf
Schnakenbek
Erthenburg 06 LAUENBURG   BOIZENBURG
Artlenburg   Hohnstorf   Horst   Vier   07   Neu Gülze   Dersenow   Dammereez   Pritzier
Bütlingen   Gna Steiner's   Wendewisch   Bht. Boizenburg   Kuhlenfeld   Brahlstorf   Melkof
Barum   Hittbergen   Brackede   Radegast   Gülze   195   Blücher   Dussin   Naturpark
Handorf   Brietlingen   209   Bullendorf   Soltow   Teldau   Groß Timkenberg   Preten   Besitz   Brömsenberg   Oranier Route   Gößl
Wittorf   Echem   Jürgen-storf   Karze   Biosphärenreservat   Teschenbrügge   Sückau   Garlitz   Brandeko
Neu Wittorf   Deutsche Ferienroute Alpen-Ostsee   Lüdersдorf   Rosenthal   Elbschloss   Neu Wendischthun   Krusendorf   Niendorf   Dellien   Rosien   Probs Jesa
Bardo-wick   Aden-dorf   Scharnebeck   Bockelkathen   Neumühlener Weg   Garze   Bleckedermoor   Alt Wendischthun   Sumte   Gülze   LÜBTHEEN   Trebs
Vögelsen   LÜNEBURG   Ebstorf   Lentenau   Rullstorf   Neetze   Breetze   BLECKEDE   05   Nindorf   Flusslandschaft   Neu Garge   Haar   Neuhaus/Elbe   Jessenitz
Reppenstedt   BERG   EBENSBERG   Ehem. Kloster Lüne   Neu Wendhausen   Niedersächsische Spargelstraße   Süttorf   Alt Garge   Göddingen   Konau   Stapel   Mecklenburgisches   Volzrade
KALTEN-MOOR   Wendhausen   Holzen   Thomas-burg   Barskamp   Walmsburg   Darchau   Heidkrug   Be
HÄCKLINGEN   Hagen   216   Reinstorf   Radenbeck   Ellringen   Köstorf   Neu Darchau   Pommau   Zeetze   195   Laave
Oedeme   4   Barendorf   Horndorf   Harmstorf   Tosterglope   Köhlingen   Quarstedt   Drethem   Elbe   Stixe   Kaarßen   Rogat
Rettmer   Wendisch Evern   39   Rohstorf   Bavendorf   Dahlenburg   Dahlem   Ventschau   Darzau   Moislingen   Wietzetze   Privelack   Rassau   Biker Imb Tania Kien   Bitter
209   Deutsch Evern   Vastorf   Elmstorf   Quickborn   Kovahl   Nahrendorf   Tangsehl   Leitstade   Tiessau   Trip
Wagenhorst   Melbeck   Dieksbek   Wulfstorf   Aljarn   Siecke   Lemgrabe   Oldendorf a.d. Göhrde   Eichdorf   Pommoissel   Harlingen   Prähistor. Museum   HITZACKER
Embsen   Kolkhagen   Grünhagen   Hohenbostel   Solchstorf   Eddelstorf   Ahndorf   Boitze   216   Nadlitz   Göhrde   Metzingen   Bei Mama und Papa   Penke
Heinsen   Naturpark   Bienenbüttel   Edendorf   Vorwerk   Bostelwiebeck   Groß Thondorf   Naturpark   Röthen   Plumbohm   Sarchem   TOUR START   Streetz
Barnstedt   Eitzen I   Wichmannsburg   Altenmedingen   Niendorf   Staatsforst   Kettelstorf   Kolläse   Nausen   Oranier Route   DANNENBERG
Beverbeck   Lüneburger Heide   Grünewald   4   Bruchtorf   Secklendorf   Strothe   Himbergen   Hohenfier   Göhrde   Riebrau   Karwitz   Schaafhausen   Tramm
Süsing   Rieste   Jelmstort   Kloster Medingen   04   Römstedt   Bellahn   Wibbese   Hoheluft   Langenh   248
Velgen   Varendorf   MEDINGEN   03   Groß-Hese-beck   Masbrock   Boecke   Stoetze   191   Zernien   Mützingen   Jamelin   Plate
Öchtringen   Luttmissen   Natendorf   Seedorf   Höver   Weste   Gr. Malchau   Hohenzethen   Gülden   Middefeitz   Sallahn   Breustian
Oetzfelde   BAD BEVENSEN   Lindenberg   103   Klein-Jastorf   (i.Pl.)   Oetzendorf   Testorf   Bruchwedel   Brautstein   Middefeitz   Wittfeitzen   Krummasel   n e
Hansted   Am Waldbad   Barum   Vinstedt   Oetzen   Bankewitz   Schwemlitz   Dörmte   Ratzien   Zebelin   Grabow
Tatendorf   Kloster Ebstorf   Hoystorf   Emmen-dorf   Masen-dorf   Molzen   Borg   Oranier Route   Polau   Zarenthien   Hohenvolkflien   Göttien   h e
Allenbostel   Ebstorf   Melzingen   Wester-weyhe   Kirchweyhe   Ripdort   Stöcken   Katzien   493   Waddeweitz   Braudel   Vaddensen   Dahren   Küsten   Lübe
Stadorf   Hainberg   4   Olden-stadt   Riestedt   Rosche   Niedersächsische Spargelstraße   Gohletanz   Redderreitz   Seerau im Drahwen   Sater
Linden   Schwienau   Barnsen   02   UELZEN   UC/EC   39   Rätzlingen   Göddenstedt   Nateln   Dallahn   Findlingspark Clenzer Schweiz   Bussau   Köhlen   WUSTRO
Groß Süstedt   Grill-Stop Uelzen   Hansen   Molbath   Batensen   Dalldorf   71   Wellendorf   Nestau   Clenze   Mützen
Gerdau   HAMBROCK   VEERSSEN   Groß Jagern   Halligdorf

0   5   10km

Draisinen erkunden. Ein guter Zeit-punkt für einen Besuch ist das Histo-rische Wochenende alljährlich im August mit mittelalterlichem Burg-fest und Oldtimertreffen.

06 Lauenburg
Die kleine Schifferstadt Lauenburg am Nordufer der Elbe grenzt sowohl an Mecklenburg-Vorpommern als auch an Niedersachsen. Lauenburg wurde Ende des 12. Jahrhunderts als Feste auf einer kleinen Anhöhe von

Bernhard von Askanien gegründet. Es lag schon damals handelsstrate-gisch günstig an der Salzstraße und an der ersten künstlichen Wasser-straße Europas, dem Vorgänger des Elbe-Lübeck-Kanals. So ist östlich der Stadt noch heute die älteste gemauerte Kammerschleuse Euro-pas zu besichtigen: die Palmschleuse von 1725. In der Unterstadt von Lauenburg drängen sich schmucke Fachwerkhäuser aus dem 16. und 17. Jahrhundert an kopfsteinge-pflasterten, kurvenreichen Straßen. Der Museumsdampfer »Kaiser Wil-helm« bietet Ausflugsfahrten auf der Elbe an.

07 Boizenburg
Achtung, es wird holprig: Biker, die nach Boizenburg kommen, sollten sich auf Kopfsteinpflaster vorberei-ten. Boizenburg mit seinen Back-steinhäusern, den duftenden Lin-denalleen und dem gut erhaltenen Stadtwall ist auf jeden Fall mehr als nur einen kurzen Stopp wert. Vor allem der Wall, über den ganze 45 Brücken führen, brachte der Stadt den Beinamen »Klein Venedig« ein. Entlang des Walls zu spazieren ist ebenso eine gute Idee wie ein Abste-

Grill-Stop Uelzen
Celler Str. 2, 29525 Uelzen
Tel. 0581/78586
www.grillstop.de

Biker Imbiss Tania Kienast
Kaarßen, Hauptstr. 7
19273 Kaarßen
Tel: 0173/2170295
www.beitania.de

Gna Steiners
Bei der Palmschleuse 4
21481 Lauenburg/Elbe
Tel. 04153/5729420
www.gnasteiners-lauenburg.de

Bei Mama und Papa
An der B 216
29473 Metzingen/Gehrte

cher zum alten Rathaus zu machen, das mit Laubengängen und einem Mansardendach besticht. Dominie-rend im Stadtbild ist die Backstein-kirche St. Marien, aber auch der Wallpavillon mit seinem außerge-wöhnlichen Grundriss oder die alte Wassermühle lohnen die Sight-seeing-Tour.

08 Dömitz
Immerhin mehr als 775 Jahre alt ist die Stadt. Ihr Wahrzeichen ist die alte Festung, die sich von einem Wassergraben umgeben, sternför-mig ausbreitet, sie gilt als eine der bedeutsamsten Flachlandfestungen im norddeutschen Raum. Auch der Dichter Fritz Reuter hat dort schon im Gefängnis gesessen. Fachwerk-häuser in der Altstadt und die neu-gotische Kirche sorgen für ein hüb-sches Stadtbild. Berühmt ist die Brü-cke über die Elbe, ein Symbol der Wiedervereinigung.

09 Lüchow
Ein Taschentuchbaum? Ja, so etwas gibt es und das sogar in Nord-deutschland anstatt in den Tropen. Tatsächlich sehen seine Blüten so aus, als hätte man den Baum über und über mit Taschentüchern ver-ziert. Er steht in Lüchows Amtsgar-ten. Und dann gibt es hier noch das einzige »Stones Fan Museum« der Welt, das mit Flipperautomaten, Gitarren, Eintrittskarten viele Expo-nate aus der Welt der Rolling Stones zeigt. Zum anderen findet im Kreis Lüchow immer zu Pfingsten die »Kulturelle Landpartie« statt. Eine Veranstaltung, die eigentlich aus dem Anti-Atomkraft-Protest ent-standen ist und heute ein dichtes Netz an Kunst- und Kulturveranstal-tungen über das Wendland legt.

10 Dannenberg
Hübsche Backsteinhäuser, Kopf-steinpflaster und dann noch ein klei-ner See: In Dannenberg fällt dem Biker sicher so manche Aktivität ein, mit der er diese Tour abschließen möchte. Wie wäre es zum Beispiel mit einem Essen in der Alten Post, direkt über der Elbe?

Im Land der 1000 Seen

Die Mecklenburgische Seenplatte ist nicht nur zum Bootfahren schön, sondern auch für Bikertouren bietet sie sich an. Vor allem Biker, die unberührte Natur lieben, kommen hier auf ihre Kosten, denn man hat es hier mit einer der am dünnsten besiedelten Landstriche Deutschlands zu tun.

MECKLENBURGISCHE SEENPLATTE

Die Mecklenburgische Seenplatte wird gerne »Land der 1000 Seen« genannt. Das ist nicht übertrieben – im Gegenteil: Genau genommen sind es insgesamt 1117 natürliche Gewässer. Sie ist damit nicht nur das größte vernetzte Wassersportrevier Europas, sondern auch eine der Top-Motorradregionen für Liebhaber des ruhigen Cruisens. Besonders schön dabei ist das Fahren durch die uralten Alleen mit ihren oftmals knorrigen Bäumen, die nicht nur für Schatten, sondern auch für ganz eigene Fahrgeräusche sorgen. Und für diesen ganz besonderen Duft. Vor allem, wenn die Linden blühen, ist die Seenplatte ein Ereignis für die Nase. Aber auch zu anderen Jahreszeiten schickt sie ihre ureigenen Duftwölkchen in den Wind: Es riecht schier überall nach Räucheröfen, in denen die frisch gefangenen Fische meist nur eine Stunde lang fertig zubereitet werden. Ob Aal oder Forelle – Fischliebhaber werden öfter zum Snacken anhalten. Und dann geht es weiter, den Blick immer auf einen See gerichtet.
Der Größte davon ist die Müritz: Das Wort stammt aus dem Slawischen und bedeutet »Kleines Meer«. Es passt sehr gut, denn mit über 112 Quadratkilometer Fläche handelt es sich um den größten Binnensee, der vollständig auf deutschem Gebiet liegt. Eigentlich ist diese Tour viel zu schade, um nur durch die Landschaft zu cruisen, vielleicht sollte man sich doch mal überlegen, aufs Paddelboot umzusteigen und in ein Seerosenparadies einzutauchen? Auf jeden Fall wird der Biker viele Bilder von Gewässern im Kopf tragen, wenn er zurückkommt nach Waren, dem Start- und Zielpunkt der Tour.

Der Plauer See ist der drittgrößte See in Mecklenburg-Vorpommern und der siebtgrößte See in Deutschland.

Das malerische Städtchen Waren liegt im Herzen der Mecklenburgischen Seenplatte am Ufer des größten deutschen Binnensees, der Müritz. Markant ragt die Marienkirche aus der Stadtsilhouette hervor.

ROUTE 10

Routenlänge: ca. 330 km
Zeitbedarf: ca. 2 Tage, reine Fahrzeit ca. 6 Std.
Charakteristik: Auf gut ausgebautem Asphalt hangelt sich diese Genusstour von einem Gewässer zum nächsten und bietet dem Fan von gepflegten Uferstraßen das volle Programm.
Start und Ziel: Waren (Müritz)
Informationen:
www.mecklenburgische-seenplatte.de

Hier geht's zum GPS-Track

01 Waren

Am Nordufer der Müritz, des mit 117 Quadratkilometern größten Sees Norddeutschlands und damit mitten im Herzen der Mecklenburgischen Seenplatte, liegt Waren. 1260 erhielt die Siedlung Stadtrecht. Theodor Fontane war es, der die Vorzüge der Seenplatte rund um Waren als Ort der Ruhe und Erholung entdeckte und die Schönheit ihrer Natur in seinen Büchern pries. So wurden Waren und die Müritz bereits im 19. Jahrhundert ein beliebtes Ziel für Sommerfrischler. Nach der Wende wurde die Altstadt saniert und ein Jachthafen erbaut. In der Altstadt reihen sich heute barocke Fachwerkhäuser aneinander. Zu den schönsten gehört die Löwen-Apotheke (18. Jahrhundert) auf dem Neuen Markt. Den Alten Markt zieren das Alte Rathaus aus dem 14. und die Georgenkirche aus dem 13. Jahrhundert. Auf dem Neuen Markt erhebt sich das Neue Rathaus (Ende 18. Jahrhundert) mit dem Stadtgeschichtlichen Museum. Am Stadthafen sind noch einige Getreidespeicher aus dem 19. Jahrhundert erhalten, die heute teilweise als Ferienwohnungen genutzt werden.

02 Basedow

Die Hauptattraktion des kleinen Orts ist sein Schloss. Die dreiflügelige Anlage wurde vom 16. bis zum 19. Jahrhundert erbaut. Der älteste Teil ist der Mitteltrakt (1552). Der zweigeschossige Flügel geht auf das 17. Jahrhundert zurück, während sich der Südflügel von 1895 im Neorenaissancestil präsentiert. Das älteste Bauwerk des Ortes ist die Kirche aus dem 13. Jahrhundert.

03 Malchin

Zu zwei Dritteln wurde die Stadt während des Zweiten Weltkrieges zerstört. Übrig geblieben ist eine etwas skurrile Mischung aus buntem

Die Gegend ist von wunderschöner Natur geprägt. Deswegen sollte man immer wieder mal rasten und die schönen Blicke genießen.

Plattenbau und mittelalterlicher Architektur. Wie wohlhabend das Städtchen einmal war, offenbart die gotische dreischiffige Backsteinbasilika St. Johannis (1440). Der Schnitzaltar mit der Marienkrönung und den 36 Aposteln stammt aus dem 15. Jahrhundert. Im Rathaus (1927) sind die 72 Zunftgemälde sehenswert.

04 Teterow

Das kleine Städtchen am gleichnamigen See wartet mit einem schönen mittelalterlichen Kern, Backsteinbauten mit Stufengiebeln und zwei Stadttoren, dem Malchiner und dem Rostocker Tor, auf. Das Wahrzeichen der Stadt ist der Hechtbrunnen vor dem Rathaus. Die Backsteinkirche hinter dem Rathaus stammt

AUSFLUGSZIELE

Nationalpark Müritz

Auf 322 Quadratkilometer Fläche befinden sich über 100 Seen, darunter Norddeutschlands größter See, die Müritz, die dem Park den Namen gibt. Davon gehört allerdings, um genau zu sein, nur ein Streifen zum Nationalpark. Östlich davon finden sich weitläufige Moorgebiete und Kiefernwälder mit Wacholdersträuchern. Der weitaus kleinere Teil des Parks ist von altem Buchenbestand und sanften Erhebungen geprägt. Einige Bereiche davon gehören seit 2011 zum UNESCO-Weltnaturerbe.
www.mueritz-nationalpark.de

Naturpark Nossentiner / Schwinzer Heide

60 Seen umfasst dieser Naturpark, umgeben sind sie von dichten Wäldern, in denen den Besuchern auch gerne mal kapitale Hirsche über den Weg laufen. Es lohnt sich aber auch, genauer hinzuschauen: Sonnentau, Rohrdommel oder auch Seeadler weit oben in den Lüften machen das Naturerlebnis perfekt. Ganz besonders ist die Halbinsel am Jabelschen See, dort lebt eine Herde Wisente im Reservat am Dammerower Werder. Der größte See des Naturparks ist übrigens der Krakower Obersee. **www.naturpark-nossentiner-schwinzer-heide.de**

Auch am schönen Teterow kommt
der Biker auf dieser Tour vorbei.

Mächtig spannt der Kastanienbaum
seine Äste über das leuchtend gelbe
Rapsfeld.

Im Naturpark Nossentiner Heide
liegt auch der Krakower See.

aus dem 13. Jahrhundert, sie weist einen wertvollen gotischen Flügelaltar auf.

05 Krakow am See

Südlich von Güstrow liegt dieser Klarwassersee mit seinen zahlreichen Inselchen. Mit einer Fläche von 850 Hektar ist er der größte See des Naturparks Nossentiner/Schwinzer Heide. Er beherbergt eines der wichtigsten Rast- und Brutgebiete für viele Wasservögel. Um den See herum verläuft ein schöner Spazierweg.

06 Inselstadt Malchow

Auf einer Insel liegt diese Stadt zwischen dem Plauer See und Flesensee. Sie wurde im 10. Jahrhundert gegründet und wirkt fast wie eine Zitadelle. Dicht an dicht schmiegen sich die roten Häuser auf der Insel aneinander und bilden die Altstadt von Malchow. Die Stadt ist über eine Drehbrücke erreichbar, die immer zur vollen Stunde für die Schiffe geöffnet wird und somit oft Staus verursacht. Sehenswert ist vor allem die Anlage des Zisterzienser-Nonnenklosters, sie stammt aus dem 13. Jahrhundert und ist heute ein Kulturzentrum. Zum Komplex gehört auch die Klosterkirche, von deren Turm man nicht nur einen schönen Rundblick auf die Seen genießt, sondern auch die Akustik

kann sich bei Konzerten hören lassen. Nur wenige Schritte vom Kloster entfernt lockt das Museum »Kiek in un wunner di« mit Kuriositäten des Alltags und auch ein DDR-Museum verspricht Erstaunliches.

07 Plau am See

1225 wurde die Stadt am gleichnamigen See mit guter Anbindung an die Handelsstraße zwischen Rostock und Brandenburg gegründet. Im 19. Jahrhundert siedelte sich hier Industrie an. Ernst Alban, der Sohn des Plauer Pfarrers, war es, der 1841 an diesem Ort die Hochdruckdampfmaschine erfand. Er baute sie in einen Schaufelraddampfer ein und ließ das erste Personendampfschiff auf dem Plauer See zu Wasser. Das Wahrzeichen der Stadt ist der Burgturm aus dem 15. Jahrhundert, der heutige Sitz des Heimatkundlichen Museums. Hauptsehenswürdigkeit des Ortes ist der Marktplatz mit seinen Fachwerkhäusern. An der Elde-Schleuse befinden sich ein historischer Getreidespeicher und eine – vor allem in Aktion sehenswerte – Hubbrücke.

08 Röbel

Die kleine Stadt, die früher aus zwei Teilen bestand, ist heute ein beliebtes touristisches Zentrum. Mit dem Bau der frühgotischen Marienkirche wurde 1235 begonnen. Sie ist eine

der ältesten Hallenbacksteinkirchen des Bundeslandes. Von der 68 Meter hohen Turmplattform aus genießt man einen herrlichen Blick über Stadt und Land. Der Innenraum der Kirche birgt einen Schnitzaltar aus dem 16. Jahrhundert sowie ein Kreuzrippengewölbe im Chorraum.

09 Mirow

Der Ort ist das Tor zur Brandenburgischen Seenplatte am Müritz-Havel-Kanal. Wassersportlern ist vor allem die Mirower Schleuse ein Begriff, denn sie verbindet die mecklenburgischen Gewässer mit den brandenburgischen. Mirow war einst Residenz des Herzogs Karl von Mecklenburg-Strelitz, der sich hier Ende des 16. Jahrhunderts niederließ. Auf seine Initiative geht auch das schöne Barockschloss zurück. Die Schlossinsel ist durch eine Steinbrücke mit der Altstadt des Ortes verbunden.

10 Neustrelitz

Das Städtchen versprüht auch heute noch den Charme des 18. und 19. Jahrhunderts. Herzog Adolf Friedrich III. von Mecklenburg-Strelitz gründete den Ort 1733 und verlegte seine Residenz hierher. Seine und weiterer Herzöge Anwesenheit zog Kaufmänner, Händler, wohlhabende Bürger und Militärs an. Und Neustrelitz blieb bis 1918 Residenzstadt.

AUSFLUGSZIELE

Naturpark Mecklenburgische Schweiz und Kummerower See

1997 wurde der 616 Quadratkilometer große Naturpark gegründet. Sein Name sagt es schon: Die teils hügelige Landschaft erinnert stellenweise an Mittelgebirgsregionen. Hinzu kommt ein Netz von Seen und Fließgewässern, wie etwa die Peene. Ein großer Teil ist Ackerland, durchzogen von Grünland und Wald. **foerderverein-naturpark-msk.de**

Plauer See

Um den Plauer See gibt es eine Rundtour, die sich sogar per Bike absolvieren lässt. Wunderschön

abwechslungsreich zeigt sich dabei die Landschaft, in der es viel zu entdecken gibt: Kleine Örtchen mit vielfältiger Gastronomie, die vor allem von Räucherfisch geprägt ist, duftende Wälder, in denen versteckte Aussichtstürme wie etwa der »Moorochse« am Nordufer des Sees mit wunderbaren Panoramen verblüffen. Es gibt eine Schau-Imkerei, ein Bienenmuseum, Bärenparks, Affenwälder und immer wieder einfach nur schöne Stückchen Natur, von denen aus man frei auf den See blicken kann. In Gnevsdorf lädt ein Lehmmuseum ein, sich über diesen uralten Baustoff kundig zu machen . **GPS 53.46175, 12.26181**

Die spätbarocke Stadtanlage von Julius Löwe zeichnet sich durch acht sternförmig verlaufende Straßen aus. Die Stadtkirche von 1778 bekam 1831 einen massigen Glockenturm angegliedert, das Rathaus wurde 1841 erbaut. Das Schloss wurde Ende des Zweiten Weltkriegs zerstört, der Schlossgarten, zum englischen Landschaftsgarten erweitert, blieb hingegen erhalten und ist heute eine der Hauptattraktionen der Stadt.

11 Feldberg
Am Südwestufer des Haussees liegt die kleine Provinzstadt an der Grenze zum Bundesland Brandenburg. Zwischen dem 7. und 9. Jahrhundert stand hier eine slawische Burg, in der rund 1000 Menschen lebten. Die Heimatstube im ehemaligen Spritzenhaus am Amtsplatz beherbergt heute ein Museum zur Geschichte der Burg.

12 Woldegk
Die »Windmühlenstadt« liegt am Fuße der höchsten Erhebung Mecklenburgs, dem Helpter Berg mit 179 Meter Höhe. Eine historische Stadtmauer umschließt mit einer beeindruckenden Länge von 1442 Metern den sehenswerten Stadtkern der ehemaligen Ackerbürgerstadt. Bekannt ist der Ort vor allem wegen

seiner Vielzahl an Windmühlen. Insbesondere eine über 100 Jahre alte Windmühle im Ortszentrum zieht alle Blicke auf sich. Sie ist die letzte Holländer-Windmühle in Mecklenburg-Vorpommern, bei der sich die Mühlenflügel noch traditionell mit Segeltuch bespannt im Winde drehen. In der ältesten Mühle von Woldegk ist das Mühlencafé eingerichtet. Hier serviert die Urenkelin des letzten Müllers selbst gebackenen Kuchen.

13 Burg Stargard
In der bewaldeten Hügellandschaft thront, schon von Weitem zu erkennen, eine wehrhafte Burg über diesem kleinen Städtchen. Die Feste entstand im 13. Jahrhundert zur Verteidigung eines wichtigen strategischen Punktes während der deutschen Ostexpansion und ist die älteste Höhenburg Deutschlands. In den kleinen Straßen der Altstadt, die in ihrer heutigen Gestalt auf das 18. Jahrhundert zurückgeht und bis

Waldarena Malchin
Jägerhof 1, 17139 Malchin

MC Bergring Teterow e.V.
Appelhäger Chaussee 1
17166 Teterow
Tel. 03996/172935
www.bergring-teterow.de

Hotel Heidekrug
Rostocker Chaussee 70
19395 Plau am See
www.heidekrug.m-vp.de

Motorradtreffen Malchin
www.motorradtreffen-malchin.de

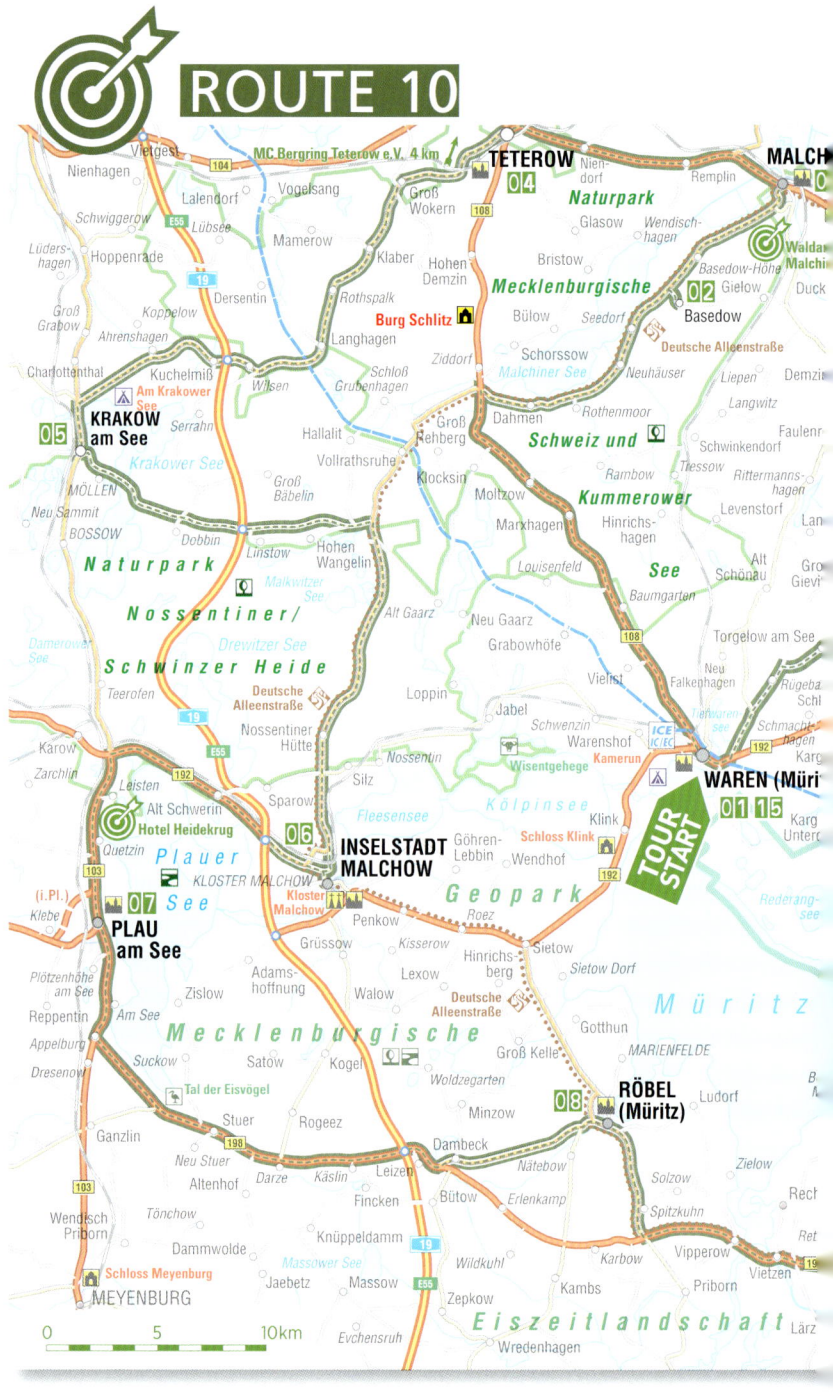

heute den Charakter einer idyllischen Handwerkerstadt aufweist, befinden sich die Stadtkirche und die Kapelle, in der das sehenswerte Heimatmuseum untergebracht ist.

14 Neubrandenburg

Im historischen Zentrum liegt der Alte Marktplatz, dessen Bild heute von modernen Nachkriegsbauten geprägt ist. Zu sehen ist hier noch die alte Feldsteinmauer, an der die Wiekhäuser, heute teilweise rekons-truiert, standen. Von den ehemaligen Stadttoren sind besonders das Stargarder und das Treptower Tor aus dem 14. und 15. Jahrhundert eine Besichtigung wert. Im Treptower Tor befindet sich das Regionalmuseum für Ur- und Frühgeschichte. Die Johanniskirche aus dem 13. Jahrhundert wurde im 14. Jahrhundert zu einer zweischiffigen Backsteinkirche umgebaut. Ihre Prunkstücke sind die Kalksteinkanzel (1588) und der Kreuzgang der einstigen Klosteranlage. Der Turm der Marienkirche (13. Jahrhundert), heute eine reine Konzertkirche, ist schon von Weitem sichtbar.

15 Waren

Ideal für ein letztes Stelldichein am Ende dieser Tour ist der Stadthafen am Rande der Altstadt. Dort schaukeln nicht nur Segelboote und Restaurants bieten Speisen an, dort kann man auch auf Ausflugsboote umsteigen.

UCKERMARK

Die Uckermark ist für viele der Inbegriff von Abgeschiedenheit. Der größtenteils menschenleere Landstrich zu beiden Seiten der Ucker, zwischen oberer Havel und unterer Oder, ist eine historische Landschaft in Nordostdeutschland und liegt in der Mark Brandenburg. Ein kleiner Bereich gehört auch noch zu Mecklenburg-Vorpommern. Die Moränen- und Seenlandschaft der Uckermark wurde während der letzten Eiszeit vor 15 000 Jahren durch riesige Gletschermassen geformt. Über 500 Seen, Flussläufe und Moore, ausgedehnte Wälder, Felder und Wiesen bilden ein traumhaftes Paradies für alle Naturfreunde. Vor allem die ausgeprägte Seenlandschaft mit einer Vielzahl an wunderschönen Binnengewässern lässt die Herzen aller Wassersportfreunde höherschlagen. Das Angebot ist schier unerschöpflich. Ob Kanu oder Segelboot, die mitunter weitläufigen Seeflächen lassen sich ganz individuell und je nach Geschmack entdecken. Oft bilden kilometerlange Alleen, zum Teil noch mit uraltem Kopfsteinpflaster bedeckt, buckelig-vernarbte Wege zu einer ganzen Reihe historischer Sehenswürdigkeiten. Allein das kleine Dorf Wolfshagen bietet an die vierzig Baudenkmäler von nationaler Bedeutung. Das riesige Gelände des einstigen russischen Militärflugplatzes bei Groß Dölln präsentiert mit dem »Driving Center« die größte Fahrtrainingsanlage Europas. Die tollen Landschaften und Sehenswürdigkeiten der Uckermark lassen sich hervorragend mit dem Motorrad entdecken: Unsere Tour startet und endet in Prenzlau und eignet sich zum Entspannen: Beschaulich und erholsam gleitet der Biker durch Eberswalde, Pasewalk und Angermünde, außer es kommt eine mitunter etwas holprige Kopfsteinpflaster-Passage, dann wird man manchmal auch lustig durchgerüttelt.

Die Uckermark nördlich von Berlin ist eine der urtümlichsten Landschaften Deutschlands, eine Welt aus Alleen, Getreidefeldern und zahlreichen Seen, die ihre Besucher mit einer fast mystischen Stille empfängt.

Der wilde Osten

Als Motorradfahrer kann man in der Uckermark schnell ins Träumen kommen. Man träumt von langen Alleen mit Bäumen, die in den Himmel wachsen, von uraltem Kopfsteinpflaster, von stillen Dörfern, von totaler Einsamkeit. Und plötzlich wird der Traum wahr in einer Region, die dem Besucher viel Natur und Fahrspaß bietet.

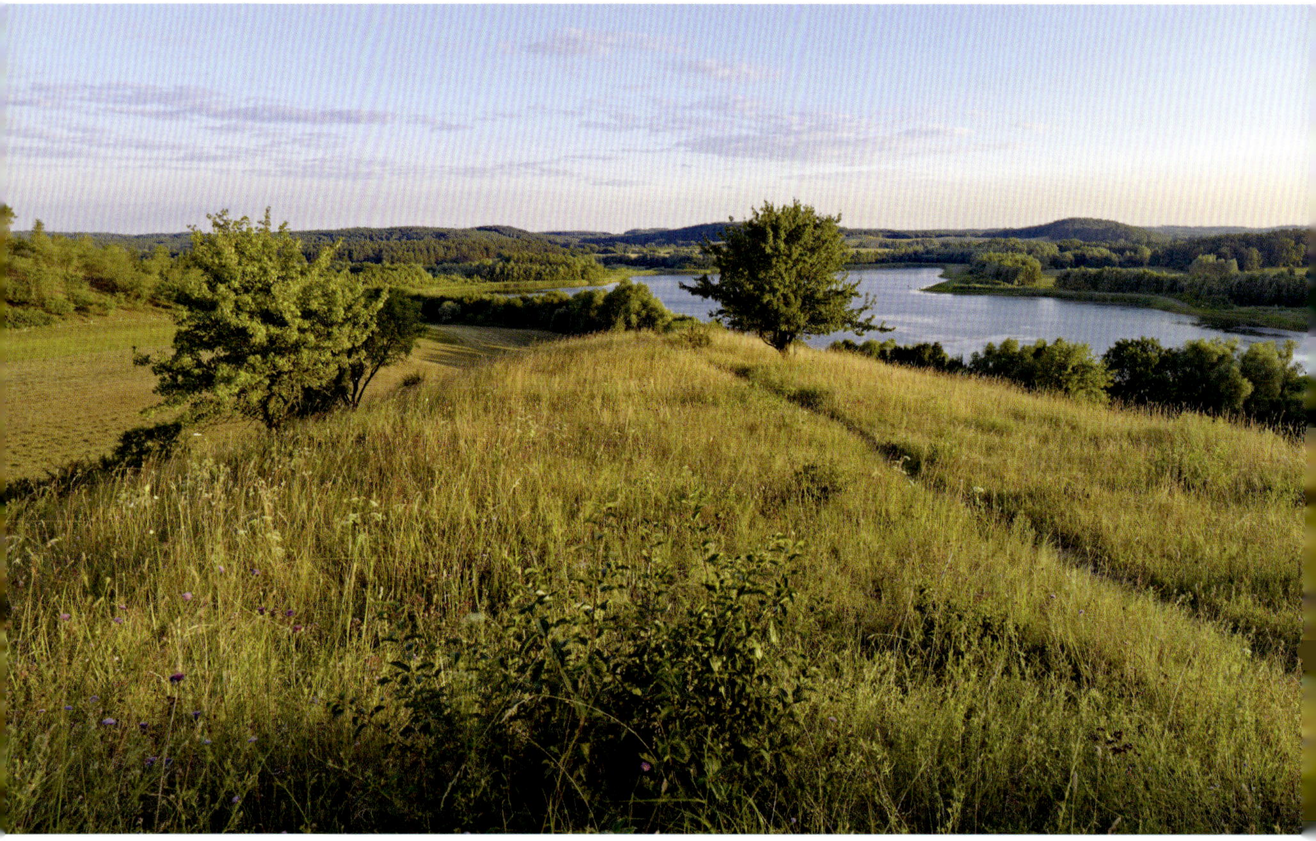

Blick vom Rummelsberg auf den Wesensee inmitten der grünen Landschaft des Biosphärenreservats Schorfheide-Chorin.

01 Prenzlau

Im Mittelalter war Prenzlau nach Berlin-Cölln, Frankfurt an der Oder und Stendal die viertgrößte Stadt der Mark Brandenburg. Wahrzeichen des Ortes ist die doppeltürmige St.-Marien-Kirche – eines der bedeutendsten Bauwerke norddeutscher Backsteingotik. Sehenswert ist zudem das Dominikanerkloster Prenzlau. Dessen Gründung reicht bis in das Jahr 1273 zurück. Ende der 1990er-Jahre aufwendig restauriert, gehört der Sakralbau zu den besterhaltenen mittelalterlichen Klosteranlagen Nordostdeutschlands. Beeindruckend ist auch die Wehranlage, die 1287 errichtet wurde und aus Stadtmauer, vier Stadttoren, Wehrtürmen und 66 Wiekhäusern besteht. Beim Rundgang durch die pittoresken Altstadtgässchen und entlang der schönen Uferpromenade lässt es sich harmonisch einstimmen auf die Fahrt durchs prächtige Uckerland.

02 Templin

Aus dem 13./14.Jahrhundert stammt die Stadtmauer, die in weiten Teilen erhalten ist. Türme, Tore und über 50 Wiekhäuser – kleine, in die Mauer eingelassene Gebäude, die einst der Beobachtung und der Verteidigung dienten – sind Teil der sieben Meter hohen Mauer. Eine Attraktion ganz anderer Art ist das Thermalsolebad mit einer Bade-, Sauna- und Wellnesslandschaft.

03 Eberswalde

Eberswalde liegt im Bereich des Eberswalder Urstromtales, einer breiten Talsandfläche mit unterschiedlichem Grundwasserstand. Hier dominiert die Landwirtschaft, was an den ausgedehnten Straßendörfern mit ihren oft sehr großen, alten Gutshöfen zu erkennen ist. Viele der alten Häuser in Eberswalde stehen hier deshalb auf Pfählen. Mit 138,3 Metern bildet der Telegrafenberg die höchste Erhebung in der

Das Kirchenschiff von Kloster Chorin bildet heute einen stimmigen Rahmen für Konzerte.

Umgebung. Nördlich der Stadt beginnt das Biosphärenreservat Schorfheide-Chorin.

04 Schiffshebewerk Niederfinow

Vier Schleusen waren einst nötig, um den Höhenunterschied im Oder-Havel-Kanal zu überwinden. Seit 1934 wird das Schiffshebewerk Niederfinow genutzt, Flusskähne und Ausflugsdampfer 36 Meter in die Höhe zu hieven. Das Hebewerk ist ein Industriedenkmal und das älteste in Betrieb befindliche Schiffshebewerk in Deutschland.

05 Angermünde

Im historischen Zentrum von Angermünde sind vor allem das Rathaus, das Franziskanerkloster und die gotische Stadtkirche St. Marien einen Besuch wert. Im Umland laden die Burgruinen Stolpe und Greiffenberg ein, die idyllische Landschaft zu erkunden. Nordwestlich der Stadt liegt das Informationszentrum Blumberger Mühle, in dem über das UNESCO-Biosphärenreservat Schorfheide-Chorin informiert wird.

AUSFLUGSZIELE

Biosphärenreservat Schorfheide-Chorin

Die ausgedehnten Wälder, Seen, Moore und Wiesen der Schorfheide wurden auf 1300 Quadratkilometern als UNESCO-Biosphärenreservat ausgewiesen. Viele bedrohte Tierarten haben hier ihre Heimat: See- und Fischadler, Schwarzstörche, Eisvögel, Kraniche, Kreuzottern und Rotbauchunken. Der Werbellinsee lädt mit schönen Stränden zum Baden ein.
www.schorfheide-chorin-biosphaerenreservat.de

Kloster Chorin

Die Klosteranlage Chorin zählt zu den schönsten Werken der norddeutschen Backsteingotik. Um 1273 gestiftet, wurde sie in der Reformation aufgelassen, verfiel, diente als Steinbruch und wurde 1817 vom preußischen Baumeister Karl Friedrich Schinkel wiederentdeckt.
www.kloster-chorin.org
GPS 52.89298, 13.88471

06 Schloss Penkun

Eines der ältesten und größten Schlösser Vorpommerns liegt auf der Weiterfahrt: Schloss Penkun geht zurück auf das endende 12. Jahrhundert. Die dreiflügelige Anlage liegt romantisch nah am See und schlummert derzeit noch ein wenig im Dornröschenschlaf. Ein Heimatmuseum sowie eine Galerie mit Werken von Künstlern aus der Umgebung locken Besucher ebenso wie ein Grenz- und Zollmuseum, das über die Historie in dieser Region aufklärt.

07 Pasewalk

Das kleine Städtchen an der Uecker ist eines der ältesten in Vorpommern. Nur wenig historische Bausubstanz überstand den Zweiten Weltkrieg, wurde dann aber sorgfältig saniert, wie etwa das Mühlentor.

08 Prenzlau

Die Marienkirche mit ihren markanten, hohen Türmen empfängt den Biker zurück in Prenzlau. Am Ufer des Unteruckersees lässt sich nun noch einmal entspannen. Kulturbegeisterte suchen noch das Dominikanerkloster auf, das mit einer sehenswerten Gemäldegalerie punkten kann.

Biker-Imbiss Boxenstopp
Dorfstr. 5
16225 Eberswalde
Spechthausen,
Tel. 03334/21823

Lokschuppen Pomerania
Speicherstraße 14
17309 Pasewalk
Tel. 03973/216326

Bikertreff Sven Rediske
Handelsstraße 22
16303 Schwedt/Oder
Tel. 03332/518555

Bikertreff ums Luch
Scheunenweg 50
16766 Kremmen
Tel. 01525/4718954

Ahorn Seehotel Templin
Am Lübbesee 1
17268 Templin
Tel. 03987/4900
www.ahorn-hotels.de

In der Uckermark gibt es zahlreiche Seen, die immer wieder zu einer Rast einladen.

ROUTE 1

Landidyll und Großstadtflair

Die Kurvenstrecken durch den Teutoburger Wald versprechen knackigen Fahrspaß, während weiter südlich ruhigere Landsträßchen auf Genussbiker warten.

OSNABRÜCKER LAND

In Osnabrück, der Stadt des Westfälischen Friedens, startet der Biker seine Tour, die überraschend vielfältig ist. Schade, wird so mancher denken, dass die Kutte so schwer ist und an der einen oder anderen Attraktion hindert. So könnte man am Ufer der Ems zum Beispiel bequem ins Kanu umsteigen und eine Runde drehen oder auf das Rad umsatteln und am Emsweg entlangsausen. Baumwipfelpfade locken ebenso wie Wanderwege. Doch auch auf den Straßen hat das Münsterland den Bikern einiges zu bieten. Die waldreiche Gegend birgt so manches Geheimnis jenseits der Kurven und Waldränder. Da ist zum Beispiel das entzückende Städtchen Tecklenburg am Kamm des Teutoburger Waldes.

Die schönen Fachwerkhäuser und die lauschigen Gassen lassen so manchen sogar schwärmen, es sei das Rothenburg ob der Tauber des Westens. Ob das so stimmt, muss der Biker selbst entscheiden. Sicher ist aber: Wenn er weiterfährt, kommt er durch eine Gegend mit einer riesigen Schlösserdichte. Dort lohnt es sich, schon mal den Sattel zu verlassen und in den Boots ein wenig die Gegend zu erkunden, die kleinen Wasserschlösser sehen wirklich manchmal aus wie aus dem Märchen. Insbesondere Steinfurt mit seiner halbrunden Schlossanlage am Wasser ist einzigartig fotogen. Wer einen ausgiebigen Genussstopp einlegt, wird überrascht sein, wie gut die Münsterländer Küche Deftiges mit Modernem vereint. Es lohnt sich also, Spezialitäten wie Pickert oder Pumpernickel zu kosten. Die Landschaft lässt sich gut durchqueren, ohne groß in Konzentrationsstress bei Kurven zu kommen, und schließlich landet der Biker nach einer herrlichen Tour wieder zurück am Ausgangspunkt Osnabrück.

Römer, Germanen, Westfälischer Friede, Natur pur – so bunt wie das Angebot der Region rund um Osnabrück für Otto Normalurlauber, so abwechslungsreich ist es auch für Motorradfahrer.

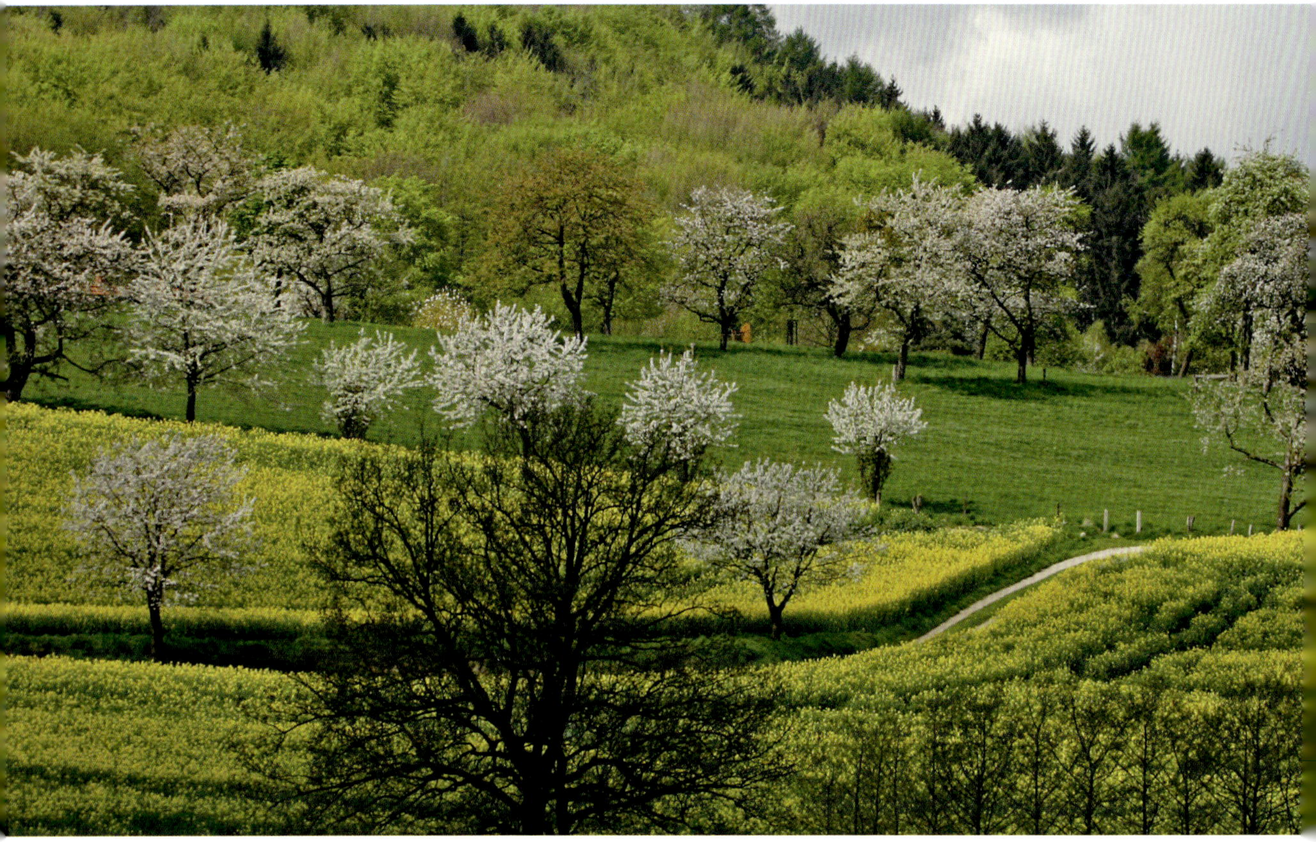

Besonders im Frühling, wenn sich die Obstbäume der Region ein weißes Blütenkleid überstreifen, macht eine Fahrt durch das Osnabrücker Land pure Freude.

01 Osnabrück

Karl der Große erhob die Siedlung um 800 zum Bischofssitz, im 13. Jahrhundert trat die Stadt der Hanse bei. Berühmt wurde sie 1643 bis 1648 durch die Verhandlungen, die dann zum Westfälischen Frieden führten. Ein berühmter Sohn der Stadt ist der 1898 hier geborene Schriftsteller Erich-Maria Remarque. Der Dom St. Petri (13. Jahrhundert) mit dem romanischen Vierungsturm birgt ein Bronzetaufbecken (1225) und acht Apostelplastiken. Im Diözesanmuseum kann man den Domschatz bewundern. Das Rathaus wurde um 1500 erbaut. In der Marienkirche (1520) steht ein Flügelaltar aus dem 14. Jahrhundert. Schöne Fachwerkbauten sind noch im Heger-Tor-Viertel zu bewundern.

02 Bramsche

Nur 15 Kilometer nördlich von Osnabrück entfernt befindet sich die Stadt Bramsche, die malerisch zwischen Mittellandkanal und dem Flüsschen Hude liegt. Das historische Zentrum der Stadt erstreckt sich rund um die Kirche St. Martin, deren Historie immerhin bis ins 8. Jahrhundert zurückreicht. Ein Bummel durch die Altstadt lohnt sich, nicht nur der Restaurants wegen, sondern auch die hübschen Häuschen sind den Blick wert.

03 Rheine

Die Stadt an der Ems beeindruckt mit ihren historisch bedeutenden Bauwerken, eingebettet in eine einzigartige Kulturlandschaft. Der »Bentlager Dreiklang« mit dem Kloster Bentlage, dem Naturzoo Rheine und der Saline Gottesgabe lässt Geschichte lebendig werden. Sehenswert ist die Fachwerkhofanlage Hof Pöpping. Hier wurde die historische Bausubstanz erhalten. Alte ländliche Handwerkstechniken erwachen an den Schautagen zu neuem Leben.

In Osnabrück locken schöne Giebelhäuser, ein quirliger Marktplatz und zahlreiche Cafés und Restaurants.

04 Haus Welbergen

So sind sie, die Adelssitze im Münsterland. Man muss schon wissen, wo sie sich befinden, ansonsten fährt man einfach vorbei an den architektonischen Schätzen. Und zu denen gehört das Haus Welbergen ganz gewiss. Denn die Wasserburg, die eingebettet ist in einen wunderschönen Garten und geradezu im Wasser zu schweben scheint, zählt zu den spektakulärsten versteckten Schönheiten des Münsterlandes. Über eine Zugbrücke geht es in den Hof des Schlosses, dessen Bauweise eher an ein Herrenhaus erinnert. Das Haus selbst ist nicht zu besichtigen, doch der Garten lohnt auf jeden Fall den Abstecher, bevor sich der Biker wieder auf den Sattel schwingt.

05 Steinfurt

»Ach wie hübsch!«, entweicht es so manchen Besuchern, wenn sie Schloss Burgsteinfurt sehen. Die Architektur des Schlosses passt sich der kreisrunden Insel an, auf der es steht. Treppengiebel, Türmchen und efeuberankte Fassaden geben dem Schloss etwas Märchenhaftes. Der Marktplatz mit seinen Renaissancehäusern und den Ziergiebeln ist eine herrliche Möglichkeit zum Flanieren. Cafés und Läden mischen sich zu einem Sammelsurium, perfekt für den kleinen Stadtbummel.

AUSFLUGSZIELE

Museum Kalkriese

Die Varusschlacht, die letztendlich auch den germanischen Mythos um Herrmann hervorgebracht hat, gilt als die wichtigste Schlacht zwischen Römern und Germanen. Was ist dran an diesem Mythos und wie war die Schlacht einst: Dieses Thema greift das Museum Kalkriese auf. Münzen, Rüstungen ebenso wie Modelle der gegeneinander kämpfenden Garnisonen aus dem Jahr 9 n. Chr. sind dort zu finden, insgesamt werden rund 3000 Fundstücke ausgestellt. Originalgetreu rekonstruiert ist das riesige Schlachtfeld, das sich am besten vom Aussichtsturm überblicken lässt.
www.kalkriese-varusschlacht.de
GPS 52.40318, 8.09538

06 Emsdetten

Wer in Emsdetten das Wort Bike erwähnt, wird nicht unbedingt an Motorräder denken, denn die kleine Stadt ist eigentlich fest in der Hand der Radfahrer. Doch auch für Motorradfahrer hat die Stadt durchaus ihre Reize. So lässt sich beispielsweise im Stadtpark, am Ufer der Ems oder am Emsdetter Mühlenbach eine Pause einlegen.

Dem Marktplatz von Tecklenburg mit seinen schönen Cafés sollte man auf jeden Fall einen Besuch abstatten.

Viele Straßen im Osnabrücker Land hat man oft für sich allein.

07 Dortmund-Ems-Kanal

Dortmunds Tor zur Nordsee bildet dieser Kanal, der 1899 feierlich von Kaiser Wilhelm II. eröffnet wurde. Der Kanal ist zugleich eine technischer Meisterleistung, denn das Alte Schiffshebewerk Henrichenburg bei Waltrop ermöglichte es den Schiffen, einen Höhenunterschied von 14 Metern zu überwinden.

08 Tecklenburg

Tecklenburg ist schon von Weitem als Bergdorf erkennbar. Auf der Kuppe liegt dieses kleine Örtchen und verbreitet eine zauberhafte Stimmung. Biker müssen dort unbedingt stoppen, denn Tecklenburg gehört zu den Höhepunkten dieser Tour. Nicht umsonst nennt sich der kleine Ort »Balkon des Münsterlandes«, denn er liegt tatsächlich wie ein Balkon auf den Klippen und bietet herrlichste Aussicht auf die Umgebung. In dieser Lage hat sich die kleine Stadt Tecklenburg angesiedelt, die auf wunderbare Weise Traditionen pflegt, etwa mit alten Krämerläden oder hübsch renovierten Fachwerkhäusern. Über Kopfsteingassen geht es vorbei an altem Fachwerk, hübschen Straßencafés und Lädchen zur Burg. Das schiefe Leineweberhaus gehört sicherlich zu den Höhepunkten der Stadt, ebenso wie die Burgmauer. Unbedingt unternehmen sollten Biker einen Abstecher zur Burg, von dort aus eröffnet sich ein zauberhafter Blick auf die Umgebung.

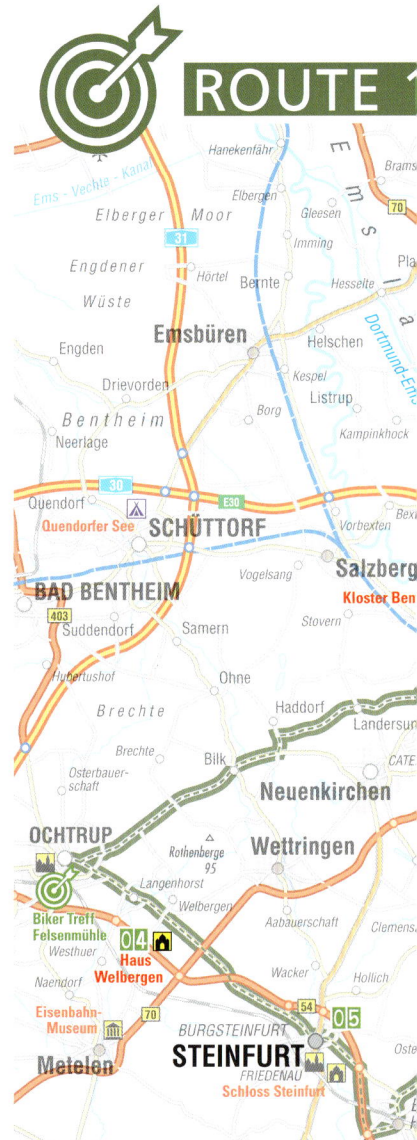

09 Bad Iburg

Die höchste Erhebung im Osnabrücker Land hat der Biker erreicht, wenn er Bad Iburg ansteuert. Das Örtchen schaut äußerst romantisch aus mit dem Charlottensee und dem auf einem Hügel liegenden Schloss. Das Schloss thront als Wahrzeichen über der Altstadt und bietet eine kleine Stadt in der Stadt. Es lohnt sich, im Außengelände herumzuspazieren, es ergeben sich immer wieder herrliche Blicke auf den Park und den See. Das Schloss vereint übrigens Weltliches und Geistliches, denn dort befindet sich auch ein altes Kloster. Rund um den Schlossberg finden sich hübsche Restaurants und Cafés für ein Päuschen. Wer noch Zeit und Muße hat, besucht das Uhrenmuseum oder macht einen Abstecher zum etwas außerhalb gelegenen Averbecks Speicher, in dem ein Heimatmuseum untergebracht ist.

10 Osnabrück

In der heute drittgrößten Stadt Niedersachsens wurde mit dem Westfälischen Frieden einst einer der wichtigsten Friedensverträge Europas geschlossen. Bis heute gilt Osnabrück als die Friedensstadt, immerhin hat der Vertrag den schlimm wütenden Dreißigjährigen Krieg beendet. Kulturbewusste Biker nehmen sich also noch das Rathaus des Westfälischen Friedens mit dem Friedenssaal vor, bevor sie sich wieder auf den Heimweg machen.

Biker Treff Felsenmühle
Felsenmühle Ochtrup
48607 Ochtrup

Motorradhotel
Zum Dörenberg
Osnabrücker Str. 145
49186 Bad Iburg
Tel. 05403/73240
www.hotel-doerenberg.de

Motorradmuseum
Ibbenbüren
Markweg 26
49479 Ibbenbüren
Tel. 05451/6454
www.motorradmuseum-ibbenbueren.de

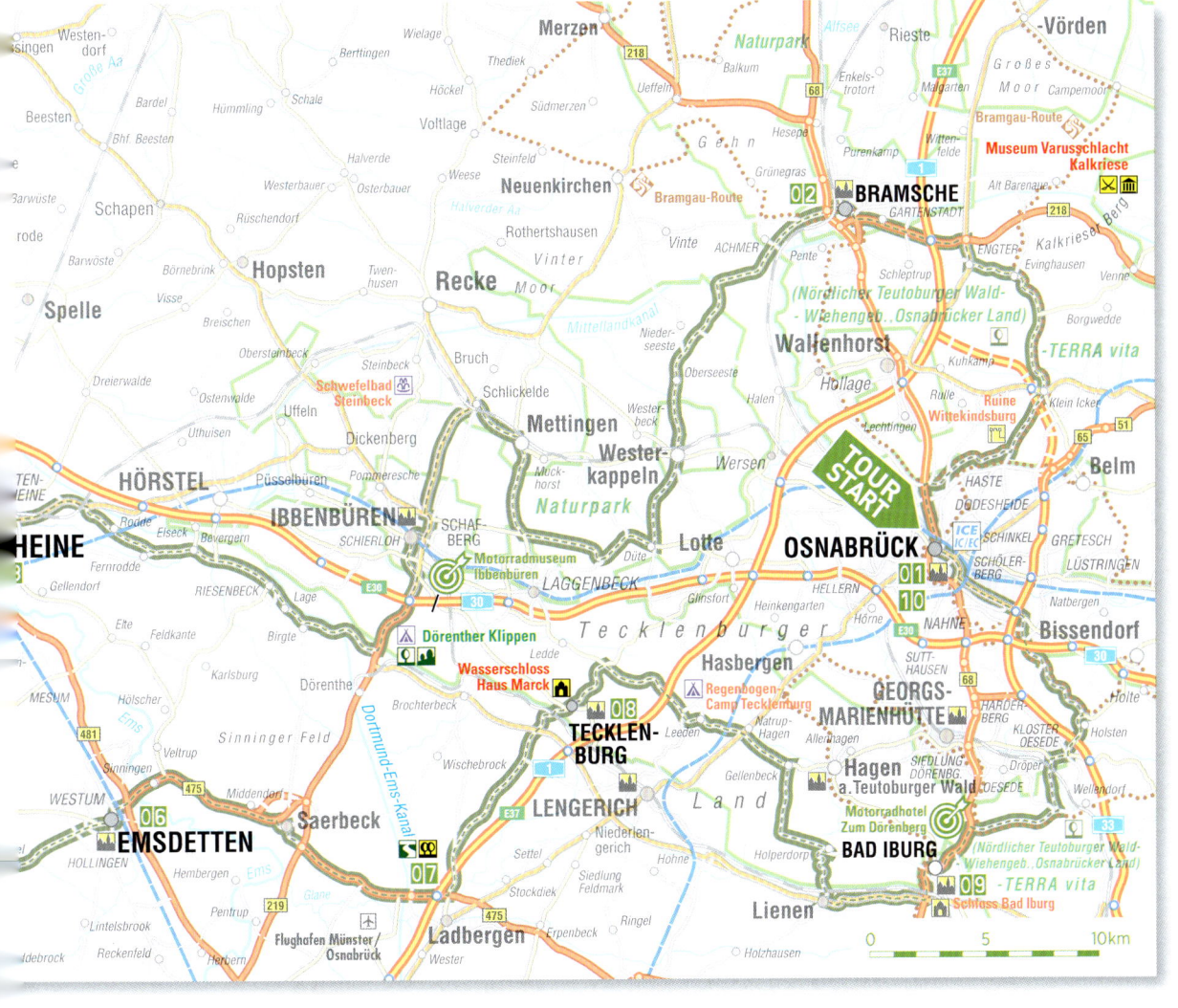

TEUTOBURGER WALD & WIEHENGEBIRGE

Mühlen, Schlösser, Burgen und traditions-
reiche mittelalterliche Städte prägen die
Vielfalt des Wiehengebirges und seiner
Heilquellen ebenso wie die kleinen verkehrs-
armen Nebensträßchen, die sich durch
Wälder und Moore von einem malerischen
Ort zum nächsten schlängeln. Wegen seiner
landschaftlichen Schönheit ist das Wiehen-
gebirge ebenso wie der Teutoburger
Wald und das Wesergebirge Teil des
Natur- und Geoparks TERRA.vita.
Das nördliche Weserbergland bildet
zusammen mit dem Wiehengebirge die
letzte Bastion der nördlichen Mittelgebirge.
Besonders bekannt ist dabei die Porta
Westfalica, wo die Weser den Weg aus dem
Land der Hügel und Berge ins
Flachland antritt.
Je weiter man nach Westen kommt, desto
flacher wird es, bis das Bergland schließlich
sanft in die Norddeutsche Tiefebene
übergeht. Einheimische behaupten scherz-
haft, das Wiehengebirge verdanke seinen
Namen der Tatsache, dass es nur aus der
Ferne »wie'n Gebirg« aussieht. Sein
höchster Berg, der Heidbrink, erreicht
gerade mal 320 Meter. Das einzigartige
Landschaftsbild des Wiehengebirges ist
geprägt von seinen restaurierten und
gepflegten Wind-, Wasser- und Rossmühlen,
darunter auch die einzige original rekonstru-
ierte und mahlfähige Schiffmühle Deutschlands, die in Minden an der Weserpromena-
de liegt. Die Westfälische Mühlenstraße
verbindet die Mühlen über einen 300
Kilometer langen Rundkurs. Die Weser und
der Mittellandkanal bilden die größten
Wasserwege der Region. Auf der romantischen Mühlenkreis-Tour führen die Wege
auch per Motorrad immer wieder ans und
übers Wasser.

*Das Hermannsdenkmal ist eines der bekann-
testen Denkmale Deutschlands. Es erinnert an
den Cheruskerfürsten Arminius und die
Schlacht im Teutoburger Wald.*

Durch das Land des Hermann

Die beiden benachbarten Mittelgebirge erheben sich im Herzen Ostwestfalens und ziehen mit ihren kleinen und verschlungenen Straßen Motorradfahrer magisch an. Der Grund: Eine Laune der Natur trieb die Gebirge so schmal wie den Rücken einer Katze aus dem Boden, was jede Menge knackiger Auf- und Abstiege bedeutet.

Wunderschön und teilweise auf winzigen Sträßchen führt diese Tour auch durch den Naturpark Teutoburger Wald wie hier in der Nähe von Melle.

ROUTE 13

Routenlänge: ca. 220 km
Zeitbedarf: ca. 1–2 Tage, reine Fahrzeit: ca. 5 Std.
Charakteristik: Nahezu unbekannt ist für viele diese Region. Ein Grund mehr, sich auf den Sattel zu schwingen und die kleinen und verschlungenen Sträßchen zu entdecken.
Start und Ziel: Bad Oeynhausen
Informationen:
www.teutoburgerwald.de
www.osnabruecker-land.de
www.wittekindsland.de

Hier geht's
zum
GPS-Track

01 Bad Oeynhausen

Diese Stadt hat es in sich! Schon bei der Anfahrt macht sie neugierig, schließlich liegt mit dem Energie-Forum ein Bau des Stararchitekten Frank O. Gehry direkt an der Hauptstraße. Prunkstück von Bad Oeynhausen ist der Kurpark, der zugleich das grüne Zentrum der Stadt bildet. Erschaffen wurde er Mitte des 19. Jahrhunderts als hufeisenförmiger Park. Bis heute lockt das spätklassizistische Badehaus Besucher, ebenso wie das Kaiserpalais. Schleckermäuler staunen über das Salz- und Zuckerland, eine Bonbonkocherei im historischen Stil. Der angeschlossene Biergarten lohnt ebenfalls einen Stopp. Rund um den Kurpark liegen hübsche Villen, in einer ist das Deutsche Märchen- und Wesersagenmuseum untergebracht.

02 Bad Salzuflen

Die mittelalterliche Salinenstadt Bad Salzuflen besticht mit einem fast kreisrunden Zentrum, in dem sich zahlreiche prachtvolle Stein- und Fachwerkbauten aus dem 16. und 17. Jahrhundert drängen. Dazu kommt ein traditionsreiches Kurzentrum aus dem 19. Jahrhundert, zu dem ein Erlebnis-Gradierwerk und ein Landschaftsgarten mit Wildgehege, Vogelvoliere, Kneipp-Erlebnisparcours und Fitnesspark gehören. In der Umgebung finden sich zahlreiche Herrensitze wie das Schloss Stietencron oder die Bauernburg Schwaghof.

03 Rietberg

Dieses Rathaus! Vielleicht ist das Rietberger Rathaus das schönste in Westfalen. Schwarz-weiße Kontraste sorgen allein schon für Aufsehen, doch der Clou sind die beiden Treppenaufgänge, die den Bau mit ihrer diagonalen Linienführung schmücken. Das Rathaus ist das Zentrum der Stadt, gerne sitzt man auf dem angrenzenden Platz bei einem

Wo andernorts der Marktplatz den Mittelpunkt bildet, liegt in Bad Oeynhausen der 26 Hektar große Kurpark mit seinem Kaiserpalais.

Kaffee und schaut den Passanten zu. Wer etwas spazieren gehen möchte, wählt am besten den Weg auf den alten Wallanlagen, der sich um die Altstadt schmiegt. Wer nach so viel Stadt etwas Grün sucht, sollte den Park der Landesgartenschau aufsuchen, dort locken auch ein Aussichtsturm und ein See.

04 Rheda-Wiedenbrück

Beispielhaft vereint der Torturm von Schloss Rheda Wohn- und Wehrfunktion. Ein besonders schönes Beispiel staufischer Architektur ist die Kapelle. Im Stadtteil Wiedenbrück beeindruckt die Kirche St. Ägidius vor allem wegen ihres Taufsteins und der üppigen Kanzel.

05 Marienfeld

Wer Schnäppchen und Mode mag, der wird diesen Ort lieben; Marienfeld ist bekannt für seinen Outletstore. Immerhin ein guter Grund, dort Station zu machen. Es bleibt nicht der einzige, denn Marienfeld punktet mit außergewöhnlichen Sehenswürdigkeiten. Da gibt es zum

AUSFLUGSZIELE

Automuseum Melle

Wie einfach Motorräder damals waren. Und wie schön! Motorradfahrer kommen oftmals ins Schwärmen, wenn sie die Oldtimer-Maschinen sehen, die Christa und Heiner Beckmann im Laufe der Jahre zusammengetragen haben. Das älteste Stück stammt aus dem Jahr 1898, es ist ein motorisiertes Dreirad. Auf mehr als 1000 Quadratmetern sind die Stücke in dem alten Fachwerkbauernhof zu sehen, ebenso wie Roller aus den 1960er-Jahren. Die Begeisterung für

Technik auf zwei Rädern ist überall deutlich zu spüren. Manche der Exponate erinnern mehr an Fahrräder, andere zeigen, wie formschön Technik auf zwei Rädern daherkommen kann, wie etwa die MZ Silver Star aus den 1990er-Jahren. NSU, DKV oder Horex – Nostalgikern klingen diese Namen wie Musik in den Ohren.

www.automuseum-melle.de
GPS 51.96293, 8.13973

Beispiel eine Reeperbahn. Nein, nicht eine Replik des Hamburger Rotlichtviertels, die Reeperbahn ist der Arbeitsplatz eines Seilers, der eben diesen Platz brauchte, um seine Kordeln und Seile zu drillen. In eine andere Zeit entführt der Klosterhof der Stadt, dessen Klosterkirche bis ins 12. Jahrhundert zurückreicht. Sehenswert ist auch der Altar der Kirche mit den Gemäldetafeln. Und wen es doch lieber in die Natur zieht, der sollte sich das Naturschutzgebiet Boomberge vorknöpfen, dort sind spektakuläre Binnendünen zu sehen.

06 Melle
Zugegeben, Melle hat hübsche Schlösser. Etwa die Diedrichsburg mit ihrem massiven Turm, die so hübsch auf der Höhe liegt. Oder das prächtige Schloss Gesmold, das selbst von der Autobahn zu sehen ist. Oder Gut Sondermühlen, das an eine alte Wasserburg erinnert. Das ist hübsch anzusehen, doch motoraffine Biker werden bei Melle vor allem ein Ziel ins Visier nehmen: das Automuseum. Mehr als 300 Autos aus verschiedenen Epochen sind dort ausgestellt. Neben dem Automuseum lohnt noch das Traktoren- und Landmaschinenmuseum in Buer-Meesdorf den Besuch. Und noch einen Pflichtstopp gibt es: Die Bike-Farm ist nicht nur für Harley-Fahrer ein Muss, das kleine Café

mit angeschlossenem Museum im Stil der 1950er-Jahre ist der perfekte Stopp, um ordentliche Benzingespräche zu führen.

07 Bad Essen
Nicht etwa auf dem direkten Weg geht es ins nördlich gelegene Bad Essen: Auf kurvenreichen Strecken rollt man von Bissendorf aus weiter durch den Natur- und Geopark TERRA.vita. Über die Orte Wissingen, Westerhausen und Oberholsten erreicht man schließlich die mittelalterliche Stadt Bad Essen, die direkt an der Deutschen Fachwerkstraße liegt. Charakteristisch sind deren mittelalterliche Kopfsteinpflastergassen und Fachwerkbauten, mit denen sie eine perfekte Filmkulisse abgeben könnte.

08 Lübbecke
Am Fuße des Wiehengebirges, direkt am Übergang in die Norddeutsche Tiefebene, befindet sich der Ort Lübbecke. Immer wieder locken dort die Gipfel des Höhenzuges, etwa der Wurzelbrink (319 m) mit seinem Wartturm oder der Heidbrink. Die Lage am Rande des Gebirges bringt ein einmaliges Wetterphänomen hervor, in Lübbecke herrscht relativ häufig Fön, etwas, was man sonst eher den Bayern zuschreiben würde. Schon bei der Anfahrt fallen die vielen kleine Gutshöfe auf, die verstreut in der Land-

schaft liegen, ebenso wie die Windmühlen. Doch eindeutiger Besuchermagnet der Stadt ist die sehenswerte Barre-Brauerei. Biker, die mit einem Besuch liebäugeln, sollten sich nach einer Übernachtungsmöglichkeit umsehen, um nicht nur theoretisch und trocken über die Kunst des Bierbrauens informiert zu werden. Immerhin ist Barre eine der größten Brauereien Ostwestfalens und pflegt seit 1842 die Tradition der Bierzubereitung.

09 Bad Oeynhausen
Zurück in Bad Oeynhausen lässt der Biker nach den vielen Eindrücken am besten bei einem Snack den Tag ausklingen. Wer Südstaatenflair sucht, der wird im Restaurant New Orleans (Herforder Str. 47–51) fündig, ansonsten einfach durch die Stadt treiben lassen. Es lohnt sich übrigens, eine Übernachtung einzuplanen, das Varieté GOP in Bad Oeynhausen bietet ein abwechslungsreiches Programm an.

Opa Joe`s Roadhouse
Pellemeier
Thieplatz 1, 49536 Lienen
Tel. 05483/310
www.opa-joes.de

Brocker Mühle
Groppeler Str. 63
33442 Herzebrock-Clarholz
Tel. 05245/2413
www.brocker-muehle.de

Bike-Farm Melle
Industriestr. 24 a
49324 Melle
Tel. 05422/92 6080
www.bike-farm.de

Biker`s Point
Röntgenstr. 2a
32052 Herford
Tel. 0170/1149480

Beste Aussichten – immer wieder passiert man auf dieser Tour die Weser, auf der mächtige Containerschiffe ihre Bahn ziehen.

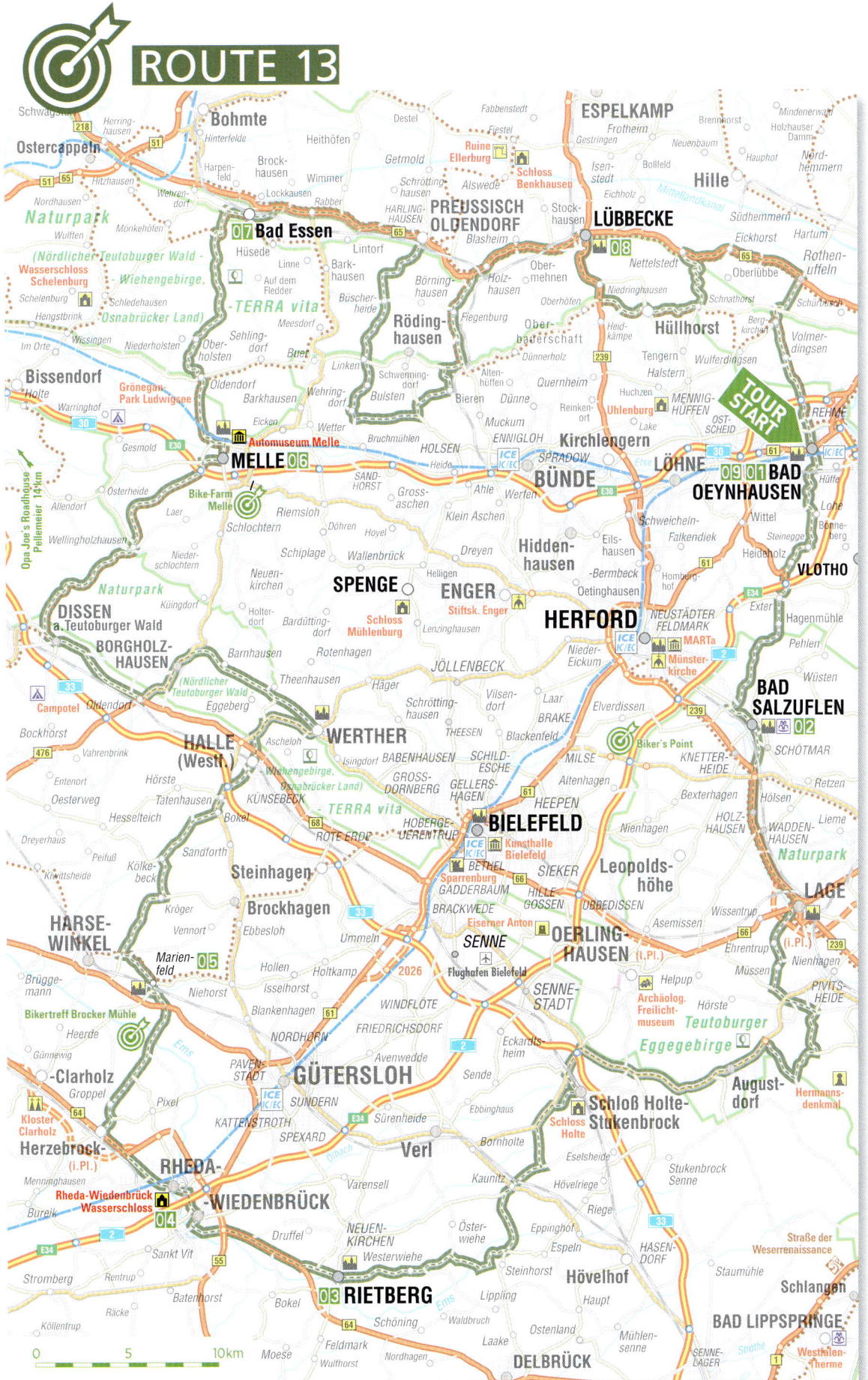

Kurvenräuber

Die sanften Hügel und Berge, die gewundenen Täler und dichten
Wälder des Lipperlandes erstrecken sich zwischen der Weser
im Osten und dem Teutoburger Wald im Westen. Dazwischen
erwarten den Motorradfahrer jede Menge Nebensträßchen,
die mit vielen Kurven reizen.

LIPPERLAND

Märchenhaft wird es auf dieser Tour, denn vom Lipperland geht es ins Weserbergland, und das ist eine der Hochburgen der Märchen und Erzählungen. Doch bevor der Biker sich auf sagenhafte Pfade begibt, startet er zunächst in Detmold. Ein Ort, der unspektakulär klingt und touristisch eher unbefleckt ist. Völlig zu Unrecht, denn mit seinem Schloss, der Werre, die malerisch entlang der Fachwerkhäuser fließt, und der Lage am Teutoburger Wald lohnt sich der längere Stopp auf jeden Fall. Von dort aus nimmt der Biker Kurs auf die wohl berühmteste Steinformation Deutschlands: Die Externsteine sind sogar in China bekannt. Ob man an ihre Energie als Kraftort glauben mag oder nicht: Es steht fest, dass sie einen herrlichen Anblick bieten, wenn sie sich in dem davor liegenden, künstlichen See spiegeln. Dafür lohnt sich auch der kleine Fußweg.
Über Kurven und entlang des Höhenzuges Teutoburger Wald sucht sich der Biker seinen Weg gen Marienmünster und Bad Pyrmont. Und dann hat er schon das Weserbergland erreicht, das durch seine vielen Sagen und Geschichten besticht. Ob der Rattenfänger von Hameln oder der Lügenbaron Münchhausen – immer wieder bereichern diese Geschichten die Tour. An der Hämelschenburg etwa soll einst Frau Holle gewohnt haben. Dort biegt der Biker ab gen Norden und genießt die Kurven des Süntel und des Deisters. Der Nienstedter Pass ist besonders beliebt – doch Achtung, er ist am Wochenende für Motorradfahrer gesperrt. Von dort führt die Route wieder gen Westen, über Rinteln und Porta Westfalica, bis schließlich der Zielort Detmold erreicht ist.

Wer ab und zu den Motorradsattel verlässt, wird mit faszinierender Kultur und Geschichte belohnt. Im Bild: Blick über die Weserbrücke zum Wittekindsberg mit Kaiser-Wilhelm-Denkmal.

Die bis zu 40 Meter hoch aufragenden Sandsteinklippen am Südostende des Teutoburger Walds sind ein bedeutendes Natur- und Kulturdenkmal im Weserbergland.

ROUTE 14

Routenlänge: ca. 230 km
Zeitbedarf: ca. 1–2 Tage, reine Fahrzeit: ca. 5 Std.
Charakteristik: Sanfte Hügel und Berge laden zum gemütlichen Kurvenschwingen ein. Daneben wartet jede Menge Kultur auf den Biker.
Start und Ziel: Detmold
Informationen:
www.weserberglandtourismus.com
www.lipperland.de

Hier geht's zum GPS-Track

01 Detmold

Prunkstück der Residenzstadt des Fürstentums Lippe-Detmold ist das Schloss. Der Vierflügelbau wuchs über drei Jahrhunderte zu seiner heutigen Größe heran. Ältester Teil ist der Bergfried (wohl 14. Jahrhundert). 1549 begann der Bau des eigentlichen Schlosses unter Cord Tönnies, einem der profiliertesten Baumeister der Weserrenaissance. Zuletzt wurden Teile der Anlage bis 1715 barockisiert. Im Süden Detmolds liegt das Westfälische Freilichtmuseum, mit 95 alten Bauernhäusern aus der Region das größte seiner Art in Deutschland.

02 Horn-Bad Meinberg

Wer in diesen Ort kommt, hat entweder Yoga oder die Externsteine im Sinn: Immerhin befindet sich das größte Yoga-Zentrum Europas in dem Ort, der von Fachwerk und Kurpark geprägt ist. Wer nicht gerade den Gruß an die Sonne oder andere Übungen im Sinn hat, der macht sich auf zu den Externsteinen. Die Felsformation ist in Deutschland einzigartig und wird von vielen als Kraftplatz angesehen. Der Ort ist zauberhaft und lohnt auf jeden Fall einen Spaziergang, denn leider kann man nicht direkt mit dem Motorrad vorfahren. Wer schon in der Gegend ist, sollte sich zudem den historischen Kurpark anschauen.

03 Marienmünster

Namensgeberin für die Stadt Marienmünster war die 1128 von Graf Widukind I. von Schwalenberg gegründete Benediktinerabtei, die sich weithin sichtbar aus der Landschaft erhebt. Die Stadt selber entstand erst im Jahr 1970 durch den Zusammenschluss mehrerer bis dato selbstständiger Gemeinden.

04 Bad Pyrmont

Schon Römer und Germanen nutzten die Heilquellen von Bad Pyrmont.

Kloster Corvey blickt auf eine mehr als 1200-jährige Geschichte zurück. Seit 2014 zählt es zum Kulturerbe der UNESCO.

Im 18. und 19. Jahrhundert kurte in dem mondänen Städtchen an der Emmer alles, was Rang und Namen hatte: von Dichtern wie Lessing und Klopstock über Staatsmänner wie Benjamin Franklin bis hin zu Königen wie Wilhelm IV. von Großbritannien.

Über diese glanzvolle Epoche berichtet das Museum im klassizistischen Bad Pyrmonter Schloss. Der Kurpark, berühmt vor allem für seine Palmen, gilt als einer der schönsten Europas. Auch der Tierpark lohnt einen Besuch, ebenso die Spielbank – eine

der ersten in Deutschland – im neoklassizistischen Konzerthaus.

05 Hämelschenburg

Ist es das Schloss von Frau Holle? Es könnte sein, denn Anna von Holle war es, die mit ihrem Mann im Jahre

AUSFLUGSZIELE

Externsteine

Das Ensemble aus fünf steil aufragenden Steinsäulen, die bis zu 48 Meter hoch in den Himmel ragen, zieht jährlich 100 000 Menschen an. Auf einer schmalen Brücke läuft man in einer Höhe von fast 50 Metern von einer Felsspitze zur anderen. Das Naturdenkmal nahe Horn-Bad Meinberg besteht aus einer steil aus dem Boden ragenden Felsgruppe aus hartem Osning-Sandstein, entstanden vor etwa 70 Millionen Jahren.
www.externsteine-info.de
GPS 51.87394, 8.90429

Kloster Corvey

Das im Jahr 822 von Ludwig dem Frommen, dem Sohn und Nachfolger Karls des Großen, im heute nordrhein-westfälischen Höxter an der Weser gegründete Benediktinerkloster Corvey verfügt über das einzige erhaltene Zeugnis des karolingischen Bautyps Westwerk aus dieser Zeit. Dieser prägte die abendländische Architektur bis zum Ende der Romanik wesentlich. Ebenfalls zum UNESCO-Welterbe ernannt wurde die Civitas Corvey – der ehemals befestigte Klosterbezirk.
corvey.de
GPS 51.77883, 9.40969

1588 das Wasserschloss errichten ließ. Die Hämelschenburg mit dem umgebenden Wasser wirkt verwunschen und befindet sich nicht ohne Grund an der Märchenstraße, das fachwerkschöne Hameln mit der berühmten Rattenfängergeschichte liegt nahe. Wer Muße hat, gönnt sich einen geführten Schlossrundgang und informiert sich über edle Gemälde, Möbel oder Waffen. Wer lieber auf eigene Faust herumstapfen will, erkundet den Garten, in dem sich Kunsthandwerker-Werkstätten, ein Gestüt und sogar eine

Pyramide befinden. Wildromantisch ist der Park angelegt, dort steht auch eine alte Wassermühle. Es soll auch Biker geben, die bleiben einfach nur im angeschlossenen Café und genießen den Blick auf die herrliche Burg.

06 Barsinghausen

Bergbau und Fußball – mit diesen beiden Attributen schmückt sich die kleine Stadt Barsinghausen. Im 19. Jahrhundert lebte fast jeder zweite Einwohner dieses Ortes vom Bergbau, denn bis in die

1950er-Jahre wurde hier Steinkohle gefördert. Der Klosterstollen mit seinem angeschlossenen Museum erinnert an diese Zeit. Fußballer hingegen werden Barsinghausen immer mit Trainingscamps für vielversprechende Nachwuchsspieler in Verbindung bringen und auch echte Stars sind dort hin und wieder zu Gast, denn das Sporthotel Fuchsbachtal ist zum Trainieren beliebt. Wer lieber Kultur mag, ist in der Stadt perfekt aufgehoben, denn auf der Deister-Freilichtbühne findet Sommertheater statt. Die Spielstätte mitten im Wald ist ein echtes Erlebnis.

07 Stadthagen

Um 1222 gründete Graf Adolf III. von Holstein-Schaumburg eine Siedlung, die den Namen Stadthagen erhielt. Sie bekam Stadtrechte und war in ihrer Geschichte nicht nur Universitäts-, sondern auch Residenzstadt. Heute wirbt sie mit dem Beinamen »Stadt der Weserrenaissance«, da die Altstadt zahlreiche, sehr gut erhaltene Gebäude in diesem Baustil beherbergt.

08 Porta Westfalica

Schon von Weitem sehen Reisende das 88 Meter hohe Monument: Das Kaiser-Wilhelm-Denkmal ragt an

einem Hang des Wiehengebirges in den Himmel. Es gilt als eines der größten und bekanntesten Denkmäler zu Ehren des Hohenzollern-Herrschers. Zur Eröffnung 1896 erschienen Angehörige des Adels und fast 20 000 Untertanen. Heute reisen viele Besucher zum Wittekindsberg auch wegen der fantastischen Aussicht über das Durchbruchstal der Weser.

09 Rinteln

Das malerische Fachwerkstädtchen an der Weser liegt im Naturpark Weserbergland und gilt als Schmuckstück der Weserrenaissance. Die Lage am Fluss förderte den Handel und sicherte dem Handwerk, das mit vielen Zünften in der Stadt vertreten war, ein Auskommen. Bis 1810 war die Stadt Universitätsstandort.

10 Lemgo

Das Stadtbild wird geprägt von der Weserrenaissance, das berühmteste Bauwerk ist das Hexenbürgermeisterhaus von 1571. Eine reich geschmückte Fassade weist auch

Oben links: Ein Besuch von Schloss Hämelschenburg führt in die Welt der Renaissance.

Oben Mitte: Marktplatz von Lemgo mit Rathaus.

Oben rechts: Das schöne Rinteln lohnt sich für einen Boxenstopp.

Links unten: Schieder-Schwalenberg besticht durch seine dekorierten Fachwerkhäuser.

AUSFLUGSZIELE

Schieder-Schwalenberg
Die Ruine einer stolzen Burg hoch über dem Ort, schmucke Fachwerkhäuschen, die sich an den Hügel schmiegen: Die romantische Kulisse Schwalenbergs und die liebliche Landschaft rundherum zogen im 19. Jahrhundert zahlreiche Künstler an. Als schönster Bau gilt das Rathaus mit seiner farbenfrohen Bemalung. Dagegen geht der Nachbarort Schieder auf eine Sommerresidenz der lippischen Fürsten mit prachtvollem Barockgarten zurück.
www.schieder-schwalenberg.de
GPS 51.89737, 9.17828

Stift Fischbeck
Zwischen Hameln und Hessisch Oldendorf befindet sich eines der ältesten Frauenklöster Niedersachsens: Gegründet wurde Stift Fischbeck im Jahr 955. Die Stiftskirche mit ihrem Langhaus wurde teilweise von Kaiser Wilhelm II. finanziert, er war auch zur Einweihung der frisch renovierten Kirche 1904 zugegen. Der älteste Gebäudeteil ist die Hallenkrypta von 1120, die im Rahmen einer Führung zu besichtigen ist.
stift-fischbeck.de
GPS 52.14192, 9.29734

Rathaus mit Erker auf (16. Jahrhundert). Weitere schöne Bürgerhäuser säumen den Marktplatz. Darüber erheben sich die Türme der Nikolaikirche (13.–15. Jahrhundert). Zentrum der Neustadt ist die Marienkirche (13./14. Jahrhundert). Im Schloss Brake des gleichnamigen Lemgoer Stadtteils ist das Weserrenaissance-Museum untergebracht. Sein Turm und sein Nordflügel weisen die charakteristischen Schmuckformen dieses Regionalstils auf.

11 Schloss Brake

Eine alte Burg aus dem 12. Jahrhundert bildet den Grundriss dieses Schlosses, das zu den größten Norddeutschlands zählt. Es zählt zu den Bauten der Weserrenaissance, da es im Jahr 1578 umgebaut worden ist. Im 19. Jahrhundert wurde der Westflügel erneuert, um dort eine Brauerei einzurichten. Ein Gang in den großen Innenhof des Schlosses lohnt sich, denn dort befindet sich das Museum der Weserrenaissance. Das Portal des Schlosses ist außergewöhnlich, ein Relief zeigt Adam- und Eva-Motive. Im Inneren des Museums sind Möbel, Grafiken, Gemälde und Alltagsgegenstände zu sehen. Wer vor dem Schloss steht, der ist nicht nur fasziniert von dem prächtigen Eingang, der über die Schlossbrücke zugänglich ist, sondern auch von der Wassermühle, die am anderen Ufer des Flusses plätschert.

12 Detmold

Zurück von dieser erlebnisreichen Tour, gönnt sich der Biker vielleicht noch einen Bummel durch Detmold. Die Innenstadt mit ihrem Schloss, dem Wassergraben und den Fachwerkhäusern lohnt einen Besuch. Dort locken nicht nur Cafés, sondern auch hübsche Innenhöfe. Und wer schiefe Häuser mit mittelalterlicher Atmosphäre mag, sollte unbedingt die Adolfstraße aufsuchen. Nichts an den Fassaden steht hier in Achse.

Links: Weite Ausblicke genießt man auf der Strecke.

Unten: Schloss Brake ist von einem Wassergraben umgeben und steht auf den Grundmauern einer der größten mittelalterlichen Burgen Norddeutschlands.

Biker Treff Monte Wau Wau
Auf dem Köterberg 17
32676 Lügde

Landherberge Ottenstein
Breite Str. 38
31868 Ottenstein
Tel. 05286/221
www.landherberge-
ottenstein.de

Motorradhotel
Zur Burg Sternberg
Sternberger Str. 37
32699 Extertal
Tel. 05262/9440
www.hotel-burg-
sternberg.de

Biker Treff Die Kurve
Kükenbrucher Str. 13
32699 Extertal
Tel. 05754/926448
www.motorradcafe-
diekurve.de

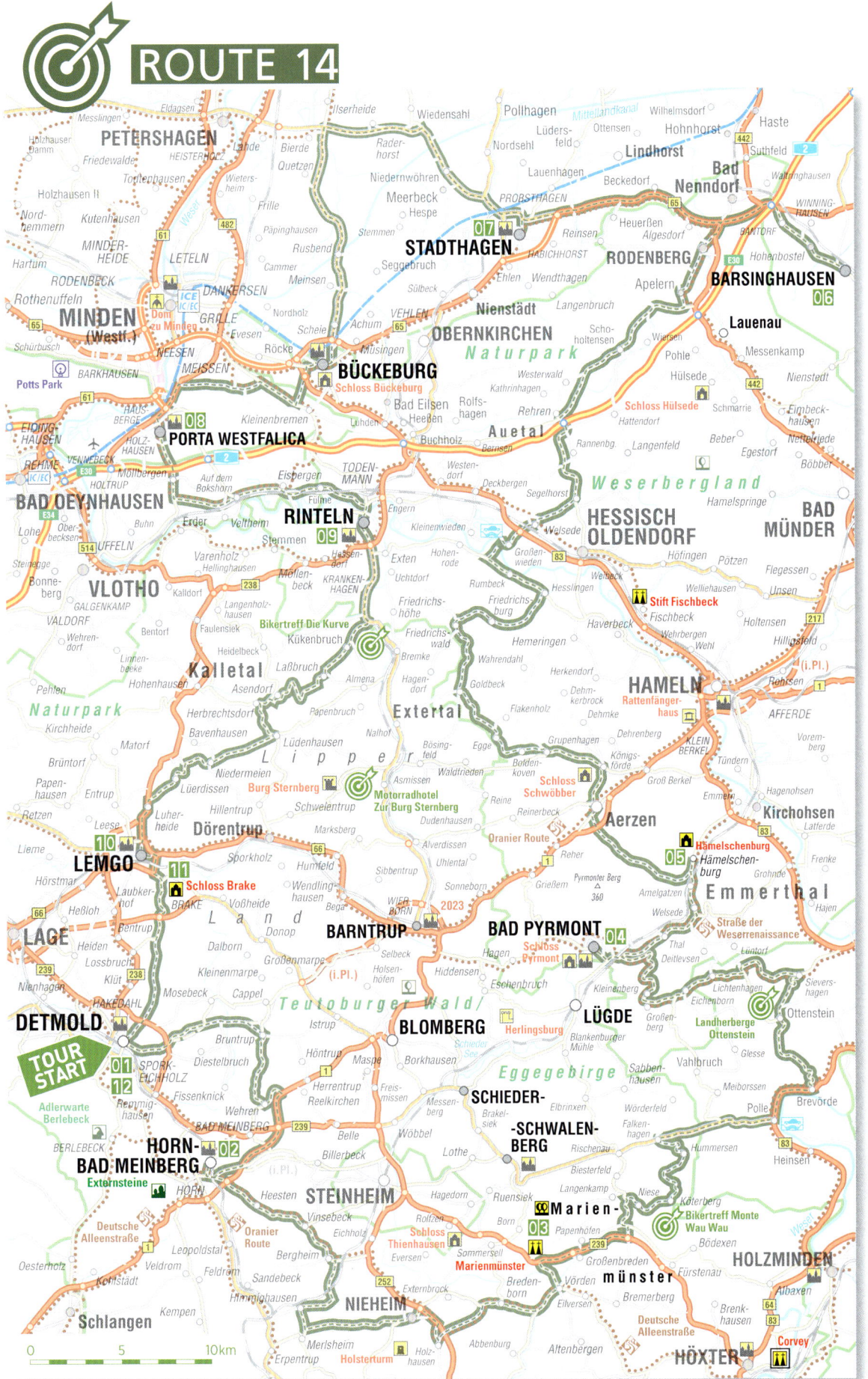

NÖRDLICHER HARZ

Tief eingeschnittene Täler zwischen bizarr verwitterten Felsformationen, wilde Flussläufe und der Gipfel des Brockens – all das ist der Harz. Doch wer den Brocken sucht, wird oft enttäuscht, denn der markante Gipfel hüllt sich gern mal in Nebel und ist oft tagelang nicht zu sehen. Wenn er sich dann aber zeigt, dann ist er sehr markant, mit seiner runden Kuppe und den Masten auf seiner Spitze. Tatsächlich erhebt sich der Brocken wie eine wolkensammelnde Kuppe aus dem norddeutschen Tiefland. Das hat auch meteorologische Folgen: Der Harz bildet gerne Wolkenstaus, vor allem im Westharz ist es nicht ohne Grund so grün: Dort entleeren sich oftmals die regenschweren Wolken, bevor sie weiterziehen können. So ist der Harz nicht nur von dichten Wäldern geprägt, sondern auch von viel Wasser. Herrlich ist es, wenn hinter der nächsten Kurve plötzlich wieder ein Stausee auftaucht, wie etwa die Sösetalsperre, übrigens auch ein beliebter Bikertreff. Mit seinen ausgedehnten Laub- und Nadelwäldern und den Wasserfällen und schroffen Felsformationen ist der Harz zudem das ideale Revier zum Wandern. Dabei wird der Biker immer wieder auf abgestorbene Fichtenflächen treffen, dort hat leider der Borkenkäfer zugeschlagen. Während der Westen grün und wasserreich ist, zeigt sich der Osten trocken und mit besonders beeindruckend schroffen Felsformationen. Dort locken neben Tropfsteinhöhlen auch Schluchten. Seilbahnen transportieren die Gäste zu Aussichtspunkten. Außerdem locken überall Berggaststätten zur Einkehr. Doch das Schönste am Harz bleiben für den Biker seine Kurven.

Oft hüllt sich der Brocken, der höchste Punkt des Harzes, in einen Nebelschleier. Wenn sich dieser lichtet, sollte man einfach mal anhalten und den Blick auf den Gipfel genießen.

Rundtour mit Aussicht

Als erstes ernst zu nehmendes Mittelgebirge in Deutschlands Norden
genießt der Harz unter Motorradfahrern einen ausgezeichneten Ruf.
Rund um seinen höchsten Berg, den 1142 Meter hohen Brocken,
findet sich ein wahres Feuerwerk kurvenreicher Bergsträßchen.

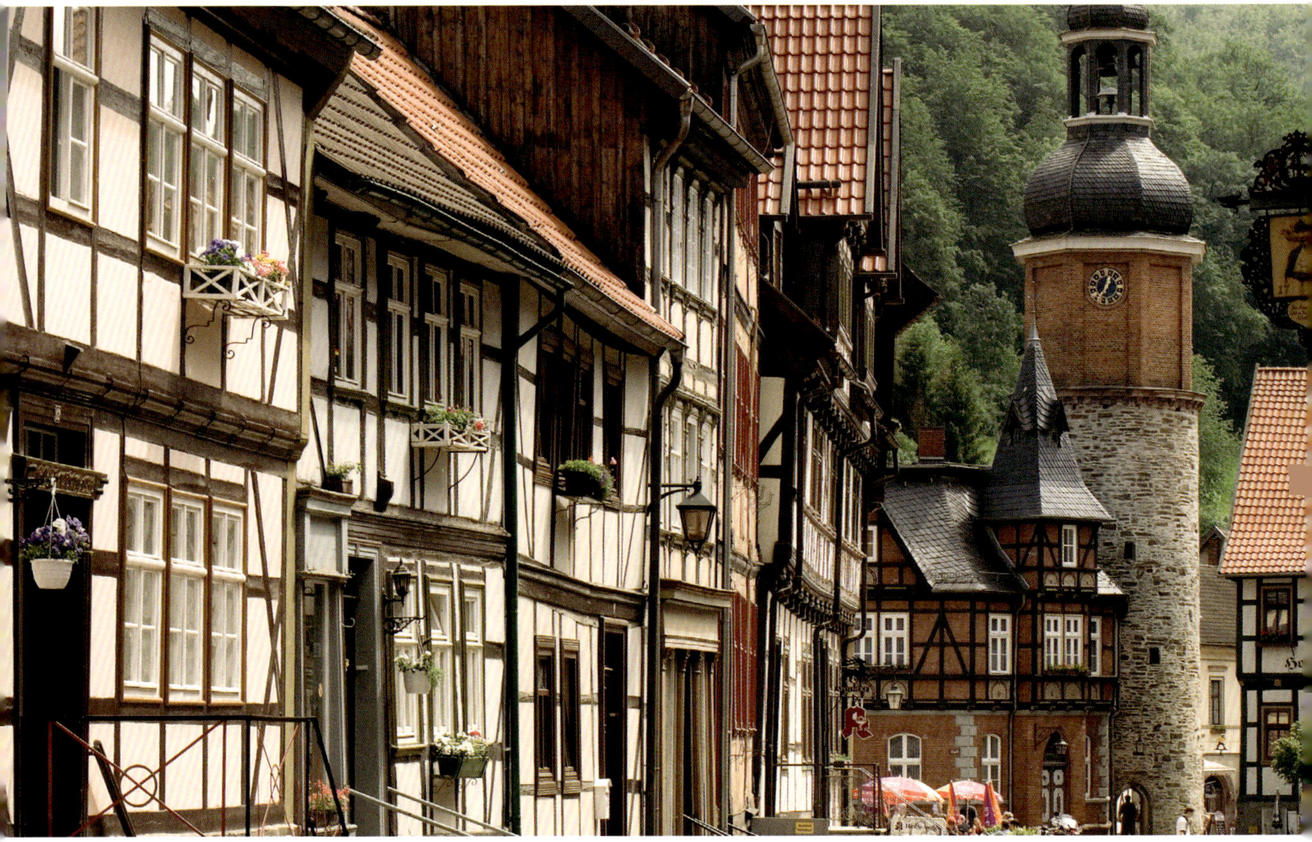

Die gesamte, von vielen Fachwerkbauten geprägte Altstadt Quedlinburgs zählt zum UNESCO-Weltkulturerbe, es macht die Stadt damit zu einem der größten Flächendenkmale Deutschlands.

01 Quedlinburg

Rund 1300 Fachwerkhäuser, die über einen Zeitraum von 600 Jahren errichtet wurden, legen Zeugnis von der Geschichte des niedersächsischen Fachwerkbaus ab. Das Zentrum der Altstadt – seit 1995 UNESCO-Weltkulturerbe – bildet der Marktplatz mit dem Rathaus, das, im Kern spätgotisch, 1619 umgebaut wurde. Eines der schönsten spätbarocken Fachwerkhäuser ist das Gebäude der ehemaligen Ratswaage. In der Marktkirche St. Benedikti mit ihrer malerischen Turmkomposition sind zwei spätgotische Schnitzaltäre und der barocke Hochaltar sehenswert. Das dominierende Ensemble auf dem Burgberg bilden die romanische Stiftskirche St. Servatius (1129) mit großteils erhaltener romanischer Ausmalung der Krypta (1070) sowie das prächtige Renaissanceschloss (16. bis 18. Jahrhundert) mit herrlichem Ausblick auf die Stadt.

02 Thale

Wo die liebliche Landschaft des Harzrandes – lediglich von der steil aufragenden Felsformation der Teufelsmauer unterbrochen – an die Hänge des Harzes stößt, liegt Thale. Das Gebirge sowie die bizarre Felsschlucht des Bodetals mit den Felsen der Roßtrappe und des Hexentanzplatzes bieten von hier aus ein imposantes Panorama.

03 Blankenburg

Namen sind wie Schall und Rauch – zum Glück, wird sich vermutlich ein adliger Herr namens Poppo gedacht haben, der es im 12. Jahrhundert immerhin zum Grafen von Blankenburg brachte, dann aber nicht weiter auffiel in der Weltgeschichte. Sein kurioser Vorname indes ist für immer mit dem Harzstädtchen Blankenburg verbunden, das unter Graf Poppo eine erste Blüte erlebte. Eine zweite Blütezeit war ihm im 18. Jahrhundert beschieden, als die

Der Motorrad-Treff Torfhaus in der Nähe von Altenau ist im Harz eine echte Institution. Aber Achtung, an Wochenenden kann es hier sehr voll werden.

Grafschaft zum Reichsfürstentum aufstieg. In dieser Zeit entstanden barocke Gartenanlagen mit Putten, Vasen, Brunnen und kunstvoll gestutzten Bäumen.

04 Wernigerode

Romantische Gassen und Fachwerkhäuser aus dem Zeitraum des 16. bis 19. Jahrhunderts bestimmen das Erscheinungsbild der »bunten Stadt am Harz«. Ihr Schmuckstück und Wahrzeichen ist das über 500 Jahre alte Rathaus mit den zwei aus der Schaufront hervorspringenden Erkern mit spitzen Schieferhelmen und Prunkfassade. Neben der gelungenen Fachwerkkonstruktion fällt an dem Gebäude besonders der figürliche Schmuck auf. Die Holzfiguren stellen vorwiegend Heilige, Handwerker und Narren dar. Eines der bekanntesten Fachwerkhäuser, das Krummelsche Haus (1674) mit fein geschnitzter Barockfassade, kann in der Breiten Straße bewundert werden. Eine weitere bauliche

AUSFLUGSZIELE

Nationalpark Harz

Laubmisch- und Bergfichtenwälder bestimmen das Bild des knapp 25 000 Hektar umfassenden Nationalparks. Vom 1142 Meter hoch gelegenen Brocken bieten sich herrliche Aussichten auf Thüringer Wald und Wesergebirge. Im 1890 angelegten »Brockengarten« wachsen über 1500 Pflanzenarten aus allen Hochgebirgsregionen der Erde.
www.nationalpark-harz.de

Torfhaus

Quasi ein Muss für jeden Biker, der auf Tour durch den Harz ist, ist der Biker-Treff in Torfhaus zwischen Bad Harzburg und Braunlage an der B4 gelegen. Zwar ist hier am Wochenende fast immer die Hölle los und es herrscht oftmals absolutes Parkchaos, aber alleine wegen der sensationell schönen Anfahrt sollte keine Zeit und Mühe gescheut werden, einmal mit dem Motorrad hierher zu rollern.
www.torfhaus.info, GPS 51.80216, 10.53695

Preziose ist das Nöschenröder Amtshaus (1598) mit seinem beachtlichen Fassadenschmuck. Hoch über der Stadt thront Schloss Wernigerode mit seinen bizarren Türmen und Erkern, das im 17. und im 18. Jahrhundert im Stil des Barock und des Historismus umgebaut wurde.

05 Braunlage

Braunlage zählt zu den ältesten Luftkurorten und Wintersportzielen Deutschlands. Ein beliebtes Ausflugsziel ist der Wurmberg. Mit der Wurmberg-Seilbahn, dem Monsterroller-Verleih und den sieben naturbelassenen Strecken des Bikeparks Braunlage eröffnen sich vielfältige Adventure-Angebote.

06 Clausthal-Zellerfeld

Der Luftkurort Clausthal-Zellerfeld ist die einzige Universitätsstadt im Harz und liegt mit 560 Metern auf einer Hochebene zwischen Goslar und Altenau im Oberharz. Der schmucke Ort vereint die Tradition einer Bergstadt mit den attraktiven Angeboten einer Universitätsstadt und schafft so eine wunderbare Verbindung zwischen Tradition und Moderne. Hier kann die größte deutsche Holzkirche besichtigt werden. Im Stadtteil Zellerfeld erzählt eines der ältesten deutschen Technikmuseen die Geschichte des traditionellen Bergbaus. Auch das einzigartige System der Oberharzer Wasserwirtschaft, das aufgrund von mehr als 60 historischen Teichen, Gräben und Wasserläufen zum UNESCO-Welterbe gehört, wird hier ausführlich dargestellt.

07 Bad Harzburg

Die nostalgische Kurstadt am Eingang des Radautales wartet mit allem auf, was solch mondäne Adressen einst brauchten: Spielcasino, Pferderennbahn, Golfplatz, Wandelhalle mit Trinkbrunnen und Kurpark. Mit Soletherme, Freizeitpark und Hochseilgarten kommt auch das moderne Freizeitvergnügen nicht zu kurz. Eine Seilbahn bringt Besucher bequem auf den Großen Burgberg, auf dessen Plateau Kaiser Heinrich IV. im 11. Jahrhundert die Harzburg bauen ließ. Von dort kann man eine Vielzahl von Wanderungen in den Harz starten.

08 Halberstadt

Dank seiner Lage im fruchtbaren Harzvorland war Halberstadt im Mittelalter sowohl bedeutender Bischofssitz wie Handelsknotenpunkt. Während die Bischöfe beeindruckende Sakralbauten hinterließen, erbauten die Bürger wunderschöne Fachwerkhäuser.

09 Oschersleben

So mancher Zweiradfreund fährt nur deswegen in diese Region: Die Motorsportarena Oschersleben ist Deutschlands nördlichste Rennstrecke und erfreut Motorsportfans mit Autorennen und Langstreckencups oder Motorradtrainings (www.motorsportarena.com). Wer rechtzeitig bucht, kann sich selbst ans Steuer eines Rennwagens setzen und ein paar Runden auf der Strecke drehen. Jenseits der Arena lohnt aber auch die Innenstadt von Oschersleben mit dem barocken Rathaus oder der alten Burg mit ihren imposanten Türmen. Die Zwillingstürme der Nikolaikirche ragen malerisch aus dem Stadtbild, das durch mittelalterliche Fachwerkhäuser geprägt ist. Am besten in ein Straßencafé setzen und das schöne Leben einfach mal genießen.

10 Quedlinburg

Zurück in Quedlinburg empfiehlt es sich, irgendwo ein Zimmer zu nehmen. Zu sehenswert ist diese Stadt, als dass man dort in der schweren Bikerkluft durch die Gassen schlendern möchte. Denn die sind schmal und von außergewöhnlich hübschen Häusern gesäumt. Nicht umsonst zählt Quedlinburg zu den schönsten Städten des Harzes.

Hotel zum Brauhaus
Carl-Ritter-Str. 1
06484 Quedlinburg
Tel. 03946/901481
www.hotel-brauhaus-luedde.de

Hotel Stubenberg
Stubenberg 1
06485 Gernrode
Tel. 039485/919151
www.hotel-stubenberg.de

Bikertreff
Rappbodetalsperre
38889 Elbingerode

Pension Quellenhof
An der Schwefelquelle 18
38707 Altenau
Tel. 05328/2029993
www.quellenhof-altenau.de

Der Brocken ist das Wahrzeichen des Harzes. Als einziger Mittelgebirgsgipfel Deutschlands ragt er über die Baumgrenze hinaus. Zum Brockengipfel fährt eine historische Schmalspurbahn, die Brockenbahn.

Fast noch ein Geheimtipp

Er heißt zwar Hoher Fläming, besonders hoch ist der Bergrücken östlich von Magdeburg aber nicht – gerade mal 200 Meter. Dafür punktet er mit altehrwürdigen Burgen, sanften Hügeln und tiefen Wäldern. In Ordnung ist die Welt hier auch für Motorradfahrer, denn diese haben auf den schmalen Sträßchen des Flämings ihre helle Freude.

HOHER FLÄMING

Eine der am dünnsten besiedelten Gegenden Deutschlands lockt Biker, die Natur und Stille suchen. Die Straßen winden sich entlang von sanften Hügeln und tiefen Wäldern. Nicht selten stehen Burgen einsam auf Hügeln und immer wieder finden sich Seen am Wegesrand. Sie erzählen von der bewegten Vergangenheit dieses Landstriches, der zu DDR-Zeiten auch als das wichtigste Braunkohlerevier Ostdeutschlands galt. Von der extensiven Rohstoffsuche übrig geblieben sind heute Seen, die sich aneinanderreihen und die tiefen Narben der einstigen Tagebaue in der Erdoberfläche kaschieren. Manche haben längst noch nicht ihren endgültigen Wasserstand erreicht, doch sie locken schon heute Besucher von nah und fern als Ausflugsziel. Doch nicht nur der Mensch hat die Landschaft geformt, viele Hügel und Seen sind auch in der letzten Eiszeit entstanden, die an manchen Stellen beeindruckende Riesensteine hinterlassen hat.

Der Biker wird im Fläming Straßen finden, die noch nicht so voll von Feriengästen, Lastwagen und Autos sind wie in dicht besiedelten Gegenden. Am Wegesrand locken immer wieder Gaststätten und Ausflugslokale zu einer gemütlichen Rast. Mit Orten wie Dessau und Wörlitz bietet diese Route auch dem kulturinteressierten Biker urbane Attraktivität. Auch die Elbe bietet hübsche Möglichkeiten, sich noch etwas zu entspannen oder den einen oder anderen Extrabogen zu fahren, bevor der Biker wieder den Ausgangspunkt der Tour, Bad Belzig, erreicht.

Wenn der Herbst die Blätter im Wörlitzer Gartenreich bunt färbt und eine leichte Melancholie über dem Park schwebt, lohnt sich ein Besuch ganz besonders.

Das Biosphärenreservat Mittelelbe erstreckt sich zwischen Lutherstadt Wittenberg im Osten über Dessau-Roßlau und Magdeburg bis nach Seehausen im Norden und bietet vielen vom Aussterben bedrohten Tieren und Pflanzen Schutz.

ROUTE 16

Routenlänge: ca. 280 km
Zeitbedarf: ca. 2–3 Tage, reine Fahrzeit: ca. 5 Std.
Charakteristik: Schräglagensammler kommen bei dieser Tour rund um den Bergrücken Hoher Fläming ebenso auf ihre Kosten wie gemütliche Cruiser.
Start und Ziel: Bad Belzig
Informationen:
www.hoher-flaeming-naturpark.de
www.reiseland-brandenburg.de
www.belzig.com

Hier geht's
zum
GPS-Track

01 Bad Belzig

Bad Belzig ist geprägt von der Burg Eisenhardt, die sich am südwestlichen Stadtrand auf dem Bricciusberg erhebt. Die Ursprünge der Burg gehen auf das 10. Jahrhundert zurück. Bis heute sind der runde Artillerieturm sowie der mächtige Bergfried Wahrzeichen der Stadt. Mit seiner Höhe von 24 Metern bietet er einen schönen Panoramablick. Vielleicht noch schnell eine Schokolade in der burgeigenen Chocolaterie naschen und dann aber weiter. Unbedingt steht noch ein Stadtbummel an, denn die Kleinstadt hat viel zu bieten mit ihrer hübschen Altstadt, die sich rund um die Marienkirche und das Rathaus ausbreitet.

02 Zerbst

Aus dieser Stadt stammt eine der berühmtesten Zarinnen der Welt: Katharina die Große stammt aus der Fürstenfamilie Anhalt-Zerbst. Schon allein der Familienname deutet darauf hin, wie mächtig Zerbst einst war und welche Stellung die Stadt im Land innehatte. Leider ist von dem ehemals prachtvollen Schloss der Fürstenfamilie kaum etwas übriggeblieben, denn im Zweiten Weltkrieg haben Bomben das Gebäude nahezu vollständig zerstört. Nur der Ostflügel blieb erhalten und wartet bis heute auf seine Sanierung. Vom Ostflügel aus lohnt sich ein Spaziergang an der alten Stadtmauer entlang, immerhin sind noch drei Stadttore erhalten. Nur noch als Ruine zeigt sich die Nikolaikirche, sie ist ebenso im Zweiten Weltkrieg zerstört worden wie die Bartholomäuskirche oder die Marienkirche.

03 Dessau

Unter Fürst Leopold III. Friedrich Franz (1740–1814) wurde das kleine Fürstentum Anhalt-Dessau zu einem Musterstaat der deutschen Aufklärung. In und um Dessau entstand

Landschaftspark mit Schloss Luisium in Waldersee.
Er ist Teil des Dessau-Wörlitzer Gartenreichs.

auf seine Initiative hin Ende des 18. Jahrhunderts das »Gartenreich«, in dem englische Landschaftsgärten und Natur ineinander übergehen. In Dessau selbst gehören hierzu die Schlösser und Parks Georgium und Luisium. Weltberühmt ist das Bauhaus, das als Hochschule für Gestaltung zum Inbegriff moderner Architektur und Formgestaltung wurde. Walter Gropius entwarf hier 1925/26 das Bauhaus-Gebäude sowie die Meisterhäuser, aus teils normierten Elementen gefertigte Doppelhäuser, in denen Kandinsky, Klee, Feininger und Schlemmer mit ihren Familien wohnten.

04 Biosphärenreservat Mittelelbe

Entlang der Elbe von Wittenberg über das Dessau-Wörlitzer Garten- reich bis kurz vor Magdeburg sowie entlang ihres Nebenflusses Mulde erstreckt sich diese fast unberührte Flussauenlandschaft mit Elbebibern und Weißstörchen.

05 Wörlitz

Leopold III. Friedrich Franz, Fürst von Anhalt-Dessau, war der Herrscher über einen Miniaturstaat. Doch er hatte Titanisches vor. In ein Muster-

AUSFLUGSZIELE

Waldersee
In dem heutigen Dessauer Stadtteil erbaute Friedrich Wilhelm von Erdmannsdorff ab 1775 das Schlösschen Luisium, das sich in einem Park auf einem sanften Hügel über einem Teich erhebt. Im Park befinden sich auch eine Orangerie sowie das neugotische Schlangenhäuschen.
GPS 51.84212, 12.27955

Mosigkau
Nur acht Kilometer südwestlich von Dessau liegt Mosigkau, wo ein Schloss mit Park den Besuch lohnt. Berühmt ist der Gartensaal (1756), der wohl schönste Rokokosaal Anhalts. Im zugehörigen Museum sowie der Orangerie finden regelmäßig Konzerte statt.
GPS 51.80677, 12.15357

land wollte er sein Zwergenreich verwandeln, sowohl in moralischer wie in ästhetischer Hinsicht. Er führte die Schulpflicht ein, schaffte die Zensur ab, gewährte seinem Volk eine kostenlose medizinische Versorgung und gestaltete sein Ländchen nach englischem Vorbild in einen Landschaftspark um. Sein Wörlitzer Gartenreich mit Skulpturen und Teichen wurde zu einer nationalen Attraktion, die Geistesgrößen wie Novalis und Goethe anzog.

06 Oranienbaum

Vor dem Schloss – einer niederländisch geprägten barocken Dreiflügelanlage mit Ehrenhof (1698) – steht das Wahrzeichen von Oranienbaum, ein schmiedeeisernes Orangenbäumchen mit vergoldeten Früchten. Der englisch-chinesische Garten bezaubert mit Pagode, Teehäuschen und Bogenbrücken.

07 Gremminer See

Baden und Wassersport treiben darf man in ihm nur an wenigen Stellen und unter Aufsicht, dazu ist der Gremminer See noch nicht lange genug ein See. Denn was heute so romantisch blau leuchtet, war einst eine große Wunde in der Erdoberfläche. Denn hier wurde bis 1991 Braunkohle abgebaut, bis der See im Jahr 2000 geflutet wurde. Besonders schöne Ausblicke für Biker auf den See offenbart die Gremminer Brücke bei Gräfenhainichen. Wie der Name des Sees erinnert auch die Brücke an das einstige Dorf, das 1982 dem Tagebau Golpa-Nord zum Opfer fiel. Die Verwüstungen der Landschaft sind inzwischen fast vollständig renaturiert, wer den See erleben will, kann auf der asphaltierten Strecke ein Stück wandern und wird dabei auch viele Skater treffen.

08 Ferropolis – Stadt aus Eisen

Sie gehörten einst zum Alltag und rüttelten mit ihrer gigantischen Kraft den Boden einmal durch, stets auf der Suche nach Braunkohle, die dann ins nahe Industrierevier von Bitterfeld gebracht wurde: Die riesigen Tagebaumaschinen sind schon von Weitem als Silhouetten zu sehen. Eimerkettenbagger oder Schaufelradbagger zeugen von einer Vergangenheit der Giganten aus Eisen, woher sich auch der Name dieses Freilichtmuseums ableitet. Es befindet sich auf einer Halbinsel im Gremminer See und bietet nicht nur eine Kulisse zum Staunen, sondern gleichzeitig auch eine Bühne für Kulturveranstaltungen. Große Konzerte finden auf dem Gelände ebenso statt wie Sportveranstaltungen. Was für die einen ein Mahnmal einer Epoche des Raubbaus ist, ist für andere heute längst zu einem Wahrzeichen geworden.

09 Lutherstadt Wittenberg

Die Stadt steht ganz im Zeichen Martin Luthers, der hier mit seinen 95 Thesen die Reformation einleitete. An die Tür des Nordportals der Schlosskirche soll er 1517 seine weltberühmten Thesen angeschlagen haben, in der Stadtkirche St. Marien mit dem Hauptaltar von Lucas Cranach d. Ä. predigte er. Sehenswert ist das Ensemble des Marktplatzes mit dem Rathaus, den Denkmälern von Luther und Melanchthon sowie der Kirche St. Marien.

10 Coswig

Zwischen Wittenberg und Dessau befindet sich die Stadt Coswig, die nicht zu verwechseln ist mit der gleichnamigen Stadt in Sachsen. Also bloß aufpassen, was man ins Navi eingibt! Coswig bietet eine besondere Attraktion für Biker, die gerne Abenteuer erleben: Dort pendelt eine Gierseilfähre zwischen beiden Ufern der Elbe, sie wird motorlos nur von der Strömung angetrieben. Aber auch in der Stadt selbst gibt es einiges zu sehen: Das Schloss, das hübsch gelb direkt über der Elbe thront, ist ein Augenschmaus. Ebenso wie das Rathaus und die attraktive Innenstadt. Dort locken vor allem das Simonetti-Haus mit seinem typischen Walmdach ebensowie das ehemalige Kloster, in dem heute ein Kulturzentrum untergebracht ist.

11 Bad Belzig

Zurück in Bad Belzig kann man noch in der Steintherme ein wenig Wellness genießen und die müden Glieder entspannen. Der Ort ist perfekt, um die Tour genussvoll ausklingen zu lassen.

Tequila Drive Biker Café und Motel
Dorfstr. 13, 39264 Reuden/Anhalt

Die Scheune Dobbrikow
Nettgendorfer Str. 21
14947 Nuthe-Urstromtal
Tel. 033732/40516
www.cafe-diescheune.de

Ausflugsgaststätte Hubertusberg
Hubertusberg 1
06869 Möllensdorf (Coswig)
Tel. 034903/62733
www.hubertusberg.de

Burghotel Bad Belzig
Wittenberger Str. 14
14806 Bad Belzig

Tel. 033841/45090
www.burghotel-bad-belzig.de

Steintherme Bad Belzig
Am Kurpark 15
14806 Bad Belzig
Tel. 033841/38800
www.steintherme.de

ROUTE 16

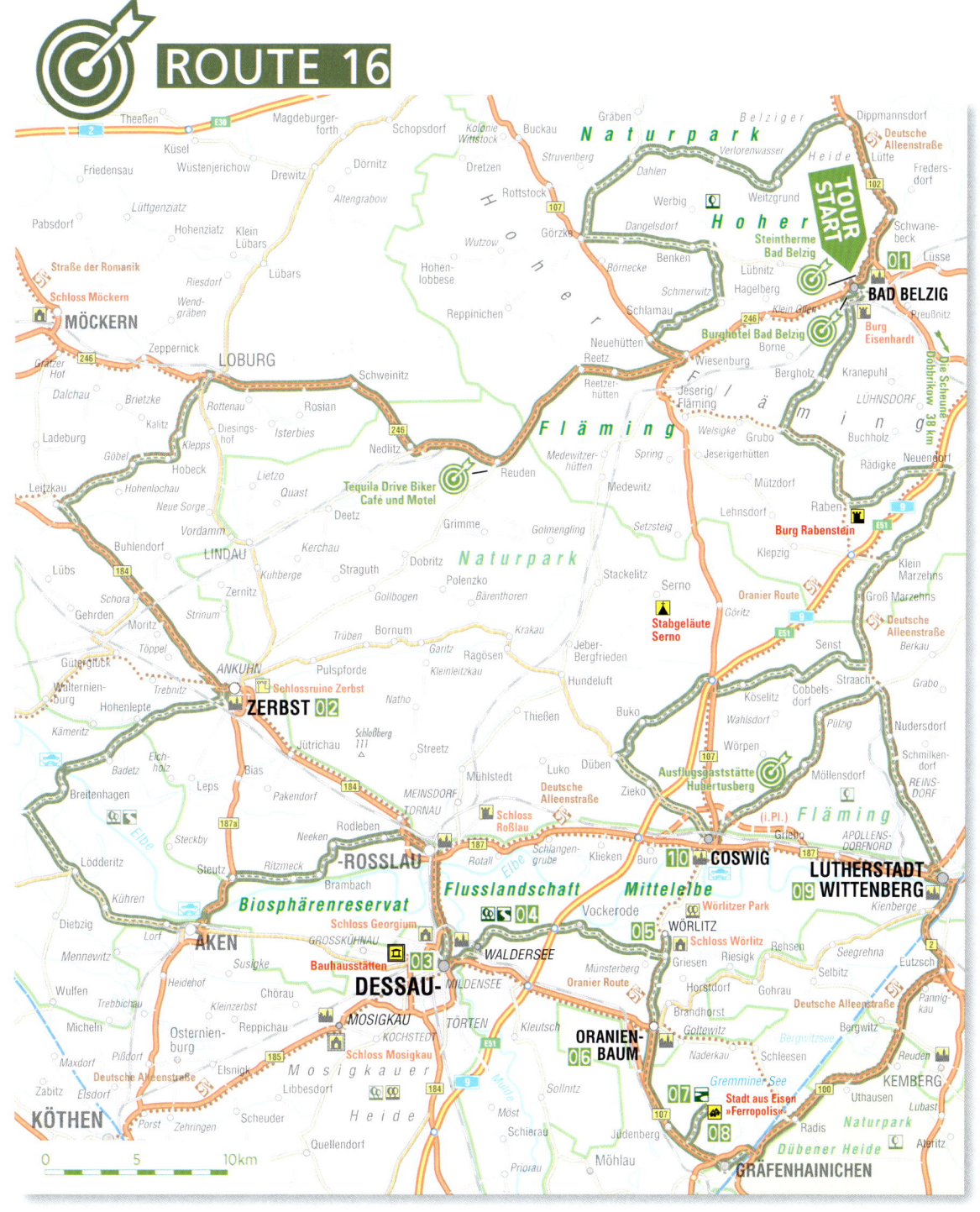

SPREEWALD

Landschaften, in denen die Elemente Wasser und Erde fließend ineinander übergehen, haben immer eine mystische Aura, etwas Rätselhaftes und Unerkläriches. Die Everglades in Florida sind eine solche Landschaft, die Millionen von Verzweigungen des Amazonas in Brasilien oder das Delta des Mekong in Vietnam. Auch in Deutschland gibt es eine Landschaft der elementaren Unentschlossenheit: den Spreewald im Südosten Brandenburgs, in dem sich die Spree in viele kleine Adern auflöst, die wiederum durch Dutzende von Kanälen miteinander verbunden sind. Tausend Kilometer Wasserwege gibt es hier, die man mit einem Spreewaldkahn stakend erkunden kann. Immer wieder bezaubert der Blick auf die pralle Natur.
Der Biker hingegen wird die Landschaft wohl kaum vom Wasser aus begutachten, sondern eher von Land aus. Doch auch dort bieten sich hübsche Plätze, an denen meistens auch lauschige Kneipen und Restaurants liegen. Vielleicht überlegt er aber auch, eine kleine Tour auf dem Wasser zu machen? Dort findet sich eine ganz eigene Lebensgeschwindigkeit, die sich dem Fließrhythmus des Wassers angepasst zu haben scheint.
Das Dasein ist im Spreewald kein reißender Strom mit Untiefen, sondern ein ruhiger Fluss, dem jedes Gehetztsein fremd ist. Wahrscheinlich kommen deswegen so viele Menschen so gern: um die Schönheit und Kraft der Langsamkeit zu entdecken. Allerdings – und das muss jedem Biker klar sein, kann er die Wildnis nicht mit dem Motorrad erkunden, denn zum Glück gibt es auch in Deutschland noch echte Geheimtipps, durch die und zu denen keine Straßen führen. Dafür genießt er später die Kurven und Beschleunigungen umso mehr, wenn er seinen Weg fortsetzt.

Die lauschigen Seitenarme der Spree erkundet man am besten bei einer Kahnfahrt.

Der Amazonas des Ostens

Dass die Spreewälder Gurken lecker schmecken und in der ganzen Welt bekannt sind, ist kein Geheimnis. Wer weiß aber schon, dass eine Motorradtour durch das Biosphärenreservat Spreewald Körper und Seele guttut? Kaum jemand. Also nichts wie hin und die Batterien füllen!

Oben und Mitte: 600 Fährleute warten im Spreewald, dem größten Erlen-Auwald Europas darauf, den Städtern in ihren Holzkähnen stakend ein Stück Natur näherzubringen.

ROUTE 17

Routenlänge: ca. 260 km
Zeitbedarf: ca. 2–3 Tage, reine Fahrzeit ca. 6 Std.
Charakteristik: Kleine schmale Sträßchen und eine wunderschöne Landschaft bestimmen diese Tour. Tipp: Unbedingt den Motorrad- sattel mal gegen eine Kahnfahrt tauschen.
Start und Ziel: Lübbenau
Informationen:
www.spreewald.de
www.spreewald-info.de
www.reiseland-
brandenburg.de

Hier geht's zum GPS-Track

01 Lübbenau

Mit seinem Kahnfährhafen ist der kleine Ort Lübbenau die »Metro- pole« des Spreewalds. Bootspartien führen in das Lagunendorf Leipe, das noch bis 1968 nur per Kahn zu erreichen war, sowie zum Lagunen- dorf Lehde, dem »Venedig des Spreewalds«. Das Freilandmuseum im 160-Einwohner-Flecken Lehde wartet mit drei altsorbischen Bau- ernhöfen, Kahnbauerei, Trachten- ausstellung und Deutschlands einzi- gem Gurkenmuseum auf, in dem sich alles um die kulinarische Spezi- alität aus dem Spreewald dreht. Noch etwa 60 000 Sorben leben in der Region. Als Nachkommen slawi- scher Stämme, die einst im Zuge der Völkerwanderung hierhergekom- men waren, sind sie nach jahrhun- dertelanger Unterdrückung inzwi- schen als ethnische Minderheit aner- kannt. Ihre spitzengeklöppelten Trachten, ihr Brauchtum und ihre Lieder haben die Sorben bis heute bewahrt. Ebenso auch die Sprache – in Lübbenau trifft man auf viel Zwei- sprachigkeit.

02 Luckau

Die Stadt am Westrand der Nieder- lausitz wurde um 1300 nahe einer heute nicht mehr existierenden Burg gegründet. Aus dieser Zeit stammt auch die Stadtkirche St. Nikolai, an der mehrere Hundert Jahre lang gebaut wurde. Nach einem Brand 1644 wurde die Kirche im barocken Stil neu gestaltet. Ebenfalls aus dem 13. Jahrhundert stammt die Geor- genkapelle mit ihrem dominieren- den Hausmannsturm. Die mittelal- terliche Stadtmauer blieb in weiten Teilen erhalten, wobei insbesondere der Rote Turm sehenswert ist. In der Umgebung des Marktes stehen noch viele alte Schmuckgiebelhäu- ser aus dem 18. Jahrhundert. Das Rathaus wurde 1852 im spätklassi- zistischen Stil fertiggestellt. Stadt- park und Moorbadgarten laden zu

Oben: Das hübsche Wasserschloss Lübbenau beherbergt heute ein Hotel, auch der Schlosspark, angelegt von Peter Joseph Lenné, ist sehenswert.

Spaziergängen, umgeben von Blütenpracht, ein.

03 Beeskow

Umringt von Seen und Gewässern bettet sich Beeskow idyllisch an den Rand des Spreewaldes. Die Spree fließt mitten durch den Ort und hat eine hübsche Insel mit angrenzendem See hinterlassen. Dort gibt es nicht nur einen kleinen Bootsverleih, sondern auch eine Schleuse. Doch die meisten Besucher lockt die alte Burg an, die sich auf der Spree-Insel befindet. Sie stammt aus dem 13. Jahrhundert, in den alten Gemäuern ist neben einem Kulturzentrum und einem Kunstmuseum auch ein Foltermuseum untergebracht. Nicht so schaurig wie in den Burgkellern geht es in der Innen-

AUSFLUGSZIELE

Biosphärenreservat Spreewald

Als Folge der letzten Eiszeit vor rund 20000 Jahren teilte sich die Spree in ein fein gegliedertes Netz von Bächen und Kanälen. Eine Fläche von knapp 500 Quadratkilometern umfasst das von der Spree gespeiste Naturschutzgebiet rund 100 Kilometer südlich von Berlin. In den teils noch naturnahen, mit Niederungswäldern bestandenen Moor- und Auenlandschaften, die lediglich mit Kahn oder Kanu angesteuert werden können, gibt es eine große Artenvielfalt von Pflanzen und Tieren.
www.spreewald-biosphaerenreservat.de

Naturpark Schlaubetal

Durch Seen, Wälder, Wiesen und Moore schlängeln sich die Flüsschen Schlaube, Oelse und Dorche. Zahlreiche Mühlen klapperten einst an ihren Wassern. Von ihnen sind noch die Ragower Mühle im Schlaubetal und die Schwerzkoer Mühle im Dorchetal erhalten und laden zur Besichtigung ein. Das Tor zum Schlaubetal ist das lauschige Örtchen Müllrose mit seiner barocken Pfarrkirche und einer Barockorgel von 1772.
www.schlaubetal-naturpark.de

stadt zu. Sie lädt nicht nur zu Spaziergängen entlang der alten Stadtmauern ein, sondern präsentiert teilweise wunderschöne alte Fachwerkhäuser zwischen Marktplatz und Marienkirche. Schnell werden Besucher feststellen, dass der Spruch »Beeskow ist nicht so schlimm, als es klingt« von Theodor Fontane eine echte Untertreibung ist, denn die Stadt punktet mit postkartenschönen Ecken.

04 Eisenhüttenstadt

Das einstige Fürstenberg war ursprünglich eine slawische Siedlung, die später zu Böhmen und Kursachsen gehörte, bevor sie 1815 an Preußen fiel. Sehenswert ist allenfalls die gotische Pfarrkirche, aufschlussreich dagegen das einstige Stalinstadt, eine 1951 auf dem Reißbrett entworfene sozialistische Industriesiedlung. Rund um die Hochöfen und die Hafenanlagen entstand in mehreren Bauphasen eine Stadt, an der sich heute der Geschmack der SED-Planer von den 1950er- bis in die 1980er-Jahre ablesen lässt. Nachdem Stalin posthum in Ungnade gefallen war, wurde der Name des Eisenhüttenkombinats geändert und Stalinstadt und Fürstenberg wurden 1961 zu Eisenhüttenstadt vereint.

05 Neuzelle

Nur wenige Kilometer südlich von Frankfurt an der Oder stiftete 1268 der Markgraf von Meißen und der Ostmark das Zisterzienserkloster Neuzelle – später eine katholische Enklave in einem ansonsten protestantischen Land. Als einzige Anlage des Zisterzienserordens in Brandenburg überdauerte es die Reformation, wurde im 18. Jahrhundert barock umgestaltet und im Jahr 1817 säkularisiert. Das Prunkstück ist die Stiftskirche mit ihrer barocken Innendekoration. Gedrechselte Säulen, verschwenderische Holzschnitzereien, Ströme von Stuck und rauschende Blattgoldorgien: Im Kloster Neuzelle wähnt man sich eher in Italien als in der Niederlausitz. In den Sommermonaten findet ein buntes Kulturprogramm mit Konzerten und Ausstellungen statt. In der Klosterbrauerei wird seit 1589 ein kräftiges Schwarzbier gebraut.

06 Guben

Mit Guben ist es so eine Sache – mal ist man in Polen und mal in Deutschland. Die Stadt wurde nach Ende des Zweiten Weltkriegs zweigeteilt, die Neiße bildet die Grenze zwischen den beiden eigenständigen Städten. Übrigens: Wer in der Stadt ist, sollte Apfelspezialitäten probieren, denn im Gegensatz zum nahen Spreewald mit den legendären Gurken ist Guben für seine Apfeldelikatessen bekannt. Zentrum des heutigen deutschen Gubens ist der Platz rund um die ehemalige Hutfabrik, die zum Rathaus gemacht wurde. Ein Päuschen auf den Neißeterrassen sollte man sich ebenso wenig entgehen lassen wie einen Promenadenspaziergang auf der Frankfurter Straße, die über die Neißebrücke bis nach Polen führt. Der alte Hafen zeugt von der Vergangenheit des Schiffsverkehrs auf der Neiße und

der Stadtpark mit Kletterfelsen lockt Erholungssuchende an. Großen Anklang findet auch das Museum »Plastination«, das den Grundstock zu der berühmten Ausstellung von Gunther von Hagens »Körperwelten« liefert.

07 Peitz

Dieser Ausblick! Wer am Hütten- und Fischereimuseum von Peitz steht, wird sich womöglich nicht sattsehen können: Da liegen sie vor einem, die Peitzer Teiche, es ist das größte, zusammenhängende Teichgebiet Deutschlands. Kein Wunder, dass der Karpfen aus Peitz auch über die Grenzen der Stadt hinaus bekannt ist, denn er wird seit Jahrhunderten dort gezüchtet. Im Fischereimuseum erfahren Besucher mehr über die Traditionen des Fischfangs. Das Museum gehört sicherlich zu den wichtigsten Sehenswürdigkeiten von Peitz, doch es ist nicht die einzige. Ein alter Festungsturm erinnert an die Zeiten, in denen Ritter kämpften und Schwerter klirrten. Zudem ist die Altstadt, die sich rund um das klassizistische Rathaus erstreckt, eine Augenweide mittelalterlicher Baukunst. Peitz liegt auch am Rande des Tagebaugebietes Jänschwalde, zu dem sich ein Abstecher lohnt. Wenigstens vom Aussichtsturm aus einen Blick auf die gigantischen Ausmaße der Braunkohleförderung zu werfen, ist fast ein Muss.

08 Schloss und Park Branitz

1845 zog der leidenschaftliche Gartenbaukünstler Fürst Hermann

AUSFLUGSZIELE

Leipe

Idyllischer und abgeschiedener geht es kaum: Jeder Hof hat seinen eigenen kleinen Hafen, eine Anlegestelle für Kähne. Dazu Häuser wie gemalt. Leipe gehört zu den schönsten Flecken im Spreewald. Dass es so beschaulich wirkt, liegt wohl auch an seiner Lage auf einer Insel. Das Dorf zählt insgesamt nur rund 130 Einwohner, es war bis zum Jahr 1936 nur per Kahn erreichbar. Die Höfe mit ihren kleinen Kahnhäfen wirken wie ein Platz aus einer anderen Welt.
www.spreewald-info.de
GPS 51.85559, 14.04343

Bildleiste von oben:
Stiftskirche des ehemaligen
Klosters Neuzelle.

Pyramide im Fürst-Pückler-Park in
Cottbus. In ihr befindet sich auch
das Grab von Fürst Hermann von
Pückler-Muskau.

Auf dem Weg zu neuen Ufern –
Motorradfahrer in Sachsen-Anhalt.

von Pückler-Muskau, Schöpfer des in Sachsen gelegenen Muskauer Parks, in das heruntergekommene Schloss Branitz südöstlich von Cottbus und baute es nach Plänen Gottfried Sempers um. Um den spätbarocken Herrschaftssitz herum legte er einen Landschaftspark mit Teichen und Wasserläufen nach englischem Vorbild an. Ein kurioser Höhepunkt dort sind Deutschlands einzige Pyramiden. In der größeren liegt der exzentrische Fürst begraben.

09 Cottbus

Die Herren von Cottbus verkauften den Ort 1455 an Brandenburg. Von ihrem Schloss ist nur der Amtsturm erhalten geblieben. Von der Backsteinstadtmauer stehen noch einzelne Teile, darunter ein Wiekhaus, der Münzturm und der Spremberger Turm. Backstein war auch das Baumaterial der Oberkirche St. Nikolai (13. Jahrhundert) und der Franziskanerklosterkirche. Die Schlosskirche wurde 1730 für die eingewanderten Hugenotten fertiggestellt. Sehenswert ist auch das in den 1980er-Jahren restaurierte Jugendstiltheater. Rund um den Markt stehen Wohnhäuser aus der Zeit des Barock und des Klassizismus.

10 Schloss Vetschau

Das schöne Renaissanceensemble wurde im 16. Jahrhundert auf den Fundamenten einer mittelalterlichen Wasserburg errichtet, die dem Schutz der Handelsstraßen diente.

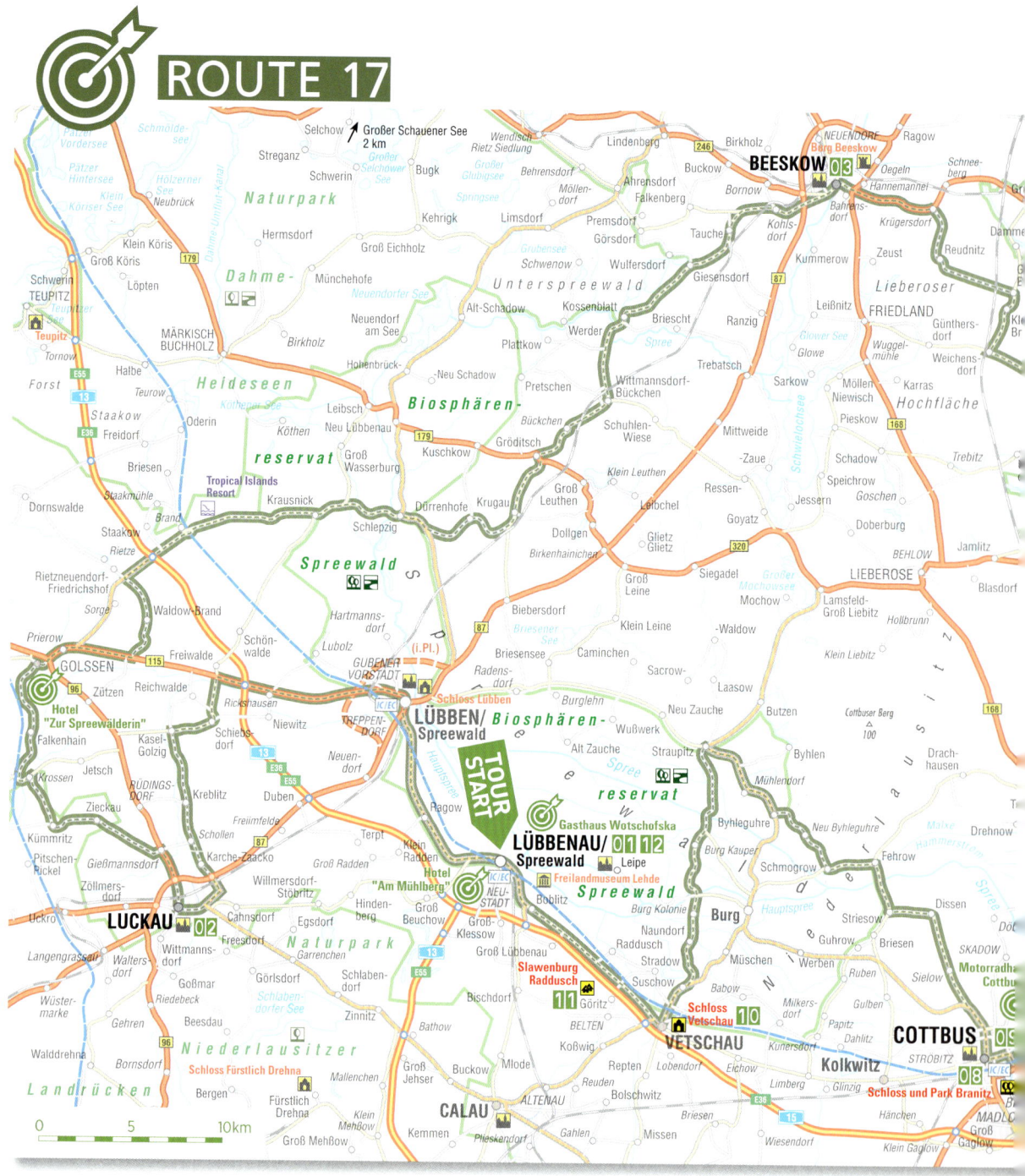

Die Slawenburg Raddusch ist eine äußerlich weitgehend originalgetreue Nachbildung einer slawischen Fliehburg.

Hotel Am Mühlberg
Luckauer Landstr. 12
03222 Lübbenau
Tel. 03542/875695
www.muehlberg-
spreewald.de

Hotel zur Spreewälderin
Luckauer Str. 18
15938 Golßen
Tel. 035452/3870
www.hotel-
zurspreewaelderin.de

Motorradhaus Cottbus
Merzdorfer Weg 4a
03042 Cottbus

Gasthof Köhler
Treppelner Str. 15
15898 Neuzelle
Tel. 033656/235
www.gasthof-koehler.de

Gasthaus Wotschofska
Wotschofskaweg 1
03222 Lübbenau
Tel. 03546/7601
www.gasthaus-
wotschofska.de

MBC Racing
Feldweg 1
03051 Cottbus
www.mbc-racing.de

Sehenswert ist vor allem der weitläufige denkmalgeschützte Schlosspark, in dem eine Vielzahl prächtiger alter Bäume wie Sumpfzypressen, Magnolien und Platanen zu finden ist. Im Inneren ist der elegante klassizistische Rittersaal besonders sehenswert.

11 Slawenburg Raddusch

Mit ihrer kreisrunden Form und den zehn Meter dicken Mauern aus übereinandergeschichteten Stämmen, die mit Sand und Lehm verfüllt wurden, ist die Slawenburg heute einzigartig. Im 9. und 10. Jahrhundert entstand in der Niederlausitz eine Vielzahl solcher Fluchtburgen. Zum Wohnen waren sie nie gedacht. Die slawische Bevölkerung zog sich nur im Kriegsfall hinter die schützenden Mauern zurück.

12 Lübbenau

Zurück in Lübbenau wird der Biker wahrscheinlich um einen Spaziergang nicht herumkommen: Die Gurkenmeile gehört einfach zu einem Besuch dazu, ebenso wie ein Gang in das Spreewaldmuseum. Auch der quirlige Hafen, von dem aus Bootsfahrten angeboten werden, lockt zur Erkundung. Oder einfach nur ins Gasthaus Wotschofska, eines der ältesten Ausflugslokale im Spreewald, gehen und zünftig speisen. Es ist bequem in Lübbenau per Motorrad zu erreichen und besitzt einen schönen Biergarten.

Märchenstunde

Großstadt und Motorradfahren? Wie soll das gehen? Im Fall von Kassel sogar ausgezeichnet. Denn die berühmte documenta-Stadt liegt strategisch günstig inmitten mehrerer Gebirgszüge – als Ergebnis kann sich maximaler Fahrspaß entfalten.

RUND UM KASSEL

Mitten in Deutschland liegt Kassel. Vielen eher bekannt durch die berühmten Kasseler Berge auf der Autobahn, die schon so manchen alten Motor zum Glühen gebracht haben. Doch gerade diese Landschaft mit den Erhebungen des Habichtswaldes bringt so manchen Biker zum Träumen: Schöne Kurven, kleine Dörfer und viele Sehenswürdigkeiten direkt am Wegesrand lassen diese Tour zu etwas Besonderem werden. Dabei folgt der Biker auch immer der Spur der Märchen, denn viele Sagen und Geschichten stammen aus den Gegenden, die diese Tour streift. Ob die Sababurg, die gemeinhin als Dornröschenschloss gilt, oder die Burgruine Desenberg. Zu kurz sollten Biker ihre Zeit nicht einplanen, denn immer wieder locken wunderschöne Städte am Wegesrand zur Erkundung, allen voran Warburg, das auch als das Rothenburg ob der Tauber des Teutoburger Waldes gilt. Es ist noch ein Geheimtipp, aber die Stadt mit den alten Festungen, den hübschen Fachwerkhäusern und der gut erhaltenen Innenstadt ist etwas ganz Besonderes.

Von dort geht die Fahrt weiter zur Burg Trendelburg, die auch als Schauplatz des Märchens Rapunzel gilt. Durch die dichten Wälder des Solling, der für schöne Kurven sorgt, macht sich der Biker bald wieder auf über Uslar und das fachwerkschöne Städtchen Hann. Münden an der Werra zurück nach Kassel – Hügel und Kurven sind dem Biker auf dieser Strecke sicher, bevor er wieder in Kassel ankommt und sich zum Abschluss vielleicht einfach mit einem Cappuccino in ein Straßencafé setzt und seine Eindrücke Revue passieren lässt.

Habichtswald, Reinhardswald, Kaufunger Wald und Ederhöhen – Kassel ist umgeben von zahlreichen Gebirgszügen.

Wahre Baumriesen wachsen im Urwald Sababurg und verleihen dem Naturschutzgebiet eine märchenhafte Atmosphäre.

ROUTE 18

Routenlänge: ca. 290 km
Zeitbedarf: ca. 2–3 Tage, reine Fahrzeit ca. 6 Std.
Charakteristik: Diese Tour führt kreuz und quer durch die teils sehr hügelige Region, maximaler Fahrspaß ist garantiert.
Start und Ziel: Kassel
Informationen:
www.kulturland.org
www.hessen-tourismus.de
www.warburg-touristik.de
www.teutoburgerwald.de

Hier geht's zum GPS-Track

01 Kassel

Drei Schlösser, drei Parks, die »documenta« für die Liebhaber zeitgenössischer Kunst – Nordhessens Metropole geizt nicht mit Reizen. Die einstige Residenzstadt in der Talsohle zwischen Habichts-, Reinhards- und Kaufunger Wald konnte ihr historisches Flair bewahren und es mit Leben erfüllen. Das versöhnt ein wenig mit den weit verbreiteten, ästhetisch nicht ganz so gelungenen Nachkriegsbauten. Wahrzeichen der auch als Hauptort der Deutschen Märchenstraße bekannten Stadt an der Fulda ist der gut acht Meter hohe, in Kupferblech getriebene Herkules am höchsten Punkt der Wilhelmshöhe, Europas größter Bergpark.

02 Naturschutzgebiet Urwald Sababurg

Das älteste hessische Naturschutzgebiet (1907) mit seinen bis zu 1000 Jahre alten Eichen und meterhohem Farn liegt im Reinhardswald und hat noch echten Urwaldcharakter.

03 Sababurg

Einen märchenhaften Anblick, vor allem zur Zeit der Rosenblüte, bietet das »Dornröschenschloss«, zu dem der Volksmund das 1334 als Pilgerschutzstätte errichtete, später zum Jagdschloss ausgebaute Ensemble erkor, nachdem es fast 150 Jahre lang in einen Schlaf des Vergessens versunken war. Die Grimm'sche Märchengestalt und ihr Prinz erzählen Besuchern persönlich ihre Geschichte. Sehenswert sind auch der Schlossgarten und der 1571 gegründete Tierpark im Reinhardswald, die älteste zoologische Anlage Europas.

04 Hofgeismar

Zahlreiche mittelalterliche Bauwerke prägen den Kern des 1082 erstmals urkundlich erwähnten Orts, darunter das »Steinerne Haus« aus dem

Hofgeismar mit seinen schönen Fachwerkhäusern liegt am Fuße des mystischen Reinhardswaldes.

13. Jahrhundert (heute Apotheken-Museum) und das Rathaus im Stil der Weserrenaissance. Sehenswert sind auch die Altstädter Kirche, Deutschlands älteste Hugenotten-Fachwerkkirche sowie die Anlagen des ehemaligen Bades mit dem Schlösschen Schönburg.

05 Habichtswald

Der bekannteste Abschnitt des knapp 500 Quadratkilometer großen Naturparks mit dem Essigberg, Hoher Dörnberg und Bärenberg ist der Bergpark Wilhelmshöhe in Kassel. Ringwälle und Hünengräber zeugen davon, dass hier bereits seit der Antike Menschen lebten.

AUSFLUGSZIELE

Bad Sooden-Allendorf
Die Kurstadt an der Werra ist von einer Vielfalt schöner alter Fachwerkhäuser geprägt. Kenner unterscheiden nach hessischem, thüringischem und niedersächsischem Stil, denn nachdem im Dreißigjährigen Krieg kaiserliche Truppen alles niedergebrannt hatten, holten die Bewohner Experten von überallher, um ihre Stadt schnell wiederaufzubauen. Besonders sehenswert sind der Rathausplatz, die Bummelmeile »Weinreihe«, die Heilig-Geist-Kapelle und das »Klein-Venedig« der Werrafischer.
www.bad-sooden-allendorf.de
GPS 51.26954, 9.97200

Eschwege
Kaufleute, Nonnen und Handwerker, vor allem Weber und Gerber, sorgten seit dem Mittelalter für den Aufstieg der Siedlung, die nach dem Tod Kaiser Ottos II. in den Besitz seiner Gattin Teophanu kam. Über 1000 Fachwerkhäuser und das Landgrafenschloss (17. Jahrhundert) mit der Dietemann-Kunstuhr künden von der historischen Prosperität. Opulenz im Miniaturformat birgt das Eschweger Zinnfigurenkabinett: Fast 12 000 Figuren stellen dort rund 200 Szenen aus der Welt- und der Stadtgeschichte nach.
www.eschweger-zinnfigurenkabinett.de
GPS 51.18687, 10.05751

Bildleiste rechts:
Landschaft bei Wolfhagen.

Schloss Wilhelmshöhe gehört zum
UNESCO-Weltkulturerbe.

Eine Kopfsteinpflaster-Straße
führt direkt in die Altstadt von
Hann. Münden.

Links: Ausgangspunkt und Ziel
dieser Motorradtour ist Kassel.

06 Wolfhagen

Wie ein Bergfried erhebt sich der Turm der Stadtkirche aus dem Häusermeer: Wolfhagen lässt sich schon von Weitem ausmachen. Ganz nah an der Kirche befindet sich das Rathaus mit seinem charakteristischen Fachwerk. Die mächtigen Eichenbalken stammen aus dem einstigen Stadtwald, der vor 400 Jahren den Ort noch umgeben hat. Heute punktet die Stadt nicht nur mit dem Marktplatz und seinen schönen Fachwerkhäusern, sondern auch mit sehenswerten Burgruinen in der Nähe. So lohnt sich zum Beispiel ein Abstecher zur Weidelsburg.

07 Warburg

Die Neustädter Pfarrkirche (13. bis 15. Jahrhundert) krönt ein von Fachwerkbauten geprägtes Stadtbild. An der Grenze von Neu- und Altstadt liegt das Rathaus von 1568 (1902 erweitert). Die Altstadt am Diemelufer wird von der Kirche Mariä Heimsuchung (Chorweihe 1297) beherrscht.

08 Trendelburg

Die Hauptattraktion des Fachwerkstädtchens an der Deutschen Märchenstraße ist die gleichnamige Burg, eine der wenigen nicht zerstörten mittelalterlichen Burganlagen Deutschlands. Einer ihrer Türme wird als »Rapunzelturm« vermarktet. Auf die Spuren einstigen jüdischen Lebens stößt man in der sehenswerten Altstadt, wo eine »Mikwe«, ein jüdisches Ritualbad, besichtigt werden kann.

09 Uslar

Der Solling direkt vor der Tür – das hat dieses kleine Städtchen bis heute geprägt. Während es einst Holzschlag und Möbelindustrie waren, die die Menschen in Uslar ernährt haben, ist es heute zunehmend der Freizeitwert des Waldes. Bei einem Stopp in Uslar lohnt sich ein Gang durch die historische Innenstadt, die sich rund um das Rathaus ausbreitet. An den alten Fachwerkhäusern haben sich die einstigen Holzkünstler des Ortes oftmals mit Schnitzereien verewigt. Auch das Rathaus selbst, das aus dem Jahr 1476 stammt, ist mit seinen gepflegten Gefachen und dem Uhrturm ein wahrer Hingucker, ebenso wie die St.-Johannis-Kirche und die Reste der alten Stadtmauern.

AUSFLUGSZIELE

Wilhelmshöhe

Die Brüder Grimm waren noch in einem Alter, in dem man hingerissen Märchen lauscht, da wurde in der Nähe von Kassel ein Ensemble verwirklicht, das wie geschaffen ist als Kulisse für Märchen. Ende des 18. Jahrhunderts entstand mit der Löwenburg ein pittoreskes Beispiel der Ruinenromantik. Kurfürst Wilhelm ließ ein Schloss bauen, das nach außen wie eine bröckelnde Ruine wirkt, im Inneren aber wohnliche Räume aufwies. Die Löwenburg, Schloss Wilhelmshöhe sowie die Herkulesstatue ergeben Wilhelmshöhe, den größten Bergpark Europas.
GPS 52.22337, 15.48783

Burg Desenberg

Sie sieht aus wie ein Überbleibsel aus einer anderen Welt: Die Burgruine Desenberg ragt mehr als 150 Meter aus der Warburger Börde auf. Der ebenfalls imposante Bergfried ist das Überbleibsel eines alten Vulkans. Die Burgruine Desenberg soll schon im 8. Jahrhundert existiert haben. Heute ist davon nur der große Bergfried geblieben und einige Mauerreste. Dennoch lohnt sich der Aufstieg, denn der Ausblick ist wunderschön. Eingebettet ist die Burgruine in ein Naturschutzgebiet, dessen Wiesen vor allem Schmetterlingen ein Habitat bieten.
www.warburg.de, GPS 51.48865, 9.14884

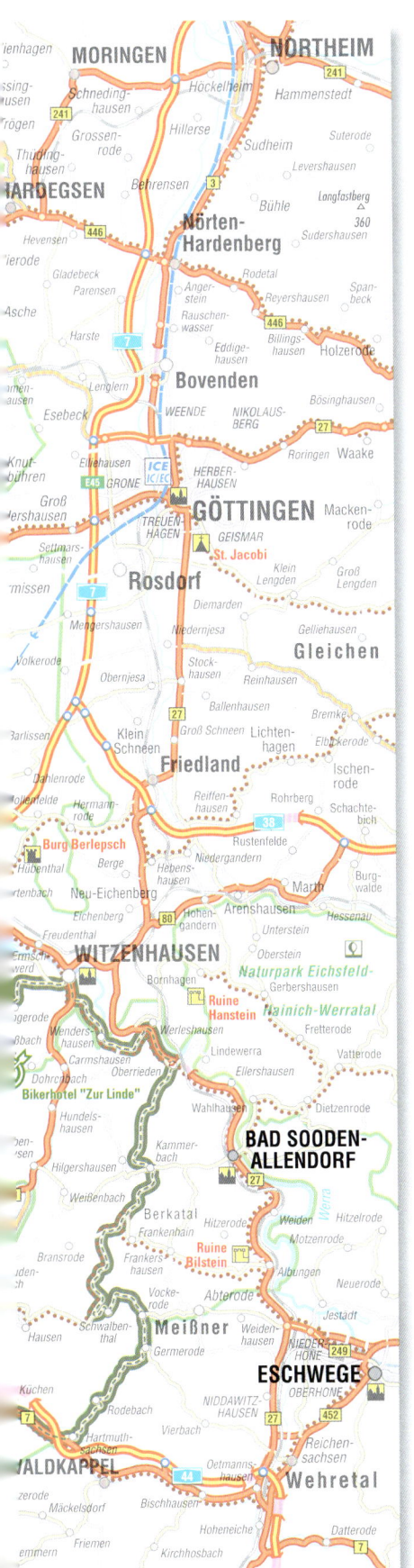

Auch Hessisch Lichtenau besticht durch seine schönen Fachwerkhäuser. Die pittoresken Gassen sind quasi eine Einladung für einen Stadtbummel.

Café zur Krukenburg
Am Krukenberg 1
34385 Bad Karlshafen
Tel. 05672 755
www.cafe-zur-
krukenburg.de

Motorradhotel zum Anker
Weserstr. 14
34399 Wesertal
Tel. 05572 1873
www.landhotel-zum-
anker.de

Bikerhotel zur Linde
Untere Bachstraße 4
37216 Witzenhausen
Tel. 05542/1638
www.gasthaus-zur-
linde-rossbach.de

Bikertreff Zur Fähre
Fährstr. 5
34346 Hemeln

10 Hann. Münden

Als »eine der sieben schönstgelegenen Städte der Welt« soll der reisende Gelehrte Alexander von Humboldt die Siedlung am Zusammenfluss von Werra und Fulda zur Weser einst bezeichnet haben. Noch heute weist sie mehr als 700 Fachwerkhäuser, Reste der Stadtbefestigung und prächtige Bauten der Weserrenaissance auf. Als architektonische Höhepunkte gelten das Rathaus mit seiner Schmuckfassade, das Welfenschloss, das Stadttor Rotunde aus dem 16. Jahrhundert und der klassizistische Packhof. Auch die alte Werrabrücke sollte besichtigt werden; sie ist eine der ältesten Steinbrücken in Norddeutschland.

11 Hessisch Lichtenau

Das romantische Städtchen Hessisch Lichtenau am Fuße des Hohen Meißners gilt als Ursprungsort des Grimm'schen Märchens von Frau Holle. Sein geschlossener Fachwerkkern umfasst 130 denkmalgeschützte Gebäude. Besonders sehenswert sind Rathaus (1656) und Stadtkirche (1415).

12 Kassel

Zurück in Kassel und immer noch nicht genug von Märchen? Dann empfiehlt sich ein Besuch des sehenswerten Gebrüder-Grimm-Museums am gleichnamigen Platz.

HESSSISCHES BERGLAND

Wenn weithin bekannte deutsche Bergmeisterschaften in einer Region bereits ab den 1960er-Jahren für Furore sorgten, dann ist es offensichtlich, dass formidable Kurven, aufregende Steigungen und Gefällestrecken dafür den Anlass lieferten. Wo diese interessante Region liegt, die dem Motorradfahrer schon beim Hörensagen das Wasser im Munde zusammenlaufen lässt? Nordhessen mit seinen markanten Höhenrücken, von unzähligen Flüssen durchschnitten, bildet mit dem Edersee und dessen direkt am südlichen Ufer beginnenden Nationalpark Kellerwald-Edersee ein beliebtes Urlaubs- und Freizeitgebiet. Im Frühjahr schon lockt die Landschaft mit der Rapsblüte und taucht die Felder in eine gelbe Symphonie. Im Sommer genießen Biker die Abschnitte, die durch schattenspendende Wälder führen, und im Herbst duftet es überall nach Pilzen, so sehr, dass es auch unter dem Helm spürbar ist. Besonders schön ist es, dass diese Region so bikerfreundlich ist und viele Hotels und Gaststätten bietet, die sich voll auf die Zweiradfahrer eingestellt haben. Und dann geht es weiter, allen voran lockt natürlich der Edersee mit seinem Blau, aber auch die weißen Berge, die vom Salzabbau künden, dunkle Haine, die grünen Auen der Fulda – im nordöstlichen Teil Hessens hat die Landschaft viele Gesichter. Lebendige Siedlungszentren sind die Kaiserstadt Fritzlar im Kurhessischen Bergland und die Thermen- und Festspielstadt Bad Hersfeld in Waldhessen, bevor der Biker nach einer erlebnisreichen Tour wieder zurück am Ausgangspunkt, dem Nationalpark Kellerwald-Edersee, ist.

Beim Aufstieg zum 626 Meter hohen Traddelkopf hat man einen wunderschönen Blick auf den Edersee. Besonders romantisch wird es, wenn noch Morgennebel über dem Stausee liegt.

Kurventanz im Kellerwald

Wer die tollen Motorradstrecken des Sauerlands kennt, darf sich nicht wundern, dass ihm das östlich anschließende Hessische Bergland mindestens denselben Fahrspaß bereitet. Sind doch beide Mittelgebirge geologisch betrachtet aus einem Guss.

Nebelverhangen – der Edersee ist nicht nur der drittgrößte Stausee Deutschlands, seine Uferstraße ist auch bei Motorradfahrern besonders beliebt.

ROUTE 19

Routenlänge: ca. 290 km
Zeitbedarf: ca. 2 Tage, reine Fahrzeit ca. 6 Std.
Charakteristik: Die Sträßchen im Nationalpark Kellerwald-Edersee gehören mit zum Feinsten, was Hessen Motorradfahrern zu bieten hat.
Start und Ziel: Nationalpark Kellerwald-Edersee
Informationen:
www.knuelltouristik.de
www.grimmheimat.de
www.nationalpark-kellerwald-edersee.de

Hier geht's zum GPS-Track

01 Nationalpark Kellerwald-Edersee

Der Nationalpark Kellerwald-Edersee liegt im Norden des gleichnamigen Naturparks und südlich des Edersees. Er wurde 2004 gegründet und ist damit einer der jüngsten Nationalparks in Deutschland. Auf 57 Quadratkilometern finden sich neben einem ausgedehnten, urwaldartigen Buchenwald, der Teil des UNESCO-Weltnaturerbes ist, weitere große Laubbaumbestände. Eichen, Ahorn, Ulmen und Linden wachsen hier ebenso wie zahlreiche seltene Blütenpflanzen. Auf einem Spaziergang über Hänge, durch Wiesentäler und entlang der Bachläufe kann man Arnika, Pfingst- und Heidenelken, Teufelskralle und auch das Breitblättrige Knabenkraut entdecken. Etwas mehr Glück braucht es, um den seltenen und scheuen Schwarzstorch zu Gesicht zu bekommen. Er findet in der Kombination von tiefem Wald und fischreichen Gewässern gute Lebensbedingungen. Diese sind auch für mehr als 800 Käfer- und Schmetterlingsarten sowie zahlreiche Fledermausarten ideal.

02 Schloss Waldeck

Der Waldecker Schlossberg trägt die Überreste einer Burg, die zu den besterhaltenen Ruinen im Nördlichen Schwarzwald zählt. Ihre Reste eines kompakten Baus, bestehend aus einem Wohngebäude und dem Bergfried, liegen seit 1284 auf dem 410 Meter hohen Felssporn westlich über dem Nagoldtal. In den letzten 30 Jahren wurde die Burgruine vom Heimat- und Kulturverein Waldeck liebevoll saniert. Heute gilt sie als eine der schönsten und besterhaltenen Ruinen der weiteren Umgebung

03 Naumburg

Ein Stückchen Portugal findet sich in dieser hessischen Stadt ebenso wie sagenumwobene Steine und das

Ideal für eine Kaffeepause – das schmucke Fachwerkstädtchen Fritzlar, das den Besucher schon von Weitem mit seinen Türmen begrüßt.

typisch mitteldeutsche Fachwerk: weißer Putz und dunkle Balken beherrschen das Bild der Altstadt. Gläubige zieht es in die Weingartenkapelle, die etwas außerhalb zum Gebet einlädt. Sie ist ebenso ein Dokument des Glaubens, wie die nachgebaute Fatima-Grotte, die an das Original in Portugal erinnert.

04 Fritzlar

Die mittelalterliche Dom- und Kaiserstadt mit ihren rund 450 Fachwerkhäusern und einem der schönsten Marktplätze Hessens liegt malerisch auf einem Höhenzug über dem Edertal. Schon von Weitem grüßt das Wahrzeichen, die reich ausgestattete St.-Petri-Basilika, in der Sachsenherzog Heinrich I. (genannt der Vogler) 919 zum König gewählt wurde. Das Dommuseum zählt zu den wichtigsten sakralen Sammlungen Deutschlands. Ebenfalls von überregionaler Bedeutung ist das über 4000 Jahre alte Steinkammergrab von Züschen, eine vorgeschichtliche Megalithanlage.

AUSFLUGSZIELE

Homberg

Zu Füßen der ehemaligen Hohenburg, in der Stadtkirche St. Marien, wurde 1526 die Reformation in Hessen ausgerufen. Das Gotteshaus birgt einen der ältesten spätgotischen Kreuzwege Hessens und eine Original-Türmerwohnung (1705). Mit der gut 700 Jahre alten Kirchhoflinde und dem Marktplatz bildet die Kirche ein eindrucksvolles Ensemble in den Gassen des mittelalterlichen Stadtkerns.
homberg-efze.eu, GPS 51.03335, 9.40002

Schwalm

Weit über die Grenzen Hessens hinaus bekannt ist die farbenfrohe Schwälmer Tracht, bei der das rote Käppchen der jungen Mädchen quasi das i-Tüpfelchen bildet. Wer dächte da wohl nicht an ein bestimmtes Märchen der Gebrüder Grimm! Im Kerngebiet des hessischen Brauchtums tragen die Frauen an Festtagen noch immer ihre historischen Gewänder, so wie der Name schon sagt in Schwalmstadt.
schwalmtouristik.de

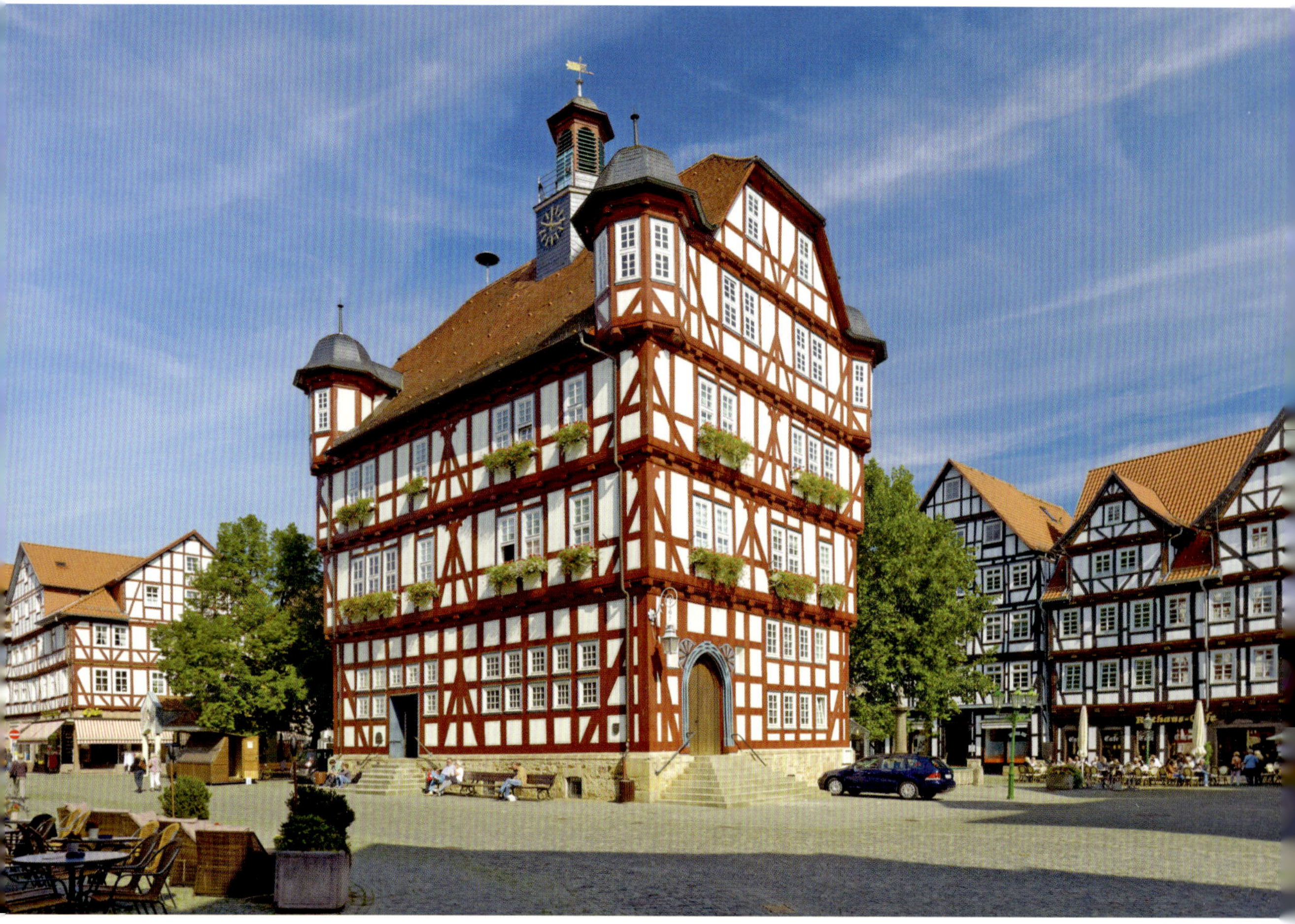
Rathaus-Café

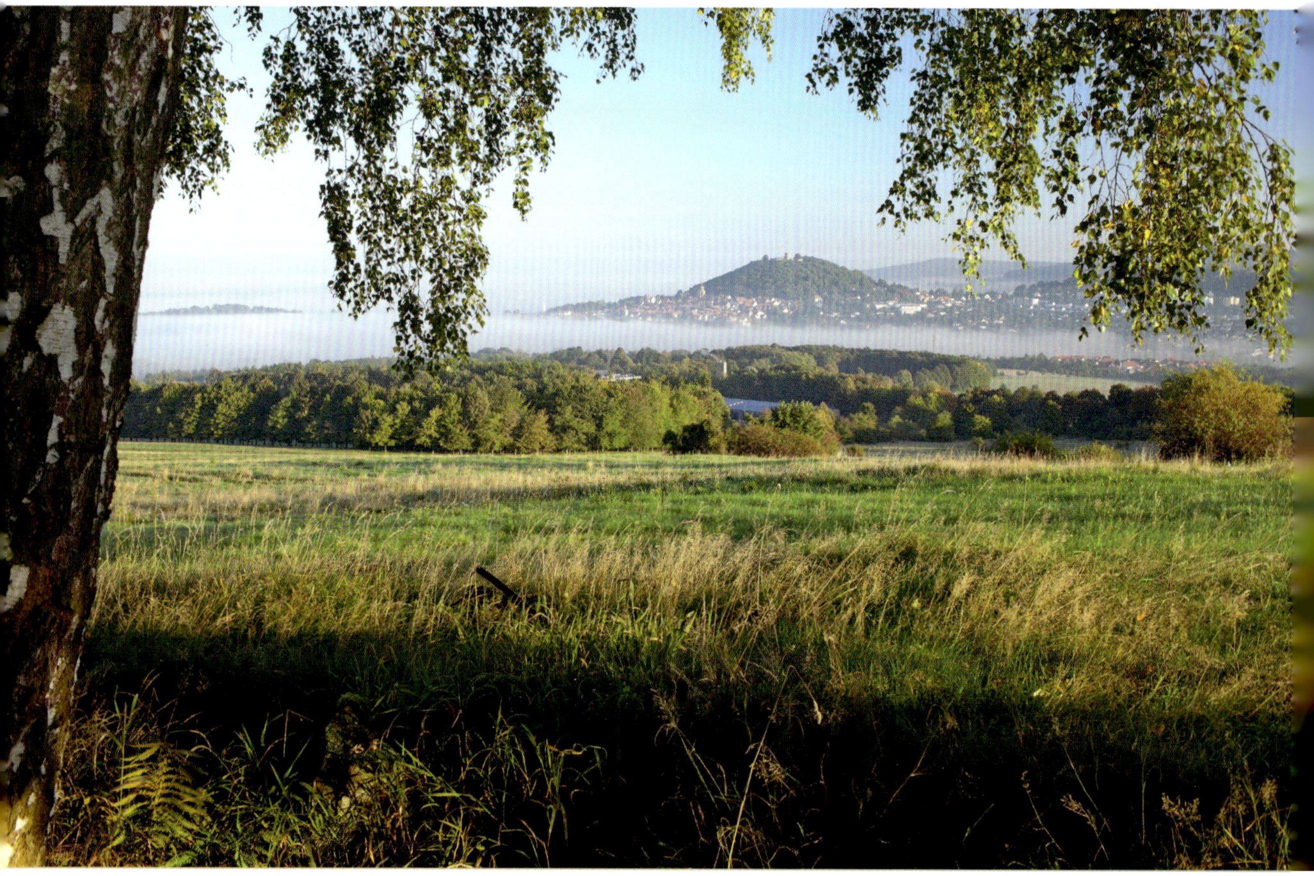

Links: Zahlreiche hübsche Fachwerk-städtchen durchfährt man bei dieser Tour. Melsungen ist eine davon.

Links unten: Sagenumwoben, ursprünglich und vielleicht die Heimat des Rotkäppchens – der Knüllwald.

05 Melsungen

Melsungen liegt an der Fulda, und über den Fluss gelangt man in die historische Altstadt, die ausnahmslos aus Fachwerkhäusern besteht. Der schönste Zugang führt über die jahrhundertealte Bartenwetzerbrücke. Im Zentrum der Altstadt begegnet man erneut dem Bartenwetzer. Er haust auf dem Rathaus in einem der Türme und zeigt sich täglich um 12 und um 18 Uhr. Was hat es mit dem Mann und seinem außergewöhnlichen Namen auf sich? Eine Barte bezeichnet eine Axt. Bartenwetzer waren Holzfäller, die früher in den nahe gelegenen Wald zogen, um Holz zu schlagen. Auf dem Weg dorthin wetzten (schärften) sie ihre Äxte an der Sandsteinbrücke, die nach ihnen benannt wurde. Die Brücke mit den massiven Pfeilern zählt zu den schönsten in Hessen. Dafür fällt der älteste Teil der Stadt auf den ersten Blick kaum ins Auge. Es ist ein

Teil der Westwand der Stadtkirche St. Georg und stammt von einer um 1200 gebauten romanischen Kirche. Auf ihr wurde der heutige Bau errichtet. Von den alten Befestigungsanlagen der Stadt ist nur noch der Eulenturm komplett erhalten.

06 Schloss Ludwigseck

Leider kann man Schloss Ludwigseck nicht besichtigen, von außen bieten sich aber dennoch schöne Blicke auf das Ensemble, das ursprünglich aus dem 15. Jahrhundert stammt.

07 Knüllwald

Was für ein Name: Der Knüllwald ist ein außergewöhnlicher Name in einer außergewöhnlichen Gegend. »Rotkäppchenland« – so vermarktet sich die Region touristisch und wer dort zu Gast ist, mag durchaus glauben, dass das Märchen des kleinen Mädchens und des bösen Wolfes möglicherweise tatsächlich in dieser Gegend passiert sein könnte. Tiefe Wälder, ruhige Täler mit kleinen Ortschaften – die Gemeinde Knüllwald hat etwas Besonderes. Vor allem die Burgruine Wallenstein mit ihrem Bergfried ist hübsch anzusehen, aber auch eine Tour durch die kleinen Ortschaften Völkershain oder Lichtenhagen lohnt sich. Größte Attraktion der Gemeinde aber ist der Tierpark sowie das Bienenmuseum in Niederbeisheim. Vor allem aber zeichnet die Region eines aus: Biker sind dort herzlich willkommen, viele Hotels und Gaststätten sind darauf eingerichtet.

08 Lochbachklamm

Eine tiefe Schlucht hat sich bei Wallenstein in die Erde gegraben, unten fließt ein Bach und plätschert vor sich hin. Der Zauber dieser Schlucht ist am besten bei einer Wanderung zu erfassen, die für den Biker in seiner schweren Montur zu anstrengend sein wird. Meist hat man aber ohnehin Wechselkleidung in den Koffern und Lust auf einen Ausflug? Es lohnt sich, den Lochbachpfad zwischen Hülsa und Knüllwald-Wallenstein zu nehmen. Auf den gut acht Kilometern zeigt sich viel Abwechslungsreiches: Die schroffe Schlucht mit dem Bach, der sich teilweise über Felswände ergießt, Wände, in denen der bunte Sandstein wie ein Maler verschiedene Töne ausprobiert hat und schließlich ganze 16 Holzbrücken, die Spalten und Senken überwinden und mitunter großartige Aussichten gewähren. Eilige können auch die kurze Variante wählen: Motorrad abstellen, zur Klamm wandern und danach weiterkurven.

09 Willingshausen

Gerhard von Reutern verbrachte in dem reizenden Schwälmer Dorf nach der Leipziger Völkerschlacht malend seine Rekonvaleszenz und initiierte Deutschlands älteste Künstlerkolonie. Ludwig Emil Grimm, der Bruder der beiden Märchensammler, gehörte ihr ebenso an wie der Illustrator Otto Ubbeloh und Kurt Schwitters. Ein stattliches Fachwerkhaus im Ortskern, das schmucke Reutern-Haus, birgt Werke sowie

AUSFLUGSZIELE

Rotenburg an der Fulda
Mauerumgürtet liegt der historische Kern des Städtchens an der engsten Stelle des Fuldatals. Sehenswert sind vor allem das landgräfliche Renaissanceschloss samt Garten und das Rathaus. Vom Rodenberg aus (historische Burgruine und moderne Klinikanlagen) bietet sich ein schöner Blick auf die Stadt.
www.rotenburg.de, GPS 50.99486, 9.72699

Alsfeld
Das historische Städtchen an der Schwalm ist mit seinem Fachwerkensemble und dem weltbekannten spätgotischen Rathaus ein architektonisches Kleinod. Ein beschaulicher Spaziergang führt durch die malerischen Gassen der Altstadt, die alle auf dem Marktplatz mit seinen vielfältigen historischen Bauten münden.
www.alsfeld.de, GPS 50.75235, 9.26836

Fotos aus der Anfangszeit der Künstlerkolonie.

10 Bad Wildungen

Bereits im 13. Jahrhundert wurde die Stadtbefestigung errichtet und mit dem Bau der mächtigen Stadtkirche begonnen. Gegenüber der malerischen Fachwerk-Altstadt thront auf einem Bergkegel im Stadtteil Altwildungen das stolze Schloss Friedrichstein. Der imposante Barockbau entstand Anfang des 18. Jahrhunderts. Die Blütezeit des Heilbades begann ab etwa 1880. Fürsten, Adelige und wohlhabende Bürger aus ganz Europa gaben sich hier ein Stelldichein. Prachtvolle Gebäude wie der Fürstenhof, der Quellenhof oder der Kaiserhof, Hotels und Bürgervillen in typischer Bäderarchitektur und bezaubernde Parkanlagen entstanden. Sie prägen bis heute das charmante Gesicht des historischen Kurviertels. Die nordhessische Kurmetropole, eines der bedeutendsten Heilbäder Deutschlands, kann sich zudem rühmen, Europas größten Kurpark zu besitzen. Auch verfügt sie zudem über ein reizvolles, ehemaliges Landesgartenschaugelände und lockt mit namhaften Großveranstaltungen und Musikfestivals viele Besucher an.

11 Nationalpark Kellerwald-Edersee

Zurück am Ausgangspunkt empfiehlt es sich, nicht gleich weiter gen Heimat zu fahren, sondern noch einige Tage mehr einzuplanen. Denn der Nationalpark ist ein besonderer, das liegt nicht nur an den großen Buchenurwäldern, in denen sich Rotwild, Mufflon und Hermelin wohlfühlen, sondern auch an den unvergleichlich schönen Ausblicken.

An Wochenenden ist die Uferstraße des Edersees fest in der Hand der Motorradfahrer.

Bikerhotel Zinn
Burgstr. 63
4593 Knüllwald-Wallenstein
Tel. 05686/395
www.landhotel-zinn.de

Tann-Eck
Burgenweg 23
4593 Knüllwald-Schellbach
Tel. 05681/99210

Hotel Hohlebach-Mühle
Ziegenhainer Str. 51
34576 Homberg (Efze)
Tel. 05681/938380
www.hohlebachmuehle.de

Knüll-Jause
Richbergstr. 21
34639 Schwarzenborn
Tel. 01578/8789509

Campingplatz
Heimertshausen
Ehringshäuser Str. 60
36320 Kirtorf
Tel. 06635/206
www.natur-camping
platz-heimertshausen.de

ROUTE 19

Auf Goethes Spuren

Johann Wolfgang von Goethe war ein weit gereister Mann, kannte ganz Europa. Und doch schwärmte er sein Leben lang von der Schönheit des Thüringer Waldes. Er kam regelmäßig zum Wandern und um die legendären Ausblicke zu genießen. Würde Goethe heute leben, besäße er garantiert ein Motorrad und würde wohl von den faszinierenden Kurvenstrecken des Thüringer Waldes schwärmen.

OBERER THÜRINGER WALD

Die rauschenden Baumwipfel dieses Waldes finden sich in einem der bekanntesten Gedichte Deutschlands wieder: »Über allen Gipfeln ist Ruh« – diese Zeilen Johann Wolfgang von Goethes entstanden im Thüringer Wald, ebenso wie viele andere seiner Werke. Der Dichter, der im nahen Weimar weilte, unternahm viele Ausflüge in diese Landschaft. Kein Wunder also, dass die Städte heute vom Andenken an Goethe geprägt sind.

Doch den Thüringer Wald nur darauf zu reduzieren, würde ihm nicht gerecht werden. Für Motorradfahrer ist er ein kleines Paradies mit den Kurven, den dichten Wäldern, deren Duft auch unter dem Helm in die Nase zieht, und den vielen Ausflugsgaststätten, die zu kleinen Pausen einladen. Kulturfans müssen keine Bange haben, es gibt viele Museen und Städtchen am Wegesrand zu entdecken, doch am schönsten ist es, dann wieder im Sattel zu sitzen und durch diese Landschaft zu rauschen. Immerhin gilt sie als eines der größten, zusammenhängenden Waldgebiete Deutschlands.

Dabei wird der Biker vielleicht nur eines wirklich bedauern: Dass er keine Wandertour gebucht hat, denn der Thüringer Wald mit seinem Rennsteig gilt als Vater der Wanderwege in Deutschland. Doch eigentlich ließe sich das ebenfalls gut kombinieren, wenn man einfach ein paar Tage länger für diese Tour einplant und sich Zeit nimmt, die Wälder auch per pedes zu durchstreifen.

Schon Johann Wolfgang von Goethe schwärmte von den Schönheiten des Thüringer Waldes.

Mystisch und geheimnisvoll gibt sich der Naturpark Thüringer Wald.
Er ist Lebensraum zahlreicher seltener Tiere und Pflanzen.

ROUTE 20

Routenlänge: ca. 260 km
Zeitbedarf: ca. 1–2 Tage,
reine Fahrzeit ca. 5 Std.
Charakteristik: Enorme
Höhenunterschiede, tiefe
Täler und verschlungene
Straßen machen diese Runde
zu einem echten Lecker-
bissen.
Start und Ziel: Suhl
Informationen:
www.thueringen.info
www.thueringer-wald.com
www.thueringen-
entdecken.de

**Hier geht's
zum
GPS-Track**

01 Suhl

Südlich von Zella-Mehlis liegt an der alten Passstraße von Schleusingen nach Gotha die größte Stadt Süd-thüringens. Das schönste Bauwerk ist das um 1650 im henneber-gisch-fränkischen Stil errichtete Malzhaus, in dem ein Waffen-museum untergebracht ist. Die Her-stellung von Handfeuerwaffen hat in Suhl eine 400-jährige Tradition. Das Stadtzentrum bildet der Markt-platz mit dem neugotischen Rat-haus, dem Waffenschmied-Brunnen und der Hauptkirche St. Marien. Ein Bummel vom Markt über den Stein-weg zur Kreuzkirche macht mit schönen Fassaden aus verschiede-nen Jahrhunderten, vor allem aus Barock und Rokoko, bekannt.

02 Ilmenau

Am Nordhang des Thüringer Waldes liegt Ilmenau, ein Städtchen, das nicht nur von vielen Studenten geprägt ist, sondern auch von

Goethes Anwesenheit. Der Dichter wollte einst in seiner Funktion als Bergbauminister den Bergbau in Ilmenau reaktivieren. Das Goethe-museum im Ort erinnert an diese Zeit und an die Wanderungen des Dichters zum Hausberg namens Kickelhahn. Dort schrieb er das bekannte Werk »Über allen Gipfeln ist Ruh«. In der Innenstadt, die mit ihrem Marktplatz eine hübsche Gelegenheit zum Stadtbummel bie-tet, lockt ein Kunstweg, Skulpturen zu entdecken. .

03 Bad Blankenburg

Oberhalb des im malerischen Tal der Schwarza gelegenen Luftkurorts thront die Ruine Greifenstein. Einst hatte die 170 Meter hoch gelegene Feste Blankenburg geheißen. In der Stadt sind die Kirche St. Nicolai mit ihrem Turm Unser lieben Frau (14. Jahrhundert) sowie das Fröbel-museum sehenswert. Dieses erin-nert an den Pädagogen Friedrich

Die Ruinen des ehemaligen Benediktinerklosters Paulinzella gehören zu den bedeutendsten romanischen Bauwerken Deutschlands.

Fröbel, der hier 1840 den ersten deutschen Kindergarten einrichtete. Rund zehn Kilometer flussaufwärts steht eine weitere Burg hoch über der Schwarza, die Schwarzaburg.

04 Saalfeld/Saale

Die Stadt zählt mit ihrer über tausendjährigen Geschichte zu den ältesten Städten Thüringens. Steinerne Zeugen berichten von der bewegten Stadtgeschichte. Die liebevoll restaurierte Altstadt ist umschlossen von Teilen der Stadtmauer mit insgesamt vier gut erhaltenen Stadttoren. Sie geben Saalfeld neben den markanten Kirchtürmen der Johanneskirche ein unverwechselbares Gesicht. Besonders ein Ausflug zum Darrtor lohnt sich, denn von hier hat man einen atemberaubenden Blick über das Saaletal und die Orla-Senke mit ihrer anmutigen Heidelandschaft bis hin zu den bewaldeten Berghängen des Thüringer Schiefergebirges.

05 Rudolstadt

In einer zauberhaften Biegung der Saale drängt sich das Städtchen eng um einen Steilhang, auf dem die Heidecksburg thront. Die prächtig ausgestatteten Innenräume locken mit ausgewählten Sammlungen des Thüringer Landesmuseums. Die Schlosssteigen, sechs Aufgänge mit

AUSFLUGSZIELE

Klosterruine Paulinzella
Die monumentale romanische Architektur dieser Klosterruine hat schon Friedrich Schiller zu einem Gedicht inspiriert. Bis zur Reformation war das 1105 gegründete Kloster das geistige Zentrum der Region, ab 1664 wurde es dem Verfall preisgegeben.
GPS 50.70256, 11.10404

Naturpark Thüringer Wald
Rund um den Rennsteig liegt der Naturpark Thüringer Wald. Charakteristisch für die Landschaft dieses Kammgebirges sind die extremen Höhenunterschiede. Die Waldgebiete des Parks werden vor allem durch verschiedene Buchenarten geprägt.
www.naturpark-thueringer-wald.de

steilen Treppen und von Rosen überwucherten Gängen, verbinden die Burg und die romantische Altstadt zu Füßen der Heidecksburg. Der malerische Ortskern bezaubert mit einem Handwerkerhof, zahlreichen Fachwerkbauten sowie klassizistischen Bürgerhäusern.

06 Arnstadt

An Johann Sebastian Bach, der hier 1703 bis 1707 Organist der 1683 vollendeten »Bachkirche« war, erinnern das Denkmal am historischen Marktplatz, die Bach-Gedenkstätte im Haus zum Palmbaum (17. Jahrhundert) sowie auf dem Alten Friedhof die Grabstätten von zahlreichen Vorfahren und Verwandten des großen Komponisten. Der bedeu-

tendste Sakralbau der Stadt ist die romanisch-gotische Liebfrauenkirche mit einer bemerkenswerten Ausstattung, darunter ein spätgotischer Vierflügelaltar. Kostbarkeiten birgt auch das barocke Schloss mit Renaissancegobelins, Porzellansammlung sowie der zauberhaften Puppensammlung.

07 Schmalkalden

Den Namen des romantischen Fachwerkstädtchens kennt man aus dem Geschichtsunterricht: 1531 schlossen die protestantischen Fürsten den Schmalkaldischen Bund gegen den katholischen Kaiser. Bedeutendste Sehenswürdigkeit von Schmalkalden ist das Schloss Wilhelmsburg, ein nobler Renaissancebau (1589)

mit prächtiger Schlosskapelle und Prunksälen. Heute wird es als Museum genutzt. Einen Besuch wert ist auch das technische Denkmal »Neue Hütte«, eine spätklassizistische Hochofenanlage.

08 Zella-Mehlis

Den bedeutendsten spätbarocken Saalbau Thüringens findet man hier, in einer Doppelstadt in einem engen Tal des Thüringer Waldes. Die Stadtkirche St. Blasius wurde 1768 bis 1774 auf den Fundamenten eines gotischen Vorgängerbaus errichtet, von dem noch ein Turm erhalten ist.

09 Rennsteiggarten

In der Nähe des bekannten Wintersportorts Oberhof sind auf

Immer wieder herrliche Ausblicke bieten sich auf dieser Tour. Also einfach mal »absatteln« und die Panoramen gnießen.

Waldhotel Schmücke
Schmücke 5
OT Gehlberg
98528 Suhl
Tel. 036845/5880
www.schmuecke.eu

Gasthaus Hotel Sterngrund
Sterngrund 1
98544 Zella-Mehlis
Tel. 03682/469911
www.hotel-sterngrund-oberhof.de

Forsthaus Sattelbach
98559 Oberhof
Tel. 036842/22451
www.oberhof.de

Alte Lache
Alte Lache
99330 Gräfenroda
Tel. 036205/71876
www.alte-lache.de

Landpension Risch
Ilmenauer Str.42, 98693
Bücheloh, Tel. 03677/62855,
www.pension-risch.de

einem weiträumigen Gelände Tausende von Gebirgspflanzenarten gesetzt – ein botanischer Garten im natürlichen Umfeld des Thüringer Waldes. Der Name verweist auf den Höhenwanderweg Rennsteig, dem im Mittelalter eine bedeutende Rolle als Handelsroute zukam.

10 Suhl

Zurück am Ausgangspunkt, nimmt sich der Biker vielleicht Zeit, Suhl noch einmal ein wenig genauer unter die Lupe zu nehmen. Die Stadt im Grünen mit ihren vielen Bauten und Gaststätten hat eine Menge zu bieten, nicht nur das Waffenmuseum, sondern auch viele kleine Läden, die sich oft hinter den schönen Häuserfassaden verbergen.

Der Prachtbau der Heidecksburg beherrscht das Stadtbild von Rudolstadt. Umgeben wird die Anlage von einem romantischen Park.

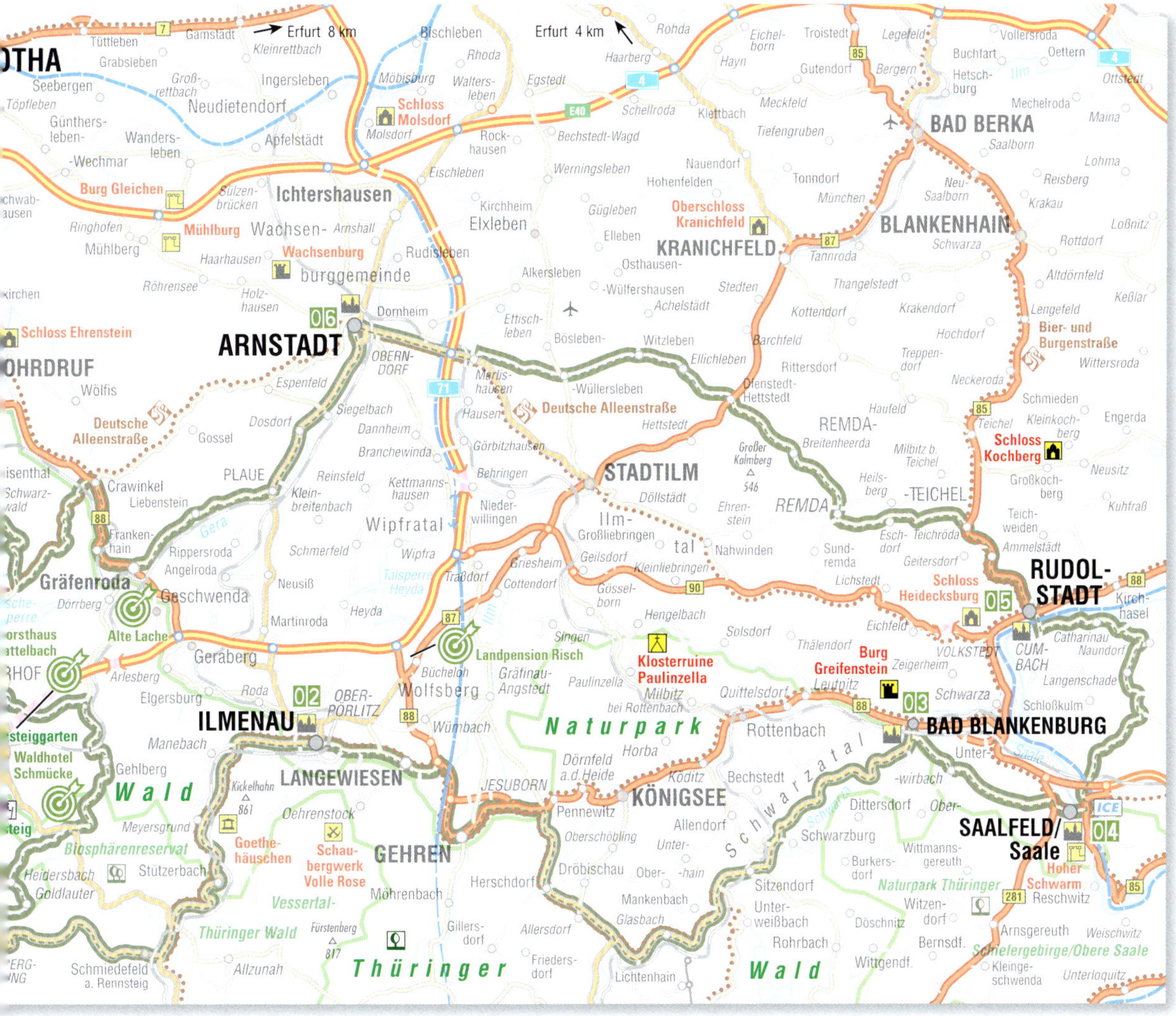

SAALE-UNSTRUT

Den Unterlauf der Unstrut zwischen Rossleben und Naumburg säumt eine uralte und überaus abwechslungsreiche Kultur- landschaft. Steile Felshänge wechseln sich hier mit sanften Hügeln und weiten Streuobst-Wiesen ab. Dazwischen finden sich viele romantische Städtchen, Burgen und Schlösser. Die besonders fruchtbaren Böden und das milde Klima haben schon vor über 3500 Jahren Menschen angelockt, wie der spektakuläre Fund der Himmels- scheibe von Nebra bewiesen hat. Nebra mit dem dazugehörenden Museum liegt ebenso auf dieser Tour wie Querfurt mit seinem filmreifen Schloss. Dazu kommen die vielen Seen, die aus dem alten Braunkohletagebau entstanden sind. Das sanfte, sonnige Klima schafft ideale Voraussetzungen, dass an den zahlreichen, günstig gelegenen Hanglagen Weinreben gedeihen, wie sie es schon seit 1000 Jahren tun. Denn wäre hätte es gewusst? Entlang von Saale und Unstrut befindet sich das nördlichste Weinbaugebiet Europas. Auch eine Reihe prachtvoller Blumenarten weiß das trockene, sonnige Klima zu schätzen. Neben Türkenbund, Sonnen- röschen und Diptam sind in der Region mit dem gleichnamigen Naturpark sogar 25 Orchideenarten zu finden. Besuchern wird ein 1300 Kilometer langes Wander- wegenetz geboten, um diese Vielfalt an Landschaften, Flora und Fauna auf ent- schleunigende Art und Weise zu erkunden – oder eben ein Netz an kurvenreichen Straßen, die Bikerherzen mit Sicherheit höherschlagen lassen. Doch das Schönste an der Tour sind wohl die vielen entspannen- den Blicke aufs Wasser, die immer wieder überraschend plötzlich auftauchen, bevor der Biker den Endpunkt der Tour, Naumburg, erreicht. Dort lohnt sich ein längerer Stopp, denn auch die Umgebung mit dem Heiligenberg und Elbenberg bietet sich für einen Abstecher an.

Idyllisch ragen die Türme von Dom und Schloss von Merseburg über das dicht bewachsene Ufer der Saale.

Durch Deutschlands nördlichstes Weingebiet

Klein, aber fein – in Deutschlands nördlichstem Weinanbaugebiet gedeihen auf 750 Hektar mit die besten Weißweine der Republik. Seit 998 wird an den Flüssen Saale und Unstrut Wein angebaut, wovon uralte Trockensteinmauern und Weinberge zeugen. So ist der Wein das prägende Thema einer Motorradtour durch die Region.

Wie es sich für eine imposante Höhenburganlage gehört, besitzt Schloss Neuenburg bei Freyburg natürlich auch einen herzoglicher Weinberg.

ROUTE 21

Routenlänge: ca. 250 km
Zeitbedarf: ca. 1–2 Tage, reine Fahrzeit ca. 5 Std.
Charakteristik: Die ruhige Tour führt größtenteils auf kleinen Landsträßchen an Flüssen entlang, dazu gibt's einen Abstecher ins Leipziger Tiefland.
Start und Ziel: Naumburg
Informationen:
www.romanik-strasse-erleben.de, www.weinbau verband-saale-unstrut.de www.saale-unstrut-tourismus.de

Hier geht's zum GPS-Track

01 Naumburg

Ein Rundblick über die weitgehend homogen erhaltene, fast 1000-jährige Stadt bietet sich von der Aussichtsplattform des Turms der Wenzelskirche. Zu den wertvollsten europäischen Kulturdenkmälern gehört der Dom St. Peter und Paul (spätromanisch-frühgotisch) mit den weltberühmten zwölf Stifterfiguren im Westchor. Am Markt vermitteln schöne Fassaden der Spätgotik und Renaissance ein heiteres Bild, das Rathaus begrüßt den Besucher mit einem prachtvollen Renaissanceportal.

02 Freyburg

Der Ort im unteren Unstrut-Tal ist das Zentrum des Weinanbaus in Sachsen-Anhalt. Oberhalb der Weinhänge thront auf einem Bergsporn die Neuenburg, die noch aus dem 11. Jahrhundert stammt, mit der um 1180 auf dem inneren Burghof erbauten Doppelkapelle.

03 Naturpark Saale-Unstrut

Kleine, verstreut gelegene Weinberge bestimmen hier das Landschaftsbild. Besonders typisch hierfür ist der »Herzogliche Weinberg« in Freyburg. Das Ziel des Parks ist es, das Miteinander von Natur und Kultur zu präsentieren.

04 Querfurt

An der Grenze zu Thüringen bildet Querfurt eine der letzten Bastionen Sachsen-Anhalts. Der Ort selbst kann auf eine lange Geschichte zurückblicken und wird Ende des 9. Jahrhunderts erstmals urkundlich erwähnt. Star Querfurts ist ohne Zweifel die mächtige Burganlage, die aus dem Stadtbild aufragt. Sie geht zurück auf das 10. Jahrhundert. Vor allem die drei Türme, der mächtige Rundturm namens »Dicker Heinrich«, der Marterturm sowie der Pariser Turm, prägen das Bild der Anlage. Ganz in der Nähe findet sich das Städtchen Nebra, das als Fund-

Berühmt ist der Naumburger Dom insbesondere für seine Stifterfiguren am Westchor – Markgraf Ekkehard II. mit Ehefrau Uta.

ort der berühmten Himmelsscheibe bekannt ist. Ein Museum klärt dort über den berühmten bronzezeitlichen Fund auf.

05 Wasserschloss St. Ulrich

Davor stehen und staunen können Besucher dieses Wasserschlosses: Es ist nicht von innen zugänglich, da es privat bewohnt wird. Doch ein Abstecher lohnt sich dennoch. Das Wasserschloss stammt aus dem 12. Jahrhundert und ist auf Eichenstelzen errichtet. Das Schloss, das ein wenig wirkt, als wolle es nur wachgeküsst werden, beeindruckt vor allem mit seiner Renaissancefront, die um den mittelalterlichen Turm gebaut wurde. Als besonderer Blickfang zeigt sich dort ein Renais-sance-Erker mit einer Zwiebelturmhaube. Also: Hinfahren, kurz absteigen und dann wieder Gas geben.

06 Geiseltalsee

Einer der größten künstlichen Seen Deutschlands findet sich im Norden der Stadt Müchen: Der Geiseltalsee lockt heute Besucher aus nah und fern, denn er hat sich von der ehe-

AUSFLUGSZIELE

Weinregion Saale-Unstrut

Das zweitkleinste und zugleich nördlichste Weingebiet Deutschlands hat schon an die 1000 Jahre auf dem Buckel. Heute ist die Rotkäppchen-Kellerei das Aushängeschild der Region, aber auch viele neue Weingüter locken zu Verkostungen. Übernachten kann man unter anderem im Weinhotel Freylich Zahn (www.freylich-zahn.de).
www.weinbauverband-saale-unstrut.de

Modellbahn Wiehe

Die Wartburg oder der Kyffhäuser in klein: Wer auf Eisenbahnmodelle steht, ist in Wiehe goldrichtig. Dort befindet sich eines der größten Modellbahnzentren der Welt. Die Brockenbahn schnauft originalgetreu durch die wilde Landschaft des Harzes, viele der thüringischen Sehenswürdigkeiten sind im Miniaturformat zu sehen. **www.modellbahn-wiehe.de**
GPS 51.26128, 11.42001

maligen Braunkohlehalde zu einem beliebten Naherholungsziel entwickelt. Vor allem die Marina in Mücheln ist mit ihren Booten ein Ziel zum Flanieren, aber auch der Hafen in Braunsbedra ist reizvoll, er lockt Wassersportler an. Camper und Badefreunde erholen sich auf den

Idyllisch verläuft die Route durch die liebliche Landschaft, die stark von Weinbau geprägt ist.

ROUTE 21

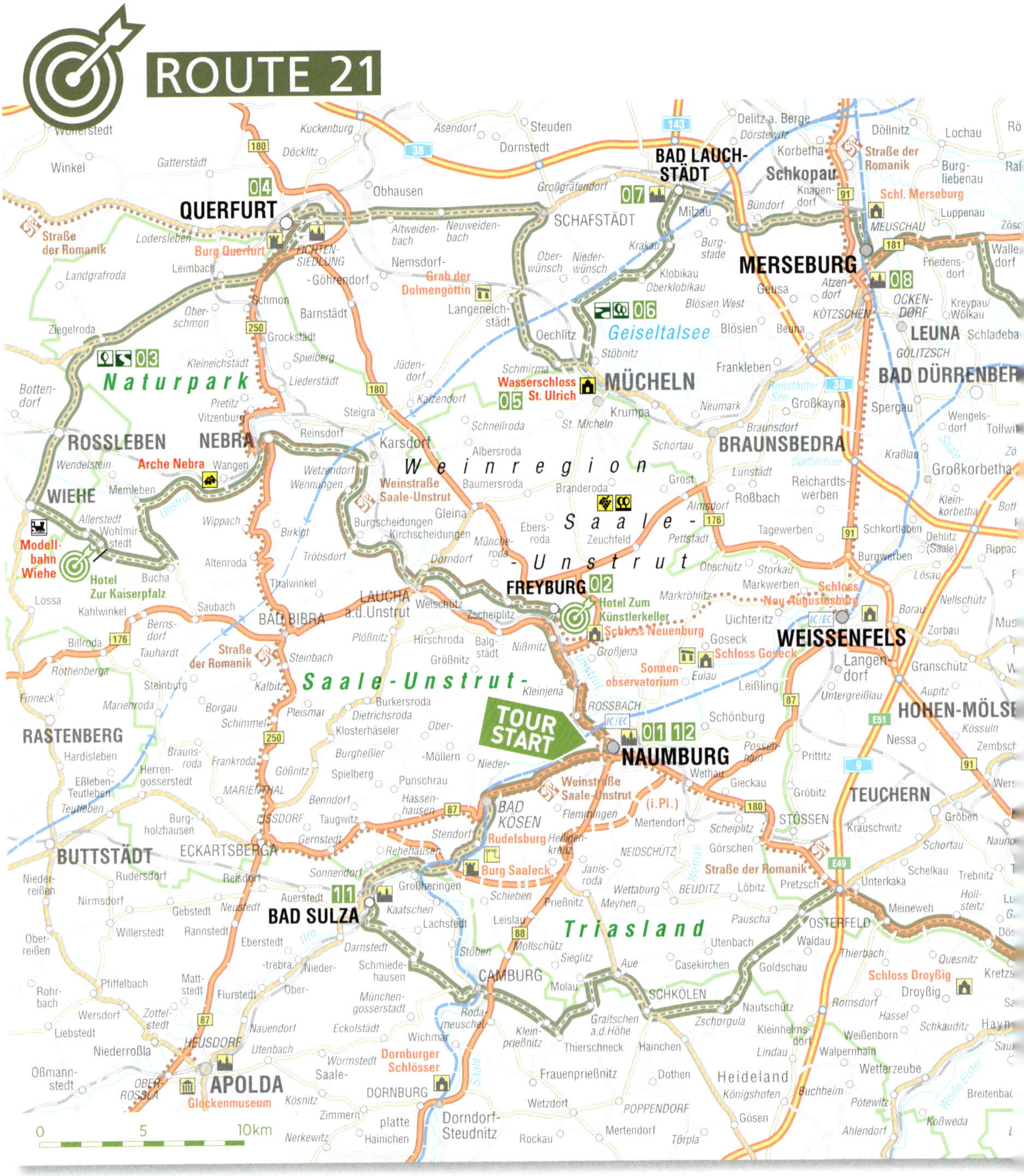

Campingplätzen, von denen einige inzwischen mit Sandstrand ausgestattet sind. Wer länger bleiben möchte, muss nicht ins Zelt ausweichen, es geht auch romantisch mit einer Übernachtung im Hausboot. Der See bietet ein ganz eigenes Mikroklima, das inzwischen sogar Weinbauern für sich entdeckt und einen kleinen Weinbaubetrieb mit Straußwirtschaft aufgebaut haben. Biker nutzen den See gern zu einer Pause mit Blick aufs Wasser.

07 Bad Lauchstädt

Im 18. und 19. Jahrhundert ein modernes Bad des kursächsischen Adels, sind die historischen Kuranlagen mit Teich, Pavillons, Kursaal und hölzernen Kolonnaden auch heute noch einen Besuch wert.

08 Merseburg

Die reizvolle Anlage der Domburg ist eine Symbiose von Schloss und Dom. Im Dom imponiert besonders die monumentale Orgel. Nördlich vom Schloss erstreckt sich der Schlossgarten, eine schöne Parkanlage mit der toskanischen Säulenhalle eines zweigeschossigen Schlossgartensalons.

09 Markkleeberg

Die große Kreisstadt grenzt unmittelbar an Leipzig, hat sich aber ihren eigenen Charme bewahrt: Markkleeberg, im Süden Leipzigs gele-

Hotel Zum Künstlerkeller
Breite Str. 14
06632 Freyburg
Tel. 034464/70750
www.kuenstlerkeller.de

Hotel Zur Kaiserpfalz
Wohlmirstedt
Allerstedter Str. 10
06642 Kaiserpfalz
Tel. 034672/880
www.kaiserpfalz-hotel.de

Motosoul-Resort
Zum Schloß 7
04668 Grimma
www.motosoulresort.de

Möncherei
Mönchereistr. 4
04416 Markkleeberg
Tel. 0341/3383139
www.möncherei.de

Oma's Biergarten
Brunnenstr. 7b
04509 Zwochau,
www.omas-biergarten.
business.site

gen, verzaubert seine Gäste vor allem mit viel Wasser. Die ehemaligen, riesigen Braunkohlehalden sind inzwischen renaturiert: Das Neuseenland ist entstanden, immerhin acht Seen gilt es dort zu entdecken. Die berühmtesten Seen sind der Markkleeberger See sowie der Cospudener See, beide mit guter touristischer Infrastruktur wie Restaurants, Marinas, Wassersportmöglichkeiten und Ausflugsschiffen ausgestattet.

10 Zeitz

In der »Zeitzer Unterwelt« mit ihren seit dem 13. Jahrhundert angelegten Gängen und Gewölben wurde einst Bier gelagert. Anziehungspunkt ist auch das spätgotische Rathaus mit Ziergiebel am Markt. Das frühbarocke Schloss Moritzburg aus dem 17. Jahrhundert hält neben einer Möbelsammlung von der Spätgotik bis zum Biedermeier Malereien in der Tafelstube (1663) von Christian und Wilhelm Richter parat.

11 Bad Sulza

Umgeben von lieblichen Bergen, befindet sich Bad Sulza eingebettet am südlichen Rand der Saale-Unstrut-Region. Wegen ihrer Lage und der Landschaftsform sowie des milden Klimas trägt sie auch den Namen »Toskana Thüringens«. Die Ilm schlängelt sich durch das Städtchen. Bad Sulza mit seiner berühmten Therme, aber auch dem Gradierwerk, ist zudem geprägt vom Salz. Ein örtliches Museum informiert über diese Tradition. Heute wird das Solewasser der Stadt vor allem für therapeutische Anwendungen genutzt.

12 Naumburg

Naumburg mit seinem berühmten Dom empfängt den Biker wieder nach Ende der Tour. Da heißt es, vielleicht erst mal ein hübsches Straßencafé aufsuchen und eine Erfrischung zu sich nehmen? Oder aber rund um das Rathaus und das Marientor zu schlendern und vielleicht noch einen Blick in das Nietzsche-Museum zu werfen.

Schweizer Anmutungen

Als die Elbe vor Jahrmillionen ihren Weg durch das Elbsandsteingebirge grub, schuf sie eine Touristenattraktion von Weltrang. Diese sorgt zusammen mit Dresdens Reichtum an Baudenkmälern und der Sächsischen Weinstraße für jede Menge Abwechslung – und natürlich Fahrspaß.

SÄCHSISCHE ELBE

Nachdem die Elbe Dresden passiert hat, fließt sie vorbei an Radebeul mit seinen lieblichen Weinbergen, streift das nicht ganz so beschauliche Coswig und erreicht dann einen ihrer schönsten Abschnitte. Zwischen dem rechtselbischen Spaargebirge und dem Meißner Hochland auf der linken Flussseite geht es – begleitet von Weinbergen – auf Meißen zu. Die 1000 Jahre alte Stadt mit ihren mittelalterlichen Gassen, dem stolzen Dom und der prächtigen Albrechtsburg – und mit dem in der ganzen Welt berühmten, feinen Meissener Porzellan, ist absolut sehenswert. Letzteres wird der Biker wohl kaum in seinem Gepäck transportieren, aber die Stadt an sich ist zauberhaft mit ihrem mittelalterlichen Kern und ihrer Höhenlage.

Von dort aus geht es immer weiter gen Osten, die Landschaft wird hügeliger und schon bald zeigen sich die dramatischen Klippen des Elbsandsteingebirges am Horizont. Dass diese Region auch Sächsische Schweiz genannt wird, ist übrigens dem Schweizer Maler Adrian Zingg zu verdanken, der der Landschaft diesen Namen verlieh. Wer anders als ein Schweizer dürfte diesen Vergleich auch ziehen, ohne dass er hinkt? Vom »wilden Osten« geht es an der Elbe entlang, manchmal laden Fähren ein, die Uferseite zu wechseln, manchmal wünscht man sich, die schwere Kutte würde sich schnell gegen ein Wanderoutfit tauschen lassen. Bald schon kurvt der Biker wieder in Richtung Dresden, wo nicht nur urbaner Flair, sondern auch jede Menge Kultur und Kulinarik warten.

Kaum zu glauben, aber auch das ist Deutschland. Dabei weckt das Sächsische Elbsandsteingebirge eher Assoziationen einer Landschaft aus den USA oder der Schweiz.

Über das »Florenz an der Elbe« muss man eigentlich keine Worte verlieren. Die sächsische Landeshauptstadt gilt zu Recht als eine der schönsten Städte Europas.

ROUTE 22

Routenlänge: ca. 220 km
Zeitbedarf: ca. 2–3 Tage, reine Fahrtzeit ca. 5 Std.
Charakteristik: Dresden, Weinstraße, Elbsandstein-gebirge – da kommt der Speicherchip der Kamera an seine Grenzen.
Start und Ziel: Dresden
Informationen:
www.sachsen-tourismus.de
www.dresden.de
www.saechsische-schweiz.de

Hier geht's
zum
GPS-Track

01 Dresden

Ein Ufer der Wunder: Nachdem der Elbestrom zwischen Pillnitz und Loschwitz einen fast geraden Lauf genommen hat, wendet er sich in einem weiten Bogen der Dresdner Altstadt zu. Einzigartige Baudenk-mäler verschiedener Epochen bieten eine Inszenierung voller Glanz und Festlichkeit. Beeindruckte Gäste aus aller Welt lassen die Dresdner im Areal zwischen Zwinger, Semper-oper und Brühlscher Terrasse zu stolzen Fremdenführern werden. Und über aller Pracht steht die wiederge-borene Frauenkirche mit der wohl großartigsten steinernen Kuppel nördlich der Alpen. Dresden kann eine prunkvolle frühe Vergangenheit als Residenz, kurfürstliche Haupt-stadt und Kunststadt aufweisen. Während des Zweiten Weltkriegs jedoch wurde die gesamte Altstadt im Zuge fünf aufeinanderfolgender Luftangriffe fast vollständig zerstört. Ab den 1950er-Jahren gelang nach und nach der Wiederaufbau mit besonderem Augenmerk auf den vielen bedeutenden Bauwerken, die heute wieder in prächtigem Glanz erstrahlen.

02 Meißen

Von Kaiser Heinrich I. gegründet, war Meißen ab dem Jahr 968 als Bischofssitz das geistliche Zentrum, mit Unterbrechungen bis 1485 auch die Residenz der Wettiner und damit Hauptstadt Sachsens. Der Dom auf dem Burgberg gilt als eines der stil-reinsten Zeugnisse der Gotik im Osten Deutschlands. Die spätgoti-sche Albrechtsburg ist Deutschlands erster Schlossbau. Die im Jahr 1710 gegründete Staatliche Porzellan Manufaktur mit Schauhalle und zwei Schauwerkstätten lohnt ebenso einen Besuch wie die mittel-alterliche und barocke Altstadt mit der gotischen Frauenkirche und dem spätgotischen Rathaus oder der Jahnaische Hof. In mehreren Wein-

Berühmt ist Meißen für sein Porzellan. Eine Notiz über das Brennen eines weißen durchscheinenden Scherbens markierte 1708 die Geburtsstunde.

gütern kann man den Meißener Tropfen probieren und kaufen.

03 Großenhain
Die 800-jährige Stadt Großenhain hat ihr spätbarockes Gesicht weitgehend bewahren können. Besonders sehenswert ist die Marienkirche. Auf einem T-förmigen Grundriss ent-

stand in den Jahren 1746 bis 1748 eine der originellsten Raumschöpfungen dieser Zeit.

04 Königsbrück
Das Städtchen in der Westlausitz wurde bekannt durch seine Töpferbetriebe und die Kameliensammlung. Mittelpunkt ist das von

einem schönen Park umgebene Barockschloss.

05 Burg Stolpen
Fast 49 Jahre lang büßte Gräfin Cosel, die berühmte Mätresse Augusts des Starken, hier als Gefangene für ihre politischen Ambitionen. Von der fast 800-jährigen mit-

AUSFLUGSZIELE

Radebeul
Die von Villen geprägte Stadt Radebeul am Rand der Weinberge entstand aus dem Zusammenschluss mehrerer Dörfer. Der schönste Dorfkern ist in Altkötzschenbroda erhalten. Die Hoflößnitz mit holzgetäfeltem Festsaal war einst das Weingut der Kurfürsten. Das Schloss Wackerbarth ist heute Sitz des Sächsischen Staatsweinguts, die Villa des Abenteuerschriftstellers Karl May Museum.
www.radebeul.de, GPS 51.09998, 13.67680

Hinterhermsdorf
»Sachsens schönstes Dorf« nennt sich der Ort unmittelbar an der tschechischen Grenze. Hier stehen noch die liebevoll restaurierten typischen Umgebindehäuser und eine hübsche Dorfkirche. Über romantische Waldwege erreicht man die Obere Schleuse. Hinter der 1567 eingerichteten Stauanlage kann man auf einem See Bötchen fahren.
www.hinterhermsdorf.de
GPS 50.92415, 14.35879

Oben: Mitten im Schlossteich erhebt sich auf einer künstlich angelegten Insel der barocke Vierflügelbau des Jagdschlosses Moritzburg.

Rechts: Wenige Landschaften haben die Romantiker des 19. Jahrhunderts so begeistert wie die Sächsische Schweiz: ein idyllisches Flusstal, gesäumt von den ebenso malerischen wie bizarren Felsformationen des Elbsandsteingebirges, in denen oft der Nebel hängt.

telalterlichen Burganlage aus hat man einen herrlichen Ausblick auf die Altstadt und das weite hügelige Umland. Der naturbelassene, in Basalt getriebene Burgbrunnen ist mit 85 Metern der tiefste seiner Art auf der ganzen Welt.

06 Burg Hohnstein

Über den Marktplatz des Ortes Hohnstein erreicht der Biker die Burg, die zugleich das Wahrzeichen der Stadt ist und heute als Jugendherberge genutzt wird. Mit ihrer wundervollen Lage so nah am Wahrzeichen Bastei und dem Polenztal ist sie ein beliebtes Ausflugsziel. Lohnenswert ist der Besuch des Aussichtsturms, der einen weiten Blick über das Elbsandsteingebirge bietet. Das Burgmuseum informiert über

die wechselhafte Geschichte der Anlage, Biker werden sich freuen, dass die Burg sich besonders auf ihre Bedürfnisse spezialisiert hat, u.a. mit der Einrichtung von zahlreichen Motorrad-Stellplätzen.

07 Sebnitz

Das Städtchen in einem tief eingeschnittenen Tal in der Nationalparkregion Sächsisch-Böhmische Schweiz war einst das Zentrum der Produktion von Kunstblumen aus Seide. In einer Schauwerkstatt kann man diese Tradition des Handwerks nachvollziehen, das bereits seit 1834 hier zu Hause ist.

08 Bad Schandau

Der malerische Kurort Bad Schandau mit seinem komplett unter Denk-

AUSFLUGSZIELE

Nationalpark Sächsische Schweiz

Geformt wurde diese Landschaft durch die Erosion, die im Verlauf von Millionen von Jahren dem weichen Sandstein zusetzte. Der Nationalpark umfasst die schönsten Gebiete am nördlichen Elbufer. Die zerklüfteten Felsregionen wurden aber nicht nur wegen ihrer Schönheit unter Schutz gestellt, sondern auch, weil sich durch die starke Gliederung der Landschaft eine Vielzahl kleiner Lebensräume ergibt, in denen sich Pflanzen mit speziellen Bedürfnissen ansiedeln konnten.
www.nationalpark-saechsische-schweiz.de

Schloss Moritzburg

In den Jahren 1723 bis 1733 ließ August der Starke einen Vorgängerbau zu einem barocken Jagd- und Lustschloss mit vier markanten Rundtürmen inmitten eines Teiches umbauen. Zum Ensemble gehören auch das später errichtete Fasanenschlösschen und ein 3,3 Hektar großer Park. Berühmt geworden ist Schloss Moritzburg durch die Verfilmung des Weihnachtsklassikers »Drei Haselnüsse für Aschenbrödel«. Jährlich pilgern Fans des Films zu der Schlossanlage.
www.schloss-moritzburg.de
GPS 51.16753, 13.67951

malschutz stehenden Zentrum knüpft mit der modernen Toskana-Therme an die alte Kurtradition an. Ein 1904 erbauter Aufzug verbindet den Ort mit höher gelegenen Stadtteilen.

09 Königstein
Auf der Festung Königstein, der größten Bergfestung Europas, zeugen Gebäude aus unterschiedlichen Epochen – von der Friedrichsburg über Brunnenhaus und Kriegslaza-

rett bis zum Schatzhaus – von der wechselvollen Geschichte der Burg.

10 Pirna
Der Marktplatz mit dem Renaissancerathaus und zahlreichen historischen Bürgerhäusern sieht immer noch aus wie einst von Canaletto gemalt. Die spätgotische Marienkirche entfaltet im Inneren ihre ganze Pracht, mit dem Renaissance-Sandsteinaltar als Hauptwerk. Sehenswert ist auch das Landschloss

Zuschendorf mit seiner Kameliensammlung.

11 Barockgarten Großsedlitz
Im Barockgarten des Friedrichschlösschens erfreut ein in seiner Substanz fast unverändertes französisches Gartenkunstwerk des Spätbarocks mit Terrassen, breiten Treppenanlagen, Orangerien, mehr als sechzig sandsteinernen Skulpturen, Brunnen, Wasserspielen und Hunderten von Kübelpflanzen, darunter 150

Oben: Der Barockgarten Großsedlitz zählt zu den bedeutendsten Werken des Dresdner Barock. Unten: Pause im Nationalpark.

Bitterorangen. August der Starke hatte 1723 das Areal erworben und von seinen besten Architekten gestalten lassen.

12 Dresden

Zurück in Dresden empfiehlt es sich, noch um einen oder zwei Tage zu verlängern, zu schön ist die Stadt an der Elbe. Ob Frauenkirche, Neumarkt oder Zwinger – die Stadt bietet viel zu viel, als dass sie nur der Startpunkt für eine Tour sein sollte.

Gasthaus Polenztal
 Polenztal 2, 01848 Hohnstein
 Tel. 035975/80826
 www.polenztal.de

Jugendherberge Burg Hohnstein
 Markt 1, 01848 Hohnstein
 Tel. 0359/7581202
 www.burg-hohnstein.info

Bomätscher
Am Alten Sägewerk 4
01824 Königstein
Tel. 035021/9908102
www.bomaetscher-
koenigstein.de

Motorradhaus Dresden
Hamburger Str. 27/29
01067 Dresden
Tel. 0351/25020300
www.motorradhausdresden.de

OBERLAUSITZ

Der Name Lausitz stammt aus dem Sorbischen und bedeutet Moor oder Sumpf. Unterschiedlichste Landschaften bestimmen die Region links der Neiße, deren Herrschaft häufig zwischen Polen, Sachsen, Brandenburg, Preußen und Böhmen wechselte. Aus geologischer Sicht stellt die Lausitz eine »Fundgrube« dar: Altmoränen und Flusssandgebiete, abbauwürdige Granit- und Sandsteinrücken, fruchtbare Lößflächen und große Braunkohle- und Basaltvorkommen sind hier im Untergrund anzutreffen. Das hat seit jeher Begehrlichkeiten geweckt und schließlich zu großen Tagebauen geführt. Die Lausitz ist eine Landschaft im Wandel. War sie noch vor einigen Jahrzehnten als Dreckschleuder verpönt, ist sie heute ein beliebtes Erholungsgebiet, denn viele Tagebaue sind inzwischen Seen geworden und bieten vielerlei Wassersport- und Freizeitmöglichkeiten. Der Motorradfahrer wird sich seinen Weg von Bautzen aus nicht nur entlang der Seen suchen, sondern vielfach auch Heidelandschaften durchqueren, die für diesen Teil Ostdeutschlands typisch sind. Wer es lieber kulturell mag, wird begeistert sein, denn entlang der Route finden sich Highlights wie Zittau, Görlitz oder Bad Muskau. Es sind hübsche Städte, in denen sich ein Stopp länger lohnt als nur für einen Snack. Überall werden Biker dabei auf die Kultur der Sorben treffen, die mit ihrer Sprache und eigenen Bräuchen eine Insel eigener Traditionen geschaffen haben. Zudem hat die Lausitz immer auch große Persönlichkeiten hervorgebracht: Gotthold Ephraim Lessing beispielsweise oder den Philosophen Johann Gottlieb Fichte. Aber auch der exzentrische »Gartenfürst« von Pückler-Muskau ist eine dieser Persönlichkeiten. Er ist besonders für seine prächtigen Parks berühmt geworden, wie den von Bad Muskau.

Das Lausitzer Seenland ist Europas größte künstliche Wasserlandschaft und der perfekte Ort für einen Stopp.

Tief im Osten

Das Merkmal des östlichsten Feriengebietes Deutschlands, der Lausitz, ist seine Vielfalt. Sanfte Höhenzüge wechseln sich ab mit bizarren Felsen und mittelalterlichen Städten. Die Küche hat vier ganz unterschiedliche Wurzeln – sächsische, sorbische, schlesische und böhmische. Damit ist garantiert, dass ein Motorradurlaub im und abseits des Sattels ein Leckerbissen wird.

![Blick von der Friedensbrücke auf die Altstadt von Bautzen]

Blick von der Friedensbrücke auf die Altstadt von Bautzen. Die Stadt ist nicht nur wegen ihrer Spezialität Senf einen Besuch wert.

ROUTE 23

Routenlänge: ca. 270 km
Zeitbedarf: ca. 2–3 Tage, reine Fahrzeit ca. 6 Std.
Charakteristik: Zackige Schräglagen im Zittauer Gebirge, sanfte Bögen entlang der Neiße – eine Tour durch die Oberlausitz wird mit Sicherheit nicht langweilig.
Start und Ziel: Bautzen
Informationen:
www.urlaubsregion-oberlausitz.de
www.oberlausitz.com

Hier geht's zum GPS-Track

01 Bautzen

Geschichte ist in der 1002 erstmals erwähnten Hauptstadt der sorbischen Oberlausitz auf Schritt und Tritt spürbar. Bedeutende Sehenswürdigkeiten der gut erhaltenen Altstadt sind der gotische Dom St. Peter, das barocke Rathaus, die Bürgerhäuser entlang der Inneren Lauenstraße und der Reichenstraße sowie der schiefe Reichenturm. In der Ortenburg dokumentiert das Sorbische Museum die Traditionen der Sorben, der kleinsten slawischen Sprachgemeinschaft. Die Alte Wasserkunst pumpte als technisches Meisterwerk des Mittelalters das Wasser der Spree in die 50 Meter höher gelegene Altstadt.

02 Löbau

Eine überraschende Stilmischung weist das hiesige Rathaus auf, dessen mittelalterlicher Bergfried aus einem schönen barocken Umbau von 1711 emporsteigt. Das benach-

barte Stadthaus von 1720 ist einer der beeindruckendsten Bürgerbauten des Ortes. Weitere schöne Häuser stehen in der Rittergasse hinter dem Rathaus.

03 Ebersbach

Grüße aus der Lausitz nach Berlin – so könnte man es nennen, wenn sich die Spree in Ebersbach auf den Weg in die Hauptstadt macht. Zwei von drei Quellen des Flusses befinden sich direkt im Stadtgebiet, die dritte Quelle liegt nur wenig außerhalb. Doch nicht nur die wasserreiche Natur lockt Besucher in den Ort, sondern seine außergewöhnliche Architektur. Allein 700 Umgebindehäuser, ein spezieller Fachwerkhaustyp, sind in dem Ort zu sehen. Besonders schön ist der Vierseitenhof, der heute als Museumshof und Kaffeerösterei genutzt wird. Ein angeschlossenes Kaffeemuseum informiert über die Geschichte und Tradition der Kaffeebohne.

Auf dem Weg nach Zittau streift man auch das Zittauer Gebirge, entsprechend kurvig sind hier die Straßen.

04 Großschönau

Schlauchboote – dafür war dieser Ort lange berühmt, ebenso für seinen feinen Damast und das Frottee: Großschönau ist bis heute geprägt von der Textilindustrie. Für den Biker, der einfach nur neugierig durch die Straßen zieht, lohnt sich ein kleiner Rundgang, beginnend am Rathaus. Die alten Häuser am Ufer der Mandau bieten hübsche Panoramen. Ein Höhepunkt für Nostalgiker ist das Motorrad- und Technikmuseum (www.motorrad-veteranen-technik-museum.de) des Ortes. Dort sind viele historische Motorräder zu sehen, einige älter als 80 Jahre. Prunkstück ist das Motorrad »Megola« mit einem 5-Zylinder-Sternmotor aus dem Jahr 1923.

05 Zittau

Im Dreiländereck von Tschechien, Polen und Deutschland gelegen, hat Zittau als böhmischer Handelsplatz schon bessere Zeiten erlebt. Davon künden eindrucksvolle Bauten und eine weitgehend intakte Altstadt. Das von Karl Friedrich Schinkel entworfene Rathaus gibt dem Markt eine italienische Anmutung. Ebenfalls von Schinkel stammen die Pläne für die klassizistische Johanniskirche (1837). Von europäischem Rang sind die in der ehemaligen Friedhofskirche zum Heiligen Kreuz aus-

AUSFLUGSZIELE

Zittauer Gebirge

Deutschlands kleinstes Mittelgebirge ist durch kühles, feuchtes Klima geprägt. Markantester Berg ist der Oybin (514 m), der von den Ruinen einer Burg und eines Klosters bekrönt wird, die schon Caspar David Friedrich inspirierten.
zittauer-gebirge.com

Herrnhut

Das Städtchen ist ab 1722 als Gründung der protestantisch-pietistischen Brüdergemeine entstanden, die aus Böhmen kommend hier Zuflucht fand. Berühmt ist der Ort für seine Herrnhuter Sterne, die bereits vor über 160 Jahren entstanden sein sollen.
www.herrnhut.de, GPS 51.00064, 14.71605

Der Görlitzer Obermarkt mit Blick auf die evangelische Dreifaltigkeitskirche.

Kreisrund und wie ein Tor zu einer magischen Welt erscheint die Rakotzbrücke im Kromlauer Park.

Brücke sind ein Pflichtstopp für jeden Besucher. Jenseits davon liegt die Stadt Weißwasser, die bundesweit vor allem durch ihrer Eishockey-Mannschaft bekannt ist.

09 Biosphärenreservat Oberlausitz

Das 26 000 Hektar große Biosphärenreservat mit über 2000 Seen und Teichen erhielt 1996 die höheren Weihen der UNESCO. Viele seltene Tiere und Pflanzen haben hier ein Refugium gefunden.

10 Bautzen

Zurück in Bautzen lohnt sich ein Gang ins Sorbische Museum, um mehr über die Kultur der Menschen zu erfahren, die die Lausitz geprägt haben und immer noch prägen.

gestellten beiden mittelalterlichen Zittauer Fastentücher.

06 Görlitz

Deutschlands östlichste Stadt ist auch eine der schönsten des Landes. Sie überstand den Zweiten Weltkrieg weitgehend unversehrt; mehr als 3500 Baudenkmäler aller Stilepochen bilden in der Stadt an der Neiße ein architektonisches Ensemble, das in seiner Geschlossenheit hierzulande seinesgleichen sucht. Während die Berliner Straße und den Postplatz prächtige Gründerzeitbauten säumen, stehen am Marienplatz die gotische Frauenkirche und das bestens erhaltene Jugendstilkaufhaus. Barock präsentiert sich der lang gestreckte Obermarkt mit der gotischen Dreifaltigkeitskirche, in böhmischer Renaissance dagegen der Untermarkt mit dem Rathaus. Domartig erhebt sich die gotische Hallenkirche

St. Peter und Paul über der Neiße. In der Nikolaivorstadt liegt das Heilige Grab (Görlitzer Jerusalem).

07 Bad Muskau

Hier gilt es, auf 50 Kilometer Wegenetz ein UNESCO-Welterbe in Gestalt des von Hermann Fürst von Pückler-Muskau 1815 bis 1844 im englischen Stil angelegten Muskauer Parks zu erwandern. Der acht Quadratkilometer große Landschaftspark beiderseits der deutsch-polnischen Grenze an der Neiße – die beiden Teile sind durch eine Brücke miteinander verbunden – ist der größte seiner Art in Mitteleuropa.

08 Weißwasser

Sie ist wohl die berühmteste Brücke Deutschlands: Für die Rakotzbrücke im Kromlauer Park gibt es im Internet sogar Praxistipps, wie man sie am besten in Szene setzt. Park und

Hotel Riedel
Friedensstr. 23
02763 Zittau
Tel. 03583/6860
www.hotel-riedel.de

Berg-Gasthof Honigbrunnen
Löbauer Berg 4
02708 Löbau
Tel. 03585/4139130
www.honigbrunnen.de

Wirtshaus und Pension Zum Hammer
Hammer 9
02979 Spreetal
Tel. 035727/50240
www.zum-hammer.de

Gaststätte Oybintal
Friedrich-Engels-Str.1,
02797 Oybin
Tel. 035844/70221

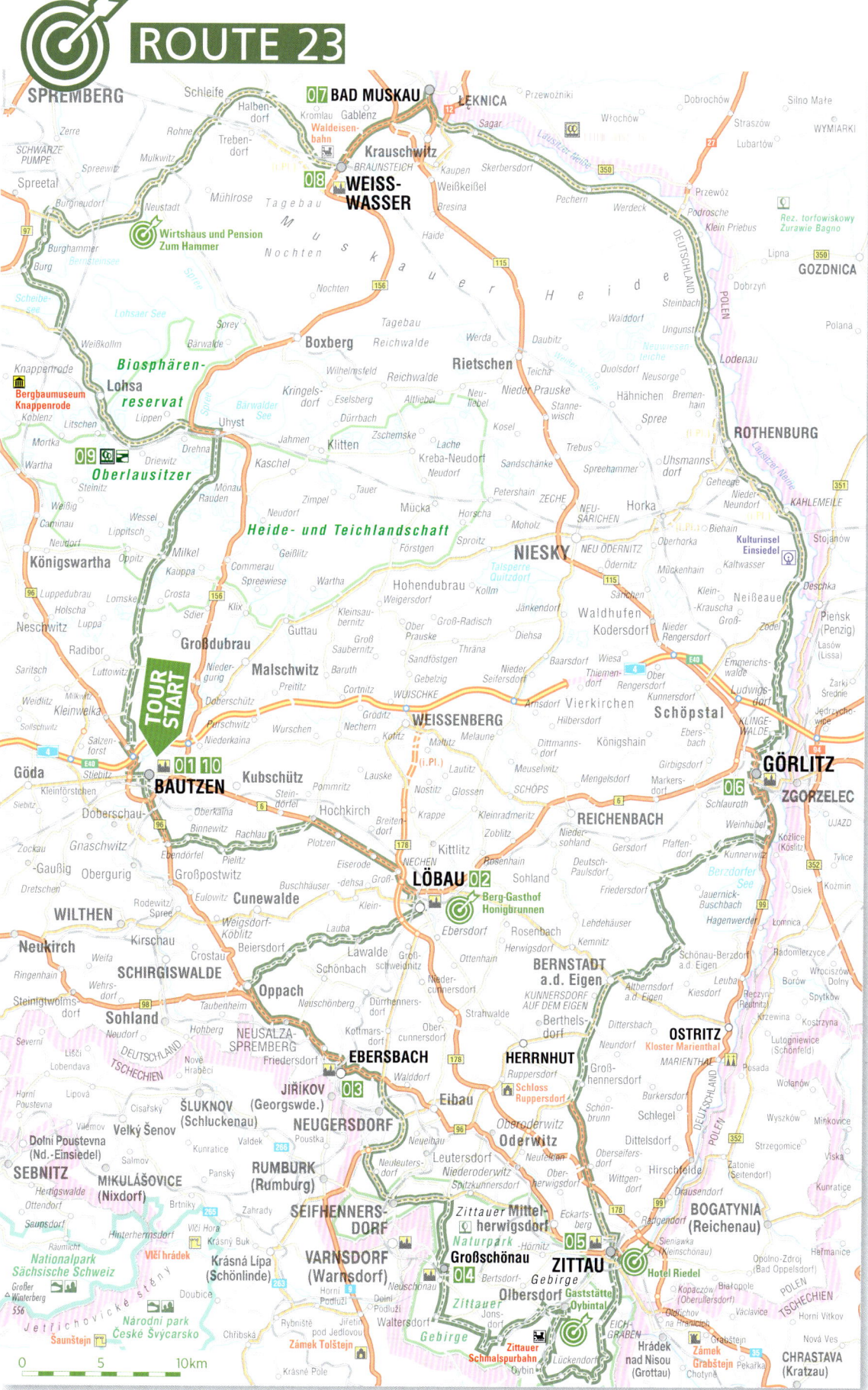

ROUTE 23

SPREMBERG

07 BAD MUSKAU

08 WEISS-WASSER

Wirtshaus und Pension Zum Hammer

09 Oberlausitzer

Biosphären-reservat

Bergbaumuseum Knappenrode

Heide- und Teichlandschaft

NIESKY

ROTHENBURG

GOZDNICA

Königswartha

Großdubrau

TOUR START

01 10 BAUTZEN

WEISSENBERG

GÖRLITZ

ZGORZELEC

06

REICHENBACH

LÖBAU 02

Berg-Gasthof Honigbrunnen

WILTHEN

Neukirch

SCHIRGISWALDE

Oppach

Sohland

BERNSTADT a.d. Eigen

OSTRITZ
Kloster Marienthal

EBERSBACH

JIŘÍKOV
(Georgswde.)

03

HERRNHUT

Schloss Ruppersdorf

ŠLUKNOV
(Schluckenau)

NEUGERSDORF

Eibau

Oderwitz

SEBNITZ

MIKULÁŠOVICE
(Nixdorf)

RUMBURK
(Rumburg)

SEIFHENNERS-DORF

Zittauer Mittel-herwigsdorf

Naturpark

BOGATYNIA
(Reichenau)

Nationalpark
Sächsische Schweiz

VARNSDORF
(Warnsdorf)

Großschönau 05

04

Zittauer Gebirge

ZITTAU

Hotel Riedel

Gaststätte Oybintal

Olbersdorf

Zittauer Schmalspurbahn

Hrádek nad Nisou (Grottau)

Zámek Grabštejn

CHRASTAVA
(Kratzau)

Národní park
České Švýcarsko

Zámek Tolštejn

0   5   10km

Kurvenwunderland

Rhein, Ahr, Mosel – drei Flüsse, drei tiefe Täler, steile Flanken, dazwischen markante Erhebungen – das klingt ganz nach einem Motorradwunderland. Und so ist es auch. Wer das von Rhein, Ahr und Mosel gebildete Dreieck per Bike unter die Räder nimmt, kommt in den vielen Auf- und Abfahrten aus den Schräglagen gar nicht mehr heraus.

RHEIN, AHR & MOSEL

In Schräglage an Weinreben entlang zu fahren – traumhafte Szenen wie diese erfüllen sich in der Moselregion. Kleine Straßen winden sich die Berge hoch, bei Cochem gibt es sogar Korkenzieherkurven, von denen eine inoffiziell auch als Applauskurve gilt. Wer an der Mosel unterwegs ist, sollte auf jeden Fall die Straßen direkt am Fluss verlassen und sich trauen, die Höhenlagen zu erobern. Dabei wird der Biker immer wieder auf Wein treffen, Reben gehören hier zum Alltag und prägen die hiesige Kultur. Keine andere deutsche Weinbauregion hat eine wechselvollere Geschichte hinter sich als die Mosel. Glanz und Elend, Triumph und Niedergang – das alles haben die Moselwinzer erlebt. Schon die Römer rühmten die Schönheit des Flusses und bauten hier den ersten Wein an. Und im 6. Jahrhundert geriet der Dichter Fortunatus während einer Fahrt auf der Mosel ins Schwärmen: »Vor uns heben sich rechts und links hochragende Berge. Drohend steigt der Fels bis zu den Wolken hinan. Aber nicht nutzlos ist das Schiefergestein, bringt es doch üppige Frucht, trieft doch der Felsen von Wein.« Im 19. Jahrhundert galt der Riesling von der Mosel als das Nonplusultra des deutschen Weins. In der Nachkriegszeit wurde es vielen Winzern zu mühselig, die extremen Steillagen zu bewirtschaften. Sie bauten lieber billigen Wein in weniger arbeitsintensiven Gebieten an und konzentrierten sich ansonsten auf einen weinseligen Tourismus. Zum Glück hat man das inzwischen als Irrweg erkannt und baut nun wieder verstärkt erstklassige Reben an – die Geschichte des Moselweins scheint ein glückliches Ende zu finden. Von der Qualität dieser Tropfen aber wird der Biker sich wohl erst am Ende seiner Tour überzeugen können – dann, wenn er wieder in Koblenz angekommen ist. Oder er legt einfach ein paar Übernachtungen ein.

Schöner kann sich die Natur kaum einfärben wie hier an der herbstlichen Mosel inmitten üppiger Weinberge.

Fährt man auf Cochem zu, sieht man schon von Weitem die Burg, die hoch auf einem Gipfel thront. Spitzen und Türmchen lassen an ein Märchenschloss denken.

ROUTE 24

Routenlänge: ca. 220 km
Zeitbedarf: ca. 1–3 Tage, reine Fahrzeit ca. 5 Std.
Charakteristik: Ausgewogene Mischung aus sportlichen Kurvenstrecken und entspannten Bummelkilometern. Jede Menge reizender Städtchen verlangen viele Pausenstopps.
Start und Ziel: Koblenz
Informationen:
www.eifel.de
www.koblenz-touristik.de
www.mosellandtouristik.de

Hier geht's zum GPS-Track

01 Koblenz

Die Römer haben die Lage von Koblenz auf den Punkt gebracht, als sie hier im Jahr 9 v. Chr. ein Kastell erbauten: Castellum apud Confluentes, »Kastell bei den Zusammenfließenden«, nannten sie es. Hier vereinen sich Mosel und Rhein am Deutschen Eck, einer Landzunge, die vom monumentalen Reiterstandbild Kaiser Wilhelms I. überragt wird. Koblenz zählt somit zu den ältesten Städten Deutschlands. Die Geschichte von Koblenz ist nicht bei den Römern stehen geblieben, auch später war es ein bedeutender Ort, wovon viele Bauwerke zeugen. Die Kirche St. Kastor lässt sich bis ins 9. Jahrhundert zurückverfolgen, das Kurfürstliche Schloss ist seit dem 18. Jahrhundert der Stolz der Stadt. Preußisches Erbe aus dem 19. Jahrhundert sind die Befestigungswerke mit der Festung Ehrenbreitstein gegenüber vom Deutschen Eck als imposanteste Anlage.

02 Treis-Karden

Treis-Karden liegt knapp 30 Kilometer von Koblenz entfernt im »Klotten-Treiser Moseltal« und gehört zum Landschaftsschutzgebiet »Moselgebiet von Schweich bis Koblenz«. Die Doppelgemeinde ist stolz auf ihre römische Vergangenheit. St. Castor in Kardea, der »Moseldom«, mit seinen mächtigen Türmen beherrscht noch heute das Ortsbild und erinnert an die Entstehungsgeschichte des Städtchens. Mit ihren romanischen, gotischen und barocken Stilelementen zählt die frühere Stiftskirche zu den kunsthistorisch bedeutendsten Sakralbauten an der Mosel. Nur einen Kilometer südlich von Treis liegt die gleichnamige Burgruine. Die Treisburg entstand um das 11. Jahrhundert als Höhenburg, sie erhebt sich gut 70 Meter über dem Zusammenfluss der Bäche Flaumbach und Dünnbach auf einem Bergsporn und lohnt einen Abstecher.

Eine Burg wie aus dem Bilderbuch: Die 800 Jahre alte Festung Eltz ist das Idealbild einer Ritterburg.

03 Cochem

Die Felshänge im Bereich des Naturschutzgebietes Brauselay nennt man auch die »Loreley der Mosel«. Fährt man von hier aus und von Valwig kommend auf die Stadt zu, erscheint überraschend und tiefdunkel die mächtige Kulisse der majestätischen Reichsburg Cochem. Allgegenwärtig beherrscht dieses Wunderwerk der Baukunst die Kulisse der Stadt. Spitzen und Türmchen lassen an ein Märchenschloss denken. Im Stadtkern angekommen, befindet sich an der Nordseite des Alten Marktplatzes das zweigeschossige Rathaus. Das barocke Bauwerk mit Mansarddach wurde 1739 errichtet. In der Mitte des Marktes zieht der achtseitige Brunnen mit einer Bronzefigur des heiligen Martin die Blicke auf sich. Weitere gut erhaltene Fachwerkbauten stehen an der Mosel-Promenade.

AUSFLUGSZIELE

Nürburgring Fahrsicherheitszentrum

Vorbereitung ist alles: Wertvolle Erfahrungswerte und Wissenswertes rund um die Fahrzeugbeherrschung von motorisierten Zweirädern erhält man hier im Rahmen von qualifizierten Motorradsicherheitstrainings – ein Garant, um nicht nur in der kurvenreichen Eifel jede noch so enge Kurve und Fahrsituation souverän beherrschen zu können.
www.fszn.de/fahrtraining/motorrad-trainings, www.nuerburgring.de
GPS 50.33155, 6.93451

Burg Eltz

Sie ist der Inbegriff einer Deutschen Ritterburg – die Burg Eltz. Während ihrer über 500 Jahre währenden Bauzeit entstand rund um den Innenhof ein verwinkeltes Ensemble aus sich eng aneinander schmiegenden Wohntürmen mit zahlreichen Erkern, Spitzen und Türmen. Führungen durch die Kammern, Säle und Gemächer werden zu einer Zeitreise durch die mittelalterliche Wohnkultur.
www.burg-eltz.de
GPS 50.20507, 7.33677

04 Mayen

Grauer Schiefer ist das Gestein, das diese Stadt prägt. Dächer und Fassaden sind damit geschmückt und nicht zuletzt auch die Genovevaburg. Das Wahrzeichen der Stadt stammt aus dem 13. Jahrhundert. Bis heute vereint sie verschiedene Baustile, der alte Teil der Burg lässt sich sehr schön am fast fensterlosen Bergfried erkennen, der aus Natursteinen errichtet wurde, während ein anderer Rundturm hübsch gelb verputzt und mit spitzer Haube gekrönt ist. Die Burg beherbergt das Schiefermuseum mit einem eigenen Stollen unter der Burg. Zudem befindet sich in der Burg das Eifelmuseum, das Heimatkundliches präsentiert. In der Stadt selbst lohnt der Blick auf die Kirche St. Clemens, deren Turm aussieht, als hätte ihn jemand verdreht.

05 Adenau

Die »Perle der Nordeifel« beeindruckt durch ihre prächtigen Fachwerkbauten am Marktplatz und im historischen Buttermarktviertel. Außerdem sehenswert sind das Eifeler Bauernhausmuseum und das Zunftmuseum. In der Umgebung lohnen vor allem der Aussichtsberg Hohe Acht (747 Meter) mit Kaiser-Wilhelm-Turm sowie die Burgruine Nürburg (12. und 19. Jahrhundert) einen Abstecher.

06 Bad Neuenahr-Ahrweiler

Nachdem hier Mitte des 19. Jahrhunderts die erste Mineralquelle entdeckt worden war, entstand in dörflicher Umgebung das Kurbad Neuenahr, 1905 das prächtige Kurhaus mit Spielbank. Den altertümlichen Gegensatz bildet der Gemeindeteil Ahrweiler, mit viel Fachwerk und einer bestens erhaltenen Stadtbefestigung. Ein herrlicher Blick bietet sich vom Neuenahrer Berg.

07 Bad Breisig

Es sprudelt einfach so aus dem Boden, das Thermalwasser in Bad Breisig. Es sind diese warmen, mineralhaltigen Quellen, die dem Ort zu Wohlstand verholfen haben. Heute locken die Römer-Thermen mit ihrem 31 Grad warmen Wasser Ausflügler und Kurgäste an. Im Kurpark, der mit seinem historischen Baumbestand hübsche grüne Akzente setzt, können Besucher der Stadt im Trinkpavillon das Thermalwasser verkosten. Wer lieber bummeln möchte, sollte einen Spaziergang durch Niederbreisig mit seinen schönen Fachwerkhäusern unternehmen. Nicht verpassen sollten Besu-

Links: Bad Neuenahr-Ahrweiler ist ein echtes Paradebeispiel in Sachen Fachwerkromantik.

Unten: Adenau, die »Perle der Nordeifel«, beeindruckt durch ihre prächtigen Fachwerkbauten am Marktplatz.

Bikertreff
Marktplatz Cochem
Immer sonntags
56812 Cochem an der Mosel

Hotel Blaue Ecke
Am Markt 5, 53518 Adenau
Tel. 02691/2005
www.blaueecke.de

Ahrwind, Ahrbrück
Hauptstr. 45
53506 Ahrbrück
Tel. 02643/903403
www.cafe-bistro-ahrwind.com

Café Fahrtwind
In den Weidenhecken 34
53506 Hönningen
Tel. 02643/6006
www.cafe-fahrtwind.de

Vulkanbrauerei
Laacher-See-Str. 2, 56743
Mendig, Tel. 02652/520330,
www.vulkan-brauerei.de

cher der Stadt auf jeden Fall einen Ausflug zur nahen Burg Rheineck. Von innen ist die Besichtigung allerdings nicht möglich, da sich die Burg in Privatbesitz befindet.

08 Maria Laach

Am südöstlichen Rand des Laacher Sees steht die 1093 gegründete Benediktinerabtei Maria Laach, deren Kirche zu den herausragenden Schöpfungen der deutschen Romanik gehört. Nach über 110 Jahren Bauzeit wurde sie um 1230 vollendet. Der reich gegliederte Bau entspricht dem Typus der Doppelchorkirche mit zwei Vierungstürmen, die jeweils von zwei Türmen flankiert sind. Ein Meisterwerk spätromanischer Steinmetzkunst ist das »Paradies«, ein Vorhof mit Bogengängen und Löwenbrunnen.

09 Koblenz

Zurück in Koblenz freut sich der Biker sicher schon auf ein Gläschen erlesenen Moselwein nach dieser Tour. Es empfiehlt sich, für den Abschluss etwas Zeit und vielleicht eine Übernachtung einzuplanen, denn Koblenz hat mit dem Deutschen Eck, dem Schloss und dem funkelnden Lichterspiel am Rheinufer eine Menge zu bieten.

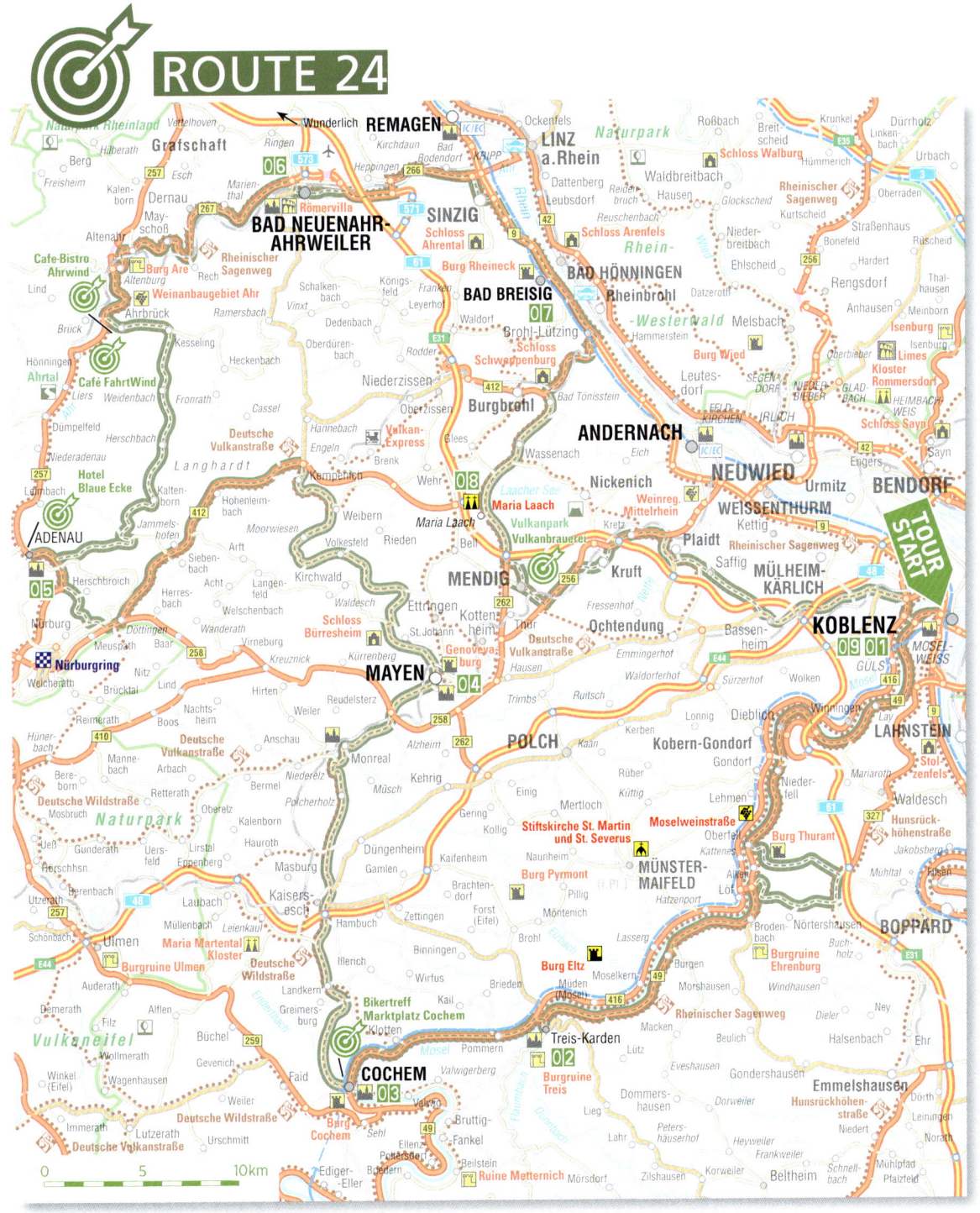

WESTERWALD

Dichte Wälder, raue Wacholderheide, klare Seen, murmelnde Bäche und spektakuläre Basaltformationen bestimmen das vielfältige Bild des Hohen Westerwalds. Das Hochplateau ist der historische Ursprung des gesamten Mittelgebirges am Länderdreieck Rheinland-Pfalz, Nordrhein-Westfalen und Hessen – der heutige Westerwald. Das gelbe Schloss Montabaur, das der Biker schon von Weitem aus der Silhouette der gleichnamigen Stadt aufragen sieht, ist nur einer von vielen schönen Panoramapunkten auf dieser Tour. Mit etwas Glück sind die Nebenstraßen, auf denen das Motorrad rollt, verkehrsarm und so lässt sich die Tour entspannt genießen, wenn der Biker sich zwischendurch immer wieder in die Kurve legen kann. Dabei wird er überrascht sein von der landschaftlichen Vielfalt und Schönheit. Vor allem Wanderer finden attraktive Wege wie den Westerwald- oder Rothaar-Steig, die sich auf der Fuchskaute, dem mit 657 Metern höchsten Berg des Westerwalds, kreuzen. Einige dieser Landschaften durchcruist auch der Biker auf dieser Tour und wird vielleicht immer wieder mal in Versuchung kommen, eine Pause einzulegen und die Wanderschuhe zu schnüren. Eines der beliebtesten Ausflugsziele ist die Holzbach-Schlucht. Von bis zu 30 Meter hohen Felswänden aus Basalt überragt, fließt der Holzbach dort durch einen wildromantischen Wald. Mit Eindrücken wie diesen erreicht der Biker schließlich den Ausgangsort Limburg, wo er sich in Ruhe Gedanken machen kann, ob er nicht vielleicht doch noch eine Wandertour anschließen möchte.

Das markante Ensemble des Doms und Schlosses von Limburg hoch über der Lahn ist nur eines der herausragenden Ziele auf dieser Tour.

Höhen und Tiefen

Ob der Wind im Westerwald tatsächlich so kalt pfeift, wie in einem
der meistgesungenen deutschen Lieder behauptet wird,
sei dahingestellt. Groß sind die Klimaunterschiede zwischen den
Höhen und Tälern des Westerwalds auf jeden Fall. So darf bei einer
Motorradtour durch den erfrischend kurvenreichen Westerwald eine
warme Jacke nicht fehlen.

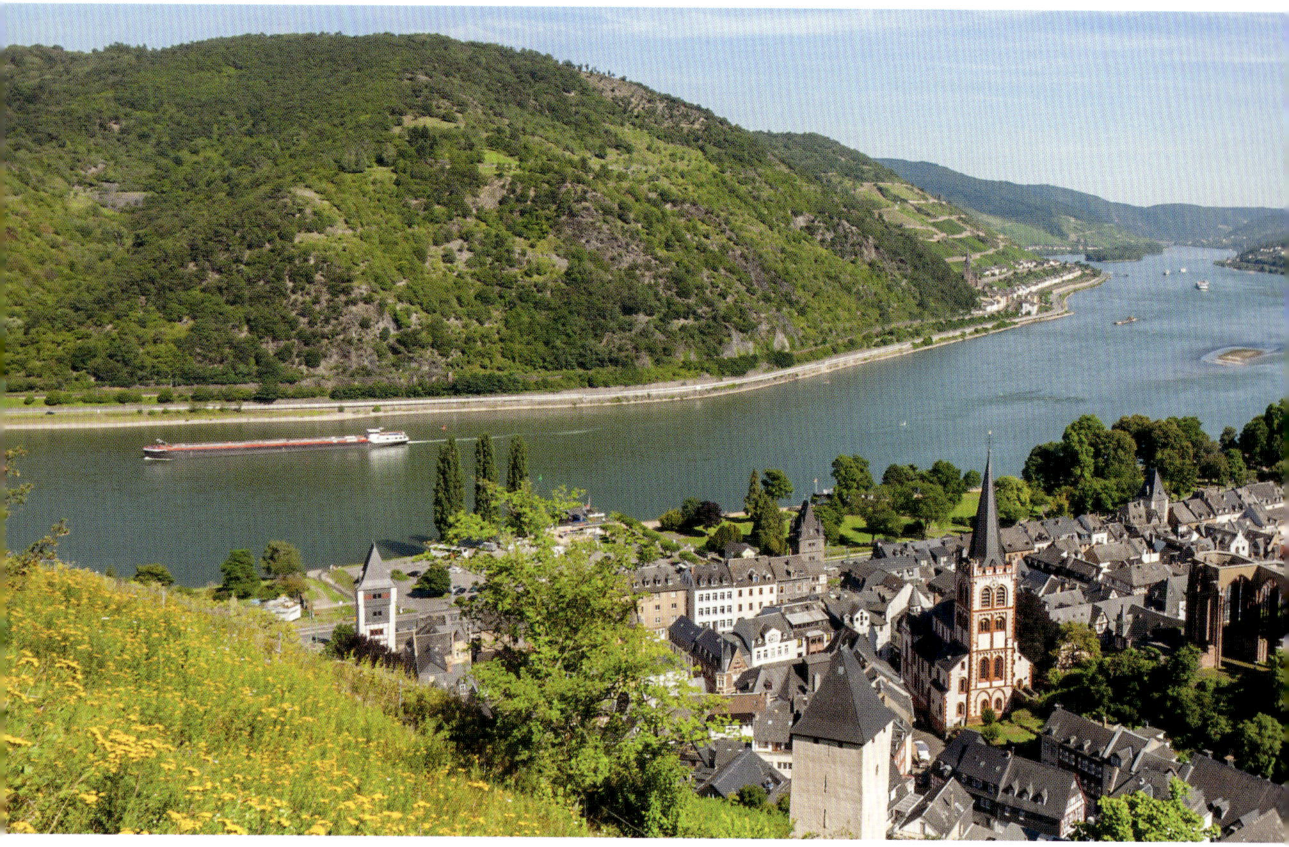

Idyllisch liegt das Städtchen Bacharach am Mittelrhein. In der stolze Burg Stahleck ist heute eine Jugendherberge untergebracht, in der es sich lohnt, eine Nacht zu verbringen.

01 Limburg

Das gesamte Ensemble mittelalterlicher Bebauung ist hier nahezu
unversehrt erhalten geblieben. Der
ehemals ummauerte Stadtkern zwischen Lahnbrücke, Grabenstraße
und dem markanten St.-Georg-
Dom, eine der vollendetsten Schöpfungen spätromanischer Baukunst,
steht daher unter Denkmalschutz.
Imposant grüßt von einem zur Lahn
hin abfallenden Felsen die Limburg.
Das Haus Kleine Rütsche 4 markiert
die schmalste Stelle des historischen
Handelsweges zwischen Frankfurt
und Köln. Der gotische Römer ist
das älteste frei stehende Haus in
Deutschland. Sehenswert sind auch
das mit Schnitzwerk reich verzierte
»Haus der sieben Laster«, das steinerne Hallenhaus Werner Senger
und das Limburger Schloss.

02 Hadamar

Im malerischen Kern des Städtchens
nördlich von Limburg zeugen Fürs-
tenschloss und Rathaus vom einstigen Glanz als Nassauer Residenz,
Markt- und Gerichtsplatz. Ein gotisches Schmuckstück ist die Liebfrauenkirche im Elbbachtal. In den
Nebengebäuden der Klinik für
Forensische Psychiatrie befindet sich
eine Gedenkstätte, die an die Ermor-
dung von Menschen mit Behinde-
rungen in der NS-Tötungsanstalt
Hadamar erinnert.

03 Westerwälder Seenplatte

Insgesamt sieben Seen formen sich
zur Westerwälder Seenplatte, die
von Laub- und Nadelwäldern
umrahmt wird. Einige der Gewässer
sind Anglern vorbehalten, andere
bieten mit Tretbooten und Badestel-
len Möglichkeiten für Wassersport.
Die Seen im Süden des Hachenbur-
ger Westerwaldes wurden im
17. Jahrhundert als künstliche Stau-
seen für die Fischzucht angelegt und
sind heute wertvolle Habitate für
Zugvögel, Insekten und Reptilien.

Weinberghäuschen auf der Bubenhäuser Höhe im Rheingau zwischen Rauenthal und Eltville.

Wanderer erfreuen sich an dem 32 Kilometer langen Sieben-Weiher-Weg, der die Ufer aller Seen streift. Wer lieber fließende Gewässer besucht, der macht sich auf zur Wiedbachquelle bei Linden, die gut zu Fuß erreichbar ist.

04 Montabaur

Weithin sichtbar ist das »Gelbe Schloss«, ein Barockbau mit mächtigen Rundtürmen und Wahrzeichen dieser im Westerwald gelegenen Stadt. Den Altstadtkern prägen Fachwerkhäuser aus dem 17. Jahrhundert.

05 Nassau

Die Stadt an der Lahn, die hier Taunus und Westerwald trennt, hat nicht nur in der Region einen klingenden Namen. Die Burg Nassau hoch über dem rechten Ufer ist der Stammsitz der Großherzöge von Luxemburg und des Königshauses der Niederlande. Das Stadtzentrum, das über eine 1868 errichtete und 1926 erneuerte Kettenbrücke zu erreichen ist, liegt auf der linken Seite der Lahn. Sehenswert sind die Johanniskirche aus dem 11. Jahrhundert und der Adelsheimer Hof aus dem 17. Jahrhundert. Das Gebäude, heute Rathaus, gilt als eines der schönsten Fachwerkhäuser in Deutschland.

AUSFLUGSZIELE

Bacharach

Das malerische Rheinstädtchen Bacharach mit Ringmauer, Fachwerkhäusern und spätromanischer Peterskirche (13. Jahrhundert) war im Mittelalter der wichtigste Umschlagplatz für die Weine der Region, die schon damals bis nach England exportiert wurden. **www.bacharach.de, GPS 50.05977, 7.76843**

Kloster Eberbach

Spätestens durch den Film »Der Name der Rose« ist das ehemalige Zisterzienserkloster vor den Toren Eltvilles weltweit ein Begriff. 1136 von Bernhard von Clairvaux gegründet, zählt es zu den bedeutendsten Kunstdenkmälern Hessens. **kloster-eberbach.de, GPS 50.04342, 8.04633**

06 Lorch

Wo Rätischer Limes und Limes transrhenanus aufeinandertrafen, lag im Tal der Rems ein Kastell. Zwei seiner Türme hat man in Lorch am ursprünglichen Ort wieder aufgebaut. Im hohen Mittelalter beherrschten die Staufer das Land. Gerade erst Herzöge von Schwaben geworden, begründeten sie 1102 in Lorch ihr Hauskloster. Es wurde in der Reformation säkularisiert und ist jetzt ein Altenheim. Besonders eindrucksvoll ist die gotische Pfeilerbasilika, die staufische Grablege, auf dem idyllischen ehemaligen Klostergelände.

07 Assmannshausen

Im Assmannshäuser Höllental ist seit über 500 Jahren der Blaue Spätburgunder zu Hause. Der 1108 gegründete Rotweinort an der romantischsten Stelle des Rheins verfügt über die größte zusammenhängende Spätburgunder-Anbaufläche Deutschlands. In den verwinkelten Gassen mit erker- und türmchengeschmückten Fachwerkhäusern spürt man noch das Flair der alten Weinromantik.

08 Bingen

Die Binger Pforte, wo der Rhein das quer zur Flussrichtung befindliche Massiv von Soonwald und Taunus durchbricht, die Nahe-Mündung und das Rheinknie bestimmen die außergewöhnlich reizvolle Lage des Städtchens, das von der Burg Klopp dominiert wird. Eine Besichtigung lohnen das Historische Museum mit den Schwerpunkten Hildegard von Bingen und der Rheinromantik des 19. Jahrhunderts, der Alte Rheinkran sowie die einstige Zollstation Mäuseturm im Rhein. Unmittelbar dahinter befindet sich die Untiefe Binger Loch.

09 Rüdesheim

Fachwerkromantik und mittelalterliche Burgherrlichkeit locken die Besucher in das Winzerstädtchen zu Füßen des Niederwalds. Die enge Drosselgasse mit ihren historischen Weinschenken ist eine der größten Touristenattraktionen Deutschlands.

Hinter den dicken Mauern der Brömserburg ist ein Museum zur Weinkultur untergebracht. Wein stellen auch die Nonnen der Benediktinerabtei St. Hildegard inmitten der Rebhänge des heutigen Stadtteils Eibingen her. Hoch über der Stadt thront seit 1883 das Standbild der Germania, das Niederwalddenkmal.

10 Oestrich-Winkel

Reich an Wein und bauhistorischen Schätzen ist die Rheingauer Doppelgemeinde, zu der auch Hallgarten und Mittelheim gehören. Mittelheim besitzt mit der Aegidius-Basilika das älteste sakrale Bauwerk im Rheingau. Blickfang in Oestrich ist der bis heute funktionstüchtige Fassverladekran von 1745. Die »Madonna mit der Scherbe« in der Hallgartener Kirche gilt als eine der kostbarsten Schöpfungen gotischer Plastik. Das »Graue Haus« in Winkel ist das älteste Steinhaus Deutschlands. In Winkel steht auch das Brentano-Haus, in dem schon Goethe seinen Riesling genoss. Oberhalb des Ortes liegt das herrliche Schloss Vollrads, das von 1330 bis vor wenigen Jahren Stammsitz der Familie Greifenclau war.

11 Kiedrich

»Schatzkästlein der Gotik« wird das Weindorf im Rheingau wegen seiner

AUSFLUGSZIELE

Runkel

Eindrucksvoll liegt der Ort beiderseits der Lahn, überragt von der mittelalterlichen Burgruine. Beachtung verdienen die steinerne Flussbrücke, die Fachwerkhäuser sowie Burg Schadeck.
www.runkel-lahn.de, GPS 50.40488, 8.15529

Loreleyfelsen

Herzstück dieser Region ist er, der Loreleyfelsen. Südlich von St. Goarshausen gelegen, gehört ein Besuch des beliebten Ausflugszieles im Rahmen einer zünftigen Rheinfahrt quasi zum Pflichtprogramm. Rheinromantik pur vermittelt die Sage um die Schönheit Loreley, die singend auf dem 125 Meter hohen Schieferfelsen zahlreiche Rhein-Kapitäne in der wild tosenden Strömung zum Kentern gebracht haben soll. Schon im Mittelalter war die Loreley ein bekannter Ort. Von einer Frauengestalt war aber zu diesem Zeitpunkt noch nicht die Rede. Erst der Dichter Clemens Brentano übertrug den Felsennamen auf eine Person und schuf damit die berühmte weibliche Sagenfigur. Doch Sage hin oder her, die Loreley-Passage bleibt gefährlich. Auch wenn die größten Felsen im Fahrwasser gesprengt wurden, ist die Fahrt durch die Loreley-Passage noch immer mit einem Risiko verbunden, vor allem bei außergewöhnlichen Wasserständen.
www.loreley-felsen.de
GPS 50.13929, 7.72869

intakten mittelalterlichen Architektur oft genannt. In der Wallfahrtskirche St. Valentinus intonieren die Chorbuben sonntags noch gregorianische Gesänge germanischer Prägung. Sehenswert sind außerdem das Renaissancerathaus sowie die alten Bürger- und Adelshöfe. Eine herrliche Aussicht eröffnet sich von der mitten in den Weinbergen gelegenen Burgruine Scharfenstein.

12 Naturpark Rhein-Taunus

Über 600 Wanderwege durchziehen den zu 60 Prozent bewaldeten Park in der typischen Mittelgebirgslandschaft direkt am Rand des Ballungsraums Rhein-Main. Bekanntes Ausflugsziel ist die 619 Meter hohe Erhebung Hallgartener Zange. Von diesem höchsten Punkt im Rheingau hat man eine herrliche Sicht.

13 Burg Hohenstein

Eine der größten Burgruinen des Taunus prägt den Blick auf das Aartal. Die einstige Pracht lässt sich heute nur noch erahnen, dennoch lohnt sich der Besuch. Der Bergfried ist über Wendeltreppen erreichbar und bietet einen wundervollen Blick auf die Landschaft. Allein die dicken äußeren Schildmauern mit ihren Tortürmen bieten einen imposanten Anblick.

14 Limburg

Zurück in Limburg kann man zwischen den hübschen Fachwerkhäusern noch eine kleine Zeitreise unternehmen, an manchen Stellen mag man sich wie im Mittelalter fühlen. Wenn das Wetter mitspielt, lohnt sich eine Pause im Biergarten, bevor es wieder zurück gen Heimat geht.

Café Haus am See
Seeburger Str. 1
57629 Steinebach an der
Wied, Tel. 02662/7147
www. hausamsee-
dreifelderweiher.com

Bikertreff Zur Isenburg
Hauptstr. 13, 56271 Isenburg
Tel. 02601/1017
www.zur-isenburg.de

Bikertreff
Deutsches Rollermuseum
Gartenstr. 62, 56349 Kaub
Tel. 06722/4696
www.motorrollermuseum.de

Bikertreff Kubacher Hof
Hauptstr. 58
35781 Weilburg
Tel. 06471/4822
www.kubacher-hof.de

Hotel Alte Bauernschänke
Assmannshausen
Niederwaldstr. 23
65385 Rüdesheim am Rhein
Tel. 06722/49990
www.altebauernschaenke.de

Links: Rheinromantik mit Fluss und Weinreben.

Unten: Weingut Schloss Vollrads in Oestrich-Winkel.

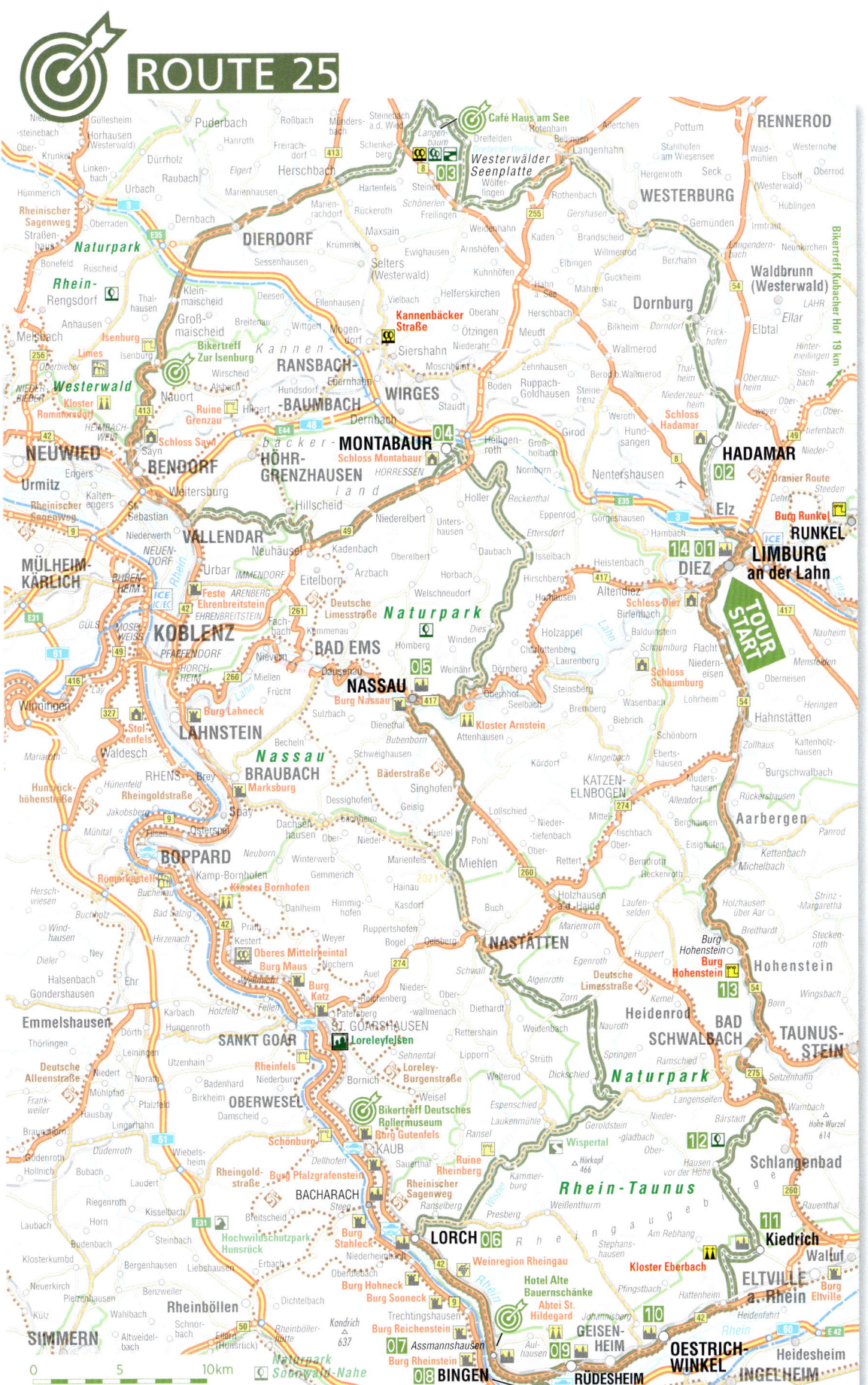

Von Schleifen und Kurven

Kohle und Stahl? Das war einmal. Wer glaubt, im Saarland würden noch die Abraumhalden der Kohlebergwerke emporragen und die Schlote der Eisenindustrie rauchen, der irrt gewaltig. Heute bestimmt die saubere neue Industrie die Wirtschaft, und tiefe Wälder, schnuckelige Ortschaften und beschauliche Flüsse gehören zum Landschaftsbild der Gegend.

SAARLAND

Im Nordosten Rheinland-Pfalz, im Westen Frankreich und mit etwas Glück sogar noch eine Spitze Luxemburg – das Saarland ist zwar klein, hat aber viele Grenzen. Andere Länder bringen auch immer andere Kulturen und Einflüsse und so fällt dem Biker nicht nur bei den Stopps auf, dass Frankreich sehr nahe sein muss. Das Deutsch der Saarländer ist viel weicher und schon etwas französisch geprägt, ebenso wie die Küche. Obwohl es verlockend wäre, unser Nachbarland Frankreich zu besuchen, bleibt diese Tour jedoch auf deutscher Seite und lädt ein, die schönsten Ecken des nördlichen Saarlands zu erkunden. Dabei punktet das kleinste Flächenbundesland vor allem mit seinem Waldbestand, dessen duftende, schattenreiche Baumansammlungen der Biker oftmals durchquert. Flüsse biegen sich dort zu herrlichen Schleifen, Streuobstwiesen finden sich am Wegesrand und immer wieder fällt der Blick auf die alten Fördertürme des Bergbaus, denn die industrielle Epoche hat das Saarland nicht nur geprägt, sondern ist noch allgegenwärtig. Auf dem Weg durch diese hügelige und sehr abwechslungsreiche Landschaft findet der Biker nicht nur manch herrliche Kurve, in denen er sich so richtig in Schräglage begeben kann, sondern auch viel kulturelle Abwechslung, denn in den Städten wartet altes Kulturgut darauf, entdeckt zu werden. Allem voran natürlich in Saarbrücken, dem Start und Zielort dieser Tour.

Blick vom Aussichtspunkt Cloef bei Orscholz auf die durch die Kraft des Wassers geschaffene Saarschleife – das Wahrzeichen des Saarlandes.

Saarbrücken, die Hauptstadt des Saarlands und Start- und Endpunkt dieser Tour, ist in der Nacht stimmungsvoll beleuchtet.

ROUTE 26

Routenlänge: ca. 240 km
Zeitbedarf: ca.1–3 Tage, reine Fahrzeit ca. 5 Std.
Charakteristik: An der Grenze zu Frankreich gelegen, kann das Saarland seine französische Einfärbung nicht leugnen – entsprechend vielfältig sind die Eindrücke auf dieser Tour.
Start und Ziel: Saarbrücken
Informationen:
www.urlaub.saarland
www.saarschleifenland.de
www.losheim-saarschleifenland.de

Hier geht's
zum
GPS-Track

01 Saarbrücken

Die Hauptstadt des Saarlands ist zugleich sein wirtschaftlicher und kultureller Mittelpunkt. Der Schlossplatz, historisches Zentrum von Alt-Saarbrücken, erinnert an dessen Glanzzeit als fürstliche Residenz. Fürst Wilhelm Heinrichs Generalbaudirektor Friedrich Joachim Stengel entwarf die Dreiflügelanlage des Schlosses. Die Harmonie des Platzes wird abgerundet durch das Alte Rathaus, das 1760 von Stengel barockisierte Erbprinzenpalais sowie das neobarocke ehemalige Kreisständehaus von 1909. Herz der St. Johanner Altstadt ist der Markt mit seinen barocken Bürgerhäusern und dem Stengelschen Marktbrunnen (1760). Stengel entwarf auch die katholische Kirche St. Johann (1754/58). Zur Kulturmeile am rechten Saarufer gehören der »Musentempel« des Staatstheaters (1938) sowie der Komplex des Saarland-Museums.

02 Völklingen

Eine bizarre Silhouette von rostbraunen Hochöfen und Schloten bestimmt das Stadtbild von Völklingen. Über ein Jahrhundert lang schlug das Herz der Stadt in der Völklinger Hütte. 1986 stillgelegt, hat das Monstrum 1994 als erstes Industriedenkmal den Sprung auf die UNESCO-Weltkulturerbe-Liste geschafft. Beim Rundgang über das denkmalgeschützte Gelände kann man einen der Hochöfen besteigen und gelangt zur 27 Meter hohen Arbeitsplattform. Hauptattraktion ist die Gasgebläsehalle mit sechs Windmaschinen. Jahrzehntelang blies die Alte Völklinger Hütte Ruß und Staub auf die Stadt, deren Neobarockbauten aus dem letzten Jahrhundert stammen.

03 Saarlouis

Die Kreisstadt – idyllisch im mittleren Saartal gelegen – wurde im Jahr 1680 als Festung vom »Sonnen-

Der Warndt besticht nicht nur durch seine weitläufige Waldfläche, sondern auch durch imposante Sandsteinklippen.

könig« Ludwig XIV. gegründet. Er ließ Saarlouis zum Schutz der im Frieden von Nimwegen 1678 erworbenen lothringischen Gebiete vom Festungsbaumeister Vauban errichten. Im Jahr 1815 lösten preußische Regimenter die französischen ab und nutzten die Garnisonsstadt als Grenzfestung gegen Frankreich. Im Zweiten Weltkrieg war Saarlouis Ziel

schwerer Bombenangriffe, die viel alte Bausubstanz zerstörten. Erhalten, restauriert und für zivile Zwecke umfunktioniert sind einige Kasernen und die Gewölbe der Kasematten, in denen sich ein Lokal an das andere reiht. Als einstige Wasserfestung noch erkennbar ist Saarlouis an einem Altarm der Saar rings um die Vauban-Insel.

04 Dillingen

Zentral im Naturpark Saar-Hunsrück erhebt sich Dillingen. Der Biker wird schon die Anfahrt genießen, denn die Stadt liegt eingebettet zwischen grünen Hügeln. Bereits von Weitem fällt die industrielle Silhouette auf, denn Dillingen ist geprägt von der Stahlindustrie. Eben diese Industrie machte die Stadt auch zu einem

AUSFLUGSZIELE

Warndt
Als »verwarnter«, d.h. für die Untertanen verbotener Wald, war der Warndt seit dem Mittelalter herrschaftliches Jagdrevier. Der Holzreichtum des 5000 Hektar großen Waldgebiets wurde seit dem 17. Jahrhundert zum Befeuern von Glashütten genutzt. Die Glasbläserkunst kann man in der Manufaktur von Villeroy & Boch in Wadgassen bewundern.
GPS 49.18903, 6.81742

Wolferskopf
Der Wolferskopf über dem Haustadter Tal bei Beckingen ist das größte Naturschutzgebiet im Saarland. Auf rund 350 Hektar wird die traditionelle Muschelkalk-Kulturlandschaft samt Streuobst- und Orchideenwiesen mithilfe eines ökologischen Nutzungskonzepts reaktiviert.
GPS 49.40730, 6.68740

strategisch wichtigen Standort im Zweiten Weltkrieg, sodass sich die Einwohner dort besonders geschützt haben – vom ehemaligen Bunkersystem ist noch einiges vorhanden und kann heute als Westwallbunker besichtig werden. Etwas beschaulicher hingegen ist ein Ausflug ins Heimatmuseum Pachten. Die Ausstellungsstücke stammen aus dem dortigen Brandgräberfeld, das zu den größten im südwestdeutschen Raum zählt.

05 Merzig

Zwischen grünen Hügeln eingebettet liegt Merzig, das »Tor zum romantischen Saartal«. Die Stadt ist das Zentrum der saarländischen »Apfelkiste«, wo Äpfel zu Saft und Viez (Apfelwein) verarbeitet werden. Mit St. Peter aus dem 13. Jahrhundert besitzt Merzig die einzige romanische Basilika des Saarlands. Das weiße Mauerwerk ist mit Bögen, Kanten und Friesen aus rötlichem Buntsandstein abgesetzt. Ein besonderes Schmuckstück der Fußgängerzone ist das Stadthaus, ein vom Trierer Hofbaumeister Matthias Staudt einst als Schloss für die Trierer Fürstbischöfe errichteter Spätrenaissancebau, der im 18. Jahrhundert von Christian Kretzschmar barockisiert wurde. Das Hilbringer Schlösschen (1745) stammt ebenfalls von diesem Baumeister.

06 Losheimer Stausee

Mitten im Naturpaar Saar-Hunsrück befindet sich einer der schönsten Seen der Gegend: Der Losheimer Stausee ist von Menschenhand erschaffen, 1972 wurde der erste Spatenstich gesetzt und zwei Jahre später der Stausee, der der Gegend zu wachsendem Tourismus verhelfen sollte, eröffnet. Der Plan der Erbauer ist aufgegangen, längst ist der Losheimer Stausee aus der Freizeitplanung vieler Saarländer nicht mehr wegzudenken. Mit Tretbootverleih, Minigolfanlage, Campingplatz und Badestelle ist er ein attraktives Ziel geworden. Im Strandbistro sitzt man herrlich am Wasser und kann den Menschen zusehen, wie sie ihre ersten Stand-Up-Paddeling-Versuche machen.

07 Tholey

Tholey liegt zu Füßen des 568 Meter hohen Schaumbergs, der mit Aussichtsturm und Erlebnispark samt Barfußpfad zur Besteigung lockt. Am Westhang steht die auf das 13. Jahrhundert zurückgehende Blasiuskapelle. Die Geschichte des Benediktinerklosters St. Mauritius reicht bis ins 6. Jahrhundert zurück. Die ersten Mönche ließen sich hier in den Ruinen einer Römervilla nieder. Der heutige Kirchbau stammt aus der Zeit um 1265, ihr barocker Zwiebelturm von 1740. St. Mauritius ist eine dreischiffige Kirche ohne Querhaus. Nur das barocke Chorgestühl mit reichem Dekor und der üppig verzierte Orgelprospekt heben sich vom schlichten Innenraum ab. Lokalgeschichte erkunden lässt sich im Kulturhistorischen Museum des Schaumberger Landes am Rathausplatz und in der Johann-Adams-Mühle (1735) bei Tholey, heute ein Mühlen- und Heimatmuseum.

08 Sankt Wendel

Wahrzeichen ist die Wendalinusbasilika (»Wendelsdom«), eine gotische Hallenkirche, mit dem Grab des heiligen Wendelin, der um 617 starb. Der Sarkophag des Stadtpatrons um 1500 zeigt die zwölf Apostel und eine der ältesten Darstellungen des Heiligen mit Pilgerstab. Aus derselben Zeit stammt die Wappenmalerei im Mittelschiffgewölbe. Repräsentative Bürgerhäuser aus dem 18. und 19. Jahrhundert bilden die Kulisse von Fruchtmarkt und Schlossplatz. Hier dominiert das Rathaus, 1740 als Amtshaus erbaut und ab 1824 Residenz von Luise von Sachsen-Coburg-Gotha. Vor der Basilika markiert eine Basaltpyramide von Leo Kornbrust den Ausgangspunkt der »Straße der Skulpturen«. Über 25 Kilometer bis zum Bostalsee erstreckt sich diese Open-Air-Galerie mit 51 Werken bekannter Künstler. Ein Pilgerweg

AUSFLUGSZIELE

Saarschleife

Kurz hinter Mettlach trifft die Saar auf die westlichen Ausläufer des Hunsrück und vollzieht in engem Radius eine spektakuläre 180-Grad-Wende. Den romantischen Anblick der birnenförmigen Saarschleife genießt man am besten aus der »Vogelperspektive« vom 180 Meter hoch gelegenen Aussichtspunkt Cloef bei Orscholz. Auf dem bewaldeten Bergrücken innerhalb der Saarschleife liegen das Kloster St. Gangolf und die Ruine der Burg Montclair (1439), zu der ein Fußweg hinaufführt.
www.saarschleifenland.de
GPS 49.48539, 6.57029

Mettlach

Der kleine Ort an der Saarschleife ist der Hauptsitz des traditionsreichen Keramikunternehmens Villeroy & Boch. 1809 nahm die Fayencerie ihren Betrieb in der ehemaligen Benediktinerabtei auf, deren Barockfassade aus rotem Sandstein sich oberhalb der Saaranlegestelle erstreckt. Heute findet die Keramikproduktion hinter der Abtei statt. Im Altbau ist das Erlebniszentrum Villeroy & Boch untergebracht. Im Park erhebt sich der Alte Turm, der älteste erhaltene Sakralbau des Saarlandes.
www.mettlach.de
GPS 49.49039, 6.59418

führt zur barocken Wendalinuska-pelle im Wendelstal. Oberhalb thront das Steyler Missionshaus mit Völkerkundlichem Museum.

09 Ottweiler

Die ehemalige Residenz einer Nebenlinie der Grafen von Nassau-Saarbrücken hat eine malerische Altstadt. Vom Ring der Stadtmauer ist ein 48 Meter hoher runder Wehrturm mit spitzem Schieferhelm erhalten, der der evangelischen Kirche als Glockenturm dient. Sehenswert ist am Schlosshof das »Hesse-Haus« (1590). Das Saarländische Schulmuseum bietet Exponate aus rund 1000 Jahren Schulgeschichte.

10 Neunkirchen

Die Geschichte der Kreisstadt wurde jahrhundertelang von der Montanindustrie geprägt. Graf Ludwig II. von Nassau-Ottweiler gründete hier bereits 1593 die erste Eisenhütte. Ab 1858 baute Karl-Ferdinand Stumm das Werk zu einem Eisen- und Stahlimperium aus. Seinen Höhepunkt erlebte der Montanstandort um 1970, als hier fast 10 000 Arbeiter jeweils eine Million Tonnen Rohstahl, Roheisen und Walzfertigerzeugnisse produzierten. Der Niedergang folgte rasch: 1982 wurden die letzten Hochöfen und Walzstraßen stillgelegt. Einige Zeugnisse der industriellen Tradition hat

Bildleiste von oben:
Blick vom Schaumberg
bei Tholey.

Alter Turm im Park der
Abtei von Mettlach.

Romanische Basilika
St. Peter in Merzig.

Edelhaus und Garten des Römischen
Freilichtmuseums Schwarzenacker,
Homburg.

man bewahrt. An die »Eisenzeit« erinnern zwei Hochofen-Giganten. Sie gehören zum denkmalgeschützten Teil des »Hüttenparks«, durch den ein 5,5 Kilometer langer »Hüttenweg« mit Schautafeln führt.

11 Bexbach

In der ehemaligen Bergwerksstadt Bexbach zeigt das Grubenmuseum im Hindenburgturm, einem ehemaligen Wasserturm, wie die Bergleute einst gearbeitet und gelebt haben. Besondere Attraktion sind die unterirdischen Schaubergwerke, die ab 1934 angelegt wurden. Von der obersten Turmetage aus blickt man auf den »Monte Barbara«. Auf der Spitze der begrünten ehemaligen Bergehalde wurde eine Statue der heiligen Barbara, der Schutzpatronin der Bergleute, aufgestellt.

12 Homburg

Der französische König Ludwig XIV. ließ Stadt und Schloss im 17. Jahrhundert durch Vauban zu einer Festung ausbauen. Darin inbegriffen war auch ein eindrucksvolles Höhlensystem. Die schöne Altstadt lohnt ebenso eine Besichtigung. Der »Kulturpark Homburg« erinnert mit den Ruinen der Festung Hohenburg, des Schlosses Karlsberg, des Klosters Wörschweiler und der Merburg sowie mit der Gustavsburg an eine wechselvolle Vergangenheit.

13 Zweibrücken

Die Duftende könnte man diese Stadt auch nennen, denn Zweibrü-cken ist geprägt von Rosenduft. Im Rosengarten der Stadt finden sich mehr als 2000 unterschiedliche Rosenarten. Der Besucher staunt, wie vielfältig sich die Königin der Blumen doch zeigen kann. Zu den wichtigsten Sehenswürdigkeiten zählt auch das Herzogschloss aus dem 18. Jahrhundert. Biker, die in weiblicher Begleitung unterwegs sind, werden wohl kaum um einen Stopp herumkommen: In Zweibrücken befindet sich ein großes Outlet-Center, das mit Schnäppchen lockt. Daneben ist Zweibrücken bekannt für sein Motorrad-Grasbahnrennen des MSC Zweibrücken.

14 Gersheim

In der Gemeinde Gersheim im Bliesgau wird Geschichte lebendig. Im »Europäischen Kulturpark Bliesbruck-Reinheim« wurden ganze Handwerkerviertel, Thermen und Fundamente einer römischen Villenanlage freigelegt. Daneben befindet sich eine Nekropole aus der Keltenzeit.

15 Blieskastel

Der rund 4000 Jahre alte, fast sieben Meter hohe Gollenstein auf dem Blieskasteler Berg gilt als der größte Menhir Mitteleuropas. Den Berg hinauf zieht sich die Barockstadt, die ihre Gestalt 1760 bis 1793 unter Reichsgräfin Maria Anna von der Leyen erhielt. Sehenswert sind das Rathaus am Paradeplatz, die Schlosskirche mit Rokokoaltar sowie die Renaissance-Orangerie.

16 Saarbrücken

Zurück in Saarbrücken wird der Biker einiges finden, um nicht gleich den Heimweg anzutreten. Zum Beispiel die leckere saarländische Küche, die durch ihren französischen Einfluss punktet.

Die kleinen Sträßchen hat man im Saarland oft ganz für sich.

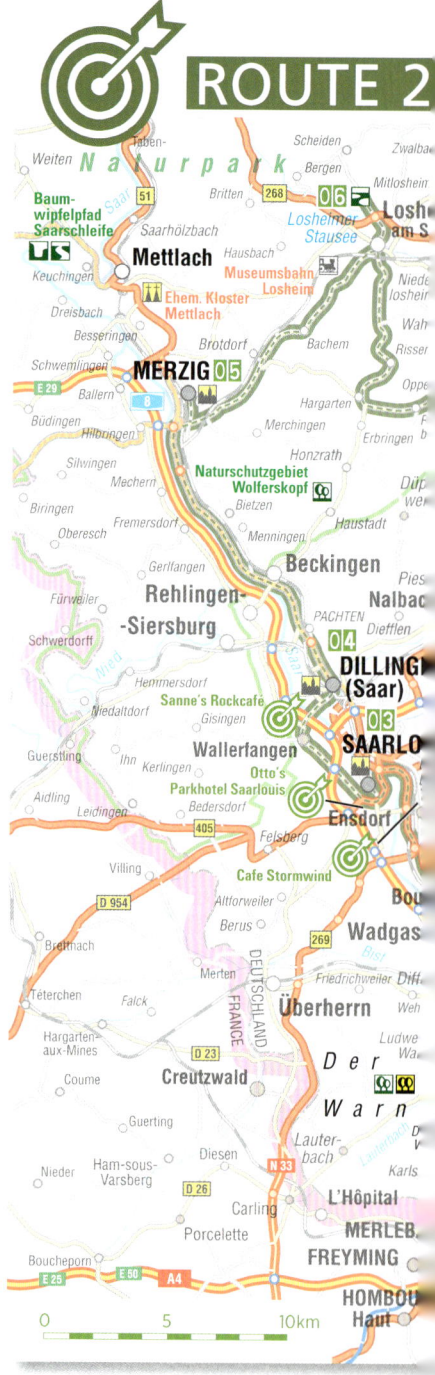

ROUTE 2

Café Stormwind
Saarlouiser Str. 4
66806 Ensdorf
Tel. 06831/5121
www.stormwind.de

Parkhotel
Ludwigstr. 23
66740 Saarlouis
Tel. 06831/488810
www.park-hotel-saarlouis.de

Sanne's Rockcafé
Hauptstr. 32
66798 Wallerfangen
Tel. 06831/9665359

Gasthaus Schlupfwinkel
Wurzelbacher Weg 5
66606 St. Wendel
Tel. 06851/5170

Hotel & Restaurant Zur Hexe
Alleestraße 100
66802 Überherrn
www.hexeueberherrn.de

Gasthaus Wilscheider Hof
Zum Wilscheider Hof
66701 Beckingen
Tel. 06832/441
www.wilscheiderhof.de

PFÄLZERWALD

König Richard Löwenherz dürfte keine allzu erfreulichen Erinnerungen an den Pfälzerwald gehabt haben. Denn für den englischen Monarchen war er ein Kerker. Auf dem Rückweg vom Dritten Kreuzzug wurde er von seinen Bundesgenossen, deren Fahne er angeblich entehrt hatte, gefangen genommen und 1193 an Kaiser Heinrich VI. ausgeliefert. Der Herrscher ließ ihn auf die Burg Trifels im Pfälzerwald bringen, die Richard erst nach der Zahlung eines immensen Lösegeldes verlassen konnte. Die Legende allerdings besagt, dass sein treuer Freund, der Troubadour Blondel, auf der Suchen nach dem König von Burg zu Burg zog, dort immer ein Lied sang und auf eine Antwort wartete. In Trifels schließlich hatte seine Suche ein Ende, denn Richard beantwortete das Lied des Troubadours seinerseits mit einem Gesang. Anschließend soll Blondel seinen Monarchen gewaltsam befreit haben, wofür es aber keine historischen Beweise gibt.
Wer Geschichten mag, wird den Pfälzerwald lieben, denn überall trifft man dort auf alte Sagen und Mythen. Wer mit offenen Augen durch die Gegend kurvt, wird erkennen, dass Landschaft und Leute schon immer inspiriert haben, Geschichten von außergewöhnlichen Kräften zu erzählen. Ob Felsformationen wie der Teufelstisch, ob die dichten Wälder oder die vielen alten Burgen, die sich am Wegesrand finden – der Biker fährt auf geschichtsträchtigem Boden bis nach Frankreich. Von dort aus ist es nicht mehr weit bis zum Ausgangsort Speyer.

Es handelt sich dabei um das größte zusammenhängende Waldgebiet in Deutschland. Östlich von Pirmasens ragen bizarre Felstürme aus dem Grün.

Deutsch-französische Genusstour

Die Pfalz, das ist mehr als nur der berühmte Saumagen. Das sind von Bäumen und Burgen gekrönte Höhen, schmale Täler, hübsche Städtchen, bunte Obstgärten und pralle Weinberge. Dass gerade die Höhenlagen und der Pfälzerwald am meisten Besucher anziehen, liegt an der eindrucksvollen Felslandschaft und dem milden Klima. Für den Biker ist es eine kurvenreiche Landschaft mit schönen Ausblicken.

*Der romanische Bau der Domkirche St. Maria und St. Stephan in Speyer hat schon etwas Südländisches.
Umso malerischer ist sein Anblick in so mancher lauen Sommernacht.*

ROUTE 27

Routenlänge: ca. 320 km
Zeitbedarf: ca. 2–3 Tage,
reine Fahrzeit ca. 6 Std.
Charakteristik: In Biker-
kreisen gilt der Pfälzerwald
immer noch als Geheimtipp.
Ein Grund mehr, ihn endlich
zu entdecken.
Start und Ziel: Speyer
Informationen:
www.pfalz.de
www.trifelsland.
suedlicheweinstrasse.de
www.landau-tourismus.de
www.suedliche
weinstrasse.de

Hier geht's
zum
GPS-Track

01 Speyer

Die alte Kaiser- und Bischofsstadt
am linken Rheinufer birgt in ihren
Mauern ein grandioses Werk romanischer Architektur: Der Dom war
die Hauskirche der salischen Kaiser –
vier von ihnen sind in der Krypta
begraben – und einst der größte
christliche Sakralbau. Sehenswert
auch das jüdische Kultbad, die Dreifaltigkeitskirche und das Stadttor
Altpörtel.

02 Deidesheim

Deidesheims komplett erhaltene
mittelalterliche Ortsbefestigung, die
prächtigen Fachwerkhäuser, die
Winzerhöfe und das Weinbau-
museum – die Gemeinde hat nicht
nur für Weinkenner viel zu bieten.

03 Bad Dürkheim

Wenn es um Superlative in der Pfalz
geht, dann ist die Kurstadt Bad
Dürkheim an den Ausläufern des
Pfälzerwalds ganz vorne mit dabei.

Hier steht das größte Weinfass der
Welt (1,7 Millionen Liter), gebaut
von Küfermeister Fritz Keller im
Jahre 1934. Es beherbergt allerdings
keinen Wein, sondern ein Restaurant. Mit dem Dürkheimer Wurst-
markt wird in der Stadt das größte
Weinfest der Welt veranstaltet. Das
neu errichtete Gradierwerk, ehemals
zur Salzgewinnung bestimmt, ist mit
seinen 333 Metern eines der längsten seiner Art. Zu den Sehenswürdigkeiten in der Kurstadt und der
näheren Umgebung zählen unter
anderem die Klosterruine Limburg,
die Hardenburg, die Schlosskirche
und der Valentin-Ostertag-Brunnen,
ein Blickfang im oberen Kurpark.

04 Biosphärenreservat Pfälzerwald

Der Naturpark Pfälzerwald wurde
1958 als einer der ersten in Deutschland gegründet und 1992 als
UNESCO-Biosphärenreservat ausgewiesen. Der Park besteht aus zwei

Spektakuläre Natur im Pfälzerwald: Der 14 Meter hohe Teufelstisch bei Dahn ist einer der markantesten Felsen in der Pfalz.

großen Naturräumen: dem eigentlichen Wald und der Rebenlandschaft östlich davon. Es handelt sich dabei um das größte zusammenhängende Waldgebiet in Deutschland. Vor allem die Kiefer kommt mit den nährstoffarmen Sandböden gut zurecht. Der Sand bildet mancherorts bizarre Felsformationen, die aufgrund ihres Eisenoxidgehalts einmal eher ocker, dann wieder mehr rot gefärbt sind. Berühmt sind auch die Eichenbestände sowie die Edelkastanienwälder. Daneben gibt es große Buchenbestände. An der Weinstraße sorgt mildes Klima dafür, dass sogar Zitronen blühen. Typisch für den Pfälzerwald sind die vielen Burgen und Ruinen.

05 Otterberg

Wassersuchende Zisterziensermönche aus dem nahen Kloster Eberbach waren es vermutlich, die den Grundstein dafür legten, dass sich diese Stadt entfaltete. 1145 gründeten sie ein Kloster, von dem leider nicht mehr viel übrig geblieben ist als die heutige Abteikirche, immerhin die größte Klosterkirche der Pfalz. Auf den alten Mauern des Zisterzienserklosters wurde im Jahre 1608 eines der schönsten Fachwerkhäuser der Stadt gebaut. Es befindet sich heute an der Hauptstraße, eine hübsche Gaststätte erwartet dort

AUSFLUGSZIELE

Technik Museum Speyer

Es sieht aus, als würde sie gleich abheben: Die riesige Boeing, die auf Stützen ruht, gehört ohne Frage zu den spektakulärsten und größten Exponaten des Technik Museum Speyer. Flugzeuge und Flugtechnik, etwa eine Antonow, sind in diesem Museum ebenso zu finden wie Dampflokomotiven oder ein ausgedientes U-Boot. Besonders beliebt ist die Raumfahrthalle, in der eine ehemalige sowjetische Raumfähre das Prunkstück bildet. Bereichert wird die Ausstellung von Triebwerken, Rennmotorrädern und dem Hausboot der Kelly-Family. **speyer.technik-museum.de GPS 49.31135, 8.44634**

Burg Landeck

Flammkuchen und Schnitzel in der Burgschenke essen, an blanken Holztischen sitzen und sich ins Mittelalter träumen – Burg Landeck gehört nicht nur aus kulinarischen Gründen auf die Route der Biker. Bis ins 13. Jahrhundert reichen die Anfänge dieser berühmten Burg mit ihrem mächtigen Bergfried zurück, die zu den beliebtesten Ausflugszielen der Region zählt.
www.landeck-burg.de
GPS 49.14111, 8.00620

Kaiserslautern

Mit dem »Kaiser« im Namen der Pfälzer Metropole ist der Staufer Friedrich I. Barbarossa gemeint, der hier 1152 eine Pfalz errichten ließ. Sehenswert ist die dreitürmige Stiftskirche (13./14. Jahrhundert), ein Meisterwerk spätgotischer Baukunst, am Stiftsplatz mit dem Schönen Brunnen. Die Pfalzgalerie zählt zu den wichtigsten Kunstmuseen von Rheinland-Pfalz.
www.kaiserslautern.de
GPS 49.44322, 7.76900

Besucher. Zu den schönsten Häusern der Stadt gehören zudem das Gasthaus »Zur Krone« sowie die alte Schmiede.

06 Landstuhl

Es ist, als sei aus dem Ort eine grüne Kuppe erwachsen: Landstuhl mit der charakteristischen Burg Nanstein zählt heute zu den wichtigsten Sehenswürdigkeiten in der Region Kaiserslautern, die Stadt liegt äußerst reizvoll an einem offenen Talkessel. Dort zeigen sich mit Heidenfelsen und der Sickinger Höhe beeindruckende Landschaftsformen, die der Biker schon vom Sattel aus beobachten kann. Im Städtchen selbst besticht die Alte Kapelle, der Bismarckturm oder auch die Villa Benzino. Zudem wachsen in der Stadt die größten Mammutbäume in Rheinland-Pfalz, also nicht über exotische Baumriesen wundern.

07 Annweiler am Trifels

Es ist ein beeindruckendes Panorama, das den Biker in Annweiler empfängt. Drei etwa gleich hohe Hügel, die wie abgerundete Kegel aus der Landschaft ragen, sind zu sehen, und auf jedem dieser Hügel befindet sich eine Burgruine. Dieses Panorama trägt der Ort auch schon im Namen, Trifels, drei Felsen. Auf einem der Hügel befindet sich die Burg Trifels, deren Ursprünge mindestens bis ins 11. Jahrhundert zurückreichen. Sie war während der Stauferzeit eine der mächtigsten Burgen der Region. Jenseits der Burg lohnt sich unbedingt ein Abstecher

in die Innenstadt, denn die Altstadt von Annweiler ist bekannt für ihre hübschen Fachwerkhäuser.

08 Maikammer

Nur eines von vielen idyllischen Dörfern an der Deutschen Weinstraße ist Maikammer mit seinen Fachwerkhäusern. Im Ortsteil Alsterweiler imponiert eine Kapelle mit spätgotischem Kreuzigungsaltar.

09 Landau in der Pfalz

Hübsch sieht es aus mit seinem weißen Treppengiebel und den Freitreppen: Das Alte Kaufhaus zählt sicher

zu den wichtigsten Sehenswürdigkeiten der Stadt Landau. Ebenso interessant anzuschauen ist die Festhalle mit ihrer geschwungenen Jugendstilfassade. Eher kontemplativ ist der Besuch der alten Augustinerkirche. Mit ihrem Kreuzgang und dem angeschlossenen Garten bildet sie einen Ort der Besinnung mitten in der Stadt. Ein weiteres kirchliches Wahrzeichen in Landau ist die Stiftskirche aus dem 14. Jahrhundert, von dort aus lohnt sich ein Gang durch die Altstadt zum Deutschen Tor und Französischen Tor, die beide an die ehemalige Festung erinnern.

Rechts: Perfekt für eine Einkehr-pause ist das Städtchen Maikammer.

Unten: Aus Sandstein erbaut, thront die Reichsburg Trifels auf einem Felsenriff, dessen wild zerklüftete, senkrecht abfallende Spitze den Wald auf dem 500 Meter hohen Sonnenberg überragt.

10 Teufelstisch

So wird östlich von Pirmasens der bekannteste der bizarren Felsentürme im südlichen Pfälzerwald bezeichnet, der tatsächlich wie ein großer Felsentisch wirkt. Wegen des hohen Eisenanteils im Buntsandstein schillern sie in herrlichen Farben

11 Wissembourg

So nah und doch so anders: Kaum passiert der Biker die Grenze zu Frankreich, trifft er auf ein anderes Lebensgefühl, der Fokus liegt eindeutig auf Genuss. In Wissembourg (dt. Weißenburg) als Grenzort zeigt sich das Elsass von seiner schönsten Seite: Die Innenstadt ist noch von einer Stadtmauer umgeben, was die mittelalterliche Stimmung in dem Ort noch unterstreicht. Die Peter- und-Paul-Kirche setzt darin einen markanten Akzent, sie gehört zu den größten Gotteshäusern des Elsass und ist Überbleibsel eines alten Klosters, von dem der Kreuz- gang bis heute erhalten ist. Ein Spa- ziergang durch die Stadt sollte auf jeden Fall entlang des Lauterkanals führen, dessen Ufer dicht mit Fach- werkbauten gesäumt ist. Schönstes Haus der Stadt ist das Salzhaus, das als Museum dient.

12 Speyer

Der Dom von Speyer dominiert den Zielort dieser Tour, doch auch jen- seits der wichtigsten Sehenswürdig- keit lohnt sich ein Bummel durch die Stadt: Da wäre zum Beispiel der Domhof, von dem aus Kaiser Hein- rich IV. zu seinem berühmten Gang nach Canossa aufgebrochen ist. Auch der Judenhof mit der ange- schlossenen Synagoge lohnt einen Abstecher.

Gasthof Bauer Schmidt
Hauptstr. 45
67685 Weilerbach
Tel. 06374/9453410
www.bauer-schmidt.com

Café Nicklis
Johanniskreuz 3
67705 Trippstadt
Tel. 06306/2466

Hotel Tausendschön
Bitscher Str. 7a
66996 Fischbach bei Dahn
Tel. 06393/5718
www.landhaus-
tausendschoen.de

Müllers Lust
Ortsstr. 12+13
76848 Wilgartswiesen
Tel. 06397/993188
www.muellerslust.de

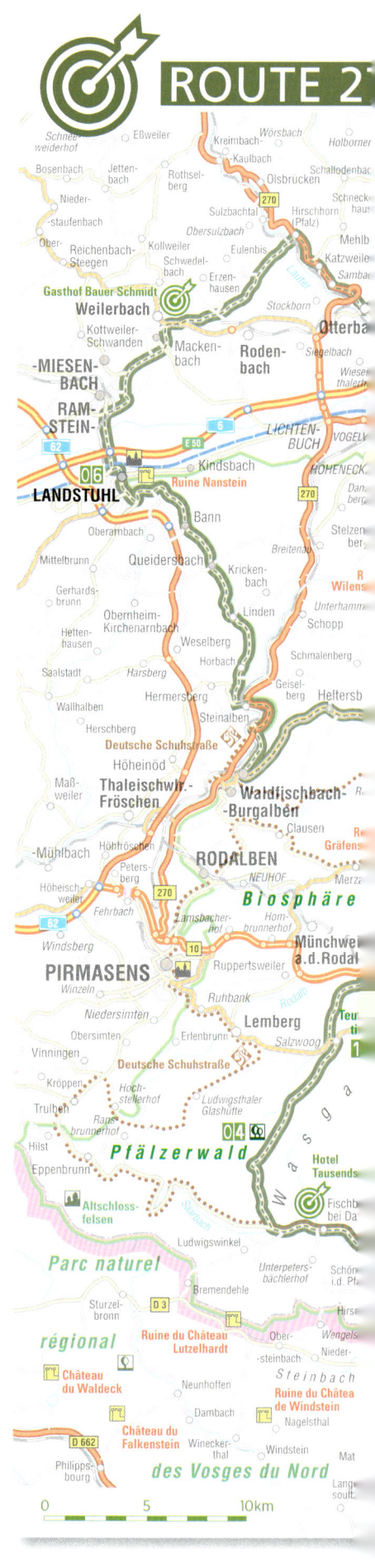

ROUTE 27

Das Technik Museum Speyer ist unbedingt einen Abstecher wert. Besonders die ausgestellte Antonov 2.2. macht Eindruck.

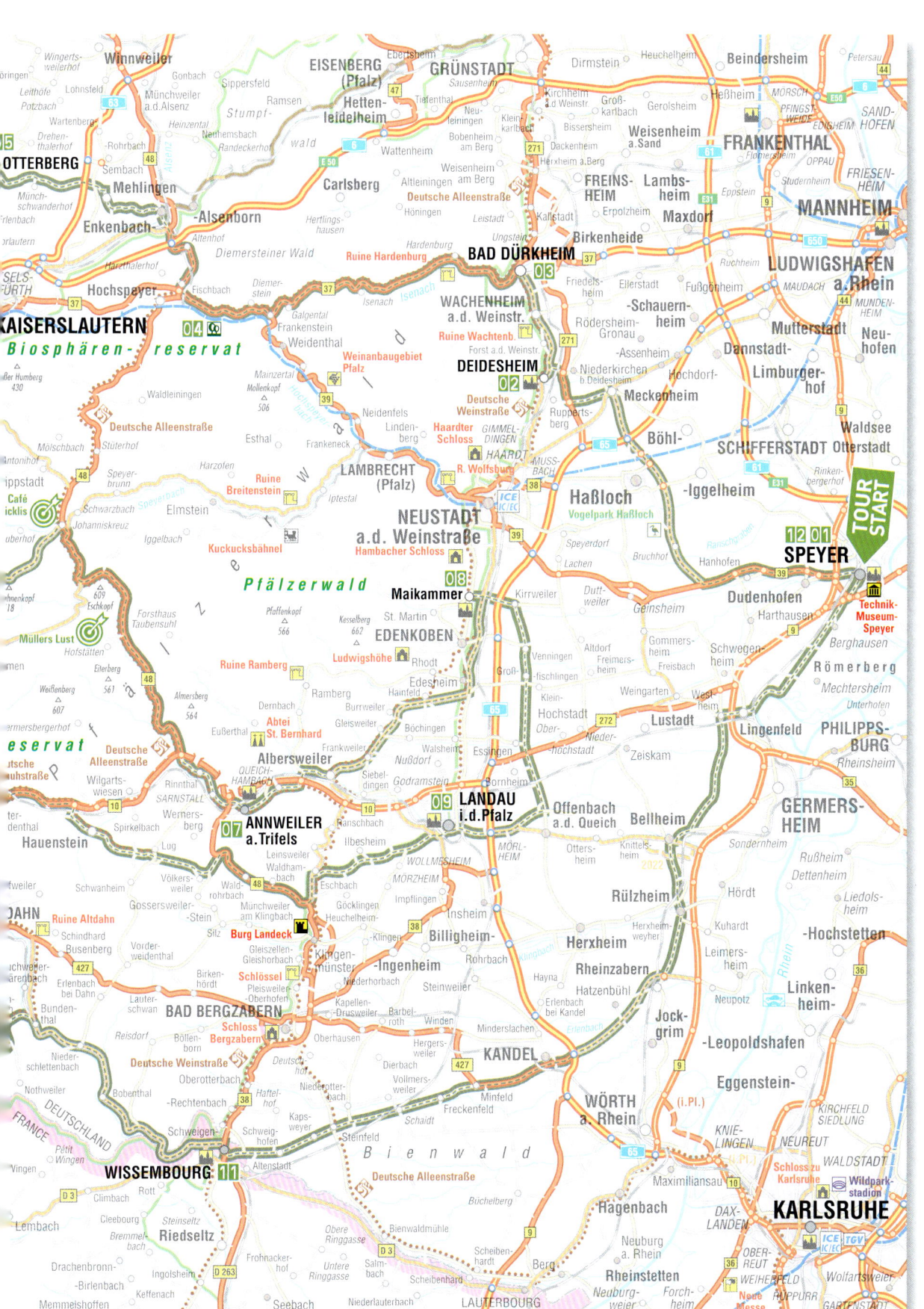

Tanz auf dem Vulkan

Hätte es in den 1950er-Jahren nicht den Film »Das Wirtshaus im Spessart« mit Liselotte Pulver gegeben, würde der Spessart vermutlich noch immer einen touristischen Dornröschenschlaf halten. Zum Urlaubsmagneten ist er glücklicherweise dennoch nicht geworden und bietet dem Naturliebhaber eine seit Jahrhunderten kaum veränderte, dünn besiedelte Landschaft.

SPESSART & VOGELSBERG

Für Motorradfahrer, die viel Wert auf kostbare und in Ehren gealterte Fahrmaschinen zurückliegender Generationen legen, ist es das Höchste, diese Krafträder nicht nur in Museen oder Ausstellungen zu betrachten, sondern in voller Aktion erleben zu können. Allein die Akustik, die solche historischen Triebwerke erzeugen, lässt den wahren Enthusiasten vor Glück erschauern.

Die Kräder samt ihren nicht minder interessanten Fahrerpersönlichkeiten dann auch noch im hehren Wettkampf ganz nah beobachten zu können, das ist in Deutschland die ganz große Ausnahme. Umso attraktiver ist eine Reise zum hessischen Vogelsberg und dessen Rennstadt Schotten. Die Ausnahmestadt präsentiert ihre historische Motorsport-Rennvergangenheit noch immer so aktuell wie im Gründerjahr 1925, als erstmalig zum Rennen »Rund um Schotten« aufgerufen wurde. So zieht es auch heute noch die Anhänger historischer Rennen dorthin, wenn jährlich im August mitten in der Stadt der »Classic Grand-Prix« am Schottenring veranstaltet wird.

Natürlich bietet auch die gesamte Umgebung faszinierende Kurven und einschlägig bekannte Motorradtreffs satt in dieser abwechslungsreichen Landschaft. Schließlich ist der Vogelsberg Deutschlands größter erloschener Vulkan. Auf den steilen und mit Kurven nur so übersäten Gebirgsstrecken wie am Hoherodskopf kann der Biker sich und seine Maschine mal so richtig fordern. Oben angekommen, bieten sich herrliche Aussichten auf die zu Füßen und Rädern liegende, malerisch bergige Landschaft im Herzen des erloschenen Vulkans. Anschließend geht es wieder durch den dichten Wald des Spessart bis an den Ausgangsort unserer Tour – Aschaffenburg.

Der Vogelsberg, Deutschlands größter erloschener Vulkan, wird bei Motorradfahrern auch liebevoll »Hessisch Sibirien« genannt. Auf den steilen und mit Kurven übersäten Gebirgsstrecken kann der Biker sich und seine Maschine mal so richtig fordern.

Hier sollte man absteigen – Schloss Johannisburg bei Aschaffenburg. Das Schloss, bis 1803 die zweite Residenz der Mainzer Erzbischöfe, erhebt sich mächtig am Mainufer.

ROUTE 28

Routenlänge: ca. 250 km
Zeitbedarf: ca. 1–2 Tage, reine Fahrzeit ca. 5 Std.
Charakteristik: Knackige Serpentinen, schnelle Kurvenetappen und Europas größter Vulkan, der Vogelsberg. Auf dieser Tour begegnet dem Biker die ganze Bandbreite des Motorradfahrens.
Start und Ziel: Aschaffenburg
Informationen: www.spessart-tourismus.de www.spessart-mainland.de

Hier geht's zum GPS-Track

01 Aschaffenburg

»Mein bayerisches Nizza« betitelte einst König Ludwig I. von Bayern die Stadt Aschaffenburg. Damit meinte er wohl den Blick aufs Pompejanum als weltweit einmaligen Nachbau einer römischen Villa in Pompeji mit mediterran anmutender Gartenpartie samt Feigen, Mandelbäumen und Araukarien. Oder vielleicht doch das Schloss Johannisburg aus rotem Buntsandstein aus dem 17. Jahrhundert? Einmalig sind die Schlosskirche mit Renaissance-Altar, Kanzel und Portalskulpturen von Hans Juncker, die fürstlichen Wohnräume sowie der abwechslungsreiche Park mit reizvollem Laubengang über der mittelalterlichen Stadtmauer, klassizistischem Frühstückstempel und einem Teil des ehemaligen Stadtgrabens. Heute ist Aschaffenburg eine moderne Industrie- und Arbeiterstadt, besitzt aber viele kleine Schätze. So hat beispielsweise um die Kleine Metzgergasse mitten in der Stadt ein reizvolles Fachwerkviertel überlebt.

02 Naturpark Spessart

Zwischen Kinzig, Sinn und Main erhebt sich ein grünes Stück Landschaft, deren Name nach Einsamkeit klingt. Tatsächlich ist das Stück Land zwischen Aschaffenburg und Fulda waldreich und dünn besiedelt. Man kann schier ewig durch Laubwälder cruisen, ohne auf Häuser oder Siedlungen zu stoßen. Das Mittelgebirge, dessen höchste Erhebung der Geiersberg (586 m) ist, lädt geradezu dazu ein, windende Bergstraßen zu befahren. Immer wieder wird der Biker dabei nicht nur auf tiefe Wälder stoßen, sondern auch auf herrliche Panoramen und Hochtäler, in denen sich morgens malerisch der Nebel verfängt.

03 Bad Orb

Die Kurstadt befindet sich zwischen den bewaldeten Bergen im Herzen

Der mittelalterliche Bau der Marienkirche ist das weithin sichtbare Wahrzeichen von Gelnhausen.

des hessischen Spessarts. Eine der zehn Salinen aus der Blütezeit der Orber Salzgewinnung ist noch funktionsfähig. Vom Stadtkern mit gut drei Dutzend Fachwerkhäusern gelangt man in den 1900 angelegten Kurpark. Die über 100 Jahre alte Parkanlage ist mit ihren farbenfrohen Blumenbeeten, alten Baumbeständen und dem plätschernden Orbbach eine grüne Oase.

04 Schotten

Die Rennstadt Schotten sorgte bereits im Jahr 1925 für Furore, als eine Reihe technikbegeisterter Sportler den »Vogelsberger Automobil- und Motorradclub« gründeten und noch im selben Jahr zum ersten Rennen »Rund um Schotten« im hessischen Vogelsberg aufriefen. Die Folgejahre waren aufsehenerregend, die Motorradrennen wurden legendär, Tausende Zuschauer

AUSFLUGSZIELE

Gelnhausen

Barbarossa, Grimmelshausen, Philipp Reis – drei große Namen stehen im Geschichtsbuch des schmucken Kinzigstädtchens, dessen prächtige Sakral- und Profanbauten von seiner einstigen Macht künden. Die Kaiserpfalz Friedrichs I. (»Barbarossaburg«) ist die besterhaltene Pfalz der Stauferzeit. In der Schmidtgasse steht das Haus, in dem um 1622 der Autor des »Simplicissimus« Hans Jakob Christoffel von Grimmelshausen geboren wurde.
www.gelnhausen.de, GPS 50.20286, 9.19049

Büdingen

»Hessens Rothenburg« in der Wetterau zählt zu den besterhaltenen mittelalterlichen Stadtanlagen Europas. Besonders reizvoll ist die Verbindung von Schloss, Wehranlagen, Kirche, Rathaus und Fachwerkbauten. Große Teile der Stadtmauer, Wehrtürme und Stadttore sind intakt und begehbar. Das Schloss war ursprünglich eine Wasserburg, heute ist es ein Hotel.
www.buedingen.info
GPS 49.33419, 6.32277

Schloss Mespelbrunn

Als 1412 Erzbischof Johann von Mainz dem Ritter Hamann Echter den Platz zum Espelborn schenkte, war der Spessart ein wilder, unerschlossener Wald. Hussiten nutzten ihn für Plünderungszüge. Echters gleichnamiger Sohn schützte 1427 deshalb das unbefestigte Weiherhaus mit Mauern und Türmen, die fol-genden Generationen verwandelten es in ein verträumtes Renaissanceschloss. Bekannt wurde es als Drehort des Films »Das Wirthaus im Spessart« mit Liselotte Pulver.
www.schloss-mespelbrunn.de
GPS 49.90542, 9.30738

*Bildleiste von oben:
Die idyllische Landschaft bei Schotten am Vogelsberg ist von sanften Hügeln und leichter Bewaldung geprägt.*

Versteckt in einem verschwiegenen Spessart-Tal liegt das Wasserschloss Mespelbrunn. Es wurde u. a. als Drehort des 1950er-Jahre-Films »Das Wirtshaus im Spessart« bekannt.

Sonnenuntergang über dem Ober-Mooser Teich bei Grebenhain.

säumten Jahr für Jahr die landschaftlich traumhaft gelegene Strecke im Herzen des erloschenen Vulkans Vogelsberg. Seit 1989 laden erneut historische Motorräder und Gespanne beim »Classic Grand-Prix« am Schottenring zum Kräftevergleich zwischen Rennmaschinen aus vergangenen Zeiten ein. An jedem dritten Augustwochenende geht es auf einem auf 1,4 Kilometer stark verkürzten Kurs mitten durch den Ortskern von Schotten und rund um die Häuser, Gärten und die beschaulich durchs Dorf gluckernde Nidda. So dicht wie hier steht man nirgends sonst an einer Rennstrecke. Abgesehen von dem Renn-Event ist auch die schmucke Altstadt von Schotten, deren Grundfesten bereits über 1230 Jahre alt sind, einen Besuch wert: Das zwischen dem 14. und 18. Jahrhundert entstandene mittelalterliche Zentrum lädt mit seinen liebevoll restaurierten Fachwerkbauten, kleinen Gässchen und Passagen zum Verweilen ein.

05 Naturpark Hoher Vogelsberg

Hessens ältester Naturpark erstreckt sich über rund 400 Quadratkilometer im Städtedreieck Frankfurt–Gießen–Fulda. Sein Kern ist ein vor 20 Millionen Jahren entstandener, erloschener Vulkan, Europas größtes zusammenhängendes Basaltmassiv. Naturwaldgebiete, ein Hochmoor und verschiedene Quellflüsse prägen die vielfältige Landschaft – sie ist damit ein ideales Wandergebiet. Das Zentrum des Naturparks bildet der Oberwald mit dem Taufstein (773 Meter) und dem Hoherodskopf (764 Meter) als den höchsten Erhebungen.

06 Grebenhain

Mehrere Höhenzüge wie die Herchenhainer Höhe (733 m) und der Grebenhainer Berg (729 m) liegen im Einzugsbereich des Luftkurortes Grebenhain – bei gutem Wetter ist von hier aus sogar die Rhön zu sehen. Gepflegte Wanderwege führen durch die Basaltformationen im Oberwald.

07 Schlüchtern

Im Mittelalter lag die Klostersiedlung an der damals wichtigen Handelsstraße Via Regia. Das Benediktinerkloster mit den zwei signifikanten Türmen wurde bereits im 9. Jahrhundert gegründet. Im Lauterschlösschen (um 1440) gibt das Bergwinkel-Museum einen Überblick über die Geschichte der gleichnamigen Region. Sehenswert ist auch der Park des Renaissanceschlösschens Ramholz.

08 Steinau

Eng verbunden mit dem Namen der Brüder Grimm, die hier einen Teil ihrer Kindheit verbrachten, bezaubert das Städtchen durch sein mittelalterliches Zentrum mit Resten der Stadtmauer, Türmen und Fachwerkhäusern sowie einem Renaissanceschloss. Vor den Toren liegt Hessens einzige Tropfsteinhöhle, die Teufelshöhle.

09 Schloss Burgsinn

Es könnte auch ein Dornröschenschloss sein, das nur darauf wartet, wachgeküsst zu werden: Schloss Burgsinn ist malerisch umgeben von einem Wassergraben. Der alte Bergfried, steinern und fast fensterlos, zeugt von vergangenen Zeiten, als

Ritter Hildolf von Tüngen das Dorf Sinna gegen sein Lehen in Thüringen tauschte. Eine wechselvolle Zeit begann, die Burg wurde bewohnt, erweitert und befindet sich bis heute in Familienbesitz. Eindrucksvoll ist nicht nur der 22 Meter hohe Bergfried, sondern auch die Ringmauer aus Buntsandstein. Rund um den Marktplatz bietet das nette Ortszentrum diverse Möglichkeiten, einzukehren oder zu shoppen.

10 Gemünden

Der Fluss Sinn mündet in Gemünden in die Fränkische Saale und wird im weiteren Verlauf zum Main. Drei Flüsse, eine Stadt – der Biker wird auf jeden Fall mindestens eine Brücke passieren, wenn er die Stadt erreicht. Dabei wird sein Blick zugleich auf die Burgruine Scherenburg fallen. Ihre Ursprünge reichen bis ins 13. Jahrhundert zurück, markant ist vor allem ihr runder Berg-

fried, der aus dem umgebenden Wäldchen emporragt. Im Gemünden selbst lohnt sich ein Rundgang, zwar ist die Stadtmauer nicht mehr in Original erhalten, sondern mit Häusern überbaut, doch auch das bietet reizvolle Anblicke unter anderem auf die kleinen Türmchen, wie etwa der Hexenturm.

11 Lohr am Main

Schon von Weitem kündigt sich Lohr als Schneewittchenstadt an. War die berühmte Märchenfigur eine Lohrerin? Diese Frage ist bis heute ungeklärt. Bis heute ist aber so mancher Lohrer davon überzeugt, dass der sprechende Spiegel aus dem Schneewittchen-Märchen bei ihnen im Schloss zu finden ist, und als solcher wird er dort auch ausgestellt. Wer in Lohr unterwegs ist, wird sich also unweigerlich dem Thema Schneewittchen stellen müssen. Anschließend sollte man aber auch

einen Spaziergang durch die Altstadt mit ihren von fränkischem Fachwerk geprägten Häusern nicht versäumen.

12 Aschaffenburg

Zum Ausklang lässt man sich einfach noch mal durch das schöne Aschaffenburg treiben, um sich dann zu Füßen des Schlosses am Ufer des Mains niederzulassen und dem bunten Treiben am Fluss zuzuschauen.

Unten: Ein echtes Fachwerkidyll erwartet den Biker in Lohr am Main – mit Einkehrstopp versteht sich.

Ganz unten: Links, rechts, links, rechts – Kurveneldorado am Vogelsberg.

Biker Treff Hoherodskopf
Am Hoherodskopf 12
63679 Schotten
Tel. 06044/964443

Mototreff Falltorhaus
Außenliegend 22
Ehemals Kiliansherberge
63679 Schotten
Tel. 06044/9664818

Landgasthaus Zur Birke
Niddergrund 7
63679 Schotten-Burkhards
Tel. 06045/4537
www.zur-birke.com

Gasthof Imhof
Neuhof-Rommerz
Hauswurzer Str. 4
36119 Neuhof
Tel. 06655/96010
www.landhotel-imhof.de

Hotel Franziskushöhe
Ruppertshüttener Str. 70
97816 Lohr am Main
Tel. 09352/6040
www.franziskushoehe.de

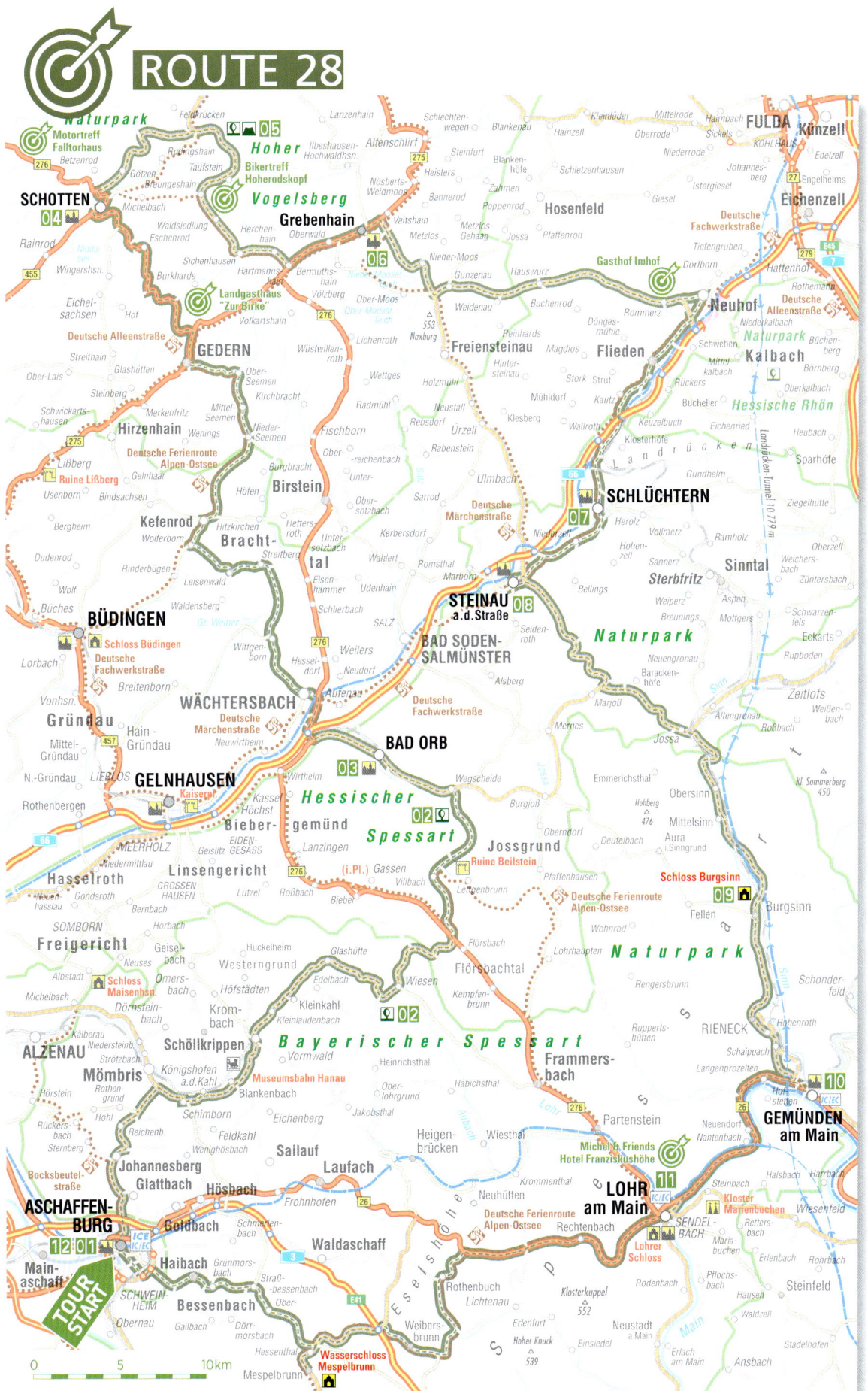

ROUTE 28

FRÄNKISCHE SCHWEIZ

Es ist ja irgendwie ein Jammer:
Da kurvt der Biker durch die Landschaft mit
der höchsten Brauereidichte Deutschlands
und muss abstinent bleiben – zumindest
solange er die Hand am Lenker hält.
Diese Route ist wie eine Rallye von Brauerei
zu Brauerei. Da heißt es, stark sein und sich
aufs Feierabendbier freuen.
Doch die Fränkische Schweiz im Nordwesten
Bayerns lockt mit noch viel mehr.
Paradiesische Motorrad-Zeiten verspricht
auch der imposante Kurvenreichtum, der in
der charakteristischen Berg- und Hügellandschaft des vor 160 Millionen Jahren
entstandenen Weißen Jura mit all seinen
Kalk- und Dolomitfelsen anzutreffen ist.
Die Gebirgslandschaft führte bereits im
Mittelalter zu manch spektakulärer Bebauung, wenn z. B. wie bei Tüchersfeld mitten
aus dem Fachwerk-Dörfchen nackte Felsen
steil in den Himmel ragen und die kleinen
Häuschen samt Burg gezwungen sind,
sich an die schroffen, kahlen Wände
anzuschmiegen. Die höchste Erhebung
bildet der Kleine Kulm mit 626 Meter Höhe.
Auch die Dichte an Burgen ist imposant,
finden sich doch hier über 170 dieser
zumeist hoch auf Felsen thronenden
Festungen, wie beispielsweise Burg Greifenstein in Heiligenstadt. Markant für die
Region sind ebenso die zahlreichen,
sehenswerten Höhlen: Die Sophienhöhle bei
Burg Ravenstein im Ahorntal ist eine der
schönsten Tropfsteinhöhlen Deutschlands.
Nicht zuletzt sind natürlich auch die
romantischen Städte einen Besuch wert.
Ihnen sollte man sich während der Tour
mindestens genauso intensiv widmen wie
den unendlich vielen Kurven, die all die
schönen Städte und imposanten Sehenswürdigkeiten miteinander verknüpfen.
An erster Stelle steht Bamberg, aber auch
Orte wie Gößweinstein, Pottenstein,
Gräfenberg und Egloffstein versprechen
interessante Intermezzi.

»Felsenstädtchen« wird Pottenstein auch
gerne genannt, denn in dem kleinen Ort in
der Fränkischen Schweiz ragen imposante
Felstürme in den Himmel.

Felsenpracht im Frankenland

Die einzigartige Burgen- und Höhlenlandschaft der Fränkischen Schweiz in Oberfranken ist mit über 600 Meter hohen Bergen ausgestattet, was Wanderer, Kletterer und vor allem Motorradfahrer erfreut.

Auf dem Coburger Marktplatz steht das Denkmal von Queen Victorias Gatten Prinz Albert, der 1819 bei Coburg das Licht der Welt erblickte.

01 Coburg

Auf dem hochadeligen Heiratsmarkt waren die Sprösslinge des Hauses Sachsen-Coburg-Gotha einst ausgesprochen gefragt. Die feudalen Zeiten sind lange vorbei, doch in der Stadtanlage von Coburg noch sehr präsent. Entscheidende architektonische Akzente setzten die Renaissance – herausragende Beispiele sind das Rathaus am Marktplatz und die herzogliche Kanzlei – und dann wieder das 19. Jahrhundert, als der großzügige Schlossplatz mit dem Theater und der neugotischen Front des Stadtschlosses Ehrenburg entstand. Das alles wird überragt von der Veste Coburg.

02 Naturpark Fränkische Schweiz

Bereits die Maler und Dichter der Romantik ließen sich von der Juralandschaft rund um das Wiesenttal und seine Nebentäler verzaubern. Fränkische Schweiz – das heißt rau-schende Bäche, saftige Wiesen und bewaldete Hänge, aus denen immer wieder, oft noch gekrönt von einer Burgruine, die bizarrsten Felsgebilde aufsteigen. Die malerische Landschaft findet ihre unterirdische Entsprechung in mehr als 1000 Höhlen, die sich in Jahrmillionen im Karstgestein gebildet haben. Drei interessante Schauhöhlen sind eine Besichtigung wert: die Binghöhle in Streitberg, die Teufelshöhle in Pottenstein und die Sophienhöhle in Rabenstein.

03 Hollfeld

Das Jurastädtchen Hollfeld ist seit vielen Jahren Heimat des »Theatersommers Fränkische Schweiz – Landesbühne Oberfranken«. Verschiedene Ensembles zeigen ihre Inszenierungen an imposanten Spielstätten wie den malerischen Burgen und Schlössern in der Nördlichen Fränkischen Schweiz. Entstanden ist der Ort aus einer frühmittelalterlichen Burganlage und wurde

Stolze 2300 Quadratkilometer umfasst der Naturpark Fränkische Schweiz. Er ist damit der zweitgrößte in Bayern.

im Jahre 1017 zum ersten Mal urkundlich erwähnt. Die historische Altstadt ist fast vollständig erhalten und bietet sehenswerte Details wie die Fischmühle aus dem Jahr 1715, die Museumsscheune oder das Kunstmuseum. Wahrzeichen der Stadt ist der Wehrturm der Kirche St. Gangolf, die am höchsten Punkt der Stadt erbaut wurde. Gleich nebenan liegen die Terrassengärten, in denen heimische Orchideenarten und viele andere typische fränkische Pflanzen beheimatet sind.

04 Waischenfeld

Der Luftkurort Waischenfeld, eingebettet im Tal der Wiesent, bezaubert

AUSFLUGSZIELE

Basilika Vierzehnheiligen

In spektakulärer Höhenlage ragt die Wallfahrtskirche Vierzehnheiligen auf – zusammen mit Banz die »goldene Pforte« des Obermaintals. Die 1772 nach Plänen von Balthasar Neumann vollendete Kirche ist ein herausragendes Werk des süddeutschen Barock.
www.vierzehnheiligen.de
GPS 50.11568, 11.05405

Hiltpoltstein

Hiltpoltstein liegt mitten im Veldensteiner Forst und ist aufgrund seiner auf einem Felsmassiv thronenden Burg, die sich zentral in der historischen Altstadt erhebt, schon von Weitem zu erkennen. Der Ort wirkt wie aus einer Rittersage entsprungen. Aufsehen erregend eng ist auch die Matthäuskirche zwischen Dolomitfelsen und Burg eingezwängt. Interessante Entdeckungen lassen sich vom Ort aus auf dem sieben Kilometer langen Naturlehrpfad machen. Erhebungen bis über 600 Meter finden sich hier ebenfalls: Oben angekommen, wird man mit herrlichen Ausblicken über die Landschaft belohnt. Auch mit dem Motorrad sind diese grandiosen Aussichtspunkte gut zu erreichen. **www.hiltpoltstein.de**
GPS 49.18896, 11.18922

mit malerischen Fachwerkhäusern. Bekannt ist das Örtchen im Herzen der Fränkischen Schweiz auch als Zentrum des Fliegenfischens mit eigenem Fischwasser. In einer ortsansässigen Fliegenfischerschule können auch Besucher eine Erlaubnis zum Fischen einholen. Der weithin sichtbare »Steinerne Beutel« – ein wuchtiger Rundturm des ehemaligen Rüssenbacher Burgguts – ist das Wahrzeichen des Ortes. Früher wie heute kann der Turm nur mithilfe einer Leiter erklommen werden. Er überragt die fast 900-jährige Burganlage, die mittlerweile renoviert wurde und heute u.a. eine Burgschenke mit Biergarten beherbergt. Die Sophienhöhle liegt nur etwa drei Kilometer entfernt.

05 Gößweinstein

Der Luftkurort mit der auf einem Jurafelsen thronenden über 1000-jährigen Burg liegt im Städtedreieck Bamberg, Bayreuth und Nürnberg. Seit dem Jahre 1890 befindet sich die denkmalgeschützte Burg in Privatbesitz und beherbergt ein Museum. Das Wahrzeichen des Ortes ist die barocke Pfarr- und Wallfahrtskirche zur Heiligsten Dreifaltigkeit, ein sakrales Meisterwerk des Baumeisters Balthasar Neumann. Zu Füßen Gößweinsteins liegt der traditionsreiche Urlaubsort Behringersmühle, der Gäste schon zu Zeiten

der »Sommerfrische« Anfang des 20. Jahrhunderts anlockte.

06 Pottenstein

Der Luftkurort Pottenstein ist ein romantisches Städtchen – eingebettet zwischen hoch aufragenden Felsen. Dominant ist das Wahrzeichen des Ortes: die über 1000-jährige Burg Pottenstein. Sie beherbergt ein Museum mit vor- und frühgeschichtlichen Objekten, volkskundlichen Sammlungen sowie Autografen. In den drei Schauräumen wird die Vergangenheit wieder lebendig und verschiedene historische Ausstellungen ergänzen das Angebot.

07 Pegnitz

Ein Fluss? Eine Stadt? Pegnitz bezeichnet beides. In diesem Fall liegt die Stadt am gleichnamigen Fluss. Sie trägt ihren Namen nicht umsonst, denn dort entspringt die Pegnitz. Eingefasst in ein Becken aus Stein, sprudelt dort die besagte Quelle hervor. Nicht die einzige Sehenswürdigkeit in der Stadt, deren Stadtbummel sich am besten am Rathaus starten lässt. Auf dem Kopfsteinpflaster hallen die Schritte nach, prächtige Bürgerhäuser umstehen das Rathaus, blumengeschmückte Fenster und Vorgärten ergeben vor allem im Sommer ein buntes Bild. Wer den Blick aufs Umland genießen will, macht sich

auf zum Schlossberg, vom dortigen Aussichtsturm aus ergibt sich ein schönes Panorama auf den Veldensteiner Forst mit seinen Felsen und dem dichten Wald.

08 Hersbrucker Schweiz

Der Ähnlichkeit mit der Fränkischen Schweiz verdankt dieser reizvolle Teil der Fränkischen Alb seinen Namen. Und tatsächlich finden sich hier Kalkfelsen, die von Kletterern erobert werden, und weitverzweigte Höhlen, so bei Krottensee, wo die Maximiliansgrotte als Schauhöhle erschlossen ist. Die Niederungen der Hersbrucker Alb sind fruchtbar, die Hochäcker steinig, viel Wald gibt es und viel Wasser – sprudelnde Bäche und Badeseen mit guter Wasserqualität.

09 Ebermannstadt

Umschlungen von den beiden Armen des Flusses Wiesent liegt die Altstadt von Ebermannstadt wie eine Insel mitten im Wasser. Vor allem der Marktplatz mit seinen Fachwerkhäusern und den Läden wird den Biker locken. Möglicherweise zu einer kleinen Pause mit einem Erfrischungsgetränk, am besten im Schatten der alten Kastanienbäume. Wer sich etwas Zeit nimmt und die Route nicht sofort durcheilen möchte, sucht sich den Weg durch die verwinkelten Gassen zum

AUSFLUGSZIELE

Binghöhle in Streitberg

Die Binghöhle ist eine der schönsten Tropfstein-Galeriehöhlen in Deutschland. Entdeckt und erschlossen wurde sie 1905 von dem Nürnberger Großindustriellen Ignaz Bing. Sie führt fast 300 Meter entlang eines ausgetrockneten Flusses durch den Berg, vorbei an märchenhaften Tropfsteingebilden, Bänken aus geschichtetem Kalk und grazilen, kristallinen, glitzernden Sinterformationen. Die Höhle weist ein besonderes Klima auf, wobei die Temperatur ganzjährig 9 °C beträgt.
www.binghoehle.de
GPS 49.81312, 11.21582

Thurnau

Ein romantischer Marktflecken mit langer Vergangenheit, das ist Thurnau. Von über 1000 Jahren bewegter Geschichte erzählt das alte, malerisch gelegene Schloss. Die spätgotische Kirche St. Laurentius und die Bürgerhäuser um den historischen Marktplatz verleihen dem Ort seinen ganz eigenen Charme. Alljährlich findet hier am vorletzten April-Wochenende die große Motorrad-Sternfahrt des Landkreises Kulmbach statt. Startpunkt ist der Parkplatz der Brauerei Kulmbach. Zum Programm gehören auch Testfahrten und Live-Musik.
www.thurnau.de, GPS 50.02445, 11.39447

Bildleiste von oben:
Geschmückter Brunnen anlässlich
des Osterfestes im
fränkischen Pottenstein.

Eng schmiegt sich die Straße bei
Pottenstein an die Felsen.

Blick auf Gößweinstein mit Burg
und der barocken Wallfahrtskirche
zur Heiligsten Dreifaltigkeit.

Kloster Banz

Hoch über dem Main erhebt sich das im 11. Jahrhundert gegründete Benediktinerkloster, das im 18. Jahrhundert seine jetzige Gestalt erhielt – nach Plänen zweier großer fränkischer Barockbaumeister: Johann Leonhard Dientzenhofer und Balthasar Neumann. **GPS 50.13296, 11.00081**

Flussufer, dort befinden sich Wasserschöpfräder, deren Tradition teilweise bis ins 17. Jahrhundert zurückreicht. Außerdem lohnt sich ein Gang zum Scheunenviertel mit seinen historischen Häusern.

10 Burg Streitberg

Sie liegen sich gegenüber, als seien sie miteinander im Zwiegespräch. Jede auf ihrem Hügel, fernab der anderen, eingebettet in das Grün des Waldes und der Wiesen. Der kleine Ort Streitberg im Tal des Flusses Wiesent wird von zwei Burgen bewacht. Von Burg Streitberg (12. Jahrhundert) ist kaum mehr als das prächtige Tor geblieben, das den Blick auf das ehemalige Gelände freigibt. Spektakulärer wirkt da schon Burg Neideck auf dem gegenüberliegenden Felssporn. Von ihrem halb abgetragenen Bergfried, der mit dem Felssporn zusammengewachsen scheint, und der Lage auf dem plateauförmigen Hügel, der zur Stadt hin steil abfällt, bietet sie einen Panoramablick, der längst zum Wahrzeichen der Fränkischen Schweiz geworden ist. Die Anfänge der Burg gehen auf das Jahr 1300

zurück. Ein Besuch der alten Gemäuer gehört eigentlich zum touristischen Pflichtprogramm der Gegend.

11 Sesslach

Fast vollständig erhaltene Stadtmauern mit schmalen Türmchen und ein kantiges Stadttor mit Durchfahrt: Vor den Toren Coburgs befindet sich mit Sesslach eine Kleinstadt, deren Altstadt zu den schönsten der Gegend zählt. Kopfsteinpflastergassen, angrenzende Fachwerkhäuser und uralte Steinbrücken machen den Charme dieses Ortes aus. Diese mittelalterliche Schönheit blieb auch Filmemachern nicht lange verborgen und so setzten sie der Stadt in Werken wie »Luther« oder »Räuber Hotzenplotz« ein cineastisches Denkmal. Etwas außerhalb der Stadt lockt Schloss Geiersberg als mittelalterliche Burganlage. Spätestens in Sesslach mit der attraktiven Brauerei wird es den Biker reuen, dass er noch ein wenig Strecke vor sich hat, die es nüchtern zu bewältigen gilt. Doch man kann in den Brauhäusern auch herrlich schmausen.

12 Coburg

Zurück in Coburg wird der Biker sicher nicht nur durch die Innenstadt mit ihren Fachwerkhäusern und der Altstadt schlendern, sondern auch die Weite des Coburger Schlossplatzes bewundern. Und anschließend unbedingt einen Abstecher zur Veste Coburg unternehmen, die zu den eindrucksvollsten Burganlagen ihrer Art zählt.

Gasthof Fink
Lützelbucher Str. 22
96450 Coburg
Tel. 09561/24940
www.gasthof-fink.de

Gasthaus und Pension
Neumühle
Neumühle 31
95491 Ahorntal
Tel. 09202/228
www.gasthof-pension-neumuehle.de

Kathi-Bräu
Heckenhof 1, 91347 Aufseß
Tel. 09198/277
www.kathibraeu.de

Gasthof Weißes Lamm
Marktplatz 19
91207 Lauf an der Pegnitz
Tel. 09123/2707, www.
gasthof-weisses-lamm.de

Das altehrwürdige Kloster Banz beherbergt heute eine Tagungsstätte. Eine urige Klosterschänke gibt's natürlich auch.

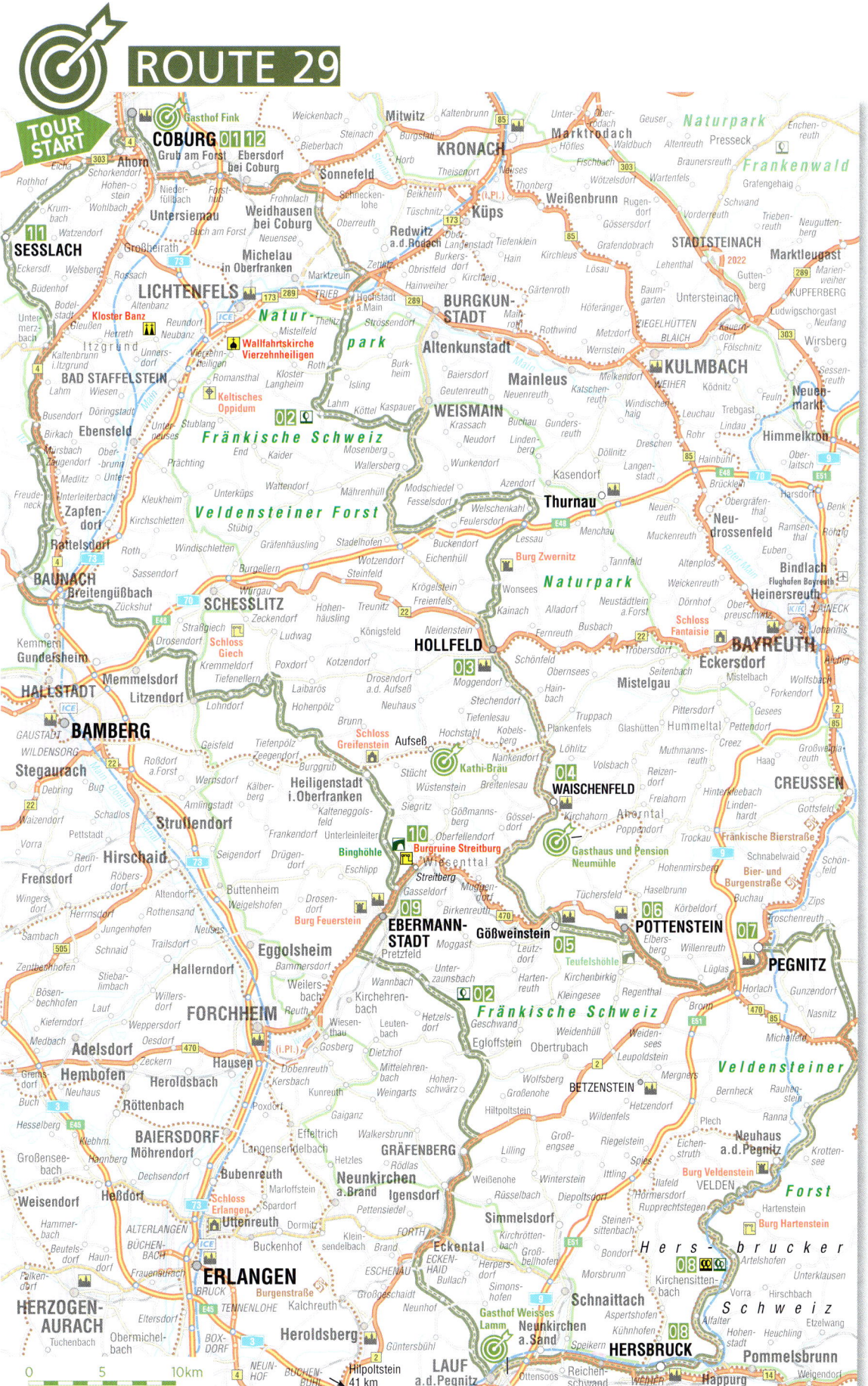

Auf den Spuren des weißen Goldes

Wegen seiner Ringform wird das Fichtelgebirge auch »Hufeisen aus Granit« genannt. Die höchste Erhebung, der Schneeberg, reicht bis in 1051 Meter Höhe, und auch die restlichen Berge sind nicht viel niedriger. Damit ist das Fichtelgebirge ein heißer Tipp für Biker, die sich dort auf Kurven, aber auch weite Strecken durch Wälder und Berge freuen können.

FICHTELGEBIRGE

»Wohlauf, die Luft geht frisch und rein« schwärmte bereits vor über 150 Jahren der Dichter Victor von Scheffel auf seinen Reisen durch das »Feuchtelgebirge«. Es gilt als eine der wohl eigenartigsten Mittelgebirgslandschaften Deutschlands: Steil aufragende Granitfelsen bilden weglose Labyrinthe, verträumte Täler spenden selbst an Hochsommertagen kühlen Schatten. Die vier großen Flüsse Main, Eger, Naab und Saale schicken ihr Wasser aus den Bergen in alle vier Himmelsrichtungen. Schmucke Kleinstädte spiegeln noch immer den Wohlstand wider, der einst durch Erzbergbau und frühe Industrie in das Fichtelgebirge kam.

Die harte Arbeit der Menschen und das raue, fast nordische Klima formten eine eigenartig mystische und einzigartig vielfältige Landschaft. Sowohl der aus dem Fichtenmeer 1055 Meter aufragende Schneeberg als ehemaliges militärisches Sperrgebiet als auch sein mit 1024 Meter kleinerer Bruder Ochsenkopf laden zu herrlichen Touren ein. Der Reichtum an winzigen, nahezu autofreien Landstraßen, die durch und an mittelalterlich anmutenden Dörfern vorbeiführen, scheint grenzenlos – auch wenn man die Grenze nach Tschechien passiert.

Kulturell punkten Städte wie Waldsassen mit den beeindruckenden 7720 Orgelpfeifen in der barocken Stiftsbasilika oder Mitterteich mit dem »Steuerstüberl« im historischen Rathaus. Nicht zu vergessen und vor allem kaum zu übersehen ist in der Region das »Weiße Gold« – zum Beispiel in Hohenberg, wo Karl Magnus Hutschenreuther 1814 die erste Porzellanfabrik gründete. Gleich zum Start der Tour wird man in der Porzellan-Stadt Selb von der größten Kaffeekanne der Welt begrüßt. Vorsicht: Zerbrechlich sind dort auch die Straßenschilder.

Fast noch als Geheimtipp gilt das Fichtelgebirge unter Motorradfahrern. Dabei ist der Landstrich aufgrund seiner Hufeisenform geradezu prädestiniert für echte Bikerträume.

Oben: »Räuberfelsen« im Naturpark Steinwald bei Friedenfels. Mitte: Der künstlich angelegte Fichtelsee ist ein beliebtes Naherholungsgebiet. Es gibt auch zahlreiche Badeplätze.

ROUTE 30

Routenlänge: ca. 240 km
Zeitbedarf: ca.1–2 Tage, reine Fahrzeit ca. 5 Std.
Charakteristik: Schwungvolle, kurvenreiche Tagestour, die immer wieder mit dem Thema des Fichtelgebirges, »Porzellan«, in Berührung kommt.
Start und Ziel: Hof
Informationen:
www.frankentourismus.de
www.bayern.by
www.fichtelgebirge.bayern
www.oberpfaelzerwald.de

Hier geht's
zum
GPS-Track

01 Hof

Hof ist die Abkürzung für »Home of Films«, so drückte es einst der berühmte Regisseur Wim Wenders aus. Tatsächlich gelten die Hofer Filmtage als ein wichtiges Ereignis in der deutschen Filmszene. Doch auch jenseits der Filmfestspiele hat Hof eine Menge zu bieten. Immerhin kann die Stadt einen der am besten erhaltenen historischen Stadtkerne ihr Eigen nennen. Geprägt sind viele der Häuser vor allem vom Biedermeier-Stil, wie zum Beispiel in der Ludwigstraße zu sehen. Von dort ist es nur ein Katzensprung zur schönen Einkaufsmeile, die wie eine Terrasse über der Saale liegt und zum Schlemmen und Shoppen lockt.

02 Waldsteingebirge

Das Waldsteingebirge ist bekannt für seine Mountainbikestrecken und beliebt bei Radfahrern. Doch auch Biker haben hier ihre Freude, denn kurvenreich schraubt sich die Stre-

cke bergauf. Der Waldstein als nördlicher Gebirgszug erhebt sich bis zu 877 Meter aus der Landschaft. Herrliche Pässe werden den Biker ebenso begeistern wie die dichten Wälder rechts und links der Straße. Und immer wieder erreicht er freie Stellen, an denen sich wunderbare Panoramablicke ergeben.

03 Bad Berneck

Sieben Hügel und sieben Flüsse sind es, die Bad Berneck umgeben. Vor allem der Weiße Main, aber auch die Ölschnitz sind es, die der Landschaft ihr wasserreiches Gesicht verleihen. Geschützt im Tal gelegen, wirkt Bad Berneck bis heute wie eine kleine Oase und lockt vor allem Gesundheitstouristen und Kneipp-Freunde in den Landkreis Bayreuth. Der Marktplatz mit seinen hübschen Fachwerkhäusern ist immer die erste Anlaufstelle für Besucher. Doch es lohnt sich auch, einen Blick in den Kurpark zu werfen, die 45 Meter

*Romantischen Biedermeierfassaden prägen die Altstadt von Hof.
Die Stadt liegt im äußersten Norden von Bayern.*

lange Kolonnade ist ein beeindruckendes Zeugnis damaliger Bäderarchitektur. Zeugnisse vergangener Pracht sind zudem die Ruinen der Burg Hohenberneck sowie des Alten Schlosses.

04 Erbendorf

Im südlichen Fichtelnaabtal befindet sich Erbendorf am Rande des Naturschutzgebietes Steinwald. Wanderer ziehen von der Oberpfälzer Stadt gerne in die Natur und durchqueren den von Fichten geprägten Steinwald. Manchmal ragen markante Felsen aus dem Wald, der Biker wird zumindest den wunderbaren Duft wahrnehmen, den die Bäume verströmen, wenn er Erbendorf ansteuert. Interessant ist ein Besuch im örtlichen Bergbaumuseum; es informiert über den einstigen Kohle- und Bleibergbau in der Region. Hübsch anzusehen ist auch Schloss Wildenreuth im gleichnamigen Stadtteil der Gemeinde.

05 Wiesau

Umgeben von stillen Waldseen liegt der Ort Wiesau am östlichen Zipfel des Naturparks Steinwald. Wer im Naturpark wandern gehen möchte, der sucht sich Wiesau als ersten

AUSFLUGSZIELE

Naturpark Steinwald

Es sieht aus, als würde plötzlich eine Burg aus der Wiese wachsen, doch diese grauen Felsen sind nicht Menschenwerk, sondern tatsächlich natürlich entstanden: Wer durch den Naturpark Steinwald wandert, findet so manches Naturwunder mit interessanten Namen wie Blockmeer, Saubadfelsen, Teufelsstein oder Räuberfelsen, alles Gipfel zwischen Marktred- witz und Erbendorf mit an die 1000 Metern Höhe. Für Biker wichtig zu wissen ist, dass der Steinwald eine Wetterscheide ist und es dort gerne einige Grad kälter ist als im Flachland. Eine gute Aussicht auf den Naturpark bietet der Oberpfalzturm, aber auch die Burgruine Weißenstein lohnt die Anfahrt. **naturpark-steinwald.de, GPS 49.91483, 12.08032**

Anlaufpunkt aus. Attraktiv für Wanderer sind vor allem Touren zur Wiesauer Teichplatte. Von dort aus führen Wege bis zum Naturschutzgebiet Waldnaabtal, durch das sich wildromantisch Flüsse winden.

06 Maria Hilf Fuchsmühl
»Ave Maria«, mit dieser Inschrift zwischen den Zwillingstürmen grüßt die Wallfahrtskirche Maria Hilf schon von Weitem ihre Gäste. Der Kirchenbau aus dem 18. Jahrhundert war notwendig geworden, nachdem 1688 eine Kopie des Passauer Gnadenbildes Maria Hilf eine große Anzahl von Pilgern aufs Land gelockt hatte. Eine Wallfahrtskirche entstand, die bis heute Gläubigen einen wichtigen Platz zum Beten bietet. In der Kirche selbst lohnt sich der Blick auf den Hochaltar aus dem 18. Jahrhundert sowie das berühmte Gnadenbild, das sich mittlerweile in einer Wallfahrtskapelle befindet.

07 Marktredwitz
Marktredwitz bettet sich in die wunderschöne Umgebung zwischen Fichtelgebirge und Steinwald ein. Der Ort mit seinen bunten, prachtvollen Bürgerhäusern rund um das Rathaus lädt zum Schlendern ein. Im Neuen Rathaus berichtet das Goethe-Zimmer davon, dass der Dichter im Jahre 1822 die Stadt besucht hat. Das Alte Rathaus mit

seinem Turm und der breiten Toreinfahrt ist heute Sitz der Touristeninformation der Stadt. Gemeinsam mit den Kirchen und den gepflegten, bunten Fassaden präsentiert die Stadt einen sehenswerten Altstadtkern, der sich besonders charmant am Wochenmarkt jeden Samstagvormittag zeigt.

08 Fockenfeld
Weiß leuchten dem Besucher die Gebäude entgegen, die wie ein Viereck angeordnet sind. Ein riesiger Komplex, der bis ins 14. Jahrhundert zurückreicht. Damals gehörte das Gelände zum Kloster Waldsassen, das an dieser Stelle ein weiteres Kloster errichtete. Im Dreißigjährigen Krieg wurde das Gebäude verwüstet und teilweise in Brand gesetzt. Erst Mitte der 1950er-Jahre wurde das Kloster instand gesetzt und zu neuem Leben erweckt: Einst ein Gymnasium mit Schwerpunkt auf die geistlich-christliche Ausbildung, wartet das Gelände seit 2020 auf ein neues Nutzungskonzept.

09 Kloster Waldsassen
Das 1133 gegründete Zisterzienserkloster Waldsassen erlangte im Mittelalter überragende Bedeutung für die gesamte Region. Kriege und die Reformation bereiteten dieser Phase zu Beginn des 16. Jahrhunderts ein Ende. Das Kloster

Oben: Die hübsche Altstadt von Marktredwitz.

Bildleiste links: Traumhaftes Herbstambiente bei Wiesau.

Paradies zum Klettern und Spazierengehen: Luisenburg-Felsenlabyrinth bei Wunsiedel.

Im Fichtelgebirge hat man viele der Sträßchen oft ganz für sich allein.

AUSFLUGSZIELE

Wunsiedel
Das älteste Freilichttheater Deutschlands, Geburtsstätte von Jean Paul, dem berühmten Schriftsteller – Wunsiedel wartet mit vielen kulturellen Höhepunkten auf. Grüne Täler und sanfte Hügel sorgen für eine malerische Umgebung des kleinen Städtchens. Spektakulär ist das Felsenlabyrinth, in dem sich das älteste Freilichttheater Deutschlands befindet. Auch das historische Zentrum mit seinem alten Stadttor, den Kirchtürmen und alten Häusern ist sehenswert. Das Geburtshaus des Dichters Jean Paul wurde inzwischen zu einem Museum umgewandelt.
wunsiedel.de, GPS 50.03732, 12.00273

Porzellanikon Selb
Bereits vor 200 Jahren begann die Porzellanherstellung in der Region, über Anfänge, spätere Hochentwicklungen berichten Exponate und Filme im Porzellanikon in Selb. Die Anlage befindet sich in einer alten Rosenthal-Fabrik und ist Europas größtes Spezialmuseum zu diesem Thema. Besucher tauchen ein in die Fertigungsprozesse des Weißen Goldes, vom ersten Klumpen Rohmasse bis hin zur Dekoration und Bemalung. Angegliedert sind zudem das Rosenthalmuseum sowie das Europäische Museum für Technische Keramik.
www.porzellanikon.org
GPS 50.18911, 12.11656

wurde zerstört und aufgelöst. Die heutigen Baulichkeiten sind ein Ergebnis der mit viel Glaubenseifer, Repression und Geld durchgesetzten bayerischen Gegenreformation. Ein architektonisches und künstlerisches Meisterwerk des süddeutschen Barock ist die Stiftskirche mit der eindrucksvollen Zweiturm-Fassade. Ihr Innenraum bezaubert durch seine ausgeklügelte Lichtführrung (möglichst bei Sonnenschein besichtigen!). Üppiger Stuck, ein grandioser Hochaltar, die originelle Kanzel und das reich geschnitzte Chorgestühl vervollständigen den festlichen Raumeindruck. Schnitzkunst auf höchstem Niveau und von ungewöhnlicher Originalität gibt es auch im barocken Bibliothekssaal zu bewundern. Gigantische Atlanten aus Lindenholz (1724/25) tragen dort die mit Grotesken reich geschmückte Galerie.

10 Dreifaltigkeitskirche Kappl

Ganz in der Nähe der Klosterstadt Waldsassen befindet sich eine außergewöhnliche Kirche. Die Wallfahrtskirche Kappl wurde auf einem Hügel errichtet, der schon bevor der Kirchenbau dort stand, ein Wallfahrtsort war. Gewidmet ist dieser Platz nun der Heiligen Dreifaltigkeit Vater, Sohn, Heiliger Geist. Diese Widmung lässt sich nicht nur in den Kuppelfresken, sondern vor allem in der Architektur beobachten. Überall scheint dem Gebäude die Zahl Drei als Grundlage zu dienen. Es gibt drei Kirchtürme, der Grundriss erinnert an ein dreiblättriges Kleeblatt und es gibt dreimal drei Altäre. Auf der Orgel mit den zwölf Registern und 666 Pfeifen stehen drei Figuren: Glaube, Liebe, Hoffnung. Gleich neben der Kirche befindet sich eine Gastwirtschaft, die ebenfalls einen Stopp lohnt.

11 Arzberg

Arzberg ist eine Porzellanstadt. Dass dort einst kein Geringerer als Alexander von Humboldt tätig war, wissen hingegen die wenigsten. Der Forscher weilte fünf Jahre in der Kleinstadt als Oberbergmeister und gründete dort sogar eine Bergschule. Auf seinen Spuren wandeln kann man heute am Kirchberg, wo sich sein Wohnhaus besichtigen lässt. Immerhin war Arzberg im 19. Jahrhundert bedeutsamer Standort des Eisenerz-Bergbaus. Wer heute durch die Stadt zieht, wird aber überall auf Spuren der Porzellanindustrie tref-

Ganz oben: Schnitzkunst auf höchstem Niveau – barocker Bibliothekssaal des Klosters Waldsassen. Darunter: In Selb dreht sich alles um Porzellan. Selbst die Brunnen sind aus dem weißen Gold gefertigt.

Alte Tankstelle
Ludwig-Zapf-Str. 10
95213 Münchberg
Tel. 09251/1495

Gasthof Specht
Fichtelberger Str. 41
95686 Fichtelberg
Tel. 09272/9730
www.gasthof-specht.de

Zum ehem. Königlich Bayerischen Forsthaus
Basilikaplatz 5
95652 Waldsassen
Tel. 09632/92040
www.koenigliches-forsthaus.de

Schewl´s Fahrerlager – Taste of Speed
Hühnleinsweg 443
95485 Warmensteinach
Tel. 0170/8411898
www.tasteofspeed.de

Deutsches Fahrzeugmuseum Fichtelberg
Nagler Weg 9-10
95686 Fichtelberg
Tel. 09272/6066
www.amf-museum.de

fen, die Arzberg sehr geprägt und den Namen schließlich auch weltberühmt gemacht hat.

12 Selb

Selb gilt als Stadt des Porzellans und steht als solche ganz in dessen Zeichen: Standesgemäß grüßt am Ortseingang die größte Kaffeekanne der Welt. Neben dem einzigartigen Porzellangässchen schmücken Por-

zellanstraßenschilder bedeutende Plätze. So auch das Bankgebäude in der Schillerstraße. Das Besondere ist hier die 1976 angebrachte Porzellanuhr. Täglich um 12 und um 16 Uhr ertönt ihr Glockenspiel. Eines der wohl größten aus Porzellan geschaffenen Kunstwerke ist die am Welzel-Haus angebrachte Stadtgeschichte. Als unbedingt hingehen und staunen.

13 Hof

Wenn der Biker Hof erneut erreicht, heißt es, nichts wie auf zum »Wärschtlamo«. Der Wurstmann ist eine Einrichtung, die es nur in Hof gibt und die eine wirklich originelle wie vielseitige Auswahl an fein zubereiteten Würsten bietet. So gestärkt kann eigentlich nichts mehr schief gehen und der Biker kann sich auf den Heimweg machen.

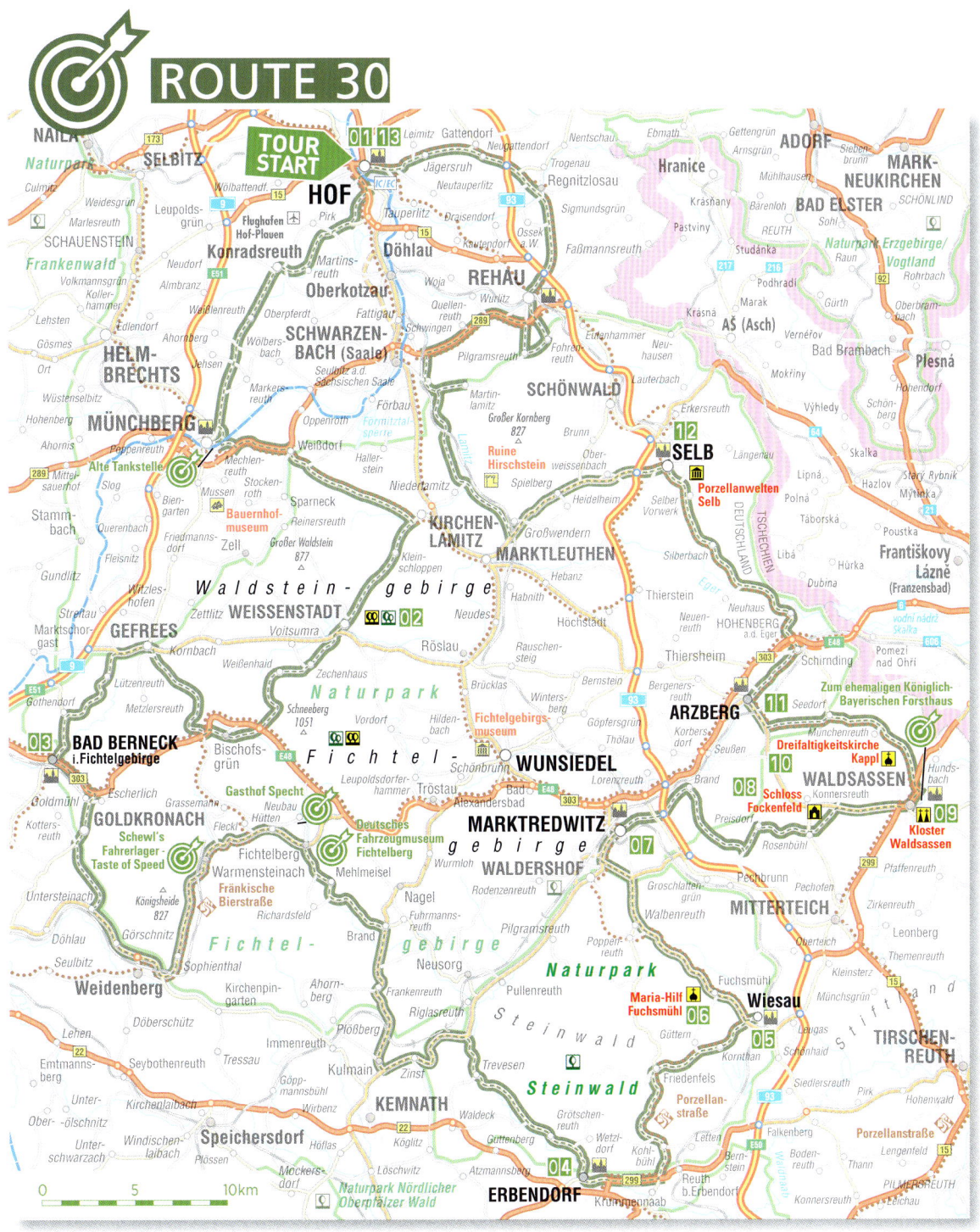

FRANKENHÖHE UND FRÄNKISCHE ALB

Wer auf die Alb will, muss nicht unbedingt in Richtung Berge fahren. Schon in Franken lockt eine bis zu 600 Meter hohe Landschaft mit sanften Hügeln, mancher Serpentine und einer Landschaftsstruktur, die man hier nicht vermutet hätte: die Fränkische Alb. Das Mittelgebirge liegt zwischen Ingolstadt, Regensburg, Nürnberg, Bamberg und Bayreuth, die jeweiligen Städte sind aber allenfalls grob am Rand und grenzen es geografisch ein.

Ein großer Teil dieser Motorrad-Tour bezieht sich auf den Naturpark Altmühltal. Die Landkreise Eichstätt, Kelheim, Neumarkt in der Oberpfalz, Donau/Ries, Regensburg, Roth, Neuburg-Schrobenhausen und Weißenburg-Gunzenhausen sind Teil davon. Einer der reizvollsten Streckenabschnitte dürfte schon nach ein paar Kilometern anstehen, wenn die Strecke von Weißenburg aus in Richtung Altmühltal hinabführt. Hier ist vor allem kurz vor Eichstätt eine Passage zu fahren, die auch im Gebirge Freude machen würde. Die Strecke im Altmühltal selbst – in der Universitätsstadt Eichstätt sollte unbedingt ein Zwischenstopp eingelegt werden – ist ungemein reizvoll. Vor allem im Frühjahr, wenn das frische Grün für so intensive Kontraste zu den Felsen und der teils noch im Winterschlaf ruhenden Landschaft sorgt, ist ein Ausflug in diese Region lohnenswert. Im Sommer dagegen gibt es immer wieder Möglichkeiten, entweder auf einfachen Zeltplätzen zu übernachten oder zumindest zwischendurch ein Bad in der überraschend kühlen Altmühl zu nehmen. Rothenburg ob der Tauber sollte im Idealfall entweder am frühen Vormittag oder am frühen Abend besucht werden. Mitunter sind ansonsten einfach zu viele Touristen unterwegs, als dass der Besuch Spaß machen würde.

Im Altmühltal wähnt man sich fast schon in den Alpen, so schroff und steil geht es teilweise rechts und links der Route empor.

Immer am Wasser entlang

Klar kann es schön sein, den ganzen Tag nur Serpentinen zu fahren. An manchen Tagen allerdings möchte man einfach nur cruisen und gemütlich durch die Gegend fahren – wie zum Beispiel bei dieser Tour auf der Frankenhöhe.

Eine nahezu erhaltene Stadtmauer hat die historische Stadt Weißenburg vorzuweisen.
Nicht zu Unrecht gilt sie als eine der schönsten Stadtbefestigungen Frankens.

ROUTE 31

Routenlänge: ca. 290 km
Zeitbedarf: ca. 2 Tage, reine Fahrzeit ca. 6 Std.
Charakteristik: Diese Tour verbindet die interessantesten Kastelle, Wachtürme und Palisaden der Römer miteinander und ist ein Genuss für Liebhaber duftender Waldstrecken.
Start und Ziel: Gunzenhausen
Informationen: www.naturpark-altmuehltal.de, www.fraenkischer-albverein.de

Hier geht's zum GPS-Track

01 Gunzenhausen

Nur ein paar hundert Meter fehlen, dann würde Gunzenhausen direkt am Altmühlsee liegen. Doch den Ort gibt es schon weit länger als den 1985 entstandenen See, der Teil des neuen fränkischen Seenlandes ist. Der staatlich anerkannte Erholungsort mit seinen 16 000 Einwohnern wurde bereits zu vorgeschichtlicher Zeit besiedelt, später drangen die Römer bis kurz vor die Stadt. Noch heute ist der Limes im Burgstallwald östlich der Stadt zu sehen. Ein Wanderweg führt zu den 1989 restaurierten Resten. In der Stadt selbst sind noch Stücke des mittelalterlichen Wehrganges und außerdem drei Türme erhalten. Touristisch hat Gunzenhausen nach dem Fluten des Altmühlsees deutlich Aufschwung genommen.

02 Weißenburg

Das römische Weißenburg geht zurück auf das Militärlager Biriciana, das um 89 n. Chr. am Rätischen Limes begründet wurde. Vorbildlich restauriert sind die Römischen Thermen, die größten Süddeutschlands; auch das Römerkastell Biriciana mit dem 1991 rekonstruierten Nordtor lädt zur Besichtigung ein. Für den 1979 entdeckten Römerschatz mit seinen herrlichen Figurinen hat man das Römermuseum eingerichtet, schließlich wurde auch das steinerne Nordtor des einstigen Kastells rekonstruiert. Die andere, reichsstädtische Seite Weißenburgs repräsentiert die gut erhaltene historische Altstadt, die noch von ihrem Mauerring – einer der schönsten Stadtbefestigungen Frankens – umgürtet ist.

03 Eichstätt

Hoch über der alten Bischofsstadt thront die Willibaldsburg, einer der eindrucksvollsten deutschen Renaissancebauten. Ebenfalls über der Stadt liegt die mächtige Klosteranlage St. Walburga, benannt

Malerisch liegt die Willibaldsburg hoch über dem Ufer der Altmühl. Bis ins 18. Jahrhundert war sie Sitz der Eichstätter Fürstbischöfe.

nach der Schwester des ersten Eichstätter Bischofs Willibald, deren Gebeine in der sehenswerten barocken Klosterkirche ruhen. Auch unten in der Altstadt regiert das geistliche Element. Der imposante zweitürmige Dom zu Eichstätt vereint romanische, gotische und barocke Baustile. Höhepunkte im Inneren sind die Sitzfigur des heiligen Willibald und der elf Meter hohe Pappenheimer Altar. Einen Blick sollte man unbedingt auch in den zweigeschossigen gotischen Kreuzgang an der Südseite des Doms werfen. Herausragende Barockbauten sind der strenge, mehrteilige Komplex des ehemaligen Jesuitenkollegs.

AUSFLUGSZIELE

Naturpark Altmühltal

Charakteristisch für das Altmühltal sind seine Trockenrasenhänge, vom Menschen geschaffene Kulturräume, die in jüngster Zeit wiederum durch den Menschen selbst bedroht wurden. So bemüht man sich inzwischen darum, die wenigen noch intakten Trockenrasengebiete zu schützen. Durch das Freischlagen der Hänge von Buschwerk sollen Flächen wieder für eine maßvolle Beweidung nutzbar gemacht werden. Das Altmühltal erschließt sich für Wander- und Naturfreunde am besten über den Altmühltal-Panorama-Weg. Der fast 200 Kilometer lange Wanderweg führt an den Naturschönheiten entlang der Ufer der Altmühl vorbei und bietet Tagestouren auf der Strecke zwischen Gunzenhausen und Kelheim. **www.naturpark-altmuehltal.de**

Wemding

Ein gut erhaltener Mauerring, ein Marktplatz mit noblem Renaissance-Rathaus, mehrere kostbare Kirchen und eine Vielzahl historischer Wohnbauten mit unterschiedlichen Giebelformen – all das ist in Wemding am Ostrand des Ries zu finden.
www.wemding.de, GPS: 48.87455, 10.72402

04 Solnhofen

Vor 150 Millionen Jahren lag das heutige Altmühltal am Rand des Jurameers. Im Kalkschlamm wurden tote Tiere und abgestorbene Pflanzen luftdicht eingeschlossen – und versteinerten. Nach und nach lagerten sich einzelne Schichten übereinander ab. So haben sich in den Solnhofer Kalkschieferbrüchen bis heute Lebensformen der Jurazeit als Fossilien erhalten. Weltweit einzigartig sind die Fossilien des Urvogels Archaeopteryx; im Museum auf der Willibaldsburg in Eichstätt ist ein Exemplar ausgestellt.

05 Pappenheim

»Daran erkenne ich meine Pappenheimer«, lautete das Zitat von Friedrich Schiller, der so die Bewohner der Stadt im Drama »Wallensteins Tod« als Synonym für Treue und Tapferkeit im Dreißigjährigen Krieg rühmte. Die Ironie, die dem Zitat heute beigemessen wird, war freilich nie beabsichtigt. In Pappenheim sollte man vor allem die Burg mit ihrer Folterkammer und der Burgkapelle besichtigen. Von hier oben kann man auch einen sensationellen Ausblick hinunter auf das Altmühltal genießen.

06 Treuchtlingen

Die Stadt ist keineswegs eine quirlige Metropole, doch irgendwie hat es Treuchtlingen schon immer gegeben. Bereits Kelten und Römer haben hier gesiedelt, doch urkundlich erwähnt wurde Treuchtlingen erstmals im Jahr 899. Besichtigungsmöglichkeiten gibt es so einige, zum einen die Villa Rustica, ein einstiger Gutshof aus römischer Zeit, die Burg Treuchtlingen, eine Ruine aus dem 12. Jahrhundert, und das ehemalige Stadtschloss. In dem Wasserschloss ist heute die Aurnhaller-Sammlung und ein Posamentenmuseum untergebracht. Wer lieber ein paar Runden schwimmen oder saunen möchte, kann dem in einem ganz besonderen Wasser nachgehen. Die Altmühltherme bezieht ihr Wasser aus 800 Meter Tiefe im Fränkischen Jura. Das zertifizierte Heilwasser macht auch müde Biker-Rücken nach einer Tour wieder fit.

07 Oettingen

Seit der Stauferzeit waren die Grafen und späteren Fürsten von Oettingen das bedeutendste Geschlecht im Ries. Dass die Reformation im 16. Jahrhundert zur Spaltung des Geschlechts führte, kann man noch am lang gestreckten Straßenmarkt der Residenzstadt Oettingen erkennen: Die »katholische« Seite ist mit Barockfassaden, die »protestantische« mit Fachwerkhäusern gesäumt. Einer der schönsten Fachwerkbauten ist das Rathaus.

08 Feuchtwangen

Wichtigste Sehenswürdigkeit ist die ehemalige Klosterkirche. Trotz späterer Umbauten ist der spätromanische Charakter im Ansatz erhalten. Eine Augenweide ist das reich geschnitzte spätgotische Chorgestühl (um 1500).

09 Naturpark Frankenhöhe

Eines der sonnenreichsten Gebiete im süddeutschen Raum ist der Naturpark Frankenhöhe. Die Landschaft ist abwechslungsreich und voller Gegensätze. Steile Hänge wechseln sich ab mit Flusstälern, die sich, vor allem von oben betrachtet, sanft in die Landschaft einfügen. Die 110 000 Hektar Landfläche liegen nahe der Stadt Rothenburg ob der Tauber. Ökologisch wichtige Trockenbiotope und Nasswiesen, Streuobstwiesen, teils sogar Weinanbau, Flüsse, das tief eingeschnittene Taubertal und Wälder sind in der Region zu finden. Waldfreunde jedenfalls kommen im Naturpark Frankenhöhe voll auf ihre Kosten: Rotbuchen, Eichen, Eschen und Erlen dominieren die Landschaft zu fast einem Drittel. Mitunter sind auch Höhenburgen zu finden, z.B. Cadolzburg und Virnsberg.

10 Rothenburg ob der Tauber

Rothenburg ist ein besonderer Ort zwischen Nordsee und Alpen. In

AUSFLUGSZIELE

Dinkelsbühl

An der Romantischen Straße zwischen Würzburg und Augsburg schmiegt sich die einstige Freie Reichsstadt in eine Schleife der Wörnitz. Mit ihrem nahezu unzerstört erhaltenem, mittelalterlichen Stadtbild zieht sie zahlreiche Besucher an. Im Frühjahr 1889 entdeckten einige Kunstschüler aus München das Städtchen auf einer Radtour durch Mittelfranken. Obwohl keiner der damaligen »Dinkelsbühl-Pilger« eine große Berühmtheit geworden ist, sorgte die Flut der Bilder dafür, dass auch »normale« Urlauber den Reiz des kleinen Städtchens entdeckten.
www.dinkelsbuehl.de, GPS49.06923, 10.32235

Schloss Schillingsfürst

Ein Schloss im Besitz der Familie, das hat doch etwas Besonderes. Schloss Schillingsfürst ist noch immer Sitz des Hauses Hohenlohe-Schillingsfürst im gleichnamigen Ort in Mittelfranken. Bereis im Jahr 1000 wurde das Bauwerk erstmals erwähnt. Umso erstaunlicher, dass die dreiflügelige Anlage auf drei Etagen heute noch immer in bewundernswerter Pracht zu sehen ist. Im Schloss sind heute die Liszt-Akademie und ein fürstlicher Falkenhof mit täglichen Vorführungen untergebracht.
www.schloss-schillingsfuerst.de
GPS: 49.28998, 10.25691

aller Welt gilt er als Inbegriff des Alt-
deutschen, doch die meisten Deutschen sind nie dort gewesen. Man
hält ihn für ein originales Stück Mittelalter, dabei wurde fast die Hälfte
der Altstadt bei einem Bombenan-
griff im März 1945 zerstört und jah-
relang rekonstruiert. Heute ist
Rothenburg ein »Must« auf den
Reiserouten aller Japaner und Ame-
rikaner. Historisch aber war der Ort
niemals bedeutend. Doch er hatte
das Glück, nach dem Dreißigjährigen Krieg in einen Dornröschenschlaf zu fallen. Als man dann
Ende des 19. Jahrhunderts Rothenburg wiederentdeckte, fand man ein
Städtchen vor, in dem die Uhren
irgendwann vor Hunderten von Jahren stehen geblieben waren. Und
man beschloss, dass für alle Zeiten
alles so bleiben sollte, wie es war.
Das Resultat ist eine Puppenstube
altdeutscher Gemütlichkeit mit
Fachwerk und Butzenscheiben,
Kopfsteinpflaster und Spitzgiebeln.

11 Ansbach

Ansbach zählt zu den ältesten Siedlungen des Rangaus. Seine Bedeutung verdankt das Städtchen den
Hohenzollern, die den Ort um die
Mitte des 15. Jahrhunderts zu ihrer
Residenz ausbauten. Vom Markgra-
fenschloss mit Orangerie und Hof-
garten bis hin zur Markgrafengruft
in der St.-Gumbertus-Kirche spannt

Bildleiste von oben:
Weggabelung Plönlein in
Rothenburg ob der Tauber.

Hoch über der Stadt Schillingsfürst
thront das gleichnamige,
prächtige Schloss.

Grüner Turm und
Segringer Tor in Dinkelsbühl.

Im Naturpark Frankenhöhe
entspringt die Altmühl.

ROUTE 31

sich der Bogen der fürstlichen Hinterlassenschaften. Den Spuren eines anderen berühmten Bürgers der Stadt kann man im Museum und am Denkmal des Findlings Kaspar Hauser folgen, der hier im Jahre 1833 sein Leben lassen musste. Die Markgrafen des Ansbacher Fürstentums hatten ihre einflussreichen Hände auch bei der Entwicklung Schwabachs im Spiel. So breitet sich hier einer der schönsten Marktplätze Süddeutschlands mit dessen Schmuckstück aus: Der so genannte Schöne Brunnen entstand im Jahr 1715 zu Ehren des Markgrafen Friedrich Wilhelm.

12 Windsbach

Das ist ja mal richtig cool: In Windsbach wäre es ein großer Fehler, an warmen Tagen nicht den Kombi auszuziehen und in das spektakuläre Waldstrandbad zu hüpfen. So viel Wald wie einst ist zwar nicht mehr vorhanden, doch das riesige Bad mit seinem 100 mal 60 Meter großen Becken ist von Bäumen umgeben und wird von einem Bach gespeist. Es steht längst unter Denkmalschutz und ist wohl trotz etlicher Renovierungen fast noch im Orginalzustand. Neben der 6000 Quadratmeter großen Wasserfläche, einer Sprungturmanlage und einer historischen Elefantenrutsche gibt es auch noch eine Seetribüne und Wohnmobilstellplätze. Keine Frage, ein Biergarten ist natürlich auch vorhanden. So mancher lässt daher die Stadt links liegen und fläzt sich nur noch in der Sonne. Was auch wieder schade wäre, denn das Zentrum mit seinen Kopfsteinpflastergassen ist wirklich charmant.

13 Gunzenhausen

In Gunzenhausen endet der Trip über gute 290 Kilometer auch wieder. Spätestens jetzt bietet es sich an, den Tag mit einem Sprung in den See zu krönen. Oder in einem der Gunzenhausener Biergärten auf einen langen, aber erlebnisreichen Tag im Motorradsattel anzustoßen.

Zum Hirschen Bechhofen
Kanalstr. 1
91572 Bechhofen
Tel. 09822/318
www.zum-hirschen-
bechhofen.de

Hotel Gasthof Zur Linde
Vorm Würzburger Tor 12
91541 Rothenburg
o.d. Tauber
Tel. 09861/94690
www.hotel-linde-
rothenburg.de

Landgasthof Pröll
Am Haselberg 1
85072 Eichstätt-
Landershofen
Tel. 08421/99880
www.landgasthof-proell.de

Die Strecke führt teilweise dicht an der Altmühl entlang. Schöne Blicke sind also inklusive.

Donauliebe

Diese Tour durch die Oberpfalz bietet nicht nur Entspannung im Motorradsattel, sondern auch jede Menge fürs Auge. Ein Highlight kommt zum Abschluss der Strecke – die Befreiungshalle von Kelheim.

OBERPFÄLZER WALD

Der Oberpfälzer Wald war seit dem Mittelalter ein Zentrum der Industrie, die die reichlich vorhandene Wasserkraft nutzte. So siedelten sich an Naab und Schwarzach, Schwarzer Laaber, Pfreimd, Murach und Ascha zahlreiche Glashütten und Eisenhämmer an. Die benötigten Holz in rauen Mengen, weshalb immer mehr Wald gerodet wurde. Befestigungsanlagen schützten die Gegend, weshalb der Oberpfälzer Wald nach wie vor von zahlreichen Burgen geprägt ist. Später entdeckte man Braunkohlevorkommen und beutete diese im Tagebau aus, was die Landschaft teilweise stark veränderte. Nachdem die Vorkommen erschöpft waren, besann sich die Region wieder auf ihre Naturschönheiten, die allerdings in Teilen erst einmal wiederhergestellt werden mussten. Aus der Not machte man eine Tugend. Zahlreiche durch den Tagebau hervorgerufene Senken wurden geflutet. Sechs Seen mit einer Gesamtfläche von 650 Hektar entstanden – das Oberpfälzer Seenland mit den größten Seen Ostbayerns. Zusammen mit den hügeligen Waldlandschaften und den Flusstälern bilden sie zauberhafte Kulissen für diejenigen, die ihre Augen offenhalten. Enthusiasten schwärmen gar vom »Grünen Dach Europas«, denn der Oberpfälzer Wald bildet mit Böhmen eine über Jahrhunderte gewachsene Kulturlandschaft. Bis Prag, Karlsbad, Marienbad oder Franzensbad ist es nur ein Katzensprung.

Die abwechslungsreiche Landschaft eignet sich natürlich auch bestens für akzentreiche Touren mit dem Motorrad. Die Steigungen lassen jedes Bikerherz höherschlagen und von den zahlreichen Hügeln bieten sich herrliche Ausblicke über die Gegend, während die vielen Seen für Erfrischung und Abkühlung an heißen Tagen sorgen.

Beim Kloster Weltenburg gibt es mit den Ausläufern der Fränkischen Alb eine starke Barriere. Senkrechte Kalkwände zwängen hier die Donau in ein schmales Bett, das nur per Schiff durchquert werden kann.

![Die Steinerne Brücke, Regensburg]

Die Steinerne Brücke, rund 800 Jahre die einzige Donaubrücke der Stadt, und der Dom mit seinen markanten Zwillingstürmen sind das Wahrzeichen Regensburgs.

ROUTE 32

Routenlänge: ca. 260 km
Zeitbedarf: ca. 2 Tage,
reine Fahrzeit ca. 5 Std.
Charakteristik: Die Flüsse
Altmühl, Donau und Regen
bilden den reizvollen Rahmen
dieser beschaulichen Tour.
Start und Ziel: Regensburg
Informationen:
www.naturpark-opf-wald.de
www.natururlaub.bayern.de
www.tourismus-parsberg.de
www.schwandorf.de
www.oberviechtach.de

Hier geht's
zum
GPS-Track

01 Regensburg

Regensburg, das ist Geschichte pur: Wenige Städte in Deutschland können auf eine so lange und wechselvolle Vergangenheit zurückblicken. Doch als Universitätsstadt und bedeutender Standort der Biotechnologie ist sie nicht in ihrer Historie erstarrt. Wie München wird Regensburg manchmal als »nördlichste Stadt Italiens« bezeichnet. Wegen der vielen alten Geschlechtertürme, die man sonst auf dieser Seite der Alpen so nicht findet, aber auch wegen des entspannten Flairs auf den schönen alten Plätzen. Vermutlich ist es nur der schlechten wirtschaftlichen Situation der Nachkriegsjahre zu verdanken, dass die vielen alten Gebäude aus dem Mittelalter und der frühen Neuzeit, als Regensburg eine der reichsten und bedeutendsten Städte Deutschlands war, keinen Modernisierungen zum Opfer fielen. Heute ist die Stadt an der Donau längst wieder zu einer prosperierenden Metropole geworden und kann mit über 1500 denkmalgeschützten Gebäuden, darunter einer Anzahl großartiger Kirchen-, Stifts- und Klosterbauten, einzigartige Zeugnisse einer glanzvollen Vergangenheit vorweisen.

02 Naturpark Oberer Bayerischer Wald

Rund um den Bayerischen Wald gibt es mehrere Naturparks und auch einen Nationalpark. Der Naturpark Oberer Bayerischer Wald zählt mit einer Fläche von 1738 Quadratkilometern zu den größten Bayerns. Nicht ganz die Hälfte seines Gebiets steht unter Naturschutz und ist in zwölf Bereiche aufgeteilt. Mit 1293 Metern gehört der Große Osser zu den höchsten Bergen der Region. Er liegt direkt an der Grenze zu Tschechien und bildet mit dem Kleinen Osser, zwei Höcker, die weithin sichtbaren Wahrzeichen des Parks. Die Kombination aus Wäldern, Ber-

Das Biertor in Cham lädt ein, die schöne Altstadt zu betreten.
Auch die Figur des heiligen Nepomuk gibt sein Geleit.

gen, Tälern und einigen Seen sorgt für perfekte Freizeitmöglichkeiten.

03 Naturpark Oberpfälzer Wald
Herzstück des Oberpfälzer Waldes ist der gleichnamige, 1985 gegründete Naturpark, der als besonders schöne Erholungslandschaft im Freistaat Bayern gilt. Auf einer Fläche von mehr als 81 000 Hektar erstreckt er sich zwischen dem Landkreis Schwandorf, dem Naturpark Oberer Bayerischer Wald, Tschechien und dem Naturpark Nördlicher Oberpfälzer Wald. Mehr als 40 Prozent der Fläche bestehen aus Wald, wobei in den tieferen Lagen die Kiefer dominiert und die Fichte eher weiter

AUSFLUGSZIELE

Cham
Die Stadtpfarrkirche St. Jakob ist der Mittelpunkt von Cham, der ältesten Stadt im Bayerischen Wald. Auch der mittelalterliche Straubinger Turm und das Burgtor sind noch gut erhalten. Chammünster, drei Kilometer östlich von Cham gelegen, war eine der ersten Klostergründungen der Benediktiner in Bayern (um 740), um die Kolonisierung im »Nordwald« voranzutreiben. Die ehemalige Abteikirche birgt Kunstschätze, die vom 13. Jahrhundert bis ins Spätrokoko datieren.
www.cham.de
GPS 49.21782, 12.66638

Burglengenfeld
Weithin sichtbar ist der Bergfried der Burgruine hoch über Burglengenfeld nördlich von Regensburg. Die Burg Burglengenfeld sollte ursprünglich wohl den benachbarten Ort Premberg schützen, einen wichtigen Ort des Handels mit den angrenzenden Slawen seit der Zeit Karls des Großen. Die Altstadt ist von mittelalterlich anmutenden Gässchen und Profanbauten aus dem Hochmittelalter im Stil der Renaissance geprägt und als gesamtes Ensemble denkmalgeschützt. Sehenswert ist das Rathaus aus dem 15. Jahrhundert mit seiner tiefroten Fassade.
www.burglengenfeld.de, GPS 49.20711, 12.03996

Ganz links: Schöne Wanderwege führen durch den Naturpark Oberpfälzer Wald.

Links: Die Tour bietet viel Entspannung im Motorradsattel.

Mitte: Die von Ludwig I. geplante Befreiungshalle bei Kelheim beansprucht ein ganzes Plateau. In der Ruhmeshalle sind Persönlichkeiten der deutschen und europäischen Geschichte versammelt.

Unten: Direkt an der Naab liegt das hübsche Städtchen Burglengenfeld. Auf dem Stadtgebiet wird der Fluss besonders breit.

oben zu finden ist. Die früheren, doch inzwischen wieder aufgeforsteten Rodungsinseln sind nach wie vor erkennbar. Burgen und Burgruinen sind oft von weither zu sehen, dafür verstecken sich in den Wäldern romantische Kapellen.

04 Oberviechtach

Der berühmte Mann trat mit Getöse auf. Stille Bescheidenheit war seine Sache nicht. Wenn er sich einer Stadt näherte, dann begleitet von Trompetenstößen und Trommelwirbeln. Die Rede ist vom Wanderarzt Johann Andreas Eisenbarth, der nie Doktor war, auch wenn das bekannte Trinklied das suggeriert. Sein Gefolge bestand aus bis zu 120 Leuten, darunter Feuerspucker, Degenschlucker und Gaukler. Trotz seines prahlerischen Auftretens hatte der Mann was drauf. Er war ein tüchtiger Wundarzt, Bruch- und Steinschneider, der eben auch etwas von PR verstand. Seine Heimat- und Geburtsstadt Oberviechtach profitiert noch heute davon. Es gibt das Doktor-Eisenbarth-Festspiel, das Doktor-Eisenbarth- und Stadtmuseum, den Doktor-Eisenbarth-Brunnen, sein Geburts- und Elternhaus, und wer ein besonderes Mitbringsel sucht, greift zum Eisenbarth-Elixier.

05 Schwandorf

Mit den stolzen weißen Wasservögeln hat Schwandorf eher nichts zu tun. Ursprünglich hieß die Siedlung Suanicondorf, was auf ihre slawischen Wurzeln hindeutet. Suhai bedeutet Bursche, und der Ort hieß demnach Dorf der Burschen. Gesiedelt wurde an der Schnittstelle von vier Senken in der Schwandorfer Bucht. Die Stadt geht heute fast nahtlos über in das Oberpfälzer Seenland mit dem Klausensee mit seinem feinen Sandstrand, dem Steinberger See, der auch als Tauchparadies gilt, dem Murner See und dem Brückelsee. Wer's gern etwas weniger naturbelassen liebt, besucht das 42 000 Quadratmeter große Erlebnisbad »Badelandschaft« mit seinen diversen Attraktionen.

06 Parsberg

Die Burg- und Schlossanlage sowie die Kirche St. Andreas prägen das Bild der viertgrößten Stadt im Landkreis Neumarkt in der Oberpfalz. Errichtet wurde diese Burg auf den Trümmern ihrer Vorgängerin um das Jahr 1450. Das Burgmuseum entführt in diese Zeit, bietet aber auch Einblicke in frühere Kulturen. Seltene Stücke beispielsweise sind eine keltische Linsenflasche und eine Maskenfibel, die ebenfalls von keltischen Handwerkern geschaffen wurde. Die Burgspiele im Juli bieten Freilichtaufführungen und im August startet das Volksfest mit Vergnügungspark. In diesem Rahmen wird auch ein Schäfflertanz aufgeführt, eine Reminiszenz an die frühere Brauerei in Parsberg.

AUSFLUGSZIELE

Walhalla

Man glaubt den Parthenon von Athen vor sich — wären da nicht die bewaldeten Hänge über einem Fluss namens Donau. Tatsächlich war der Tempel der Athene Parthenos auf der Akropolis das Vorbild für die Walhalla in Donaustauf bei Regensburg. Der bayerische König Ludwig I. ließ seinen Architekten Leo von Klenze griechische Antike mitten in die Oberpfalz verpflanzen. Auch der Ort, weithin sichtbar am Berg, ist gut gewählt. In dem 1830 bis 1842 errichteten Bau werden keine Götter angebetet oder in Schlachten gefallener Helden gedacht, sondern »große Deutsche« verehrt. Der Wittelsbacher wollte ein Zeichen setzen und napoleonischem Feldherrnruhm »deutsche Kultur« in Marmor entgegenstellen. 194 deutschsprachige Persönlichkeiten sind es heute, an deren Werke und Taten mit Büsten (130) oder Gedenktafeln (64) das erste deutsche Nationaldenkmal erinnert. Dazu gehören Komponisten wie Wagner und Strauss, der Humanist Ulrich von Hutten oder Otto von Bismarck.
GPS 49.03114, 12.22406

Kloster Weltenburg

Auf einer Landzunge der Donau steht das Kloster Weltenburg, das mit der um 1050 errichteten Klosterbrauerei eine der ältesten Bierbrauereien der Welt besitzt. Hochwasserschäden und Plünderungen haben dem Bau immer wieder zu schaffen gemacht. Zwischen 1716 und 1739 wurde die heutige Klosteranlage von den Brüdern Asam erbaut. Wie es sich für ein Kloster gehört, gibt's natürlich auch eine Klosterschenke. **www.kloster-weltenburg.de**
GPS 48.89921, 11.82005

07 Kelheim

König Ludwig I. von Bayern dachte in großen Dimensionen und stieß auch ebensolche Bauprojekte an. Dazu gehört die Befreiungshalle auf dem Michelsberg oberhalb von Kelheim an der Donau. Sie sollte eine Mahnung an die Deutschen sein, endlich die Kleinstaaterei zu überwinden und die nationale Einheit herbeizuführen. Der Name des Bauwerks erinnert an die Befreiungskriege 1813 bis 1815, die im Kampf gegen Napoleon erstmals nationale Begeisterung entfachten. Die deutliche Anlehnung an Bauformen der Antike war dem Stil des damals vorherrschenden Klassizismus eigen. Der Befreiungskampf der Hellenen (1821–1830) gegen die Türken steigerte die Begeisterung für »edle Einfalt, stille Größe« noch. 1842 endlich konnte Ludwig den Grundstein für die Befreiungshalle legen. 1863 wurde der überkuppelte Rundbau aus Kalkstein mit seiner Aussichtsplattform eingeweiht.

08 Regensburg

Es wäre schade, eine Tour durch den Oberpfälzer Wald ohne eine Übernachtung in Regensburg zu planen. Die Studenten der Stadt feiern gerne, genießen die Biergärten, die

Zur Taverne
Lind 12
92526 Oberviechtach
Tel. 09671/2532
www.landgasthof-zur-taverne.de

Krämerhof
Neunburger Str. 1
92554 Kulz-Thanstein
Tel. 09676/325
www.kraemerhof.de

Fichtenranch
Fichten 2
92366 Hohenfels
Tel. 09472/1276
www.fichtenranch-freiluftcafe.de

Historische Wurstkuchl und die durch Regensburg fließende Donau. Es ist eine Stimmung, von der man sich gerne mitreißen lässt. Also am besten irgendwo einquartieren und die schöne Atmosphäre aufsaugen. Abgesehen davon: Nach einem Tag auf dem Sattel ist ein frisch gezapftes Feierabendbier eine herrliche Abrundung für diese genussvolle Tour durch die Oberpfalz.

Die Kuppeldecke der Befreiungshalle Kelheim endet in einem »Auge«, das Licht in die Halle lässt; Vorbild war das Pantheon in Rom.

ROUTE 3

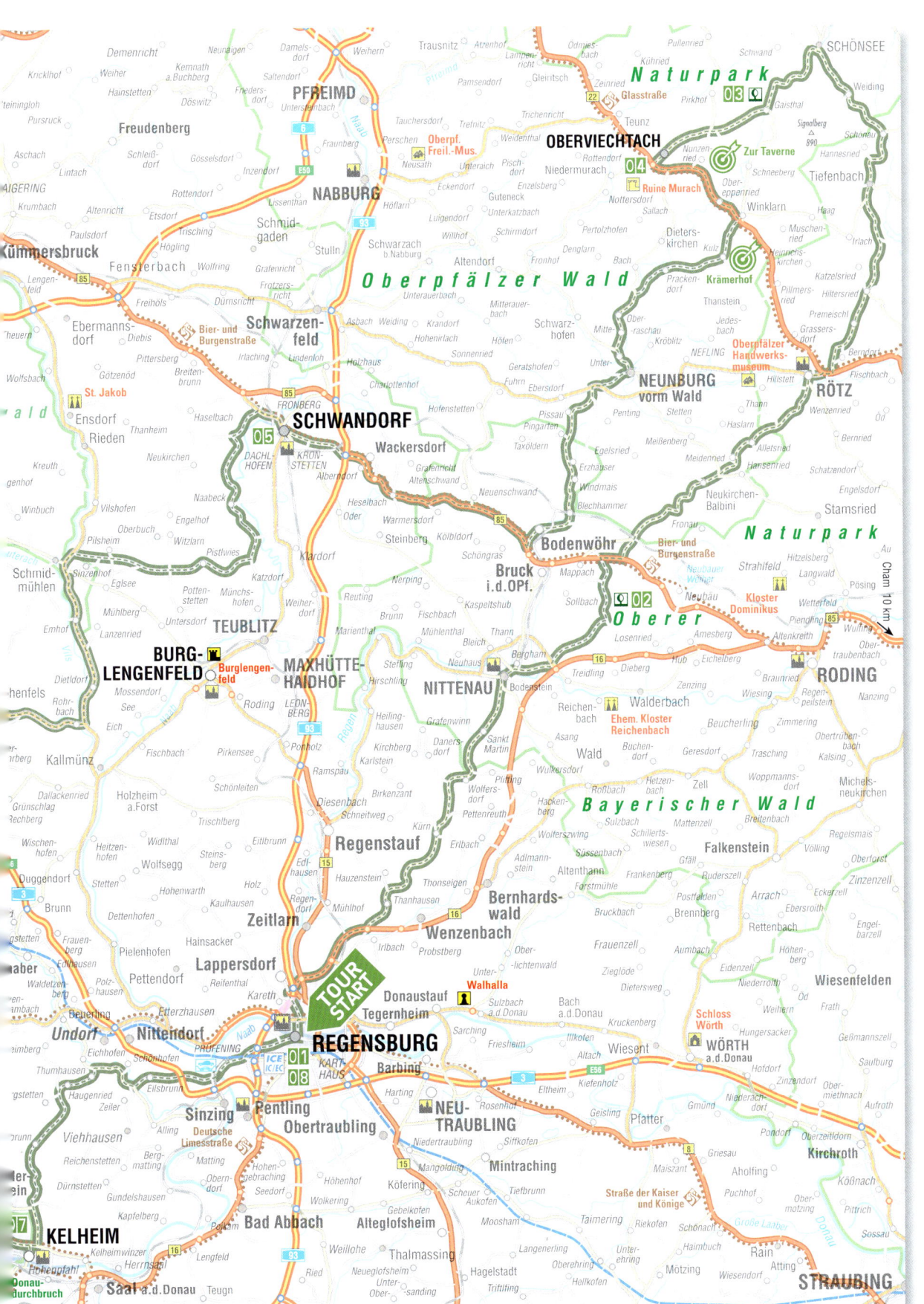

BAYERISCHER WALD

Der König ist kurvenreich. Dennoch wird er, wie es sich für einen Monarchen gehört, niemals als unförmig bezeichnet. Abgesehen davon ist der König des Bayerischen Waldes kein bajuwarisches Mannsbild, sondern ein stattlicher Berg – von daher sind Ausbuchtungen und fließende Formen kein Manko. Vor allem für Motorradfreunde darf ein Berg ohnehin gerne so kurvenreich sein wie der Große Arber, der mit seinen 1456 Metern als der »König des Bayerischen Walds« bezeichnet wird. Es gibt etliche Motorrad-touren durch die Region. Die einen führen bis nach Tschechien, die anderen beginnen in München oder Nürnberg. Wer aufbricht, wird auf Straßen treffen, die schon einmal Steigungen oder ein Gefälle von 15 Prozent aufweisen, und am Ende des Tages auf erstaunliche Höhenmeter zurückblicken. Der Schwierigkeitsgrad wird meist als mittel bezeichnet, denn zu unterschätzen sind die Straßen nicht. Dafür fährt der Biker aber durch eine Landschaft, die auf ihre Art und Weise einzigartig ist. Vielleicht auch, weil sie meist nicht verbaut ist. Hier gibt es viel Wald, frische Luft und kleine Städtchen, deren Bewohner sich noch über Gäste freuen. Immerhin galt der Bayerische Wald bis 1989 als »Zonengrenze«, als »Armen-haus Bayerns«. Doch seit dem Fall des Eisernen Vorhangs hat sich viel getan, das einstige Randgebiet rückte näher ans Zentrum Europas heran. Auch die Infrastruk-tur, wie Straßen und Zugverbindungen, wurde stark verbessert. Umso mehr reizt es heute, auf dem Motorrad die einst vernach-lässigte Region kennenzulernen.

Ausblick vom Siebensteinkopf auf Finsterau bei Mauth – der Bayerische Wald ist ein wahres Paradies für eine Tour auf zwei Rädern.

Der Wildnis auf der Spur

Ruhe, Platz, intakte Natur, freundliche Menschen, ein meist sehr gutes Preis-Leistungs-Verhältnis – Motorradfahrer finden hier ein dichtes Netz kleiner und kleinster Sträßchen, teils mit unerwartet hohen Steigungen vor. Oft ist man ganz alleine unterwegs.

Oben und Mitte: Wild und ursprünglich geht es im Bayerischen Wald noch zu. Auf Holzplankenwegen kann man die wunderschöne Natur erkunden und auf so manchen Wasserfall stoßen.

ROUTE 33

Routenlänge: ca. 260 km
Zeitbedarf: 1–2 Tage, reine Fahrzeit ca. 5 Stunden
Charakteristik: Die Tour kann locker an einem Tag gefahren werden. Dann allerdings verpassen die Biker einen Besuch der schönsten Städte. Vorschlag: eine Übernachtung einplanen.
Start und Ziel: Deggendorf
Informationen:
www.bayerischer-wald.de
www.nationalpark-bayerischer-wald.bayern.de

Hier geht's zum GPS-Track

01 Deggendorf

An der Donau gelegen, gehörte Deggendorf zu den wichtigen wittelsbachischen Stadtgründungen des 13. Jahrhunderts. Typisch dafür ist der lang gestreckte Marktplatz mit dem in der Mitte frei stehenden, gotischen Rathaus samt Stadtturm.

02 Bogen

Unten fließt die Donau vorbei, Lastkähne tuckern flussauf- und -abwärts und hoch auf dem Berg thront ein beachtlicher Kirchenbau. Die alte Grafenstadt Bogen am Eingang zum Bayerischen Wald ist vor allem unter Marienpilgern bekannt. Die Wallfahrtskirche auf dem Bogenberg ist Ziel einer der ältesten Marienwallfahrten Bayerns. Die heutige Pfarrkirche Heiliges Kreuz und Mariä Himmelfahrt wurde bereits im 15. Jahrhundert errichtet. Es würde allerdings der Stadt nicht gerecht werden, sie nur auf ihr attraktives Panoramabild zu reduzieren. Auch

der mit 400 Metern Länge beachtliche mittelalterliche Stadtplatz mit seinen vielen Bürgerhäusern ist sehenswert.

03 Bad Kötzting

Wer an Pfingsten in der Region ist, sollte sich, ob gläubig oder nicht, dieses Spektakel nicht entgehen lassen. Der Pfingstritt in Bad Kötzting ist eine der größten Bittprozessionen der Welt, die zu Pferde begangen werden. Bis zu 1000 festlich geschmückte Rösser verlassen um acht Uhr morgens die Stadt und machen sich auf den Weg nach Steinbühl. Seit dem Jahr 1412 ist diese Tradition lebendig. Sehenswert ist in Bad Kötzting auch die Pfarrkirche Mariä Himmelfahrt. Sie ist von einer imposanten Wehranlage umgeben.

04 Furth im Wald

Die kleine Stadt Furth im Wald nahe der tschechischen Grenze steht ganz im Zeichen der Drachen: Der Further

In Deggendorf gibt es zahlreiche Stellplätze für Motorräder. Hier kann man sein Bike bequem abstellen und die Altstadt zu Fuß erkunden.

Drachenstich gilt als das älteste Volksschauspiel Deutschlands, das seit 1590 erst als Teil der Fronleichnamsprozession und heute als eigenständiges Volksfest im August stattfindet. Über 1000 Bürger der Stadt beteiligen sich – in mittelalterliche Kostüme gewandet – an dem Spektakel, bei dem am Ende ein Drache getötet wird. Für die nötigen Effekte sorgt dabei heute ein elf Tonnen schwerer Laufroboter, der den Drachen mimt. Ein großer Spaß für Kinder ist der Besuch in der Further Drachenhöhle. Das bewegliche Exemplar vom Drachenstich kann von April bis Oktober in seiner Höhle besucht werden.

AUSFLUGSZIELE

Nationalpark Bayerischer Wald

Im Oktober 1970 wurde der Nationalpark offiziell aus der Taufe gehoben. Er ist damit der erste und älteste in Deutschland. Der Wald, bestehend vor allem aus Buchen und Fichten, ist das bestimmende Element des Parks. Ab dem Mittelalter begann die Bewirtschaftung bzw. Nutzung von Holz. Man rodete Flächen, um Klöster und später Siedlungen zu bauen. Auch für die Glashütten, die für die Region von Bedeutung waren, brauchte man Brennstoff. Glücklicherweise gab es so viele Bäume, dass der Bestand nicht gefährdet wurde. Allerdings wurden seit Anfang des 20. Jahrhunderts vor allem viele alte Baumriesen gefällt und durch Fichten, die besonders schnell wachsen, ersetzt. Mit Gründung des Nationalparks hat man dieser Entwicklung Einhalt geboten. Jetzt heißt es die Natur weitestgehend sich selbst zu überlassen. Bär, Wolf und Luchs haben früher frei im Bayerischen Wald gelebt. Heute sind sie nur noch in Freigehegen zu Hause, die kostenfrei besucht werden können. So kann man auch Wildschwein, Ur-Rind, Braunbär und Wildkatze in aller Ruhe beobachten. Das Wegenetz durch den gesamten Nationalpark ist bestens erschlossen. Und selbst Wintersportfreunde kommen auf ihre Kosten.
www.nationalpark-bayerischer-wald.bayern.de

05 Neukirchen beim Heiligen Blut

Reizvoll zu Füßen des Hohen Bogen liegt der bedeutendste Wallfahrtsort im Bayerischen Wald. Schon von Weitem sichtbar am Ortseingang ist die Wallfahrtskirche Mariä Geburt, ein kreuzförmig angelegter Barockbau mit prächtiger Ausstattung.

06 Lamer Winkel

Im Tal des Weißen Regen liegt rund um den Ort Lam der sogenannte Lamer Winkel, ein besonders reizvolles Stück Bayerischer Wald mit etlichen »Tausendern«. Hausberg ist der Osser, den man gut an seinem felsigen Gipfelgrat erkennen kann. Der Blick über das Arbermassiv, in den Böhmerwald und an klaren Tagen bis zu den Alpen lohnt den Aufstieg. Im Quellgebiet des Weißen Regen liegt der Kleine Arbersee, ein Relikt der letzten Eiszeit.

07 Bayerisch Eisenstein

Wenn ein Fremdenverkehrsort damit wirbt, vor allem Ruhe und Erholung zu bieten, heißt das oftmals nichts anderes, als dass man hier, wie der Rheinländer zu sagen pflegt »nicht tot über dem Zaun hängen möchte«. Bayerisch Eisenstein lobt zwar ebenfalls die Ruhe der Region, wer sich aber in dem Grenzort zu Tschechien

langweilt, ist selbst schuld. Neben unberührter Natur punkten hier das Skizentrum Großer Arber, ein Glashütten-, Tier- und Bahnmuseum, ein Wanderpark sowie die Nationalparkinfozentren. Einen Abstecher über die Grenze macht ohnehin fast jeder Urlauber: Die tschechische Seite lockt mit günstigen Shoppingmöglichkeiten.

08 Frauenau

Im alten Glasmacherort Frauenau lassen sich diverse Glashütten, -schleifereien und Hinterglasmalereien besichtigen. Besonders schöne Stücke der Glasbläser sind im Glasmuseum ausgestellt. Schmale Pfade führen von hier aus bergabwärts zu den Bayerwald-Almen, den sogenannten Schachten, die ab dem 16. Jahrhundert durch Brandrodung entstanden, sowie zu den Filzen, wie die Hochmoore auf 1000 Meter Höhe genannt werden. Der Erlebnisweg »Schachten und Filze« bei Frauenau ermöglicht im Rahmen einer Wanderung gute Einblicke.

09 Grafenau

Freunde des Schnupftabaks werden in Grafenau definitiv einen Halt einplanen. Immerhin hat hier das weltweit einzige Museum eröffnet, das

Bildleiste von oben:
Das Elefantentreffen in Thurmansbang findet jedes Jahr mitten im Winter statt.

Eine der bedeutendsten Burganlagen Ostbayerns – Burgruine Weißenstein in der Nähe von Regen.

Grafenau liegt in unmittelbarer Nähe zum Nationalpark.

sich dieser Art – manche betrachten es auch als Unart – des Tabakkonsums widmet. Selbst in einem kompletten Leben nicht zu konsumieren dürfte das größte Schnupftabak-Glas der Welt sein, das hier ausgestellt ist. Es fasst 30 Kilo des nasalen Genussmittels. Ebenso bodenständig, aber für etwas breitere Bevölkerungsschichten interessant ist das Bauernmöbelmuseum. Es widmet sich insbesondere der Bemalung der Möbel. Vor allem im Sommer ist der Kur-Erlebnispark Grafenau mit seinem zweigeteilten See reizvoll.

10 Niederalteich

Das älteste Benediktinerkloster Bayerns, vermutlich 741 gegründet, liegt in der Donauniederung und

AUSFLUGSZIELE

Burgruine Weißenstein

Schon von Weitem sind die Mauern der Burgruine Weißenstein hoch über der Kreisstadt zu sehen. Sie thront auf rund 750 Metern direkt auf dem 150 Kilometer langen Quarzfelsen Pfahl, der sich durch den Bayerischen Wald zieht und in Weißenstein einen seiner höchsten Punkte erreicht. Viele Jahre hatte die Burg einst Angriffen standgehalten. Im Österreichischen Erbfolgekrieg aber wurde sie 1742 nahezu dem Erdboden gleichgemacht. Nur wenige Gebäude, darunter der mächtige Burgturm, haben die Zerstörungswut überstanden. Ritter, Burgfräulein, Bogenschützen, Schwertkämpfer und Gaukler erinnern alle zwei Jahre beim großen Ritterspektakel an das Leben auf der Burg anno dazumal und an die große Schlacht um Weißenstein.

www.burgruine-weissenstein.de
GPS 48.95075, 13.14183

Elefantentreffen

Rund 40 Kilometer nördlich von Passau verwandelt sich die Gemeinde Thurmansbang im niederbayerischen Landkreis Freyung-Grafenau seit mehr als 60 Jahren zum unvergleichlichen Highlight für Motorradfahrer. Und zwar immer dann, wenn Biker aus allen Teilen Europas gemeinsam rund ums Lagerfeuer im verschneiten Talkessel miteinander feiern – ihre Leidenschaft, die Freiheit und das Leben. Informationen mit »Warm-Up«-Stopps für spezielle Kaffeepausen gibt's unter
www.bvdm.de, **GPS 48.76612, 13.31514**

war einst ausschließlich per Fähre erreichbar. Sehenswert ist die doppeltürmige Klosterkirche, ein Barockbau mit überwältigender Raumwirkung und umfangreichem Freskenzyklus.

11 Deggendorf

Nach Ende der Tour hat man wieder den Ausgangspunkt Deggendorf erreicht. Wer noch etwas Zeit hat, kann nun noch den Donaupark in Deggendorf besuchen. Das ehemalige Landesgartenschau-Gelände ist heute ein Freizeit- und Erholungsgebiet direkt am Fluss. Ein perfekter Platz, um sich vor der Heimfahrt ein wenig niederzulassen.

Das Kloster Niederalteich bietet auch Gästezimmer an.

Und dann geht es wieder zurück in Richtung Heimat ...

Waldesruh
Kühberg 14
93437 Furth im Wald
Tel. 09973/1083
www.landhotel-waldesruh.com

Fischerwirt
Hohenzollernstr. 2 + 4
94252 Bayerisch Eisenstein
Tel. 09925/482
www.hotel-grenzwald.de

Bikertreff Arberseehaus
Arberseestr. 42
94252 Bayerisch Eisenstein
Tel. 09925/902003
www.arberseehaus.de

Hotel Waldfrieden
Waldschmidtstr. 10
94518 Spiegelau
Tel. 08553/9799660
www.hotelwaldfrieden.de

FURTH
im Wald

Eschlkam

Neukirchen
bei Heiligen Blut

Glassstraße

Lam

BAD KÖTZTING

VIECHTACH

Drachselsried

Bodenmais

Lokalbahn Museum
Fischerwirt

Bayerisch
Eisenstein

Bikertreff
Arberseehaus

Haus zur Wildnis

Nationalpark

Národní park
Šumava

ZWIESEL

Waldmuseum

Glasmuseum

Frauenau

Glassstraße

Bayerischer Wald

REGEN

Burg
Weißenstein

Rinchnach

Spiegelau

Bischofsmais

Kirchberg

Kirchdorf
im Wald

-Riedlhütte

Hotel Waldfrieden

St.Oswald-

GRAFENAU

Metten

Kloster
Metten

DEGGENDORF

TOUR
START

Schönberg

Bier- und
Burgenstraße

Elefantentreffen

Thurmans-
bang

Museumsdorf
Bayer. Wald

Fürsten-
stein

PLATTLING

Kloster
Niederalteich

Hengersberg

Schöllnach

Tittling

NÝRSKO
(Neuern)

Hrad Pajrek

CHKO

Šumava

Hrad
Velhartice

Hartmanice
(Hartmanitz)

Archeopark

Železná Ruda
(Markt Eisenstein)

Gipfelsturm

Feldberg, Schauinsland, Kandel – bei diesen Namen läuft jedem Motorradfahrer das Wasser im Mund zusammen. Denn der südliche Schwarzwald braucht sich in puncto Kurven- und Schräglagendichte vor den deutschen Alpen nicht zu verstecken – er liefert Serpentinen-strecken vom Feinsten.

SÜDSCHWARZWALD

Dass der Schwarzwald mehr als Bollenhut, Kuckucksuhr, Schwarzwälder Kirschtorte oder Schinken zu bieten hat, zeigt sich alleine beim Durchqueren der kurvenreichen Berg- und Tallandschaft. So unterschiedlich wie die Natur ist auch das Fahrvergnügen auf den Hoch- und Panoramastraßen, durch die Schluchten und Täler. Im Süden schlängelt sich beispielsweise das Albtal fast 30 Kilometer am Hochrhein hinauf zur Domstadt St. Blasien. Ein Muss für sportliche Kurvenfreaks ist natürlich die Fahrt auf den Hausberg von Freiburg – den Schauinsland. Das von 1923 bis 1984 ausgetragene ADAC-Schauinsland-Rennen hat die ehemalige Bergrennstrecke berühmt gemacht. Auf nur zwölf Kilometern sind 173 Kehren zu meistern, ehe an der 800 Meter höher gelegenen Bergstation am Gipfel das Motorrad ausrollt. Doch Achtung: Die Schauinslandstraße ist immer vom 1. April bis 1. November an Wochenenden und Feiertagen für Biker gesperrt.
Zu des Schwarzwalds ursprünglicher Natur gesellen sich traditionelles Brauchtum und ein Heilklima, von dem Besucher und zahlreiche Kurorte profitieren. Frische Luft macht hungrig und – zugegeben – zu einer echten Schwarzwald-Vesper gehört der original Schwarzwälder Schinken, der über heimischen Hölzern geräuchert wird, einfach dazu.
Von Freiburg aus geht es bei dieser Tour über Todtnau bis hin zum Schluchsee und über Bonndorf und Triberg zurück nach Freiburg. Die Landschaft ist vielfältig, von weiten Aussichten bis zu schmalen Bergstraßen in den dunklen Wäldern des Schwarzwaldes wird alles geboten.
Ein Eldorado für einen Biker, der an zumindest einem Tag im Sattel viel erleben will.

Warum der Schauinsland wohl Schauinsland heißt? Ganz einfach, von seinem Gipfel hat man einen einmaligen Blick auf die den Berg umgebende Landschaft.

Im schönen Münstertal hat man den Belchen, nach Feldberg, Seebuck und dem Herzogenhorn die vierthöchste Erhebung des Schwarzwaldes, direkt vor der Nase.

ROUTE 34

Routenlänge: ca. 270 km
Zeitbedarf: ca. 1–2 Tage, reine Fahrzeit ca. 5 Stunden
Charakteristik: Um die drei Gipfel Feldberg, Schauinsland und Kandel zirkeln Dutzende kurvenreiche Bergsträßchen mit teils perfektem Belag.
Start und Ziel: Freiburg im Breisgau
Informationen:
www.schwarzwald-tourismus.info
www.naturpark-suedschwarzwald.de

Hier geht's zum GPS-Track

01 Freiburg im Breisgau

Wie ein Ausrufezeichen ragt der 116 Meter hohe gotische Turm des Freiburger Münsters weit über die Universitätsstadt hinaus. Sogar von den Vogesen aus ist er zu erkennen – eine Konkurrenz zu Straßburg. Der elegante bis verspielt filigrane Baustil des Gotteshauses muss auf die Mentalität der Freiburger abgefärbt haben. Hier wird das Leben genossen, die Kunst und der Wein allemal. Die Zähringer Herzöge haben die Stadt, die sich in Folge zu einem bedeutenden kulturellen Zentrum entwickelte, im Jahr 1120 gegründet. Im Bombenhagel des Zweiten Weltkriegs ging die prächtige Altstadt in Flammen auf, wurde aber danach restauriert. Übrigens gehörte Freiburg die meiste Zeit seiner Geschichte zum Hause Habsburg, also zu Österreich. Mag sein, dass diese Zeit die gemütvollere Gangart geprägt hat – auf gut badisch: »Numme nit hudle!«.

02 Todtnau

Vom lieblichen Wiesental bis zum Südhang des subalpin geprägten Feldbergmassivs (1493 m) erstreckt sich die Bergwelt Todtnau auf einer Höhe zwischen 600 und 1386 Metern. Nach der Gedächtniskapelle auf der Bergerhöh, dem Fahler Wasserfall als kleinem Bruder des Todtnauer Wasserfalls und dem charmanten Gewölbekeller im Rathaus Todtnau gibt es eigentlich nur eine Entscheidung: Nach Norden und einen Abstecher zum Schauinsland einlegen, dem Freiburger Hausberg, mit süchtig machenden Kurven auf toller Bergstrecke.

03 Münstertal

Die Talgemeinde im »Tal der hundert Täler« versammelt gut 5000 Einwohner in insgesamt 65 Dörfern, Weilern, Zinken, Höfen und Häusern. Hervorgegangen aus der ehemaligen Stadt Münster zu Füßen des Benediktinerklosters St. Trudpert

Markenzeichen des Schwarzwalds sind nicht nur die Kuckucksuhren, sondern auch die prächtigen, blumengeschmückten Häuser.

(9. Jahrhundert), bestimmen heute weit verstreute Siedlungskerne das Bild. Wie es früher war, zeigt das Museum im Rathaus ebenso wie die Sammlung im Schwarzwaldhaus (1902), in dem die gleichnamige ARD-Serie gedreht wurde. Um das

Jahr 800 entstand zu Ehren des heiligen Trudpert an dessen Todesstätte das erste rechtsrheinische Benediktinerkloster St. Trudpert. Fast tausend Jahre lang, bis zur Säkularisation im Jahre 1806, war es stets Mittelpunkt des Münstertals.

04 Sankt Blasien
Die bedeutendste Sehenswürdigkeit des gepflegten Kurorts am Rand des Feldbergmassivs ist der frühklassizistische Dom der einstigen Fürstabtei St. Blasien, einer der größten Kirchenkuppelbauten Europas. Die 36

AUSFLUGSZIELE

Belchen
Der Belchen zählt mit 1414 Metern zu einer der höchsten Erhebungen des Schwarzwalds. Aufgrund der einzigartigen und seltenen Flora und Fauna wurde das Gebiet bereits im Jahr 1949 unter Naturschutz gestellt. Zu Beginn der 1990er-Jahre wurde das Schutzgebiet noch erweitert. Heute umfasst es eine Fläche von rund 16 Quadratkilometern. Vor allem in den Hochlagen kann man seltene Schmetterlings-, Käfer- und Vogelarten bewundern. Neben dem Wanderfalken findet man hier auch das Haselhuhn und die Singdrossel. Und auch im Pflanzenreich sind Sel-

tenheiten, wie die Gebirgsrose oder der Schweizer Löwenzahn, zu bestaunen.
www.belchen-seilbahn.de
GPS 47.82249, 7.83300

Titisee
Der größte natürliche See des Schwarzwalds liegt zauberhaft eingebettet zwischen den Waldhängen von Feldberg und Hochfirst. Am Ufer befindet sich der gleichnamige Ortsteil des Heilbads und Wintersportzentrums Titisee-Neustadt.
GPS 47.90115, 8.14997

Meter hohe, leuchtend weiße Innenkuppel ruht auf 20 korinthischen Säulen.

05 Schluchsee

Malerisch in dichte Wälder eingebettet liegt der Schluchsee mit einer Länge von 7,5 Kilometern, aufgestaut von der immerhin höchstgelegenen Talsperre Deutschlands, auf gut 930 Meter Höhe. An seinem Ufer befindet sich die gleichnamige Ortschaft. Hier tummeln sich im Sommer zahlreiche Wasserliebhaber. Aber auch Motorradfahrer lieben das Gebiet. Schließlich führt die erstklassige Bergstrecke mit gut ausgebauten Kehren, die übrigens auch

für Anfänger problemlos zu schaffen sind, auf der K6592 zwischen Wiesen und Forst in die »Löwenstadt« Bonndorf.

06 Schloss Bonndorf

Welche schönere Nutzung kann es geben für ein einstiges Schloss als ein Kulturzentrum? Wo manche Städte architektonisch wertvolle Glaspaläste in die Grünanlagen betonieren, widmen andere historische Gebäude um. Wie in Bonndorf, wo das Schloss aus dem 14. Jahrhundert heute unter anderem als Veranstaltungsort für Konzerte, Lesungen und Theateraufführungen genutzt wird.

07 Triberg

Triberg liegt in einem tief eingeschnittenen Tal, die Stadtplanung hat daher immer wieder ihre Mühe mit dem steilen Gelände. Triberg ist vor allem für seine Wasserfälle, aber auch als Haltepunkt der Schwarzwaldbahn bekannt. Die Wasserfälle in dem Schwarzwaldstädtchen sind die höchsten Deutschlands: Exakt 163 Meter stürzt das Wasser der Gutach nach unten. Allerdings nicht in einem Stück. Der Wasserfall gliedert sich in mehrere Kaskaden.

08 Furtwangen

Rund 5000 teils einzigartige Zeitmesser – von der Sonnenuhr bis zur

Oben rechts: Das Kloster zu Sankt Blasien ist eine ehemalige Benediktinerabtei. Heute beherbergt das geschichtsträchtige Gebäude ein Internat.

Oben rechts: Triberger Wasserfälle.

Unten: Der Schluchsee ist der größte See des Schwarzwalds. Da hoch gelegen, ist sein Wasser selbst im Hochsommer meist kühl.

Klimperkasten
Kirchbergstr. 2
79682 Todtmoos
Tel. 07674/8934
www.klimperkasten-
t0odtmoos.de

Bikertreff Staumauer
Schluchsee
Am Sonntagvormittag treffen sich Biker auf dem Parkplatz gegenüber der Schluchsee-Staumauer, um gemeinsam durch den Schwarzwald zu fahren. An der Talsperre / B 500
79859 Schluchsee

Rothaus Brauerei
Rothaus 2
79865 Grafenhausen
Tel. 07748/5229600
www.rothaus.de/erlebnis welt/brauereigasthof

Gasthof Bären
Hauptstr. 20
79822 Titisee-Neustadt
Tel. 07651/1515
www.baeren-neustadt.de

Bikertreff
Parkplatz am Sattel
Kandelstraße L 186 1
79271 St. Peter

Atomuhr – zeigt das Deutsche Uhrenmuseum. Selbstverständlich dürfen auch die berühmten Schwarzwälder Kuckucksuhren nicht fehlen.

09 Klosterdorf St. Peter
Das Klosterdorf liegt am oberen Ende des Glottertals. Herzog Berthold II. von Zähringen gründete im 11. Jahrhundert auf dem Plateau zwischen Thurner und Kandel sein Hauskloster. Die mächtige Barockkirche mit den Zwiebeltürmen ist weithin sichtbar. Nicht nur wegen ihrer Rokokobibliothek mit den prachtvollen Deckengemälden und dem Fürstensaal gilt sie als eine der schönsten Klosteranlagen im Süden Deutschlands. Bei einem historischen Dorfrundgang lässt sich die Geschichte der Anlage am besten entdecken.

10 Freiburg im Breisgau
Titisee, Höllental, Schauinsland und die Todtnauer Wasserfälle: Es gab viel zu sehen auf dieser Route durch den Südlichen Schwarzwald. Den Ziel- und Endpunkt der Route, Freiburg im Breisgau, sollte man sich aber noch mal genauer ansehen. Die lebhafte Studentenstadt ist ganz sicher eine oder auch mehrere Übernachtungen wert.

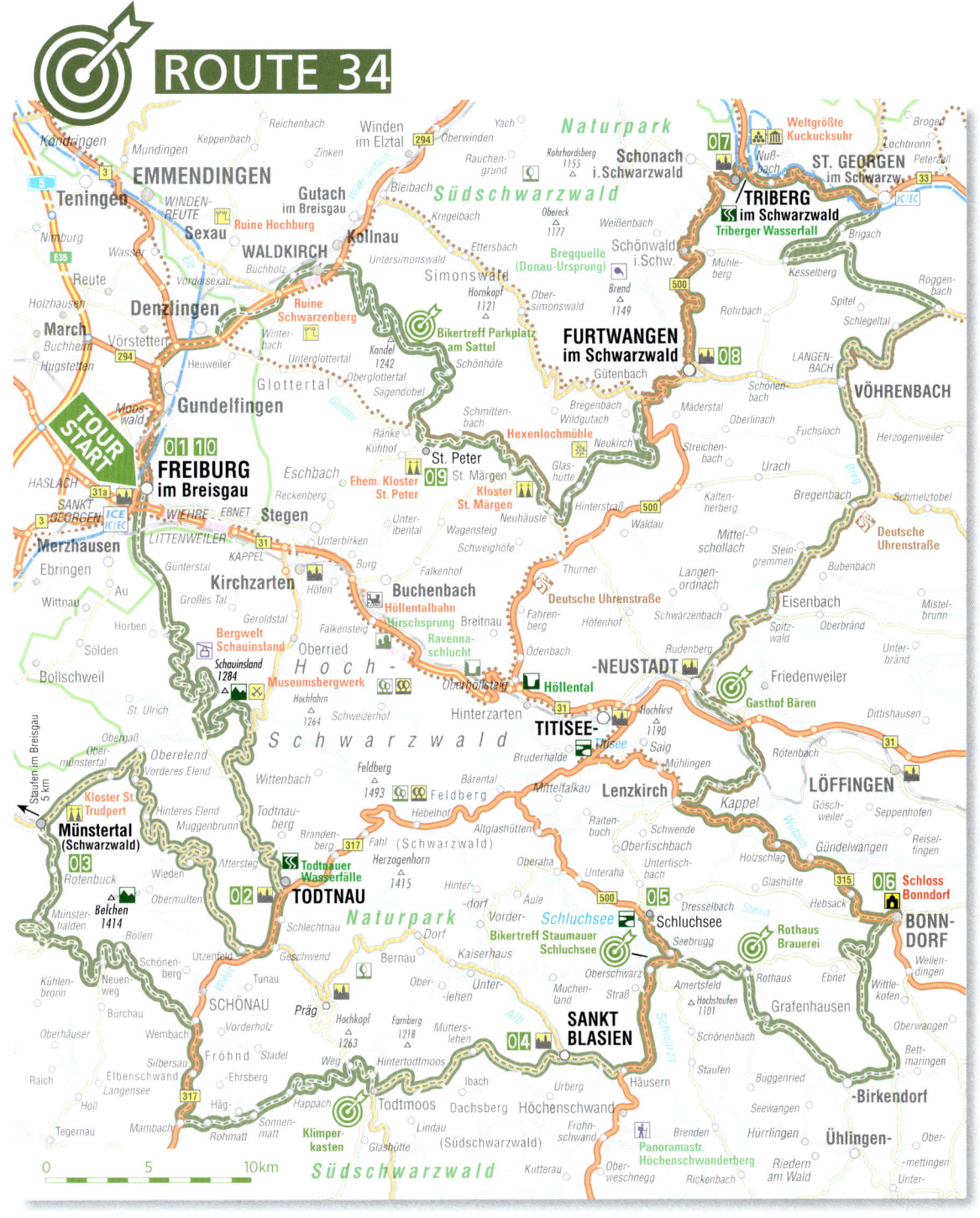

BODENSEE-OBERSCHWABEN

Wenn eine Motorradtour richtig reizvoll sein soll, muss sie Abwechslung bieten. Sicher, es kann auch Spaß machen, auf der Jagd nach Kurven durch die Bergwelt zu fahren. Wenn aber alle paar Kilometer neue Eindrücke auf den Biker einprasseln, kann das ebenso spannend sein. Vor allem aus diesem Grund ist die Tour in der Region Bodensee-Oberschwaben sehr reizvoll. Sie umfasst als eine von zwölf Regionen Baden-Württembergs den Landkreis Ravensburg, den Bodenseekreis und den Landkreis Sigmaringen. Startet man diese Tour in Sigmaringen, lockt zunächst der Naturpark Obere Donau. Wer nur ein wenig nach rechts und links schaut, sieht die vielen Burgen, Ruinen und Schlösser – und blickt auch auf eine Geschichte zurück, als eine Europäische Union niemals erahnbar gewesen wäre. Kleine und kleinste Herrschaftsbereiche dominierten die jeweilige Bevölkerung. Weitblick war fast unmöglich, es galt, das eigene Besitztum zu sichern. Nach einem guten Drittel der Tour kommt der Bodensee in Sicht. Eine kleine Schleife noch über Engen, Singen und Radolfzell, dann sind die Biker tatsächlich am »Schwäbischen Meer« angelangt. Bis Überlingen führt die Strecke teils am See entlang, mitunter sind am Ufer gut versteckte, aber exzellent ausgebaute FKK-Strände zu finden. In Überlingen angekommen, sollte ein Stadtbummel oder ein abendlicher Thermenbesuch zum Programm gehören. Hier bietet sich auch eine Übernachtung an, ehe es bei Unteruhldingen mit seinen sehenswerten Pfahlbauten wieder zurück ins optisch völlig andere Hinterland geht, in Richtung Pfullendorf und zum Startpunkt Sigmaringen zurück. War am See noch viel Weinbau angesagt, herrscht hier der Obstanbau vor. Viel Abwechslung eben – wie schon zu Beginn der Tour versprochen.

Schnurgerade führt die kleine Straße durch den Hegau und dann erscheint auf einmal am Horizont das blaue Band des Bodensees.

See in Sicht!

Eine Augenweide sind die Ausblicke von den Kuppen der Hügellandschaft auf Wiesen, Felder, Obstplantagen und – manchmal – auch
den Bodensee. Wer sich im Motorradsattel gerne genüsslich
dahingleiten lässt, der wird in der Region Bodensee-Oberschwaben
glücklich werden.

![Schloss Sigmaringen über der Donau mit Schwänen im Schlossteich]

Das Stadtbild Sigmaringens wird vom fürstlichen Schloss bestimmt, wuchtig thront es in 35 Metern Höhe über der Donau. Die Schwäne im Schlossteich kümmert so viel Anmut nicht die Spur.

ROUTE 35

Routenlänge: ca. 250 km
Zeitbedarf: ca. 1–2 Tage, reine Fahrzeit ca. 5 Stunden
Charakteristik: Die Region ist viel zu schön (Barock-kirchen!), um durchzurasen. Ein Stopp, vielleicht in Überlingen am Bodensee, wäre ratsam.
Start und Ziel: Sigmaringen
Routenverlauf:
Informationen:
www.rvbo.de
www.bodensee.de
www.oberschwaben-tourismus.de

Hier geht's zum GPS-Track

01 Sigmaringen

In Sigmaringen am Südrand der Schwäbischen Alb regierten fast 400 Jahre die Hohenzollern. Mit der Bildung Baden-Württembergs 1952 büßten sie zwar ihren Teil im Landesnamen ein, in Verwaltung, Wirtschaft und Finanzwelt ist das Etikett »Hohenzollern« aber weiterhin präsent. Auf dem Felsen über der Stadt und der Donau thront die Residenz der Fürsten von Hohenzollern-Sigmaringen. Das Schloss wurde 1893 bis 1902 nach einem Brand im historistischen Stilmix der Zeit ganz neu gestaltet. Zu den ältesten Teilen der im 11. Jahrhundert erwähnten Burganlage gehören die Reste des Bergfrieds. Den größten Eindruck macht die Waffenhalle mit ihren 3000 Ausstellungsstücken aus sieben Jahrhunderten; die Privatsammlung ist eine der weltgrößten ihrer Art. Stilecht passt sich die fürstliche Kunstsammlung mit Meisterstücken aus dem 15./16. Jahrhundert ein.

02 Tuttlingen

Genau hier, zwischen romantischem Karstgebirge und der wilden jungen Donau, liegt das charmante und moderne Tuttlingen als idealer Zwischenstopp zum Kurvenschwingen auf traumhaften Strecken. Die Stadt begeistert mit einem Fluss ohne Wasser im Viertel Möhringen. Direkt am Donauradweg verbirgt sich nämlich das einzigartige geologische Naturphänomen Donauversickerung: Im Sommer kann man dort trockenen Fußes im Flussbett spazieren und wunderschöne Versteinerungen finden. Das Stadtbild ist, verglichen mit den Nachbarorten, ungewöhnlich: Anstelle verwinkelter Gassen durchzieht ein schachbrettartiges Netz von Straßen den Stadtkern – die Folge des Stadtbrands von 1803. Für den Wiederaufbau nahmen sich die Baumeister klassizistische Stadtplanungen zum Vorbild. 2003 wurde das Ufer, an dem sich das Gerberviertel befand, zum

Pittoreske Gebäudereste, von der Natur überwucherte Mauern und immer eine spektakuläre Aussicht – das ist Hohentwiel.

schmucken und blühenden Donau-park aufgewertet.

03 Singen

Die Stadt Singen lebt von ihrem Berg und der darauf liegenden Burgruine. Doch hat sie selbst auch einiges zu bieten. Beispielsweise das Kunst-museum. Das 1990 gegründete Haus verfügt über eine umfangrei-che und wertvolle Sammlung, die mit rund 5000 Gemälden, Grafiken, Fotografien, Plastiken und Skulptu-ren eine über 100-jährige Kunstge-schichte am Bodensee vermittelt. Auch das 2013 eröffnete »MAC – Museum Art & Cars« lohnt einen Besuch. Hier gibt es kostbare Old-timer auf 1000 Quadratmeter zu bestaunen.

04 Hohentwiel

Sie ist mit einer Fläche von 90 000 Quadratmetern die größte Burg-

AUSFLUGSZIELE

Kloster Beuron

Im Tal der jungen Donau liegt das 1077 gegründete Kloster Beuron, seit 1884 Benediktiner-Erzabtei. Gegen Ende des 19. Jahrhunderts brachte die »Beu-roner Schule« eine moderne Formensprache in die religiöse Malerei ein.
www.erzabtei-beuron.de, GPS 48.05053, 8.96845

Balingen

Viele kennen die wichtigsten Produkte Balingens vom Einkaufen. Die Firma Bizerba baut Waagen und andere Präzisionsgeräte zum Verkauf von Lebensmit-teln. Die 10 000-jährige Geschichte der Wägetechnik wird daher in einem eigenen »Museum für Waage und Gewicht« gezeigt. Die Hinwendung der Stadt zum Handel wird auch in der Fußgängerzone deut-lich, die sich als entspannte Shoppingmeile präsen-tiert. Ein malerisches Märchenschlösschen ist das Zol-lernschloss, in dem zwischen 1403 und 1752 die württembergischen Obervögte residierten.
www.balingen.de, GPS 48.27375, 8.85579

ruine Deutschlands. Als Herzog Burkhard III. im Jahr 914 eine Burg auf dem Hohentwiel erbaute, die 1538 Herzog Ulrich zu einer von sieben Landesfestungen erweiterte, konnte er sich sicher nicht vorstellen, dass viele Jahrhunderte später einmal »Hohentwielfestivals« stattfinden würden, die jährlich Tausende Besucher anziehen. Die Ruine selbst ist immer noch ein beeindruckendes Zeugnis mittelalterlicher Baukunst und nicht nur wegen der bemerkenswerten Aussicht einen Besuch wert. Hier kann man über Mauerreste steigen, ein Picknick auf den grünen Wiesen veranstalten und in so manches dunkles Gewölbe kriechen.

05 Radolfzell

Facettenreich zeigt sich die Bodenseelandschaft in und um Radolfzell: Riedflächen, Mischwälder und Naturseen, dazu Streuobstwiesen und mehrere Naturschutzgebiete bieten Vogel-, Tier- und Pflanzenarten wertvolle Lebensräume. Mit der Verleihung des Stadtrechts im Jahr 1267 nahm der Aufschwung der einstigen kleinen Fischer- und Weinbauernsiedlung seinen Anfang. Das mittelalterliche Münster ist das markante Wahrzeichen der Stadt, mit dem höchsten Kirchturm am gesamten Bodensee.

06 Bodman-Ludwigshafen

Der Doppelort Bodman-Ludwigshafen krönt das westliche Ende des Überlinger Sees. Die beiden Orte ergänzen sich durch ihren unterschiedlichen Charakter und ihre Geschichte. Bodman liegt an der ruhigen Südseite, Ludwigshafen an der lebhaften, sonnigen Nordseite des Sees, dazwischen das Naturschutzgebiet des Aachrieds mit einem von uralten Bäumen gesäumten Uferweg. In Bodman stand bereits im 9. Jahrhundert eine Königspfalz, die ein bedeutender Ort des karolingischen Reiches war und später dem ganzen See den Namen gegeben hat. Ludwigshafen

war lange nur das Fischerdorf Sernatingen, bis im frühen 19. Jahrhundert ein Hafen für die ersten Dampfschiffe angelegt wurde und der Ort zu Ehren des badischen Großherzogs seinen Namen änderte. Das Zollhaus am Hafen, heute Kulturhaus, zeugt davon.

07 Überlingen

Die größte Stadt am Überlinger See trägt ihren Beinamen »badisches Nizza« zu Recht: Schon im 19. Jahrhundert war die frühere Freie Reichsstadt einer der bedeutenden Kur- und Ferienorte der »besseren Gesellschaft«. Überlingen hat durch seine geschützte Lage am Südhang eines Hügelzuges ein derart mildes Klima, dass im Stadtgarten eine subtropische Vegetation angelegt werden konnte. Weil die Bahnanlagen um die Stadt herumführen, ist fast am gesamten Ufer ein direkter Seezugang möglich, von der Bodensee-Therme bis Nußdorf. Damit besitzt Überlingen die längste Seepromenade am Bodensee. Die Stadtbefestigung ist mit Gräben, Mauern und Toren teilweise erhalten.

08 Wallfahrtskirche Birnau

Gottes Macht und Pracht sind so grandios, dass der Mensch nur stau-

AUSFLUGSZIELE

Pfahlbauten in Unteruhldingen

Die Pfahlbauten bei Unteruhldingen waren eine frühe Touristenattraktion am Bodensee. Das erste Dorf wurde in den 1920er-Jahren aufgebaut, als die Erforschung der Frühgeschichte noch in den Kinderschuhen steckte. Inzwischen ist die Erforschung der frühen Pfahlbau-Kulturen weit gediehen, was man in dem 2003 aufgebauten zweiten Dorf sehen kann. Für die neuen Funde und Erkenntnisse wurde 1996 ein Museumsbau errichtet. Man nimmt heute an, dass die Pfahlbauten errichtet wurden, um die Hochwasserschwankungen auszugleichen. Auch die historischen Museen in Konstanz und Arbon zeigen Funde.
www.pfahlbauten.de
GPS 47.72531, 9.22862

Bodensee-Therme

Ein paar Meter stadtauswärts von Überlingen liegt in westlicher Richtung die Bodensee-Therme mit Saunagarten auf einer Wiese direkt am Bodensee, großen, gepflegten Ruheräumen und einer kleinen, netten Gastronomie. Am schönsten ist es aber, den winterlichen Saunagang in den großen Blockhäusern mit einem Bad im eiskalten Bodensee zu krönen. Der ganze Körper kribbelt danach. Und es ist herrlich, ganz schnell wieder in den kuschligen Bademantel zu schlüpfen. Ein lohnenswerter Tipp: Die Meersburger Therme ist zwar kleiner, dafür sind die Saunen in »Pfahlbauten« untergebracht.
www.bodensee-therme.de
GPS 47.76873, 9.14902

Bikertreff Parkplatz
Lochenstein-Pass
An der L 440 /
Lochenpaßstraße
72336 Balingen-Weilstette

Hegaustern, Engen
Hegaublick 4
78234 Engen
Tel. 07733/8754
www.die-schnitzelfarm.de

Bikers Inn, Salem
Bonhoefferstr. 1
88682 Salem
Tel. 07553/6752
www.bikers-herberge.slue.io

Oben: Im Schloss Salem ist ein renommiertes Internat untergebracht.

Links: Der Mindelsee liegt zwischen Überlinger See und Untersee.

nend in die Knie sinken kann. Der Beweis dafür ist diese Marienkirche, die ihre Besucher mit ihrem barocken Überschwang geradezu erschlägt. Sie ist eine einzige Orgie aus Fresken und Putten, Blattgold und Altären, Marmor und Stuck. »Schuld« daran ist eine wundertätige Marienstatue, die schon im Mittelalter Hunderttausende Pilger nach Birnau gelockt hat. Rund um ihr bescheidenes Kapellchen hat man Schritt für Schritt immer größere, opulentere Kirchen gebaut, bis schließlich der Birnauer Gottespalast entstand. Und zur Gottesmutter pilgert man bis heute, in der Hoffnung auf Wunder oder zumindest wegen der Aussicht auf einen grandiosen Kunstgenuss.

09 Salem

Berühmt ist das kleine Dorf Salem, das inmitten einer idyllischen Landschaft aus Wiesen, Bächen und Hügeln liegt, eigentlich nur aufgrund seines Klosters und dem bekannten Nobelinternat. Schon 1134 ließen sich hier Zisterzienser-

mönche aus dem Elsass nieder. Im Laufe des Mittelalters kam das Kloster, in dem zeitweise an die 300 Mönche lebten, zu nicht unerheblichem Ruhm und machte sogar dem Kloster Reichenau und St. Gallen Konkurrenz. Teilweise zeigten die geistlichen Brüder auch großen unternehmerischen Ehrgeiz. So erfolgte hier 1750 die erste Sparkassengründung Deutschlands. Nach der Säkularisierung fiel das Kloster in markgräflichen Besitz, heute gehört das gesamte Anwesen Markgraf Maximilian von Baden. Es ist über Führungen für die Öffentlichkeit zugänglich. Zu sehen gibt es u. a. eine alte Apotheke und eine kleine Polizeistation.

10 Pfullendorf

Der historische Marktplatz, Fachwerkhäuser und eine Wallfahrtskirche: Ein Halt in Pfullendorf lohnt sich immer. Die Atmosphäre in der Innenstadt zu genießen und die romantischen Ecken und Brunnen zu betrachten, ist einfach reizvoll. Das Wahrzeichen der Stadt ist eine

der schönsten Doppeltoranlagen der ganzen Region: das historische Obertor. Aber auch der einstige Pulverturm und der Niedere Rundturm sind noch heute vorhanden. An heißen Tagen muss man übrigens nicht unbedingt an den zehn Kilometer entfernten Bodensee fahren, um sich abzukühlen: Das Waldfreibad oder der Badesee im Seepark Linzgau versprechen Abkühlung – und Letzterer ist im Winter auch bei Schlittschuhläufern beliebt.

11 Sigmaringen

Nach diesem an Aussichtspunkten reichen und auch geschichtlich bedeutsamen Rundkurs kehren die Biker nach Sigmaringen zurück, den Ausgangspunkt dieser Tour. Er ist nun schon wieder gut 40 Kilometer vom See entfernt und liegt an der Donau. Wer noch nicht dort war, sollte das Schloss besichtigen, vor allem aber das Zündapp-Museum. Letzteres ist für Biker ohnehin Pflicht, und eine gute Erinnerung an knatternde Ausflüge in der eigenen Jugend.

ROUTE 35

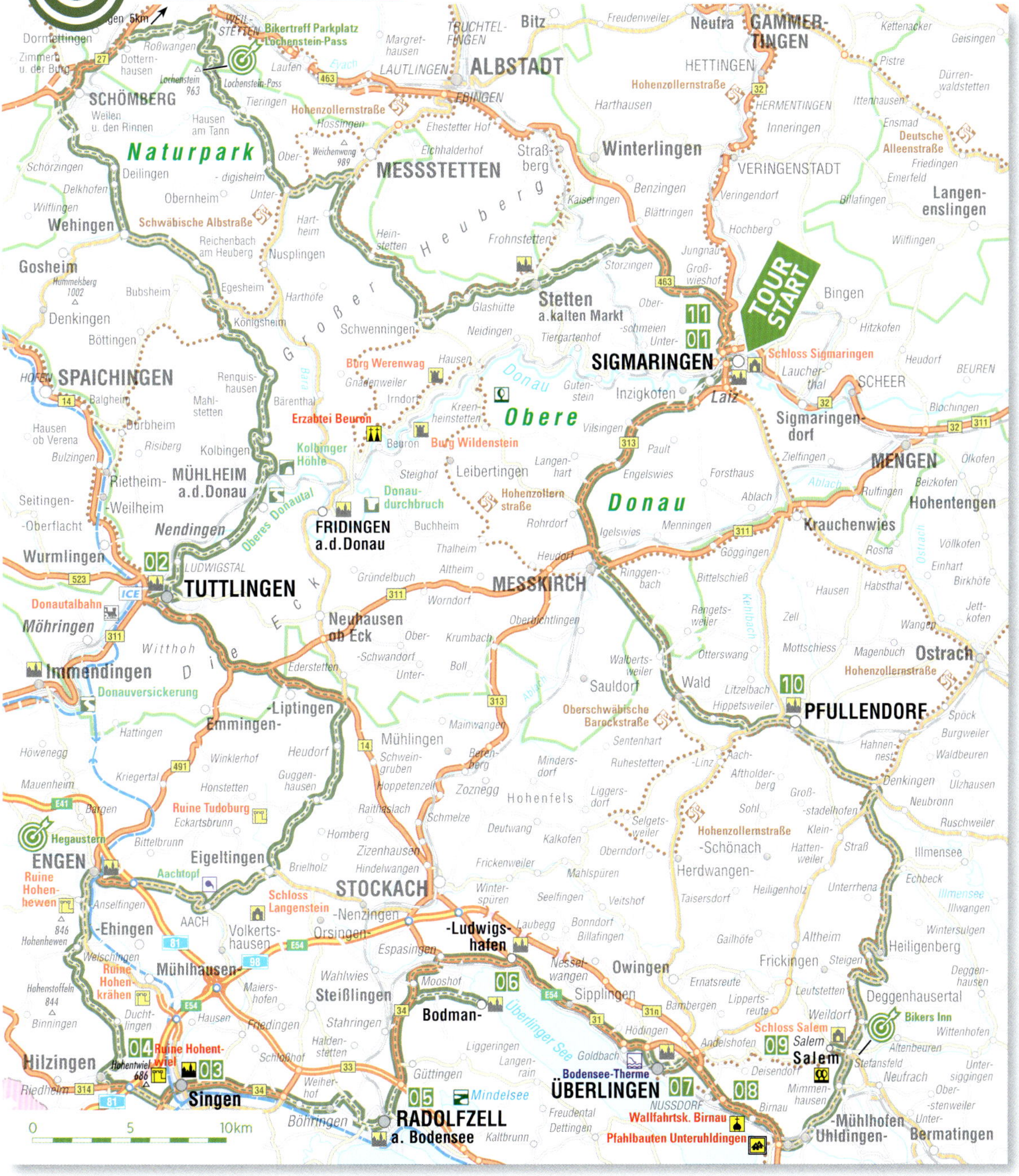

AUSFLUGSZIELE

Mindelsee

Der 2,2 Kilometer lange und 500 Meter breite Mindelsee bei Radolfzell ist Lebensraum von mehr als 2000 verschiedenen Tierarten. Als international bedeutsames Feuchtgebiet für Wasservögel und als Landschaftsraum von ungewöhnlicher Eigenart und Schönheit ist er ausdrücklich geschützt. Das Naturschutzgebiet Mindelsee gehört zusammen mit großen Teilen des Bodanrücks zu »Natura 2000«, einem Schutzgebietssystem der Europäischen Union, dessen Ziel es ist, die Vielfalt an Tieren und Pflanzen sowie deren Lebensräume zu erhalten.
GPS 47.75485, 9.01959

Im Reich der Eintausender

Nicht immer hat ein großer Heuberg etwas mit der Heuernte eines Bauern zu tun. Ein ganz anderer, der Große Heuberg, erhebt sich nämlich im Südwesten der Schwäbischen Alb bis auf über 1000 Meter Höhe. Sein raues Klima unterband eine dichte Besiedlung, sodass sich Liebhaber einsamer naturnaher Landstraßen in dieser Ecke Schwabens wohlfühlen werden.

GROSSER HEUBERG

Ein Allgäuer mag sich darüber amüsieren. Aber in der Schwäbischen Alb sind 1000 Meter eine Ansage. Und der Große Heuberg kann gleich zehn Erhebungen aufweisen, die diese Marke knacken, wenn auch nur knapp. Der Lemberg mit seinen 1015 Metern ist der größte des Naturraums Heuberg. Die Region ist nach wie vor nur schwach besiedelt. Karge Böden und vor allem Wassermangel ließen nur ein beschwerliches Leben zu. Im 19. Jahrhundert galt der Heuberg als klassisches Auswanderungsland. Seine Bewohner hatten lange den Ruf, Hinterwäldler zu sein, die sich aber durch Gerissenheit und Bauernschläue auszeichneten. Irgendwie muss man sich ja durchs Leben schlagen. Heute profitiert die Gegend von dieser Einsamkeit: Die weitgehend unberührte Natur lädt förmlich zu Ausflügen ein. Dabei prägen die bewaldeten Erhebungen des Donauberglandes einerseits und die offenen weiten Landschaften der Hochfläche das Erscheinungsbild des Heubergs.

Ein recht dichtes Netz an Straßen erschließt auch entlegene Gebiete und manche Steigungen lassen sich mit Hochgebirgsserpentinen durchaus vergleichen. Die Hochfläche im Südwesten der Alb hat eine Ausdehnung von etwa 10 mal 20 Kilometern. Das Klima ist, wie könnte es anders sein, rau. Die Durchschnittstemperaturen liegen in den Höhenlagen bei 4 oder 5 Grad Celsius. Eine Besonderheit sind die Hochmulden: Hier bilden sich sogenannte Kaltluftseen, was Nachtfröste sogar im Sommer nach sich zieht. Die unberührte Vegetation wird in weiten Teilen von Magerrasen und Steppenheide dominiert. Der ursprüngliche Buchen-Tannen-Wald ist zunehmend von Fichten-Tannen-Wald verdrängt worden. Das tut dem Motorradabenteuer aber keinen Abbruch.

Das Idealbild einer Burg – Die Burg Hohenzollern, die Stammburg des Fürstengeschlechts, liegt eindrucksvoll auf einem exponierten Bergkegel.

Den Schwarzwald mit der Schwäbischen Alb verbindet diese bezaubernde Tour. Die Region ist recht dünn besiedelt, entsprechend leer geht es auf den Landstraßen zu.

ROUTE 36

Routenlänge: ca. 240 km
Zeitbedarf: ca. 1–2 Tage, reine Fahrzeit ca. 5 Std.
Charakteristik: Man kurvt beschwingt abseits jeglicher Hektik durch Wiesen, Felder und Wälder.
Start und Ziel:
Villingen-Schwenningen
Informationen:
www.schwaebischealb.de
www.biosphaerengebiet-alb.de, www.mein-schwarzwald.de, www.schwarzwald.de

Hier geht's zum GPS-Track

01 Villingen-Schwenningen

Viel historische Substanz weist das im 11. Jahrhundert auf kreuzförmigem Grundriss angelegte Villingen auf. Sehenswert sind das spätgotische Münster, davor der moderne Münsterbrunnen (1992) sowie das spätgotische Alte Rathaus (1534). In Schwenningen – einstmals weltgrößte Uhrenstadt – macht das Uhrenindustriemuseum in der ältesten Uhrenfabrik Württembergs (gegründet im Jahr 1855) Industriegeschichte erlebbar.

02 Tuttlingen

Tuttlingen überrascht mit einem außergewöhnlichen Stadtbild, denn den Ort durchzieht ein schachbrettartiges Netz von Straßen. Grund hierfür ist der Stadtbrand von 1803, nach dem die Stadt völlig neu errichtet werden musste. Wahrzeichen sind die beiden noch erhaltenen Türme der im Dreißigjährigen Krieg zerstörten Burg Honberg.

03 Naturpark Obere Donau

Das Durchbruchstal der Oberen Donau ist dank seiner landschaftlichen Schönheit und Naturvielfalt ein Juwel. Es bietet viele Freizeitmöglichkeiten auf über 3500 Kilometern Wander- und Radwegen. Drei Viertel des Naturparks gründen auf harten, von der jungen Donau tief zerfurchten Weißjurakalken, die oft als bizarre Felsen aufragen und damit den Naturpark zu einem Paradies für Kletterer machen. Auf den ertragsarmen Böden finden sich Trocken-, Hecken- und Heidelandschaften. Nahezu die Hälfte der Naturparkfläche wird von Wald bedeckt.

04 Trochtelfingen

Hoch die Krüge! Dass die Schwaben sparsam, aber für einen guten Schluck Gerstensaft gern zu haben sind, hat sich herumgesprochen. Auch die Bierkultur an sich wird hochgehalten. Wer näher in die Materie eintauchen möchte, findet

Das hübsche Schloss Werdenberg in Trochtelfingen stammt aus dem 15. Jahrhundert. Heute beherbergt es eine Schule.

in der Stadt Trochtelfingen das Alb-quell-Bräuhaus mit seinen süffigen handgebrauten Spezialitäten, dem als weitere Attraktion ein Bierkrug- und Bierdeckel-Museum ange-schlossen ist. Darin finden sich alte Humpen in schlichtester Ausführung bis hin zu reich verzierten und auf-wendig gestalteten Krügen. Der Braugasthof lädt anschließend zu einer Stärkung ein.

05 Bärenhöhle

Einen Schauder kann sich wohl nie-mand verkneifen, der in die Bären-höhle hinabsteigt. Das liegt zum einen an den Bärenknochen, die hier in riesigen Mengen gefunden wur-den und denen die Höhle ihren Namen verdankt. Zum anderen diente die Höhle im Mittelalter als Massengrab für Pesttote. Das Höh-lensystem mit seiner begehbaren Länge von 271 Metern besticht auch

AUSFLUGSZIELE

Burg Hohenzollern

Hoch oben auf einem Vorberg der Schwäbischen Alb thront Burg Hohenzollern wie in einem Bilderbuch. Am besten das Bike abstellen und die letzten 50 Höhenmeter emporsteigen und durch den imposan-ten Torbogen eine andere Welt betreten. Jeder, der hier oben steht, wird Kaiser Wilhelm II. beipflichten, der 1886 bei einem Besuch sagte: »Die Aussicht ist wahrlich eine Reise wert.« Aber auch die prachtvolle Anlage sowie das Burgmuseum mit Schatzkammer sind ein Erlebnis. Denn neben der preußischen Königs-krone erinnern zahlreiche Stücke an Friedrich den Großen und die unvergessene Königin Luise. Ein besonderes Naturschauspiel bietet sich an zwei Tagen im August, wenn eine Menge an Meteoren aus dem Sternbild des Perseus das dunkle Firmament erhellt. Die exponierte Lage des Zollerbergs und das histori-sche Ambiente der Burg sind auf 855 Meter Höhe ein-fach der beste Ort für Sternschnuppengucker.
www.burg-hohenzollern.com
GPS 48.32358, 8.96738

durch seine Tropfsteine und Decken-
bildungen. Zwei Hallen werden bei
Führungen farbig ausgeleuchtet.
Oberhalb der Höhle befindet sich ein
Freizeitpark mit dem höchstgelege-
nen Riesenrad Europas.

06 Hechingen

Seit dem 13. Jahrhundert ist Hechingen Residenzstadt der Grafen und
späteren Fürsten von Hohenzollern
und auch heute noch das beschauliche Zentrum der Zollernalb. Ein

Besuch des Römischen Freilichtmuseums in Hechingen-Stein gehört
ebenso zu den touristischen Highlights wie die Burg Hohenzollern.
Bevor man hier zu Fuß hinaufwan-
dert, geht es an der L440 mit sechs
schönen Kehren 300 Höhenmeter
auf den Lochenpass – perfektes
Sportler-Terrain.

07 Rosenfeld

Einen eigenen Reiz strahlt die Stadt
Rosenfeld aus. Die Altstadt mit ihren

Fachwerkbauten scheint buchstäb-
lich einem Märchenfilm entsprungen. Das Rathaus stammt aus dem
16. Jahrhundert, der Fruchtkasten
wurde 1556 errichtet und die »Alte
Apotheke« ist das älteste in Süddeutschland noch erhaltene Steinhaus, das um 1244 erbaut wurde.
Zum Ensemble gehören das Gerber-
törchen, das Alte Spital und die
Stadtkirche. Und wie nicht anders zu
erwarten, gibt es auch einen Rosengarten. Er wurde auf dem Gelände

einer ehemaligen Gärtnerei angelegt und besteht aus drei Ebenen: die Märchenterrasse, die Duftterrasse und die Farbterrasse.

08 Rottweil

In Rottweil wissen sie, was die Stunde geschlagen hat. Die älteste Stadt Baden-Württembergs liegt nicht ohne Grund an der Deutschen Uhrenstraße. Sehenswert sind die Steinerne Sonnenuhr am Heilig-Kreuz-Münster, die Sonnenuhr im alten Rathaus, die Sonnenuhr am Stadtarchiv und die Salinenuhr im Salinenmuseum. In der Stadt steht auch der zweithöchste Testturm für Hochgeschwindigkeitsaufzüge. Die öffentliche Besucherplattform liegt auf 232 Metern Höhe. Mit der Stadt in Verbindung gebracht wird die gleichnamige Hunderasse. In Rottweil lag ein Zentrum des Viehhandels und die robusten, starken und furchtlosen Hunde dienten den Bauern als Hüte- und Treibhunde.

09 Villingen-Schwenningen

Nach dem Ende der Tour geht es in Villingen-Schwenningen recht beschaulich zu. Genau richtig, um noch einmal über das Erlebte nachzudenken, vielleicht doch die fast völlig erhaltene Stadtmauer noch einmal genauer zu betrachten oder sich dem Sport zu widmen. Keine Angst, das geht in Schwenningen auch ohne Bewegung: Einfach schauen, ob die Eishockeycracks der Stadt noch in den Playoffs aktiv sind.

Von der Zollernalb, die auch mit dem Motorrad befahren werden kann, hat man einen spektakulären Blick auf die Burg Hohenzollern.

Automuseum Engstingen
Kirchstr. 6
72829 Engstingen
Tel. 07129/93990
www.engstingen.de

Alte Brauerei Hechingen
Schlatter Str. 18
72379 Hechingen
Tel. 07471/910640
www.biker-treff.de

Hotel Stadt Balingen
Hirschbergstr. 48
72336 Balingen
Tel. 07433/260070
www.hotel-stadt-balingen.de

In und um Ulm herum ...

Nach ihrer badischen Geburt fließt die Donau ein ordentliches Stück durch Württemberg. Diese schwäbische Etappe gehört zu den landschaftlich schönsten auf dem Weg der Donau in Richtung Schwarzes Meer: steile Felsen, grüne Hügel, hübsche Städtchen.

SCHWÄBISCHE DONAU

Geschwungene Flusstäler, waldreiche Höhenzüge und ein großes Moorgebiet prägen die Landschaft rund um die junge Donau. Im Karst haben sich zahlreiche Höhlen gebildet, die dazu einladen, in den Schlund der Erde einzutauchen. Überall gibt es etwas zu entdecken und es bieten sich ungeahnte Einblicke in die Landschaft. Das ist teilweise wörtlich gemeint, denn die Donau bewegt sich auf einstigem Meeresboden. Versteinerungen, auf die man immer wieder stößt, zeugen davon. Kalksteinfelsen ragen in die Höhe und ziehen die Blicke auf sich. Für viele selten gewordene Tier- und Pflanzenarten ist die Region ein Garten Eden. Mit etwas Glück lässt sich der Eisvogel beim Fischen beobachten, am Federsee brüten nicht nur Blaukehlchen, sondern auch Rohrweihen. Allein diese Tatsache veranlasst Naturfreunde, hierher zu kommen. Gleichzeitig ist hier uraltes Siedlungsgebiet mit einer entsprechend gewachsenen Kulturlandschaft. Die meisten Orte sind 1000 und mehr Jahre alt. Vieles der historischen Bausubstanz hat sich erhalten und wurde aufwendig restauriert, was den Charme zahlreicher Ortskerne ausmacht. Die zahlreichen Burgen und Schlösser sind einen Besuch wert und man kann tief ins Mittelalter eintauchen. Darüber hinaus gibt es Sehenswürdigkeiten, die nur diese Gegend bietet. An vorderer Stelle wäre hier der Blautopf zu nennen, der Ursprung der Blau. Ihren Namen verdanken Quelle und Fluss ihrer intensiven Farbe. Der Blautopf selbst, die zweitreichste Einzelquelle Deutschlands, reicht bis 21 Meter tief in die Erde. Hier spielt die berühmte Sage von der Schönen Lau – eine Geschichte passend zur Umgebung, nämlich mit Happy End.

Die Route führt durch wunderschöne Landschaften, die teils durch karstige Felsriesen geprägt sind. Kein Wunder, dass eine Motorradtour durch diese faszinierende Gegend einen tiefen Eindruck hinterlässt.

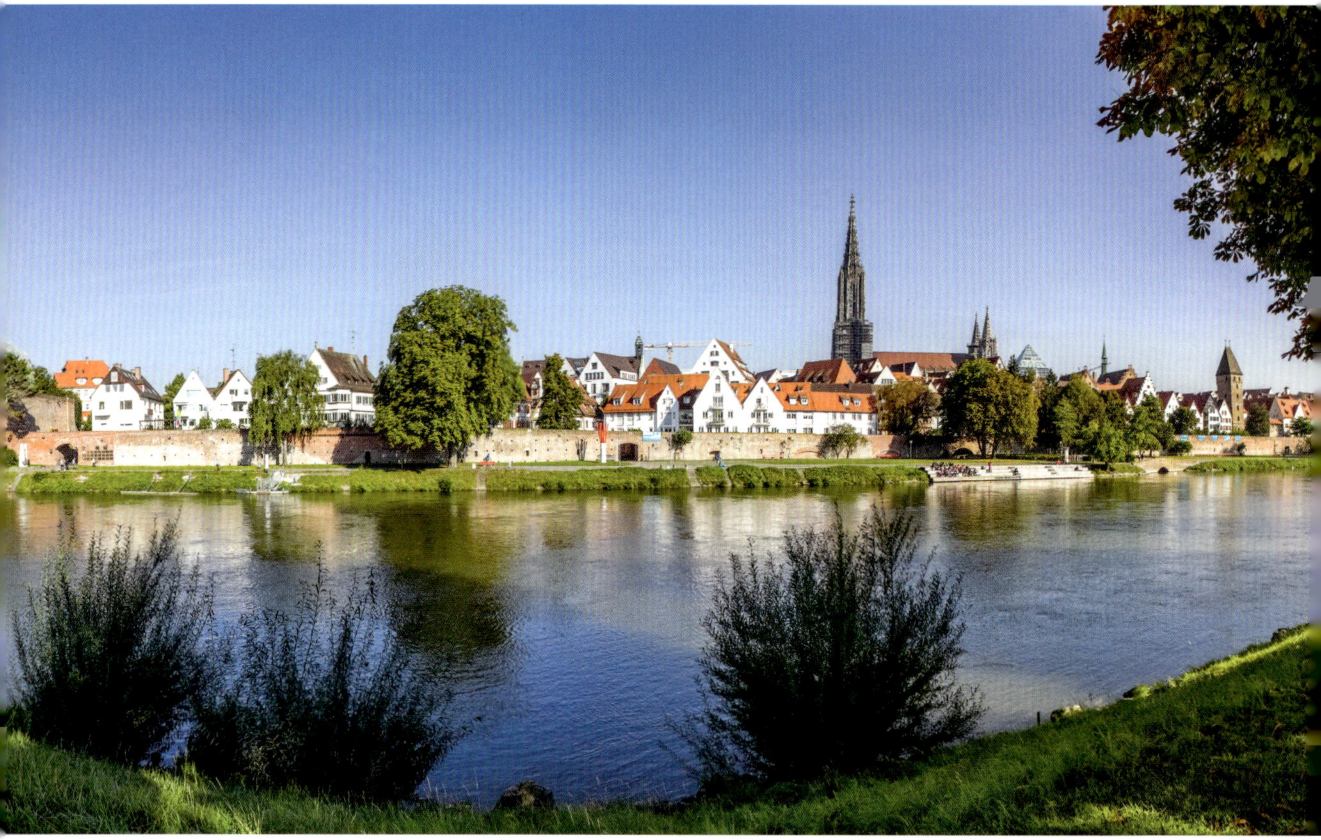

Die Donau trennt das württembergische Ulm mit seinem berühmten Münster vom bayerischen Neu-Ulm.
Der 1890 vollendete, 161,53 Meter hohe Turm ist der höchste Kirchturm der Welt.

01 Ulm

Die ehemalige Reichsstadt an der Donau hat einige Superlative zu bieten. Hier steht die größte evangelische Kirche Deutschlands und zugleich der höchste Kirchturm der Welt: das Ulmer Münster – mit einer Bauzeit von über 500 Jahren. Ulm wurde erstmals am 22. Juli 854 urkundlich erwähnt. Zu den berühmten Persönlichkeiten der Stadt zählt der Physiker Albert Einstein (1879 bis 1955), der in Ulm geboren wurde. Seine Relativitätstheorie war das Hauptwerk seines Lebens und veränderte unseren Blick auf die Welt. Besonders bekannt ist Ulm für sein gotisches Münster, aber auch für die älteste Verfassung einer deutschen Stadt. Jedes Jahr am Schwörmontag erneuert der Ulmer Bürgermeister den historischen Eid auf die Verfassung der Stadt in Erinnerung an den Großen Schwörbrief von 1397. Heute zeigt sich Ulm von seiner modernen Seite und erinnert gleichzeitig an seine mittelalterlichen Wurzeln.

02 Blaubeuren

Die Oberschwäbische Barockstraße führt von Ulm aus an der Blau entlang nach Blaubeuren. Der Ort liegt in einem reizvollen Tal, das mit seinen Kalksteinbrüchen und schroffen Jurafelsen so typisch ist für die Schwäbische Alb. Neben seinem Kloster ist der Blautopf die berühmteste Sehenswürdigkeit in Blaubeuren. Diese Karstquelle ist eine der größten und schönsten in Deutschland. Ihr blau schimmernder Quelltopf hat eine Tiefe von 22 Metern und schüttet pro Sekunde bis zu 32 670 Liter Wasser aus. Gespeist wird die Quelle aus einem weit verzweigten Karsthöhlensystem, das von Forschern bei Tauchgängen erkundet wird. Dabei wurde auch eine gewaltige Halle mit Tropfsteinen entdeckt, die man bislang aber nicht besichtigen

In Blaubeuren haben einige der Häuser ihren Eingang direkt an einem Kanal, sodass man die Gebäude nur über kleine Brücken betreten kann.

kann. Besuchen kann man jedoch die ehemalige Hammerschmiede, in der heute Filme mit Tauchgängen gezeigt werden.

03 Hayingen

Schauhöhlen gibt es zahlreiche in Deutschland, aber nur eine einzige Wasserhöhle, die man per Boot erkunden kann: die Wimsener oder Friedrichshöhle bei Hayingen. Zwar

ist es ein relativ kurzer Spaß, denn bereits nach 70 Metern senkt sich die Höhlendecke auf den Wasserspiegel herab. Die restlichen 1190 Meter der Ganghöhle können nur erfahrene Taucher erschließen. Das Wasser ist außerordentlich klar und der Fährmann erklärt Geschichte und Besonderheiten der Höhle, die auf etwa eine Million Jahre geschätzt wird. Aus ihr entspringt die Zwie-

falter Aach. In unmittelbarer Nähe bietet der Gasthof Friedrichshöhle Speisen und Getränke an.

04 Zwiefalten

An der Oberschwäbischen Barockstraße liegt der alte Kloster- und Wallfahrtsort Zwiefalten mit seinem spätbarocken Münster Unserer Lieben Frau, heute als Marienmünster bekannt. 1089 gründete man hier

AUSFLUGSZIELE

Laichinger Tiefenhöhle
Auch in Laichingen gibt es Zugang zu einer spektakulären Schauhöhle, der Laichinger Tiefenhöhle. Der Weg durch Schächte und Hallen führt in eine Tiefe von 55 Metern hinab. Ein angeschlossenes Museum informiert über die unterirdischen Räume im Karst.
www.tiefenhoehle.de
GPS 48.48338, 9.68565

Bussen
Der 767 Meter hohe kegelförmige Berg am Ostrand der Schwäbischen Alb ist die höchste Erhebung Oberschwabens und gilt dank der Wallfahrtskirche St. Johannes Baptist als »heiliger Berg Oberschwabens«. Bei klarer Sicht kann man von hier bis zum Ulmer Münster sehen.
GPS 48.16166, 9.55482

Links: Da verschlägt es auch Nicht-Kirchgängern die Sprache – barocke Pracht im Kloster Zwiefalten.

Bildleiste rechts:
An die Schussenrieder Brauerei ist ein Bierkrug-Museum angeschlossen.

Geschmückte Fachwerkhäuser in Munderkingen.

Idylle pur – Stiftskirche in Bad Waldsee.

ein Kloster; erst nach langer, bewegter Geschichte wurde es im Zuge der Säkularisation 1803 aufgelöst. Anziehungspunkt bis heute ist das von Johann Michael Fischer zwischen 1739 und 1765 erbaute Münster. Im 91 Meter hohen Turm rufen elf große Glocken zum Gebet. Im Innern ist das Gotteshaus mit einzigartigen Stuckarbeiten von Johann Michael Feichtmayr ausgestattet, die Deckenfresken im Langhaus und in der Flachkuppel stammen von Franz Josef Spiegler.

05 Obermarchtal

Höchst eindrucksvoll ist die architektonische Geschlossenheit dieser barocken Klosteranlage, deren prachtvolle Kirche (1701) am Anfang des oberschwäbischen Barock steht. Schöne Fresken und Schnitzarbeiten zieren auch Alte Sakristei und Spiegelsaal im Kloster.

06 Munderkingen

In Munderkingen zieht die Donau eine markante Schleife und rahmt die Altstadt sozusagen ein. Die dadurch entstehenden Spiegelungen im Wasser sind beeindruckend und entsprechend beliebte Fotomotive. Gerade die Altstadt mit ihren engen Gassen und den Fachwerkhäusern ist eine Reise wert. Hervorstechend sind das Rathaus, die drei Laufbrunnen aus der Renaissancezeit und mehrere Kirchen und Kapellen. Unter ihnen ist die Marienkapelle die älteste. Die Stadt setzt auf ein vielfältiges kulturelles Programm, darunter Musik auf dem Marktplatz oder Veranstaltungen im Stadtpark. Sogar Truckertreffen werden abgehalten.

07 Bad Schussenried

Bad Schussenried liegt an der Hauptroute der Oberschwäbischen Barockstraße. Die bedeutendste Sehenswürdigkeit des auch als Moorheilbad bekannten Ortes ist die prämonstratensische Stiftsanlage mit Trakten aus Mittelalter und Barockzeit. Das bereits 1183 gegründete Kloster wurde im 18. Jahrhundert nach Plänen von Dominikus Zimmermann umgestaltet. Sowohl die Klosterkirche St. Magnus als auch ein Museum und der Bibliothekssaal können besichtigt werden. Das Innere von St. Magnus zeigt deutlich die Grundform der hochromanischen dreischiffigen Pfeilerbasilika, deren Arkaden im 18. Jahrhundert umgestaltet wurden. Die Gotik hat sich im Chor und den Gewölben der Seitenschiffe deutlich überliefert. Elegante Stuckaturen und Altäre stammen aus dem 17. und 18. Jahrhundert. Die illusionistischen Deckenbilder von 1745 sind ein Werk des Münchner Hof-

AUSFLUGSZIELE

Bad Waldsee
Der Kurort in idyllischer Lage zwischen zwei Seen zeigt sich im Altstadtkern mit Rathaus und Kornhaus noch spätgotisch. Die ursprünglich gotische Stiftskirche wurde im 18. Jahrhundert im Stil des Barock umgebaut und ausgestattet. Barock ist auch das fürstliche Schloss.
GPS 47.92096, 9.75428

Kloster Ochsenhausen
Die Kirche der 1093 gegründeten Benediktinerreichsabtei, Ende des 15. Jahrhunderts erbaut, zählt zu den Höhepunkten an der Oberschwäbischen Barockstraße. Ein Highlight ist die Sternwarte aus dem 18. Jahrhundert, die erste im süddeutschen Raum.
www.kloster-ochsenhausen.de
GPS 48.06464, 9.95102

malers Johannes Zick und illustrieren Szenen aus dem Leben des Ordensgründers Norbert von Xanten.

08 Steinhausen

Als »schönste Dorfkirche der Welt« wird St. Peter und Paul (1733) in Steinhausen nahe Bad Schussenried gerühmt, ein Meisterwerk von Dominikus und Johann Baptist Zimmermann und typisch für den süddeutschen Barock. Besonders schön ist die spätgotische Pietà (1415) im Hochaltar.

09 Biberach

Von außen nicht besonders spektakulär, entfaltet die Stadtpfarrkirche von Biberach im Innenraum ein wahres Fest für die Augen. Hier hat die »Frohe Botschaft« im Wortsinn

Gestalt angenommen. Über weißen Rundbogenarkaden sind die Wandflächen mit figürlichen Gemälden geschmückt und ornamental verziert. Der Blick wird nach oben in die Gewölbe gelenkt, wo Johannes Zick 1746 die barocken Fresken mit Szenen aus dem Leben Jesu malte. Das Bildprogramm wurde im Hauptschiff darauf abgestimmt, dass sich Katholiken wie Protestanten damit inhaltlich identifizieren konnten, denn das Gebäude wird seit 1548 als sogenannte Simultankirche von beiden Konfessionen genutzt, ein Kompromiss, der nach dem reformatorischen Bildersturm 1531 und dem Verbot der römisch-katholischen Messe in dem Ort mit überwiegend protestantischer Bevölkerung geschlossen wurde.

10 Illertissen

Die Stadt ist bekannt für das Vöhlinschloss, einst Burg Tissen, das die Stadt überragt. Weniger bekannt ist ein Ohrenschmaus, der ebenfalls von luftiger Höhe herab erklingt. Im Kirchturm der katholischen Pfarrkirche St. Martin ist ein Carillon eingebaut, ein Glockenspiel aus 49 Glocken, das täglich um 10 und um 16 Uhr erklingt. Es kann mechanisch bedient werden, was nur zu besonderen Anlässen geschieht, oder es wird über elektronisch gesteuerte Magnethämmer zum Klingen gebracht. Die Melodien wechseln passend zur Jahreszeit. Wer sich für Imkerei interessiert, ist in Illertissen ebenfalls richtig: Hier gibt es das Bayerische Bienenmuseum, in dem es brummt und summt.

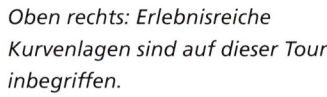

Oben rechts: Erlebnisreiche Kurvenlagen sind auf dieser Tour inbegriffen.

Links: Der schöne Garten des Vöhlinschlosses in Illertissen lädt zu einem Päuschen ein.

Unten: Herzstück von Biberach ist der weitläufige Marktplatz mit dem imposanten Rathaus.

Gasthof Blautopf
Blautopfstr. 4
89143 Blaubeuren
Tel. 07344/952466
www.gasthof-blautopf.de

Bootshaus an der Lauter,
Fürstenbergstr. 2,
72525 Münsingen-
Bichishausen
Tel. 07383/408
www.bootshaus.info

Gaststätte Rössle
Munderkingen
Hausener Str. 1
Tel. 07393/1636
www.roessle-
munderkingen.de

11 Ulm

Zurück am Ausgangspunkt in Ulm bietet es sich an, vor der Rückfahrt noch eine kurze Pause an der Donau einzulegen. Entweder an der Promenade, die sich direkt an das wunderbare historische Fischerviertel anschließt oder etwas weiter stadtauswärts. Im Sommer laden hier viele Badeseen dazu ein, die Tour mit einem kühlen Bad zu beenden.

ROUTE 37

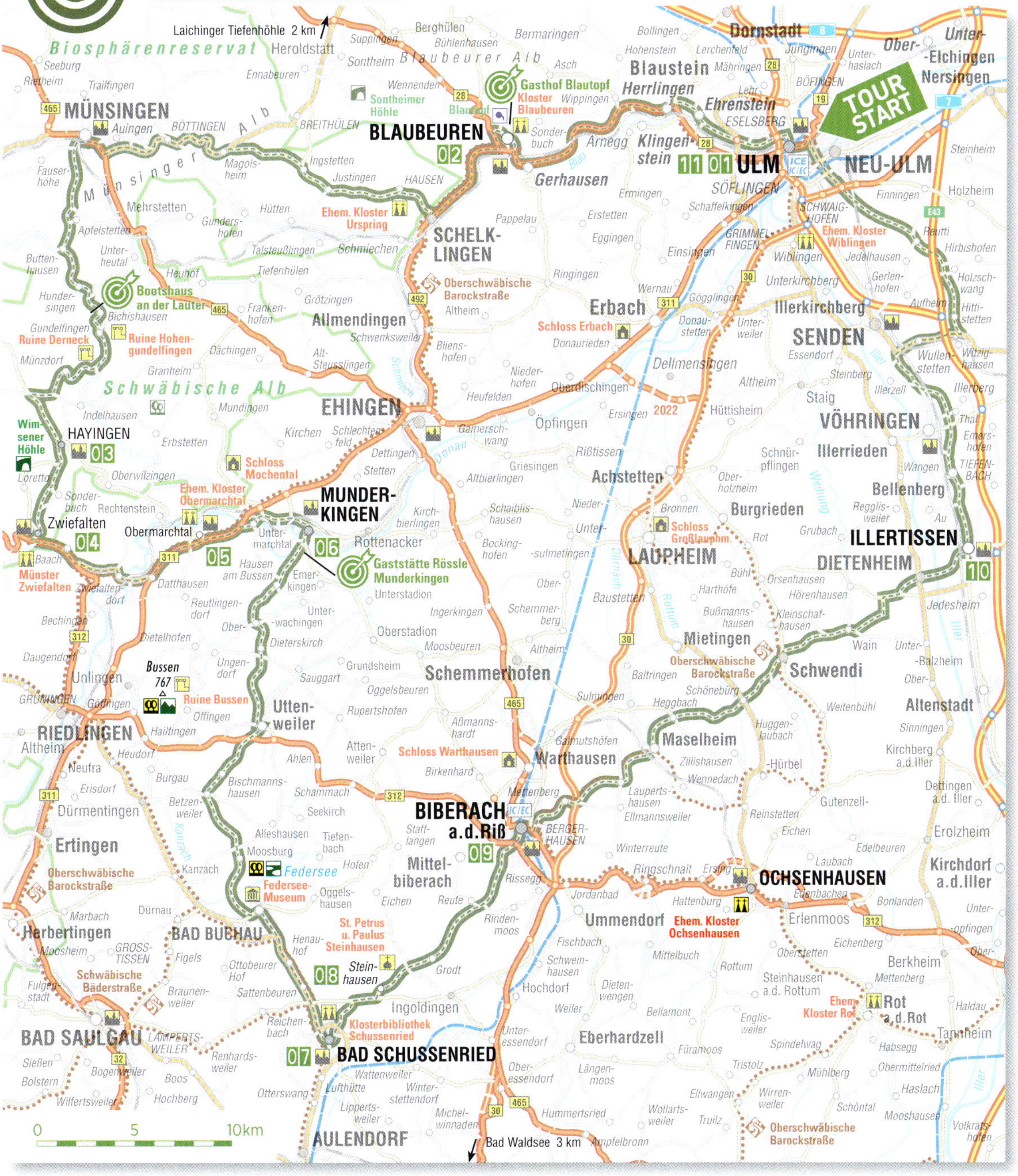

Laichinger Tiefenhöhle 2 km

Biosphärenreservat
Heroldstatt

Berghülen   Bermaringen   Bollingen   Dornstadt

Seeburg   Suppingen   Bühlenhausen
Rietheim   Trailfingen   Sontheim   Wennenden   Asch   Hohenstein   Lerchenfeld   Jungingen
Blaubeurer Alb

465   MÜNSINGEN   Auingen   Sontheimer Höhle   28   Gasthof Blautopf   Wippingen   Blaustein   Mähringen   26   Ober-   Unter-
    Kloster   Herrlingen   BÖFINGEN   19   Elchingen   Nersingen
BÖTTINGEN   BREITHÜLEN   Blaubeuren   Ehrenstein   7
    Ingstetten   Sonder-   Arnegg   Klingen-   ESELSBERG
Fauser-   Mehrstetten   HAUSEN   buch   stein   28
höhe   Magols-   Ehem. Kloster   SCHELK-   Gerhausen   Erminging   11 01 ULM   NEU-ULM   Steinheim
    heim   Ursping   Pappelau   Ersetten   SÖFLINGEN   Finningen   Holzheim
Apfelstetten   Gundershofen   Hütten   Schmiechen   Eggingen   Schaffelkingen   SCHWAIG-
    Talsteußlingen   Ringingen   Einsingen   Wiblingen   HOFEN   E43
Butten-   Tiefenhülen   Oberschwäbische   GRIMMEL-   Ehem. Kloster   Reutti
hausen   Unter-   Barockstraße   Wernau   Göggingen   FINGEN   Wiblingen   Hirbishofen
    heutal   Grötzingen   492   Altheim   311   30   Unterkirchberg   Gerlen-   Holzsch-
Hunder-   Bootshaus   Franken-   Bliens-   Erbach   Donau-   Unter-   hofen   wang
singen   an der Lauter   465   hofen   Allmendingen   hofen   Schloss Erbach   rieden   weiler   Illerkirchberg   Aufheim   Hütti-
Bichishausen   Schwenkweiler   Donaurieden   stetten
Ruine Derneck   Ruine Hohen-   Dächingen   Alt-   SENDEN   Wullen-   Witzig-
Münzdorf   gundelfingen   Granheim   Steussingen   Nieder-   Dellmensingen   Essendorf   stetten   hausen
    Schwäbische Alb   hofen   Steinberg   Illerzell   Illerberg
Indelhausen   Mundingen   Heufelden   Oberdischingen   Altheim   Staig
Wim-   HAYINGEN   Erbstetten   EHINGEN   Schlechten-   Gamerach-   Ersingen   2022   Hüttisheim   VÖHRINGEN   Thal
sener   03   Kirchen   feld   Öpfingen   schwang   Ems-
Höhle   Oberwilzingen   Dettingen   Schnür-   Illerrieden   hofen
Loretto   Schloss   Stetten   Rißtissen   Griesingen   pflingen   Wangen   TIEFEN-
    Sonder-   Mochental   Altbierlingen   Achstetten   Ober-   Bellenberg   BACH
buch   Rechtenstein   Ehem. Kloster   MUNDER-   Kirch-   Schaiblis-   holzheim   Reggis-   Au
Zwiefalten   Obermarchtal   KINGEN   bierlingen   hausen   Nieder-   Burgrieden   weiler
    04   Obermarchtal   Rottenacker   -sulmetingen   Bronnen   Grubach   ILLERTISSEN
Münster   05   Gaststätte Rössle   Bocking-   Unter-   Schloss   DIETENHEIM
Zwiefalten   Baach   311   06   Munderkingen   hofen   Ober-   Großlauphm.   Rot   10
Zwiefalten-   Hausen   Unterstadion   Baustetten   LAUPHEIM   Orsenhausen   Jedesheim
Bechingen   dorf   Datthausen   am Bussen   Emer-   Ober-   Harthöfe   Hörenhausen
    312   Reutlingen-   kingen   Unter-   Ingerkingen   Schemmer-   Bußmanns-   Kleinschaf-
Daugendorf   dorf   Dietelhofen   Ober-   wachingen   Oberstadion   berg   hausen   hausen   Wain   Unter-
    Unlingen   Ungen-   Dieterskirch   Moosbeuren   Altheim   30   Mietingen   -Balzheim
GRÜNINGEN   Göffingen   dorf   Bussen   Grundsheim   Oberschwäbische   Sinningen
    RIEDLINGEN   Hailtingen   767   Sauggart   Oggelsbeuren   Schemmerhofen   Baltringen   Barockstraße   Schwendi   Ober-
Altheim   Offingen   Rupertshofen   Schöneburg   Weitenbühl   Altenstadt
    Neufra   Heudorf   Utten-   465   Sulmingen   Heggbach   Huggen-   Kirchberg
    weiler   Atten-   Aßmanns-   laubach   a.d. Iller
    311   Burgau   weiler   hardt   Gaimutshofen   Hürbel   Dettingen
Dürmentingen   Erisdorf   Ahlen   Schloss Warthausen   Maselheim   Zillishausen   Wennedach   a.d. Iller
    Betzen-   Bischmanns-   Birkenhall   Warthausen   Lauperts-   Reinstetten   Erolzheim
    weiler   hausen   Schammach   312   hausen   Eichen
Ertingen   Alleshausen   Tiefen-   BIBERACH   Mettenberg   Ellmannsweiler   Laubach   Kirchdorf
    Moosburg   bach   a.d. Riß   BERGER-   Winterreute   Ringschnait   Edelbeuren   a.d. Iller
Oberschwäbische   Kanzach   Hofen   09   HAUSEN   Jordanbad   Ersing   OCHSENHAUSEN   Bonlanden
Barockstraße   Federsee   Mittel-   Risseeg   Hattenburg   Eisenbach   312   Unter-
    Marbach   Dürnau   biberach   Eichen   Reute   Ummendorf   Ehem. Kloster   Erlenmoos   opfingen
Herbertingen   GROSS-   Figels   Oggels-   Rindenmoos   Ochsenhausen   Eichenberg   Berkheim
    Moosheim   TISSEN   Henau-   hausen   Fischbach   Mittelbuch   Oberstetten   Mettenberg
    Schwäbische   hof   St. Petrus   Schwein-   Steinhausen   Ehem
Fulgen-   Bäderstraße   Braunen-   Ottobeurer   u. Paulus   hausen   Dieten-   Rottum   a.d. Rottum   Kloster Rot   Rot
stadt   weiler   Hof   Steinhausen   Grodt   Hochdorf   wengen   a.d. Rot   Haldau
    Sattenbeuren   08   Stein-   Bellamont   Englis-   Tanheim
BAD BUCHAU   Ingoldingen   hausen   Weiler   weiler   Spindelwag   Habsegg
BAD SAULGAU   LAMPERTS-   Reichen-   Eberhardzell   Füramoos   Tristolz   Obermittelried
    WEILER   bach   Klosterbibliothek   Unter-   Mühlberg   Mooshausen
Sießen   Renhards-   Schussenried   essendorf   Oberschwäbische
Bolstern   32   Bogenweiler   weiler   07   BAD SCHUSSENRIED   Ober-   Längen-   Ellwangen   Wirren-   Schöntal   Barockstraße
Wilfertsweiler   Hochberg   Wattenweiler   essendorf   moos   weiler   Haslach
    Ottersweiler   Lufthütte   Winter-   Michel-   Truilz   Volkrats-
    Lippertsweiler   stettendorf   winnaden   30   465   Hummertsried   Wollarts-   hofen
0   5   10km   AULENDORF   Bad Waldsee 3 km   Ampfelbronn   weiler

Fast wie am Meer

Morgens am Wasser frühstücken, den ganzen Tag auf verschlungenen Straßen über die Hügel kurven und abends bei milden
Temperaturen auf der Terrasse schwäbische Spezialitäten essen –
der Bodensee mit seinem angenehmen Klima, seiner guten Küche
und dem wunderschönen Hinterland macht es einem einfach, einen
harmonischen Motorradurlaub zu verbringen.

BODENSEE

Die Legende erzählt, dass der liebe Gott
einst eine bittere Träne weinte, als er Adam
und Eva aus dem Paradies vertreiben
musste. Sie fiel auf die Erde, und es wurde
der Bodensee daraus. Otto Dix, der berühmte deutsche Maler, der 1933 aus Dresden an
den Bodensee kam, war von der Idylle auf
der Halbinsel Höri so angetan, dass er blieb.
Und das bis zu seinem Tod im Jahr 1969. So
wie ihm ging es vielen Künstlern: Hermann
Hesse, Erich Heckel, die Sopranistin Lisa
della Casa. Sie alle ließen sich am Ufer des
Sees nieder. Kein Wunder, denn das
»Schwäbische Meer«, eines der südwest-
lichsten Fleckchen Deutschlands, ist zugleich
eines der schönsten im ganzen Land. Sein
mildes Klima, die zahlreichen kulturhistorischen Stätten, Apfelbaumhaine, Weinberge,
und das alles vor der prächtigen Kulisse der
Alpen, machen den Bodensee zu einer der
beliebtesten Ferienregionen in Deutschland.
Ob man mit einem der zahlreichen weißen
Dampfer der »Weißen Flotte« über den See
schippert, sich bei einem kühlen Weißwein
einen guten Bodenseefisch schmecken lässt,
oder durch die Gässchen so mancher
schönen Kleinstadt flaniert – die Kulturlandschaft Bodensee ist ein Touristenmagnet,
aber dennoch nicht überlaufen.
Hier scheinen die Uhren ein wenig langsamer zu ticken und genau diese Ruhe und
Beschaulichkeit sind es, die faszinieren. Das
fast mediterrane Klima lässt an den Ufern
subtropische Pflanzen, Wein- und Obstsor-
ten gedeihen. Neben schönster Natur gibt
es in Klöstern, Dörfern und historischen
Städten Kulturgeschichte pur zu entdecken.
Wer den Bodensee umrunden möchte,
sollte in der Schweiz und in Österreich an
die Vignette denken.

Von der Burg Meersburg am Westzipfel
des Sees genießt man einen
prächtigen Blick über den See.

Blick über das Hafenbecken von Lindau mit der Hafeneinfahrt und dem Mangturm mit seinem spitzen, bunt glasierten Ziegeldach.

ROUTE 38

Routenlänge: ca. 260 km
Zeitbedarf: ca. 1–2 Tage, reine Fahrzeit ca. 5 Std.
Charakteristik: Klar, man kann durchrauschen in wenigen Stunden (Achtung, sehr viele stationäre Blitzer auch in kleinsten Orten!), eine Übernachtung im romantischen Meersburg einplanen, lohnt sich aber.
Start und Ziel: Lindau
Informationen:
www.bodensee.eu
www.oberschwaben-tourismus.de

Hier geht's
zum
GPS-Track

01 Lindau

Die Inselstadt Lindau nennt sich in ihrer Werbung das »Happy Ending Deutschlands«. Am »Ende« ist die Stadt nur von München aus gesehen, da sie tatsächlich am südwestlichen Ende des Freistaats liegt. Seine frühe Blüte im Mittelalter erlebte Lindau dadurch, dass hier ein Anfang war, denn hier begann die Linie des »Mailänder Boten«, einer wichtigen Reiter- und Kutschenverbindung von Süddeutschland nach Norditalien, deren heute noch sichtbares Zeichen die prächtigen Kaufmannshäuser aus der Barockzeit sind. Zu Lindau gehören außer der Insel, die unter Denkmalschutz steht, auch die Stadtteile auf dem Festland und ein paar Dörfer, die abseits im Hinterland liegen. Der Stadtteil Bad Schachen war schon ab der Mitte des 19. Jahrhunderts ein mondänes Kurbad und ist heute bekannt durch seine Hotels und das Friedensmuseum.

02 Bregenz

Die Landeshauptstadt von Vorarlberg ist nicht die größte Stadt am See, aber die älteste, denn bereits die Römer hatten hier ihr Verwaltungszentrum und einen bedeutenden Handelsstützpunkt. Als Vorposten des habsburgischen Kaiserreichs am Bodensee wurde die Stadt um 1900 auch mit repräsentativen Bauten ausgestattet, wie etwa mit dem Vorarlberger Landesmuseum und der Post an der Seefront, was der von der Einwohnerzahl her eher kleinen Stadt einen großstädtischen Eindruck beschert. Einen Kontrast zum lebhaften Uferbereich bietet die ruhige Oberstadt, die auf die spätrömische Stadt Brigantium zurückgeht. An ihrer nördlichen Ecke steht der Martinsturm, das historische Wahrzeichen der Stadt. Mit der alten Badeanstalt »Mili« und dem Kloster Mehrerau markieren zwei lohnende Sehenswürdigkeiten den Osten und Westen der Stadt.

Der Pfänder ist einer der schönsten Aussichtsberge am Bodensee. Leider ist der Gipfel im Sommer recht überfüllt.

03 Isny

Die Stadt kann auf eine bewegte, über 1000-jährige Geschichte zurückblicken. Als Freie Reichsstadt erlebte Isny ab dem 14. Jahrhundert eine Blütezeit. Davon zeugen heute noch die stattlichen Bürgerhäuser innerhalb der mittelalterlichen Stadtsilhouette mit historischer Stadtmauer, Toren und Türmen. Isny eignet sich aber auch ideal für Ferien auf dem Bauernhof. Oft liegen die Bauernhöfe verstreut, inmitten von Wiesen und Weiden. Die Einzellage ist einer frühen Form der Flurbereinigung zu verdanken. Im 18. Jahrhundert wurden viele Höfe, die innerorts lagen, ihre Äcker aber außerhalb bestellten, aus dem Ort hinaus zum Nutzland verlegt. Dadurch kann man seinen Urlaub heute inmitten der Natur verbringen.

04 Schloss Kißlegg

Der Luftkurort Kißlegg fasziniert durch ursprüngliche Natur und kunsthistorische Sehenswürdigkeiten. Das Alte Schloss aus dem 16. Jahrhundert ist mit seinen markanten Staffelgiebeln und den vier Ecktürmen weithin sichtbar. Seit Anfang des 18. Jahrhunderts befindet es sich im Besitz der gräflichen Familie zu Waldburg-Wolfegg und

AUSFLUGSZIELE

Pfänder

Der Vergleich mit einem Amphitheater liegt auf der Hand: Schaut man vom Bregenzer Hausberg, dem Pfänder, auf Vorarlbergs Landeshauptstadt hinab, erkennt man, wie perfekt sie in dem weiten Halbrund der Bucht und an den sanft ansteigenden Terrassen liegt – nach Osten zu geschützt von waldigen Abhängen, nach Westen hin offen bis an den wässrigen Horizont des Bodensees. Doch der Blick von dem Panoramaberg schweift viel weiter: bei klarem Wetter im 360-Grad-Schwenk über vier Länder und 240 Alpengipfel bis zum Schwarzwald. Zu erreichen ist der 1064 Meter hohe Aussichtspunkt über zwei Sträßchen von Eichenberg oder Lochau aus oder in einer Gondel der Pfänderbahn. Deren Bergstation ist Startplatz für Wanderrouten. **www.pfaenderbahn.at GPS 47.50493, 9.75292**

Insel Mainau
Die nur 45 Hektar große Insel im Überlinger See ist ein riesiger botanischer Garten. Dessen ältester Teil ist das Mitte des 19. Jahrhunderts angelegte Arboretum, eine Anpflanzung tropischer Bäume. Weitere Highlights der beliebten »Blumeninsel« sind der italienische Rosengarten, die Zitrussammlung, das faszinierende Palmen- sowie das farbenprächtige Schmetterlingshaus.
www.mainau.de
GPS 47.70529, 9.19451

Konstanz
Nicht von ungefähr heißt der Bodensee auf Englisch Lake Constance, denn Konstanz ist nicht nur die größte Stadt an seinen Ufern, sondern auch die geschichtlich bedeutendste. Seit dem frühen Mittelalter Bischofssitz, seit der Stauferzeit Reichsstadt, einst Schauplatz eines bedeutenden Konzils, heute moderne Universitätsstadt mit bestens erhaltener Altstadt – das Ganze in wunderschöner Lage.
www.konstanz.de
GPS 47.65922, 9.17507

Waldsee. Eine Besichtigung ist leider nicht möglich. Das dreigeschossige Neue Schloss im Ort, erbaut im 18. Jahrhundert nach dem Entwurf des Füssener Baumeisters Johann Georg Fischer, liegt inmitten eines Schlossparks im englischen Stil.

05 Ravensburg
Das urbane Herz Oberschwabens schlägt hier in der einstigen Reichsstadt. Besonders sehenswert sind die Marktstraße mit herrlichen Patrizierhäusern sowie das Korn- und das Seelhaus, der lang gestreckte Marienplatz, die Liebfrauenkirche (14. Jahrhundert) sowie außerhalb des Zentrums die ehemalige Abteikirche Weißenau (1717–1724), ein Barockjuwel mit einer berühmten Orgel.

06 Salem
Berühmt ist das kleine Dorf Salem, das inmitten einer idyllischen Landschaft aus Wiesen, Bächen und Hügeln liegt, eigentlich nur aufgrund seines Klosters und dem bekannten Nobelinternat. Schon 1134 ließen sich hier Zisterziensermönche aus dem Elsass nieder. Im Laufe des Mittelalters kam das Kloster, in dem zeitweise an die 300 Mönche lebten, zu nicht unerheblichem Ruhm und machte sogar dem Kloster Reichenau und St. Gallen Konkurrenz.

07 Uhldingen
Knapp sieben Kilometer östlich von Überlingen liegt die Gemeinde Uhldingen-Mühlhofen mit ihrer weithin sichtbaren Wallfahrtskirche Birnau, die der Baumeister Peter Thumb für das nahe Kloster Salem errichtete. Vom Kirchenvorplatz aus genießt man einen malerischen Ausblick. Unterhalb befindet sich Schloss Maurach, das jedoch kein Schloss im klassischen Sinne ist, sondern die frühere Sommerresidenz der Reichsabtei Salem. Neben der Ortskapelle mit barockem Hochaltar stammt auch das Rathaus, das einst als Badehaus diente, aus dem 16. Jahrhundert. Während Unteruhldingen vor allem für sein berühmtes Pfahlbaumuseum, ein Freilichtmuseum mit 23 Häusern aus der Stein- und Bronzezeit, bekannt ist, lockt in Mühlhofen das historische »Gasthaus zum Sternen«. Im Stil des Spätbarocks ließ es Abt Robert Schlecht 1788 mit einem dreigeschossigen Walmdach erbauen.

08 Meersburg
Die breite Front der Schlösser von Meersburg ist bei klarer Sicht sogar von den Schweizer Vorbergen zu sehen. Sie besteht aus der mittelalterlichen Burg und drei Barockbauten: Das rötliche Domänengebäude und das gelbe ehemalige Priesterseminar stehen parallel zum Seeufer, während der 1741 bis 1750 als neue Residenz der Konstanzer Bischöfe errichtete Bau genau auf das Konstanzer Münster ausgerichtet ist. Seit der Säkularisierung werden die Gebäude vielfältig genutzt, so etwa als Haus des Gastes, als Staatsweingut und als Aufbaugymnasium.

Bildleiste von oben:
Herrschaftliche Prachtvillen aus dem 19. Jahrhundert prägen das Bild der Konstanzer Seestraße.

Das schöne Meersburg versprüht mediterranen Charme.

Zahlreiche unberührte Naturlandschaften kann der Untersee für sich in Anspruch nehmen.

Die Altstadt mit ihren Fachwerkhäusern wird in einem gewissen Abstand eingerahmt von Gebäuden aus dem 20. Jahrhundert, den Lädebauten, dem Fährhafen und der neuen Therme. Da die Stadt an einem steilen Hang liegt, bietet sie auch sehr schöne Aussichtspunkte, wie etwa das »Känzele«. Angeblich ist die Meersburg die älteste bewohnte Burg Deutschlands. Ob dem so ist, lässt sich nicht mit Sicherheit feststellen, beeindruckend ist das altehrwürdige Gemäuer, das 1137 erstmalig urkundlich erwähnt wurde, aber allemal. Zu besichtigen sind auch die Biedermeier-Wohnräume der Dichterin Annette von Droste-Hülshoff.

09 Immenstaad

Von Immenstaad sieht man von Weitem zunächst nur Hochhäuser. Die historische Seite zeigt sich erst, wenn man näher kommt. Das bedeutendste historische Objekt aus Immenstaad ist eine Lädine (Lastensegler), die im 14. Jahrhundert vor dem Ufer gesunken ist, 1981 entdeckt wurde und inzwischen im Archäologischen Landesmuseum Konstanz ausgestellt ist. Mit einer nachgebauten Lädine kann man seit 1999 Ausflugsfahrten unternehmen. Sehenswert ist auch das Schwörer-Haus, ein 400 Jahre alter Fachwerkbau.

10 Friedrichshafen

Die Zeppelinstadt Friedrichshafen vereint als zweitgrößte Stadt am Bodensee die Stille der Natur, das pulsierende Leben und die schwäbische Gemütlichkeit. Dabei zählt die Uferpromenade zu den längsten und schönsten des Bodensees. Am Hafendamm lässt einen der 360-Grad-Ausblick vom frei zugänglichen, 22 Meter hohen Moleturm auf die Stadt, die Obstgärten im Hinterland und die Weite des Bodensees mit Alpenpanorama nur noch staunen. Erst im Jahr 2000 wurde die stählerne Aussichtsplattform im Zuge der Sanierung der alten Hafenmole errichtet. Mittlerweile werden hier, wo im Jahr 1900 Graf Ferdin-

and von Zeppelin erstmals sein Luftschiff aufsteigen ließ, wieder Zeppeline gebaut. Sehenswert ist das Zeppelin Museum, die weltgrößte Sammlung zur Geschichte der Luftschifffahrt, in der unter anderem ein rekonstruiertes Teilstück der »Hindenburg« besichtigt werden kann. Gleichzeitig ist das Museum der Kunst des Bodenseeraums verpflichtet, z.B. mit Werken von Otto Dix.

11 Langenargen

Direkt am See bauten die Grafen Montfort im 14. Jahrhundert eine Burg. Später verfiel sie; ihre Ruine wurde von der Dichterin Annette von Droste-Hülshoff besungen. 1866 ließ Wilhelm I. von Württemberg Schloss Montfort im maurischen Stil errichten. Kunsthistorisch bedeutender ist die schöne barocke Pfarrkirche St. Martin im Ortskern.

12 Tettnang

Einst lebten hier die Grafen von Montfort, heute mieten sich die Touristen gerne in den Hotels und Pensionen ein, um dem Charme von Tettnang zu genießen. Die drittgrößte Stadt im Bodenseekreis liegt im Hinterland des Sees, hat aber ein traumhaftes Alleinstellungsmerkmal: Aufgrund der Höhe von 70 Metern über dem See bietet sich von dem ein oder anderen Platz ein grandioser Panoramablick auf den Bodensee und die Alpenkette. Doch auch das neue Tettnanger Schloss ist einen Spaziergang im Schlossgarten und einen Besuch wert. Die meisten Besucher allerdings zieht es erst einmal in die historische Altstadt mit

ihren blumengeschmückten Bürgerhäusern, den Cafés und kleinen Biergärten vor den gutbürgerlichen Gasthäusern.

13 Wangen

Im Jahr 815 wurde die Stadt erstmals urkundlich erwähnt. Heute präsentieren sich in der denkmalgeschützten Altstadt schmucke Patrizierhäuser, farbenprächtige Handwerkerhäuser und eine Vielzahl von Sehenswürdigkeiten. Auch eine Ruine gehört in der Ortschaft Neuravensburg zu den Highlights. Kunst und Kultur prägen das Leben in Wangen. Das wird auch an der Museumslandschaft mit dem Stadtmuseum, dem Käsereimuseum und der Wangener Badstube deutlich.

Motorcycles Rockhouse Bar
Meersburger Str. 32/1
88048 Friedrichshafen
www.motorcycles-bar.de

Bräustüble Meckatz
Meckatz 8, 88178 Heimenkirch, Tel. 08381/1573
www.meckatzer-braeustueble.de

14 Lindau

Diese Rundtour endet dort, wo sie begonnen hat – in Lindau. Natürlich lohnt sich eine Übernachtung. Einerseits, um die Stadt anzusehen und ein paar Stunden am Bodenseeufer zu genießen. Andererseits kann es auch reizvoll sein, sich vor allem im Sommer zu erkundigen, ob in der Nähe kleinere Rockkonzerte stattfinden. Gerade die Bodenseeregion hat sich in dieser Hinsicht in den vergangenen Jahren interessant entwickelt.

Einfach mal absteigen und den Blick schweifen lassen – auf dieser Bodenseetour ein absolutes Muss!

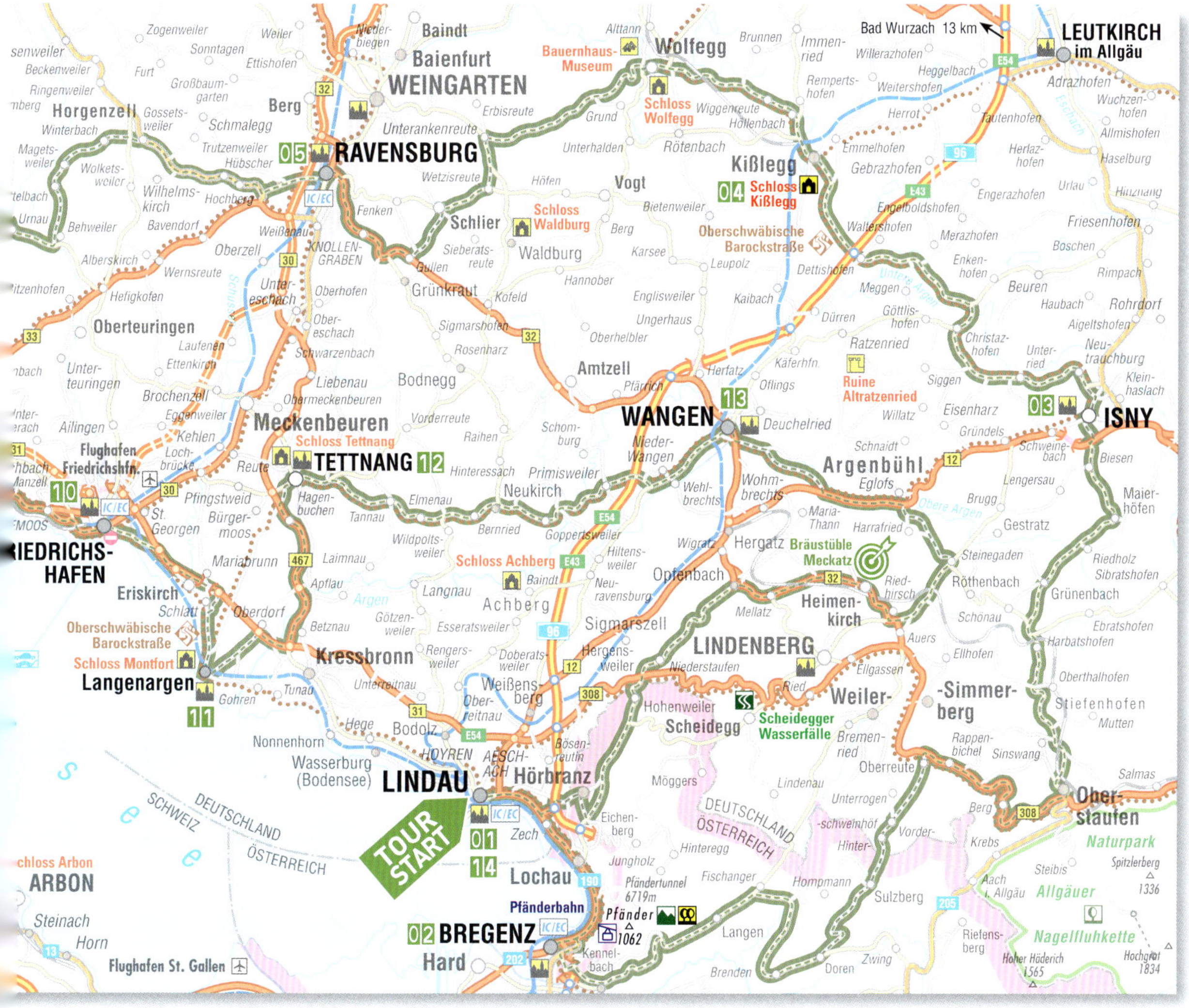

PFAFFENWINKEL

Es ist, als hätte der Herrgott bei der Erschaffung der Welt eine Extraportion göttlichen Nektars auf diesen Flecken geträufelt. Wie anders kann man es sich erklären, dass so viele Kirchen und Klöster, Wallfahrtskapellen und Pilgerstätten auf so engem Raum zu finden sind? Der Name Pfaffenwinkel ist keinesfalls spöttisch, sondern ehrfürchtig gemeint. Alle paar Kilometer stößt man hier auf berühmte Orte wie Benediktbeuern, Wessobrunn oder die Wieskirche, die von den Mönchen der Benediktiner, Augustiner und Prämonstratenser gegründet wurden. Herausragend ist auch die aus dem 15. Jahrhundert stammende Basilika der ehemaligen Klosterstiftskirche Mariä Geburt in Rottenbuch mit dem gewaltigen Stuckdekor. Wer sich mit mönchischem Leben beschäftigt, weiß: Die frommen Herren verstanden auch etwas von geistigen Getränken. Deshalb ist der Besuch von Andechs in der Regel verbunden mit einem Abstecher in die berühmte Brauerei nebst Gastronomie. Und nach der Besichtigung der Benediktinerabtei Ettal ist wahrscheinlich ein kurzer Besuch in dem Laden angesagt, der den bekannten Kräuterlikör vertreibt. Nur selbst auf den Sattel setzen sollte man sich nach dem Genuss nicht mehr. Da lohnt sich eine Übernachtung; die Möglichkeiten dazu sind zahlreich. Die Landschaft, obwohl das Eingangstor zum Gebirge, ist eher hügelig und geprägt durch Wiesen, Wälder, Seen und Flussläufe, dazwischen auch Moore. Diese Gegend ist so schön, dass sie auch von zahlreichen Künstlern verewigt wurden: Franz Marc, Gabriele Münter oder Wassily Kandinsky sind nur einige, die sich vom Pfaffenwinkel inspirieren ließen.

Besonders im Herbst bringt die Abendsonne Wiesen und Wälder zum Leuchten. Das Bike vor diesem Panorama abzustellen, bringt besonderes Vergnügen.

Tor zum Gebirge

Der Name stammt nicht von ungefähr – im Pfaffenwinkel wohnten während der Rokoko-Zeit einige der besten bayerischen Handwerker und Künstler. Da das Rokoko stets eine volksnahe Stilrichtung war, entstanden hier neben imposanten Klöstern auch viele wunderschöne Dorfkirchen. Wer also gemächlich spazieren fahren und nebenbei etwas Kultur tanken will, der ist im Pfaffenwinkel goldrichtig.

Der Riegsee ist ein Moorsee und der kleine Bruder des Staffelsees.
Von seinem Ufer genießt man einen herrlichen Blick auf die Berge.

ROUTE 39

Routenlänge: ca. 230 km
Zeitbedarf: ca. 1–2 Tage,
reine Fahrzeit ca. 5 Std.
Charakteristik: An der
Grenze zwischen Schwaben
und Bayern macht der
Motorradfahrer zum ersten
Mal Bekanntschaft mit einer
Maß Bier und Weißwürsten.
Panoramablicke sind
natürlich auch dabei.
Start und Ziel: Schongau
Informationen:
www.pfaffen-winkel.de
www.gipfelglueck.de
www.murnau.de

Hier geht's
zum
GPS-Track

01 Schongau

An der alten Handelsstraße Via
Claudia Augusta gelegen, erlebte
das Pfaffenwinkel-Städtchen im 17.
und 18. Jahrhundert seine wirtschaftliche Blütezeit. Aus dieser Ära
stammt der barocke Neubau der
Pfarrkirche Mariä Himmelfahrt, an
dessen Bau Dominikus Zimmermann
und Franz Xaver Schmuzer sowie
der Stuckateur Matthäus Günther
maßgeblich beteiligt waren.

02 Hoher Peißenberg

Hoch ist relativ, aber mit seinen
gerade mal 988 Metern ist der Hohe
Peißenberg dennoch eine der höchsten Erhebungen im bayerischen Vor-
alpenland. Auch wegen seiner isolierten Stellung ist er ein beliebtes
Ausflugsziel im Pfaffenwinkel. Denn
die Spitze erlaubt einen ungestörten
Panoramablick von den Chiemgauer
Alpen über die bayerischen Voralpen, das Wettersteingebirge und
die Ammergauer Alpen bis hin zu

den Allgäuer Alpen. Der Hohe Peißenberg ist gekrönt von der Wallfahrtskirche Mariä Himmelfahrt.
Bekannt ist der Berg auch durch den
gleichnamigen Sendeturm, der
nochmals fast 159 Meter in die
Höhe ragt. Zudem gibt es ein Mete-
orologisches Observatorium.

03 Weilheim

Am Nordostrand des Pfaffenwinkels
gelegen, profitierte die heutige
Kreisstadt bereits im 17. und 18.
Jahrhundert von ihren gut situierten
Bewohnern. Im Stadt- und Pfaffen-
winkelmuseum werden neben Exponaten zur Stadtgeschichte auch
Skulpturen Weilheimer Bildhauer
gezeigt. Als Wahrzeichen Weilheims
gilt der 45 Meter hohe Turm der
frühbarocken Pfarrkirche Mariä Himmelfahrt. Innen ist sie ausgestattet
mit Fresken von Elias Greither dem
Älteren, Stuck der Wessobrunner
Schule und Altären von Franz Xaver
Schmädl.

Das Herz Weilheims ist der Marienplatz mit dem Brunnen und der Kirche Mariä Himmelfahrt.
Wer gerne unterwegs Shoppen geht, ist hier richtig – und das alles jenseits von jeglicher Großstadthektik.

04 Riegsee

Wer bereits im Frühjahr Badefreuden an einem idyllischen Gewässer genießen will, bricht auf zum Riegsee. Der zählt nicht nur zu den saubersten Seen Oberbayerns, sondern erwärmt sich auch erstaunlich schnell. Oft kann man hier schon im Mai genüsslich seine Runden drehen und wenige Wochen später ist die Temperatur auf 25 Grad angestiegen. Nicht zu verachten ist ferner die Kulisse: Der Blick über den See schweift hin zur Zugspitze. Der gleichnamige Ort hat sich dem sanften Tourismus verschrieben, denn der Riegsee und sein Ufer stehen unter Landschaftsschutz. Die nörd-

AUSFLUGSZIELE

Kloster Ettal

Vor alpiner Kulisse überhöht eine große Rundkuppel malerisch die prächtige barocke Klosterkirche von Ettal. Im Inneren zieht das grandiose Kuppelfresko von 1746 den Blick nach oben: Eine Szene zeigt dort den heiligen Benedikt, der Kaiser Ludwig dem Bayern ein Marienbildnis übergibt. Seit dem 15. Jahrhundert wurde das von Ludwig gestiftete Gnadenbild einer italienischen Marienstatue Ziel von Wallfahrten zur »Ettaler Madonna«. Doch die eigentliche Blüte des Klosters begann erst mit dem frühen 18. Jahrhundert.
www.kloster-ettal.de
GPS 47.56966, 11.09501

Wieskirche

Zu den Meisterwerken der bayerischen Rokokoarchitektur gehört die Wallfahrtskirche »Zum gegeißelten Heiland auf der Wies« im oberbayerischen Alpenvorland. Das Gotteshaus ist einem wundersamen Vorfall geweiht: Im Jahr 1738 soll ein Christusbildnis auf einmal begonnen haben, Tränen zu vergießen. Da die Verehrung des »Tränenwunders« ständig zunahm, beauftragte der Abt den Baumeister Dominikus Zimmermann, »auf der Wies« eine Wallfahrtskirche zu errichten. Es entstand schließlich die wohl schönste Rokokokirche Deutschlands.
wieskirche.de, GPS 47.68058, 10.90054

liche Bucht ist Vogelschutzgebiet und ist im Sommer nicht zugänglich.

05 Murnau am Staffelsee

Obwohl Murnau bereits im 12. Jahrhundert gegründet wurde, wirkt die kleine Marktgemeinde architektonisch ziemlich jung, denn im 18. und 19. Jahrhundert fielen viele historische Bauten Feuersbrünsten zum Opfer. Bis heute prägen die 1906 bis 1910 unter der Leitung Emanuel von Seidls errichteten Bürgerhäuser in der Marktstraße (Ober- und Untermarkt) das Bild. Bergtouristen frequentieren die Murnauer Gegend gern, um sich im Staffelsee abzukühlen.

06 Steingaden

Als »Bilderbuch der Kunstgeschichte« gilt die ehemalige Klosterkirche, und wirklich finden sich hier von Romanik über Gotik und Renaissance bis zu Frühbarock und Rokoko alle Stile in Harmonie vereint. Steingaden (gegründet 1147) zählt zu den ältesten Prämonstratenserklöstern Altbayerns und ist eine Keimzelle des Pfaffenwinkels; von hier aus erfolgte auch die Gründung der Wieskirche.

07 Landsberg am Lech

Viele steuern über die Autobahn nach Landsberg die Burg Kaltenberg an, gelockt von den Ritterspielen, die Prinz Luitpold, ein Urenkel des letzten bayerischen Königs, jeden Sommer auf seinem Besitz veranstaltet. Dabei hat die rund 14 Kilometer davor gelegene Kreisstadt auch einiges aus der Ritterzeit zu bieten – zum Beispiel die vielen Türme und die alte Stadtmauer. Das Bayertor von 1425 gilt als eine der schönsten mittelalterlichen Toranlagen Süddeutschlands. Die Innenstadt prägte ein großer Sohn Landsbergs: der Wessobrunner Künstler Dominikus Zimmermann (1685–1766). Der Mitgestalter der berühmten Wieskirche war hier Bürgermeister und schuf neben der Stuckfassade des Rathauses die Architektur der Johanniskirche. Ihre wirtschaftliche Bedeutung verdankte die Stadt vor allem der Salzstraße von Reichenhall nach Oberschwaben, die hier den Lech überquerte.

08 Ammersee

Mit einer Fläche von 47 Quadratkilometern ist der Ammersee nach dem Chiemsee und dem Starnberger See der drittgrößte bayerische See. In Abgrenzung zum Starnberger See als »Fürstensee« wurde der Ammersee früher auch »Bauernsee« genannt. Tatsächlich ist es hier, wo einst auch Bert Brecht und Carl Orff wohnten, nicht nur genauso schön wie in der Starnberger Gegend – auch die Immobilienpreise für Grundstücke am See haben längst »fürstliche« Regionen erreicht. Größter Ort unter den vielen Ufergemeinden ist das durch die S-Bahn mit München verbundene Herrsching.

09 Dießen am Ammersee

Der Hauptort am Westufer des Ammersees ist aus drei Ortsteilen zusammengewachsen. Am Seeufer wohnten ursprünglich die Fischer, auf halber Höhe um den Marktplatz

Links: Je näher man den Alpen kommt, desto mehr sollte man darauf gefasst sein, die Straße teilen zu müssen.

Unten: Murnauer Moos.

Klostergasthof Andechs
Bergstr. 9, 83346 Andechs
Tel. 08152/9825734
www.andechser-
klostergasthof.de

Neuwirt Oderding
Dorfstr. 41
82398 Polling
Tel. 0881/40135
www.neuwirt-oderding.de

Seestube Riegsee
Seestr. 21
82418 Riegsee
Tel. 08841/2677
www.seestube-riegsee.de

herum gruppierte sich das bürgerliche Leben, und oben am Hang residierte die Geistlichkeit im einst bedeutenden, bereits 1132 gegründeten Augustinerchorherrenstift. In der ersten Hälfte des 18. Jahrhunderts erneuerten die frommen Chorherren ihre Klosterkirche. Bei dieser Gelegenheit errichtete Johann Michael Fischer 1739 eine der bedeutendsten Barockkirchen Bay-

erns – das Marienmünster Dießen. Wie Musik klingen in den Ohren von Kunstliebhabern die Namen der an dem Bau beteiligten Künstler: François Cuvilliés schuf den Hochaltar, die Figuren der vier Kirchenväter stammen von Joachim Dietrich, das Altarbild von Balthasar August Albrecht. Ein Gemälde auf dem Sebastiansaltar stammt von Giovanni Battista Tiepolo, die schönen Stuckar-

beiten schufen Franz Xaver und Johann Michael Feichtmayr.

10 Schongau

Was bietet sich an nach dem Abschluss der 230 Kilometer langen Runde? Ein Tipp wäre, von hier aus noch ein paar Kilometer dranzuhängen in Richtung Berge und bis zu den Schlössern des bayerischen Märchenkönigs Ludwig II.

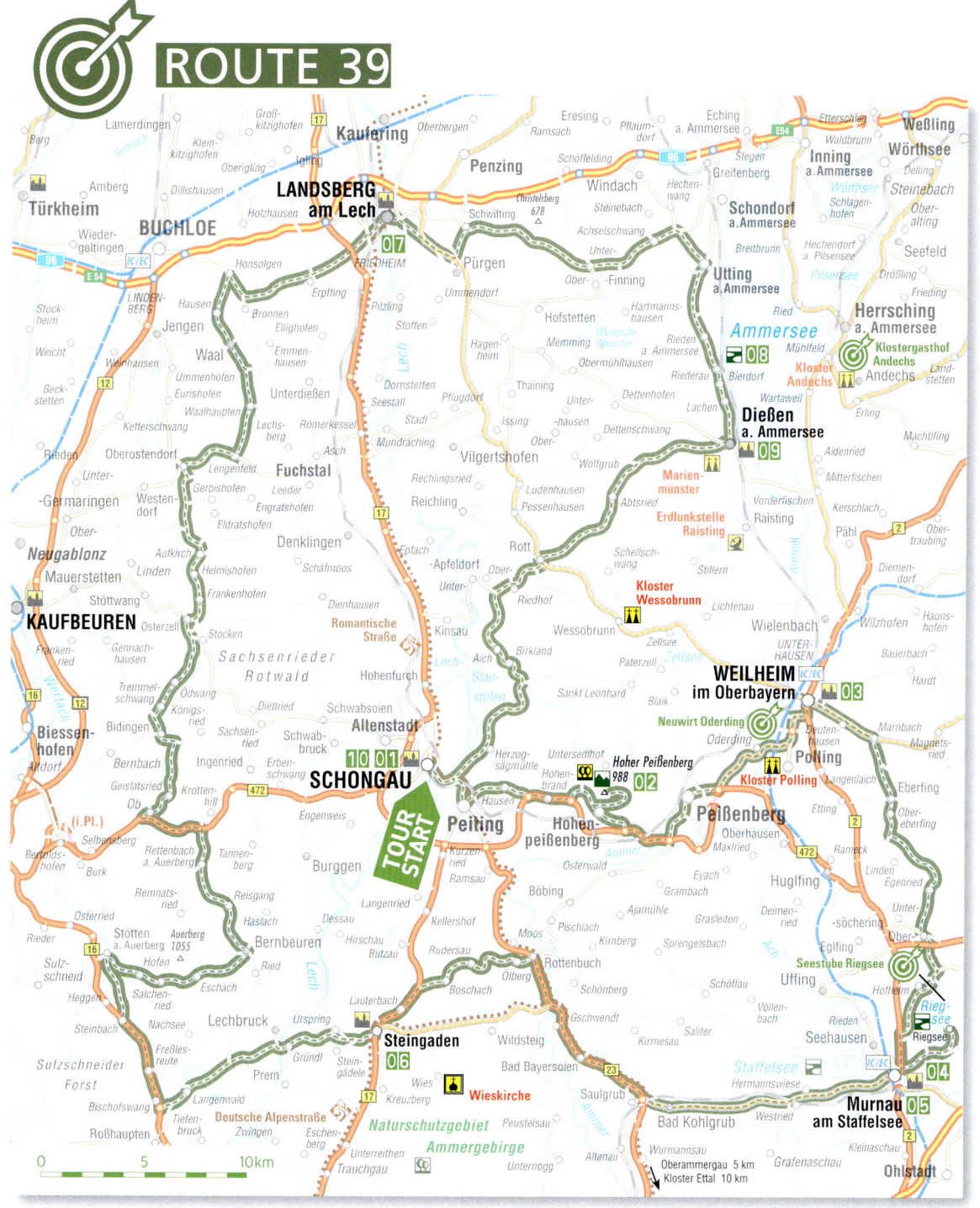

Traumrevier

Der Reiz des Isarwinkels sind seine Extreme: der flache, beschauliche Norden um Bad Tölz und die hochalpinen Regionen Mittenwalds, Ausflugsverkehr an Kochel- und Walchensee und Abgeschiedenheit am Sylvenstein-Stausee. Für Spannung ist daher auf einer Motorradtour im Isarwinkel stets gesorgt.

ISARWINKEL

Eine Gegend wie aus dem Bilderbuch: Postkartenmotiv reiht sich an Postkartenmotiv. Der Isarwinkel gilt als eines der schönsten Gebiete, die Bayern zu bieten hat – und der Freistaat ist gesegnet mit Landschaftsreizen. Der Isarwinkel umfasst zunächst einmal das direkte Isartal vom Karwendel über Lenggries bis nach Bad Tölz, erstreckt sich aber auch auf den Walchen- und den Kochelsee sowie den Sylvensteinspeicher. Die Jachenau gehörte ursprünglich nicht dazu, wurde aber 1803 dem Isarwinkel zugeschlagen. Der Name ist übrigens schon sehr alt: In einem Vertrag über die Forstwirtschaft, datiert von 1497, wird das Gebiet zwischen Bad Tölz und Wallgau als »Iserwinkl« bezeichnet.

Viele bekannte Berge sind hier zu finden: das Brauneck, der Schafreuter, der Blomberg, Herzogstand und Heimgarten sowie die Benediktenwand – alles Namen, die bei Tourengehern ein wissendes Lächeln auslösen. Auch für Historiker ist der Isarwinkel von Bedeutung. Im Spanischen Erbfolgekrieg schlug sich Bayern – immer gut für eine überraschende Wendung – auf die Seite Frankreichs, weshalb österreichische Truppen einmarschierten. Gegen die Besatzer gab es Widerstand, der im Isarwinkel seinen Ausgang nahm. »Lieber bayerisch sterben als kaiserlich verderben« lautete ihr Ruf. Der Aufstand wurde in der Sendlinger Mordweihnacht blutig niedergeschlagen, aber der »Schmied von Kochel«, ein wahrer Kraftlackel, einer der Anführer des Aufstands, ist heute noch ein Begriff. Er symbolisiert den Menschenschlag des Isarwinkels ganz gut: freiheitsliebend mit einem Schuss Eigensinn. In Kochel am See steht sein Denkmal.

Eine Fahrt über die Brücke am Sylvensteinspeicher ist für jeden Biker, der in dieser Gegend unterwegs ist, ein absolutes Muss.

Was für ein Panorama: Blick auf Bad Tölz und die Isar, im Hintergrund ragen die ersten Alpengipfel in den Himmel. Der Ort ist Ausgangs- und Endpunkt dieser Tour.

ROUTE 40

Routenlänge: ca. 180 km
Zeitbedarf: ca. 1–2 Tage, reine Fahrtzeit ca. 4 Std.
Charakteristik: Von den beschaulichen Uferstraßen des Starnberger Sees bis zur Bergrennstrecke am Kochelsee führt diese Tour. Gut ausgebaute, griffige Straßen wechseln sich ab mit holprigen Strecken.
Start und Ziel: Bad Tölz
Informationen:
www.bergtour-online.de
www.karwendel-urlaub.de
www.gamssteig.de

Hier geht's zum GPS-Track

01 Bad Tölz

Häuser mit schöner Lüftlmalerei gibt es in Bad Tölz in Hülle und Fülle. So bietet die Marktstraße eines der reizvollsten Straßenbilder Oberbayerns – bis auf das 18. Jahrhundert gehen die bunten Fassadenmalereien zurück. Hinter den Häusern der Marktstraße führt der Weg über den sogenannten Gries, an dem sich im Mittelalter Handwerker ansiedelten, darunter Kistler, Schmiede, Stellmacher, Flößer und Fischer. Das in weiten Teilen original erhaltene einstige Handwerkerviertel wirkt romantisch und lädt mit engen Gassen und schönen Häusern zum Bummeln ein. Über dem Gries thront die spätgotische, dreischiffige Stadtpfarrkirche. Die heutige Kirche wurde 1466 von dem Tölzer Michael Gugler erbaut, wobei der Turm erst 1877 seine neugotische Turmspitze erhielt. Im Inneren sind das Altarbild, die Himmelfahrtsmadonna von Bartholomäus Steinle und die Krip-

pendarstellung im Hochaltar von Anton Fröhlich beachtenswert.

02 Lenggries

Lenggries ist ein Zwischenziel, an dem durchaus eine Übernachtung reizvoll ist, um die Landschaft genießen zu können. Der Ort wird auch »Eingang zum Karwendelgebirge« genannt und lebt vor allem vom Tourismus. Wer Bergluft schnuppern will, nimmt die Bahn hinauf zum Brauneck, das bereits eine Höhe von 1555 Metern aufweist. Noch höher erhebt sich auf 2102 Metern der Schafreuter.

03 Sylvensteinstausee

Im Jahr 1954 wurde südlich von Lenggries mit dem Bau eines Staudamms begonnen, um die flussabwärts liegenden Orte Lenggries, Bad Tölz und München vor den verheerenden Hochwassern der Isar zu schützen. Zu diesem Zweck wurde die Ortschaft Fall evakuiert und

Die beste Aussicht auf den Walchensee hat man vom Herzogstand, der direkt an das Gewässer grenzt.

einige Meter höher neu errichtet. Heute ist der Speichersee ein beliebtes Ausflugsziel zum Baden, Kajakfahren und Tauchen. Die idyllische Kulisse des Sees mit der mächtigen Brücke im Vordergrund ist bis heute ein beliebtes Fotomotiv.

04 Walchensee

Der etwa 16 Quadratkilometer große, mitten in den Bergen am Fuße des Herzogstands gelegene Walchensee entwickelt unter bestimmten Bedingungen ähnliche Windverhältnisse wie der Gardasee. Entsprechend beliebt ist er bei Surfern, die den See an entsprechenden Windtagen fest im Griff haben. Mit seinen 192 Metern Tiefe ist er aber auch ein Dorado für Taucher. Wer im Walchensee baden möchte, der muss schon etwas abgehärtet sein, denn die Wassertemperaturen sind auch im Sommer frisch.

05 Kesselbergstraße

Der Name Kesselbergstraße löst bei gestandenen Bikern normalerweise zweierlei aus: fiebrig-glänzende Augen und aufkeimende Wut. Die Strecke überwindet zwischen Kochel am See und Urfeld auf einer Länge von 9 Kilometern 255 Höhenmeter.

AUSFLUGSZIELE

Gebirgstal Jachenau

Eine noch ursprüngliche alpenländische Tallandschaft mit Weilern ist die Jachenau. Benannt ist sie nach dem Flüsschen Jachen, das vom Walchensee aus südlich der Benediktenwand Richtung Lenggries fließt und dort in die Isar einmündet.
www.jachenau.de
GPS 47.60396, 11.43478

Iffeldorf

Ein Kirchlein in reinstem altbayerischem Rokoko, anmutig gelegen mit Blick auf die Osterseen, ist St. Vitus in Iffeldorf. In der Nähe befinden sich die wunderschönen Osterseen, 21 kleine Seen und Weiher, die eine einzigartige sumpfige, von Mooren durchsetzte Naturlandschaft bilden.
www.iffeldorf.de, GPS 47.77274, 11.32005

Zahlreiche spektakuläre Kehren lassen die Herzen aller Zweirad-Freunde höherschlagen. Hier kann man sich richtig schön in die Kurven legen. Man könnte jedenfalls – wenn die Geschwindigkeit nicht auf 60 Kilometer pro Stunde beschränkt wäre. Überholen ist sowieso verboten. Der Grund: zahlreiche tödliche Unfälle! Und an Wochenenden und Feiertagen bleibt den Bikern der Schnabel komplett sauber: Für sie ist die Strecke nach oben gesperrt.

06 Kochel am See

Im gemütlichen Feriendorf prägt das Denkmal für den Schmied von Kochel den Dorfplatz. Der Volksheld hielt 1705 in der Sendlinger Mordweihnacht die Fahnen der Schützen aus dem Oberland bis zum bitteren Ende aufrecht. In einer alten Villa über dem See ist das Franz-Marc-Museum dem Begründer des »Blauen Reiters« gewidmet.

07 Kochelsee

Der Kochelsee liegt 65 Kilometer südlich von München am Rande der Bayerischen Alpen. Das Gewässer entstand in der Würm-Eiszeit durch Ausschürfung des Isar-Loisach-Gletschers. Er ist etwa sechs Quadratkilometer groß und wird auf der Südseite von den Kochler Hausbergen Sonnenspitz, Jochberg, Herzogstand und Heimgarten, die alle um 1500 Meter hoch sind, umrahmt. Im Norden schließt an ihn das Loisach-Kochelsee-Moor an, das durch Verlandung von Teilen des Sees entstand. Die Region ist ein beliebtes Urlaubsgebiet und wird im Sommer von vielen Erholungsuchenden besucht, die zum Baden, Surfen und Wandern hierherkommen. Trotz der Vielzahl der Gäste hat sich die Natur weitgehend ihre Ursprünglichkeit bewahrt. Vor allem das Kochelmoor ist ein einmaliges Ökosystem und Lebensraum für viele seltene Pflanzenarten. Hier kann man mit etwas Glück so scheue Tiere wie die Goldammer, den Gimpel oder sogar einen Eisvogel entdecken. Die Berge im Süden bieten viele interessante Ausflugs-möglichkeiten. So kann man die meisten auf gut beschilderten Wegen besteigen und dabei wunderschöne Almwiesen und Bergwälder entdecken.

08 Penzberg

Penzberg ist eine Kleinstadt, in der es sich im Schatten Münchens gut leben lässt. Es geht gemütlich zu, die Menschen sind ein wenig gelassener als in der Metropole. Bei schönem Wetter sind die Berge und auch die Zugspitze in der Ferne zu sehen, viele Cafés laden im Sommer zu einem Cappuccino ein. Wer will, kann in der ehemaligen Bergwerksstadt, in der einst Pechkohle gefördert wurde, das zugehörige Museum besuchen. Die Fahrt in Richtung Bad Tölz ist vielversprechend. Vor den Bikern breiten sich herrlich sattgrüne Wiesen und Felder aus, und rechts ist die Alpenkette zu sehen.

09 Seeshaupt

Der Erholungsort am Südende des Starnberger Sees profitiert von seiner Nähe zu den Ostersen. Die Seenplatte entstand vor etwa 10 000 Jahren aus einem Eisblock und ist Refugium einer einzigartigen Flora und Fauna. Der Ort mit seinen hübschen Villen ist aber auch an sich einen Besuch wert.

AUSFLUGSZIELE

Kloster Benediktbeuern

Benediktiner findet man heute nicht mehr im Kloster Benediktbeuern. Aber der 739 bis 1803 hier residierende Orden hinterließ eine Handschrift des berühmten Benediktbeurer Liederzyklus »Carmina Burana« aus dem 13. Jahrhundert, die den Komponisten Carl Orff zu seinem weltberühmten Chorwerk inspirierte. Im Zuge der Säkularisation im frühen 19. Jahrhundert wurde das Kloster aufgelöst und die weltliche Siedlung, die dazugehört hatte, zur eigenständigen Gemeinde erklärt. Erst seit dem Jahr 1930 leben wieder Mönche in der einstigen Benediktinerabtei: Salesianer des Don Bosco, die hier zwei Hochschulen betreiben. **www.kloster-benediktbeuern.de**
GPS 47.70758, 11.39929

Ilkahöhe

Nicht jedem ist die Ilkahöhe ein Begriff. Das ist eigentlich schade, denn die Erhebung (728 m) am Westufer des Starnberger Sees bietet an klaren Tagen ein wunderbares Alpenpanorama und ist deshalb zwar beliebt, aber nicht ganz so überlaufen wie manche andere Aussichtspunkte. Der Name leitet sich her von einer gewissen Fürstin Ilka von Wrede, die sich im Deutsch-Französischen Krieg von 1870/71 bei der Versorgung von Verwundeten sehr verdient gemacht hat. Durch die Namensgebung sollte sie entsprechend geehrt werden. Auf dem landschaftlich sehr reizvollen Weg nach oben passiert der Wanderer einen Gutshof und ein Forsthaus.
GPS 47.81932, 11.19622

10 Starnberger See

Der Starnberger See liegt nur 25 Kilometer südwestlich der Landeshauptstadt. Der fünftgrößte See Deutschlands kann sowohl im Westen als auch im Osten umfahren werden. Lange Zeit hieß der Starnberger See »Würmsee« oder auch im Volksmund »Fürstensee«. Bereits 1466 baute sich Herzog Albrecht III. am See die Starnberger Burg als Sommerresidenz. Einer seiner Nachfolger, Kurfürst Ferdinand Maria (1651–1679), unterhielt im See eine Flotte von Vergnügungsschiffen – darunter den »Bucentaur«, die Nachbildung eines venezianischen Dogenschiffes. Später profitierten auch die am See gelegenen ehemaligen Fischerdörfer vom Hype der Gegend. Seeshaupt zum Beispiel zieht schon Sommerfrischler an, seit im Jahr 1850 der erste Raddampfer dort anlegte. In Berg wohnten bayerische Könige. In Bernried erinnert das »Museum der Phantasie« an den Feldafinger Künstler Lothar-Günther Buchheim, während es die Wassersportbegeisterten jeden Sommer nach Tutzing oder auf die Paradieswiesen bei Possenhofen zieht.

11 Buchheim Museum

Allein schon der Museumsbau ist sehenswert: Wie ein Schiffsbug ragt das Museum mit seinem Aussichtssteg in den Starnberger See. Außergewöhnliche Skulpturen und Tore begrüßen bereits im umliegenden Park und vor dem Eingang die Besucher. Der Gründer – der Autor, Künstler und Filmemacher Lothar-Günther Buchheim – hat in seinem Museum verschiedene Sammlungen zusammengetragen. Neben eigenen Werken der Buchheims gibt es hier z.B. bayerische Volkskunst, aber auch Kunst, Kunsthandwerk und Kultgegenstände aus aller Welt zu sehen, die Buchheim auf seinen Reisen erwarb. Das Kernstück ist eine bedeutende Expressionistensammlung mit Werken von Künstlern wie Emil Nolde, Max Pechstein und Erich Heckel.

12 Tutzing

Der einstige Fischerort ist heute ein beliebter Erholungs- und Luftkurort mit einem Strandbad, Bootshäfen und einigen schönen Wanderwegen. Das Schloss beherbergt die

In herrlicher Lage und mit außergewöhnlicher Architektur: Museum der Phantasie in Bernried.

Ein Fleckchen Oberbayern wie im Bilderbuch: In schönem Licht zeigt sich der Starnberger See bei Starnberg.

Evangelische Akademie sowie die Akademie für Politische Bildung.

13 Starnberg

Die Kreisstadt am Nordufer des nach ihr benannten Sees ist begehrter Nobelwohnort und mit seinen Strandpromenaden auch Naherholungsgebiet für viele Münchner. Starnbergs Rokokokirche St. Joseph mit meisterhaftem Hochaltar sowie Stuck und Fresken zählt zu den schönsten der Region. Die letzten Tage vor seinem Tod am 13. Juni 1886 verbrachte König Ludwig II. im nahen Schloss Berg, ehe der Monarch sowie sein Leibarzt Dr. Gudden tot am Seeufer aufgefunden wurden. Ein Holzkreuz im See und eine Kapelle erinnern an die Stelle, an der König Ludwig II. ertrunken ist. Am 13. Juni jedes Jahres treffen sich traditionell »Königstreue« aus allen Ländern zu einer Gedenkfeier an der Kapelle.

14 Bad Tölz

Wer nach dieser Tour nicht begeistert ist von der herrlichen Landschaft, den Seen und den bayerischen Voralpen, dem ist wirklich nicht zu helfen. Obwohl, vielleicht fährt man die gleiche Tour einfach noch einmal, nur andersherum – und schon ist der Blickwinkel ein völlig anderer.

Biergarten Kloster Reutberg
Am Reutberg 2
83679 Sachsenkam
Tel. 08021/8686
www.klosterbraeustueberl.de

Gasthof Post
Vorderriß 5
83661 Lenggries
Tel. 08045/277

Landgasthof Post
Marienplatz 2
82335 Berg
Tel. 08151/446120
www.post-aufkirchen.de

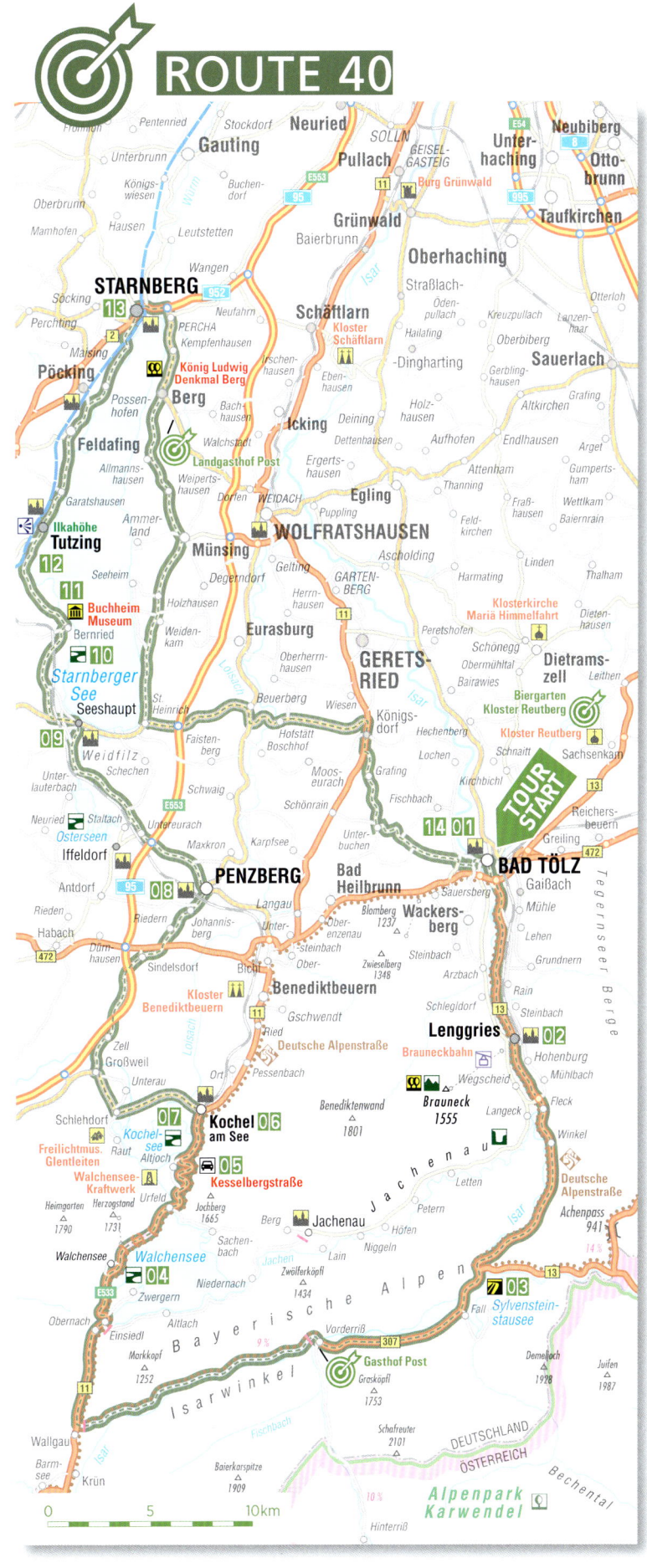

CHIEMGAUER ALPEN

Die Chiemgauer Alpen bilden den südlichen Abschluss des Chiemgaus. Im Westen sind der Inn, im Osten die Traun und die Berchtesgadener Alpen die Grenzen dieser Gebirgsgruppe in den Nördlichen Kalkalpen. Obwohl die Berge mit 1500 bis 1900 Metern nur eine bescheidene Höhe erreichen, gewähren sie viele wunderschöne Ausblicke über die bayerischen Voralpen, in den Chiemgau mit dem Bayerischen Meer und teilweise bis in die Zentralalpen. Der höchste Berg ist mit 1961 Metern das Sonntagshorn südlich von Ruhpolding, das im Winter ein beliebtes Ziel von Skitourengehern ist. Die meisten Berge sind eher sanfte Erhebungen, die von mehreren Seiten relativ einfach bestiegen werden können. Die Nähe zu München, die leichte Erreichbarkeit, das reiche Angebot an Hütten und Almen sowie die Aufstiegshilfen am Hochfelln, an der Kampenwand und am Hochries haben dazu geführt, dass die Chiemgauer Alpen eine beliebte Ausflugsregion geworden sind. Wobei jemand, der die Kampenwand bezwingen will, an einem alten Kalauer nicht vorbeikommt: »I gangad gern auf'd Kampenwand, wenn i mit meiner Wampen kannt.« Für Nordlichter: »Ich wäre sehr gerne bereit, die Kampenwand zu erklimmen, wenn mich nur mein mächtiger Bauchumfang nicht daran hindern würde.« Trotz des Ansturms hat sich die Landschaft ihren natürlichen Charakter bewahrt und viele Tier- und Pflanzenarten haben hier Rückzugsgebiete gefunden. So kann man selbst am helllichten Tag nur einige Höhenmeter unterhalb der Bergstation der Hochfelln-Bahn Murmeltiere pfeifen hören und sie mit etwas Glück auch in den grasigen Abhängen vor ihrem Bau sitzen sehen.

Die Chiemgauer Alpen versprechen ein wahres Eldorado für Motorradfreunde, wie hier die Passage auf der Deutschen Alpenstraße bei Oberaudorf.

In Schräglage

In den Chiemgauer Alpen findet der Motorradfahrer alles, was Bayern ausmacht: Berge, Hügel, Gipfel, Seen. Und vor allem Kurven! Wer einen ersten Eindruck der Bayerischen Alpen »erfahren« möchte, der ist hier an der richtigen Adresse.

Kletterer finden an der Kampenwand ein vielfältiges Angebot an Touren.
Den herrlichen Blick auf den Chiemsee gibt es kostenlos dazu.

ROUTE 41

Routenlänge: ca. 250 km
Zeitbedarf: ca. 1–2 Tage,
reine Fahrzeit ca. 5 Std.
Charakteristik: Ohne
Unterbrechung die Schräg-
lage genießen – nach dieser
Tour weiß man, was man
getan hat.
Start und Ziel: Prien am
Chiemsee
Informationen:
www.chiemsee-chiemgau.
info, www.chiemsee-
alpenlande.de,
www.alpen-guide.de

Hier geht's
zum
GPS-Track

01 Prien am Chiemsee

Als einziger anerkannter Luft- und
Kneippkurort Oberbayerns bieten
sich in Prien am Chiemsee vielfältige
Wellness- und Entspannungsmög-
lichkeiten. Kunstliebhaber bekom-
men in der Pfarrkirche Prien prächtige barocke Deckengemälde von
Johann Baptist Zimmermann zu
sehen, und das Heimatmuseum im
Ortskern lädt zu einer Zeitreise in die
Vergangenheit ein. Unbedingt einen
Spaziergang durch das historische
Handwerkerviertel »Am Gries« mit
Gebäuden aus dem 16. bis 19. Jahrhundert unternehmen! Im Ortsteil
Urschalling erwartet die Besucher
eine kulturhistorische Rarität: Die
St.-Jakobus-Kirche aus dem Hochmittelalter, die später als Burgkapelle
diente, beherbergt kunsthistorisch
wertvolle Fresken aus dem 12. und
14. Jahrhundert, darunter das Drei-
faltigkeitsfresko Urschalling, Teil
einer figurenreichen Wand- und
Deckenbemalung.

02 Chiemsee

Der Chiemsee trägt den Spitznamen
»Bayerisches Meer«: Mit 80 Quadratkilometer Oberfläche ist er der
größte bayerische See – Anziehungspunkt für Wassersportler,
Erholungsuchende und Kulturbegeisterte gleichermaßen. Auf dem
See selbst gibt es einen regelmäßi-
gen Schiffsverkehr, der zwischen
den größeren Orten sowie zu der
Herren- und der Fraueninsel ver-
kehrt. Die 14 Boote der Chiem-
see-Schifffahrt ermöglichen einen
bequemen Transport und traumhafte Blicke in die Chiemgauer
Alpen. Der Chiemsee zählt zu den
bekanntesten Urlaubszielen in Bayern. In den Sommermonaten sind
Besucher aus aller Welt zu Gast.
Trotzdem gibt es geschützte Bereiche, vor allem in der Hirschauer
Bucht, die der Flora und Fauna Rück-
zugsorte bieten und Heimstatt zahlreicher, auch seltener Pflanzen-,
Insekten- und Vogelarten sind.

Wer früh aus den Federn kommt, kann diesen Blick genießen:
Morgenstimmung in Gstadt mit Blick auf den Chiemsee, dem »Bayerischen Meer«.

03 Siegsdorf

Die Eiszeit hat die Gegend zwischen Chiemsee und Salzburg mit ihren Eis- und Wassermassen geformt. Hier tummelten sich Mammut, Höhlenlöwe, Wollnashorn und Riesen- hirsch – und hier verendeten sie auch. Eine überschaubare sumpfige Stelle bei Siegsdorf, der Gerhartsrei-

AUSFLUGSZIELE

Schloss Herrenchiemsee

Die Leute kommen natürlich alle nur wegen ihm, dem Märchenkönig: ungeachtet dessen, dass sich auf Herrenchiemsee ein »Altes Schloss« besichtigen lässt. Darin wurde im Jahr 1948 immerhin das Grundgesetz der Bundesrepublik vorbereitet. Aber was ist das schon gegen das »Neue Schloss«, mit dem König Ludwig II. seinen letzten Traum verwirklichen wollte: (s)ein bayerisches Versailles? 1878 ließ er den Grundstein für den Bau legen, dessen Gartenfassade zumindest mit dem französischen Original fast identisch ist. Aus finanziellen Gründen wurde das Projekt jedoch nicht vollendet. Lediglich 20 der geplanten 70 Räume konnten fertiggestellt werden.
www.herrenchiemsee.de
GPS 47.86285, 12.39768

Frauenchiemsee

Die nur rund 700 Meter lange und etwa 200 Meter breite Fraueninsel ist wesentlich kleiner als das benachbarte Herrenchiemsee, aber seit langer Zeit besiedelt. Neben einigen Fischerfamilien leben hier Benediktinernonnen in dem im 8. Jahrhundert gegründeten Kloster Frauenwörth. Besichtigen kann man die Klosterkirche mit dem weißen, frei stehenden Glockenturm und die aus karolingischer Zeit erhaltene Torhalle gegenüber dem Friedhof. Als Souvenir empfehlen sich die Marzipanprodukte, die die Nonnen neben Likören und Lebkuchen herstellen. Auch einige Gasthäuser gibt es auf der Insel; die charmanteste Brotzeit-Alternative haben aber die Fischer anzubieten, die in ihren Gärten geräucherte Renken reichen.
www.frauenwoerth.de, GPS 47.87419, 12.42627

ter Graben, erwies sich als eine der wichtigsten Fundstellen dieser ausgestorbenen Tiere. Im Naturkunde- und Mammut-Museum werden sie wieder lebendig. Prunkstück ist das größte und besterhaltene Mammutskelett Europas, das auf 45 000 Jahre geschätzt wird. Das Museum bietet insgesamt einen umfassenden Überblick über längst versunkene Epochen: über 250 Millionen Jahre bis zur Steinzeit.

04 Ruhpolding

In Ruhpolding bietet sich ein Besuch des Hammerschmiede-Museums an. Hier wurden mehrere Hundert Jahre lang Eisenwaren und vor allem Kuhglocken geschmiedet. Eine beeindruckende Sammlung von Kuhglo-

cken ist im Museumsladen zu besichtigen. Die Mühle wurde mit einem Wasserrad betrieben, das bis heute im Einsatz ist.

05 Reit im Winkl

Der in einem Tal des südlichen Chiemgaus liegende Höhenluftkurort ist ein alpenländisches Dorf wie aus dem Bilderbuch – mit Lüftlmalerei und zwiebelförmigem Kirchturmaufsatz. Aufgrund seiner relativ schneesicheren Lage ist er besonders bei Wintersportlern geschätzt.

06 Tatzelwurm

Der Tatzelwurm ist ein bayerisches Sagenwesen, das – so will es die Legende – im gleichnamigen Was-

serfall hausen soll. Dieser liegt in der Nähe des Weilers Tatzelwurm. Die Kaskaden des Auerbachs sind ein einmaliges Naturschauspiel. Die Wasserfälle sollte man sich auf jeden Fall nicht entgehen lassen. Vielleicht ist ja doch der Tatzelwurm zumindest kurz zu sehen. Und dann gibt es da noch die Tatzelwurmstraße, eine schmale Gebirgsstraße, die sich durch das Mangfallgebirge schlängelt und dabei zwei Täler passiert – eine reizvolle Strecke und fast schon ein Muss für jeden Motorradfahrer.

07 Bayrischzell

Das alpenländische Bilderbuchdorf liegt im Tal zwischen Wendelstein und Großem Traithen. Den Mittelpunkt des Ortes bildet der spätgoti-

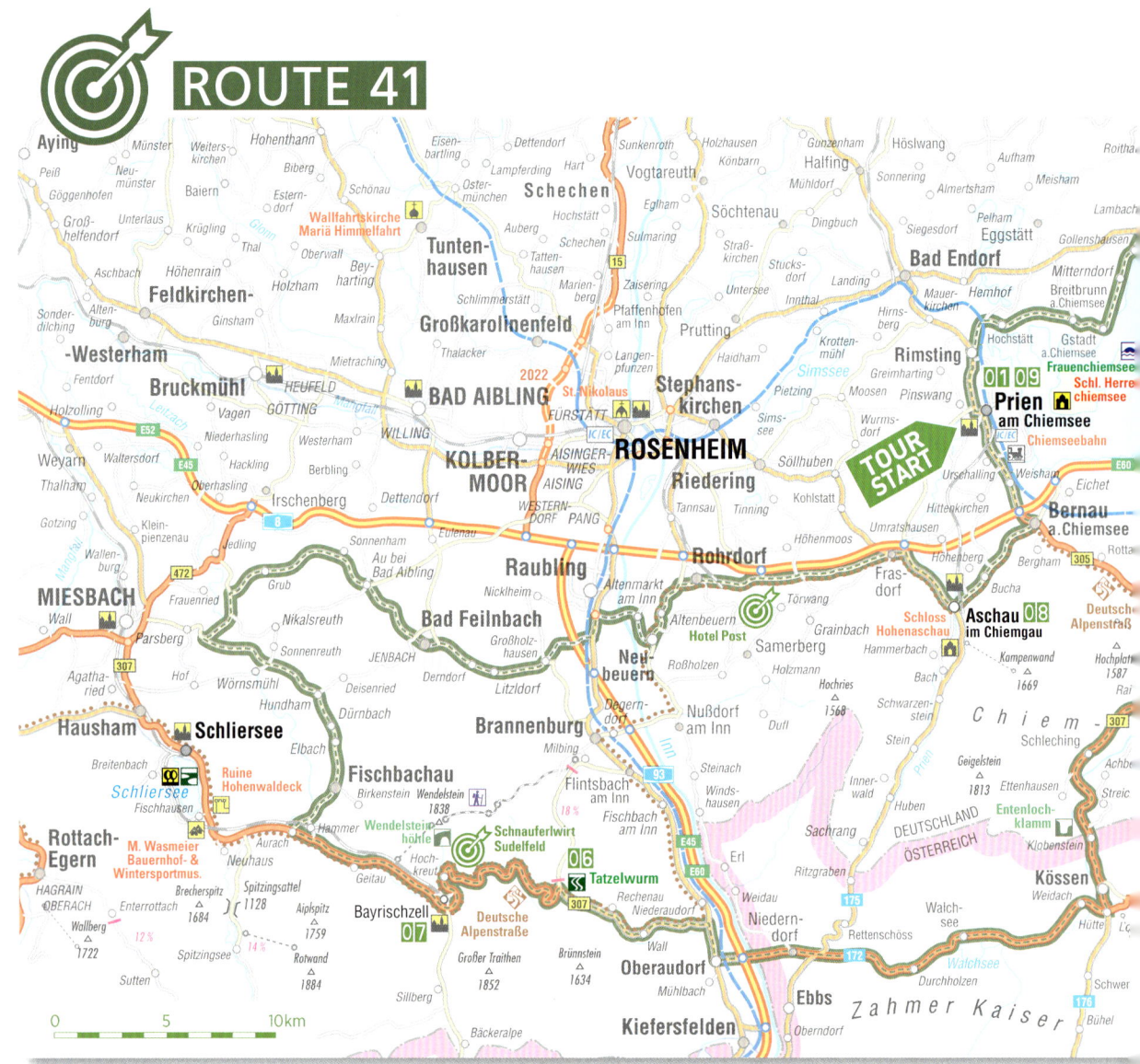

Links: Angeblich haust hier, wo der Auerbach in die Tiefe stürzt, der sagenumwobene Tatzelwurm.
Rechts: Schloss Hohenaschau ist aus einer Höhenburg entstanden.

Schnauferlwirt Sudelfeld
Unteres Sudelfeld 7 (B 307)
83735 Bayrischezell
Tel. 0178/3365107
www.biker-treff.de

Parkplatz Tatzlwurm
Tatzlwurm 1
83080 Oberaudorf
www.tatzlwurm.de

Wirtshaus SEEside
Kupferschmiede
Trostberger Str. 1,
83339 Chieming
Tel. 08667/600
www.seeside-
kupferschmiede.de

Hotel Post
Dorfpl. 4,
83122 Samerberg
Tel. 08032/8613
hotel-post-samerberg.de

Zum Fischer Am See
Harrasser Str. 145
83209 Prien am Chiemsee
Tel. 08051/90760
www.fischeramsee.de

sche, spitz zulaufende Kirchturm der Pfarrkirche St. Margaretha. Um dieses Kernstück herum platzieren sich authentische alte Häuser. Der Wendelstein lässt sich bequem vom benachbarten Osterhofen aus mit der Seilbahn (und von Brannenburg aus per Zahnradbahn) erreichen.

08 Aschau im Chiemgau
Seit einigen Jahren ist der schöne alte Ort im Priental auch für seine Haute Cuisine bekannt: Hier kocht Sterne-Koch Heinz Winkler in seiner noblen »Residenz«. Hoch über dem Ort erhebt sich Schloss Hohenaschau, ein mächtiger Renaissancebau mit mittelalterlichem Bergfried und barocken Prunksälen.

09 Prien am Chiemsee
Zurück in Prien am Chiemsee blicken die Biker zurück auf eine Tour, die See, Berge und etliche Kurven als Attraktionen bot. Vielleicht wäre es eine gute Gelegenheit, die Tour mit einem – natürlich motorisierten – Ausflug zu beenden. Der Schaufelraddampfer »Ludwig Fessler« kennt den See wie kein anderer: Bereits seit 1926 ist er auf dem Chiemsee im Einsatz.

Im Schatten des Watzmann

»Deutsches Eck« nennen die Österreicher das, was da so vorwitzig in ihr Land hineinragt. Es gehört landschaftlich zum Reizvollsten, was es in Deutschland zu sehen gibt: Watzmann, Königssee, Berchtesgaden, Maria Gern. Darüber hinaus halten die Berchtesgadener Alpen eine der besten Motorradstrecken der Republik bereit.

BERCHTESGADENER ALPEN

Das Berchtesgadener Land liegt in der südöstlichsten Ecke Bayerns und ist eingerahmt von den Berchtesgadener Alpen. Durch seine Lage ist die Grenze zu Österreich praktisch stets nur einen Steinwurf entfernt. Geografisch lässt sich die Region in drei Bereiche einteilen: die voralpine um Freilassing, die alpine um Bad Reichenhall und die hochalpine um Berchtesgaden. Als höchster Berg ragt der Watzmann mit seinen 2711 Metern auf. Brauchtum und Kultur haben sich relativ unverfälscht erhalten. Vor allem aber ist es die Natur mit ihren offen zu Tage tretenden und versteckt liegenden Schönheiten, die die Besucher anlockt. Zahlreiche Künstler ließen sich von der Landschaft und ihren Menschen inspirieren. Wer sich mit der jüngeren deutschen Geschichte beschäftigt, kommt beispielsweise am Obersalzberg mit seinem Dokumentationszentrum nicht vorbei. Der Nationalpark Berchtesgaden ist der einzige deutsche Nationalpark, der in den Alpen gelegen ist. Er umfasst eine Fläche von 208 Quadratkilometern und ist Teil eines Biosphärenreservats. Hier leben zahlreiche seltene und gefährdete Tiere wie Alpensteinbock, Steinadler, Gänsegeier, Feuersalamander und Schlingnatter. Das Berchtesgadener Land besticht durch seine Vielfältigkeit und durch seine traumhaften Landschaften, die jedoch nie verkitscht wirken, sondern durch ihre Authentizität bestechen. Bergsteiger kommen ebenso auf ihre Kosten wie Wanderfreunde oder Touristen, die höchstens einen kurzen Fußmarsch auf sich nehmen wollen. Die unterschiedlichsten Interessen von Botanik über Geologie bis hin zur Kunst- und Kulturgeschichte lassen sich hier befriedigen – und das macht das Gebiet so einzigartig.

Über saftigen Almwiesen ragt die kleine Wallfahrtskirche Maria Gern empor, im Hintergrund zeigt sich der fotogene Watzmann im Morgenrot.

Im Angesicht der Berge – herrliche Landschaften prägen das Berchtesgadener Land. Das freut nicht nur den Biker auf seiner Tour.

ROUTE 42

Routenlänge: ca. 180 km
Zeitbedarf: Ca. 1–2 Tage, reine Fahrzeit ca. 4 Std.
Charakteristik: Kombination aus leckeren Süßspeisen wie Salzburger Nockerln mit berauschenden Kurvenstrecken.
Start und Ziel: Bad Reichenhall
Informtionen: www.berchtesgadener-land. com, www.eishoehle.net www.rossfeldpanorama strasse.de www.salzbergwerk.de

Hier geht's zum GPS-Track

01 Bad Reichenhall

Das Salz hat die Stadt einst bedeutend gemacht. Seit keltischer Zeit werden die reichen Salzlager aus dem Berg herausgewaschen – so noch in der Alten Saline mit dem Salzmuseum zu sehen. Seit dem 19. Jahrhundert kommt man zur Kur nach Reichenhall, worauf noble Bauten der Gründerzeit hinweisen. Sehenswert ist St. Zeno, Bayerns größte romanische Kirche.

02 Anger

Für König Ludwig I. war Anger das schönste Dorf Bayerns. Und wer das »Gesamtkunstwerk« aus Landschaft, Bauernhäusern, dem grünen Anger und einer stattlichen Dorfkirche einmal gesehen hat, wird ihm auch über 150 Jahre später noch zustimmen.

03 Höglwörth

Wie eine Wasserburg erhebt sich auf einer Halbinsel im Höglwörther See das ehemalige Augustinerchorherrenstift, welches den Aposteln Petrus und Paulus geweiht ist. Im 11. Jahrhundert gegründet, erlebte es nach einer Zeit des Verfalls im 17./18. Jahrhundert eine neue Blüte. Heute ist es zwar in Privatbesitz, die Klosterkirche ist jedoch öffentlich zugänglich. Ein spätbarockes Meisterwerk ist der Kirchenraum (1689), der üppig mit filigranen Wessobrunner Stuckaturen dekoriert wurde. In der Osterzeit wird ein »Heiliges Grab« aufgebaut, das mit 60 beleuchteten Glaskugeln illuminiert ist.

04 Waging am See

Mehr Bayern geht nicht: Waging ist eine Gründung der Bajuwaren, der Urbayern also, genauer gesagt, eines gewissen Wago. Das Bajuwarenmuseum beschäftigt sich intensiv mit dieser frühen Geschichte. Der Luftkurort hat ein schönes Kurhaus, einen schmucken Innenbereich, einen Wellnessgarten und eine

Umrahmt vom Watzmann (links) und den Funtenseetauern (rechts) erscheint der Königssee von so weit oben wie ein kleine Pfütze. In Wirklichkeit ist er aber fünf Quadratkilometer groß.

Strandpromenade mit einem markanten Pavillon und aufwendig gestalteten Kandelabern. Der Waginger See selbst gilt als der wärmste Badesee Oberbayerns, ein Päuschen lohnt sich also.

05 Laufen

Bei Laufen legt die Salzach eine spektakuläre Schleife hin. Wie ein Riegel scheint sich die Halbinsel in den Fluss hineinzuschieben. Auf genau dieser Halbinsel erstreckt sich

die Altstadt mit dem Salzburger Tor, dem Marienplatz und der Stiftskirche Mariä Himmelfahrt. Das Gotteshaus ist die älteste gotische Hallenkirche Süddeutschlands. Die Häuser zeigen den typischen Inn-Salzach-

AUSFLUGSZIELE

Nationalpark Berchtesgaden

Das Herzstück des Parks ist der Königssee mit den umliegenden Bergen des Hagengebirges, des Watzmannstocks, des Hochkalters und der Reiteralpe. Obwohl der Park von über 230 Kilometern Wanderwegen erschlossen wird, ist das gesamte Gebiet bis auf die touristischen Hotspots am Königssee, St. Bartholomä und dem Jenner eher einsam. So kann man hier ungestört majestätische Adler, Rotwild, Gämsen, Steinböcke und Murmeltiere beobachten. Ein Besuch des Nationalparkzentrums in Schönau empfiehlt sich. **www.nationalpark-berchtes gaden.bayern.de, GPS 47.55296, 12.92548**

Alte Saline und Salzbergwerk

Also, zuerst einmal die Bergmannskluft übergestreift, die charakteristische Mütze aufgesetzt und Platz genommen auf der kleinen Grubenbahn, die tief hineinführt in den Bauch des Berges. Hier wird seit Jahrhunderten weißes Gold gewonnen: In Berchtesgaden liegt das älteste aktive Salzbergwerk Deutschlands. Besucher fahren wie richtige Bergleute ein, lernen Stollen und Gänge kennen, sausen rasante Rutschen hinab und überqueren auf einem Floß einen schimmernden Salzsee. **www.salzbergwerk.de GPS 47.638328, 13.017867**

Stil, also Grabendachhäuser mit Vor-schussmauern. Das Alte Rathaus erstrahlt in seiner Barockfassade. Die Salzachbrücke zwischen Laufen und der österreichischen Stadt Oberndorf stammt aus der Zeit Kaiser Franz Josefs und gilt als eine der schönsten Jugendstilbrücken überhaupt.

06 Obertrumer See

Der Obertrumer See ist mit fast 5 Quadratkilometern der größte der drei Trumer Seen. Bademöglichkei-ten und Strandbäder gibt es sowohl in Seeham als auch in Obertrum. Jedes Strandbad verfügt über ausrei-chend Parkmöglichkeiten und an Hochsommertagen über erweiterte Parkflächen. Und wer die innere Abkühlung sucht: In Obertrum gibt es eine Privatbrauerei. An einem Bierbrunnen sprudelt auf Wunsch

auch mal ein edler Gerstensaft. Der Besucher kann sich selbst sein Pils in ein spezielles hohes Glas zapfen.

07 Seekirchen am Wallersee

Seekirchen ist zwar seit über 1300 Jahren urkundlich belegt, hat aber erst 2000 das Stadtrecht erhalten. Darauf sind die Seekirchener stolz und präsentieren sich als junge, moderne und dennoch traditionsbe-wusste Kommune. Da die Stadt direkt am See liegt, können Gäste Wassersport aller Art betreiben, vom Segeln über Stand-Up-Paddeln bis zu Canadier-Touren. Wer ein biss-chen Zeit hat, begibt sich auf den Kapellenweg mit seinen Panora-maaussichten. Der Blick von Schloss Seeburg über den Wallersee ist auch nicht zu verachten. Hier lockt ein Kräutergarten mit Kneippbecken,

Barfußweg, Bocciabahnen und einer Wiegeliege.

08 Salzburg

Das »Herz vom Herzen Europas« nannte Hugo von Hofmannsthal die Hauptstadt des Salzburger Landes. Sie zählt trotz ihrer eher geringen Größe – und auch nicht nur dank ihres Genius loci namens Mozart – zu den großen Kunstmetropolen des Kontinents. Hohenfeste, Dom, Kol-legienkirche, Residenz, St. Peter und Schloss Mirabell: Das urbane Gesamtkunstwerk an der Salzach zwischen Kapuziner-, Mönchs- und Festungsberg belebt und betört die

Der Königssee gilt dank seiner traumhaften Lage als einer der schönsten Seen Bayerns.

AUSFLUGSZIELE

Königssee

Der Königssee ist einer der schönsten Seen der Bayerischen Alpen. Mit seinem tiefen, smaragdgrünen Wasser liegt er wie in einem Fjord eingebettet zwischen Watzmann und Jenner. An der Nordseite befindet sich Schönau, der Hauptort des Sees. Auf dem Gewässer sind nur Elektroboote erlaubt, sodass über dem See eine unvergleichliche Stille liegt, die den Besucher die Hektik des Alltags vergessen lässt. Boote bringen die Gäste das ganze Jahr nach St. Bartholomä mit seiner eindrucksvollen Wallfahrtskapelle und zum Obersee. Ein Spektakel bietet der Almabtrieb am Königssee, da hier die Kühe mit dem Boot über das Gewässer gebracht werden müssen. Am Westufer werden sie dann für eine Parade geschmückt.

www.koenigssee.de
GPS 50.67203, 11.09982

Festung Hohensalzburg und Schloss Mirabell

Hohensalzburg thront seit 1077 als Wahrzeichen der Stadt auf dem Festungsberg und lockt als größte vollständig erhaltene Burg Mitteleuropas jährlich Millionen Touristen an. Aber auch Schloss Mirabell, das Fürstbischof Wolf Dietrich 1606 für Salome Alt erbauen ließ, erfreut sich großer Beliebtheit. Während vor allem der Marmorsaal als einer der »schönsten Trauungsplätze der Welt« gilt, diente der Mirabellgarten mit Blick auf Dom und Festung oft als Filmkulisse. Besonders sehenswert sind hier der Pegasusbrunnen, der Rosengarten, die Orangerie, die Große Fontäne, der Zwergerlgarten und das Heckentheater.

www.salzburg-burgen.at
GPS Hohensalzburg 47.795319, 13.047207
GPS Schloss Mirabell 47.805669, 13.041704

Sinne mit einem überquellenden Barockambiente und faszinierenden Kulturangebot. Aber Achtung, die Sehenswürdigkeiten Salzburgs sind fast alle ausschließlich zu Fuß zu erreichen. Umso besser, dass am Schloss ausreichend Parkmöglichkeiten vorhanden sind. Einen ausgewiesenen Motorradparkplatz findet man übrigens auch in der Sebastian-Stief-Gasse, einem Abzweig vom Rudolfskai (GPS 47.798663, 13.049888). Der Mozartplatz, der Dom und die Residenz liegen quasi um die Ecke, ebenso einige Museen. Und die Festung lässt sich von hier aus sehr gut mit der beliebten Festungsbahn erreichen.

09 Hallein

Schon der Name der zweitgrößten Stadt des Salzburger Landes, dem Hauptort des Tennengaus, bezeugt ihr hohes Alter: Die Stammsilbe »hal«, die auch im Ortsnamen des benachbarten Bad Reichenhall steckt, steht in der keltischen Sprache für »Salz«. Schließlich war Hallein einst für seine Salzminen und Salinen bekannt. Die verträumten Gassen mit ihren uralten, im typischen Salzach-Inn-Stil erbauten Häusern machen den gepflegten Stadtkern zu einem Kleinod mittelalterlicher Baukunst. Herausragend sind die Stadtpfarrkirche und das spätgotische Peterskirchlein. In diesem Kirchenbezirk steht auch das heute als Museum gestaltete, eins-

tige Wohnhaus von Franz Xaver Gruber, dem Komponisten von »Stille Nacht, heilige Nacht«.

10 Rossfeldstraße

Die Tour führt in 1600 Metern über Deutschlands höchstgelegene, mautpflichtige Panoramastraße und bietet auf der Scheitelstrecke, die auf dem Hochplateau teils auf österreichischem Gebiet verläuft, einen atemberaubenden Blick auf das gewaltige Bergmassiv des Hohen Göll, auf den Kehlstein, das Tennen- und Dachsteingebirge sowie das Berchtesgadener und das Salzburger Land. Hoch kommt man im Süden von der Klaushöhe zum Ofnerboden. Die erste scharfe Rechtskehre zwischen Unterer und Oberer Ahornalm ist nach einem deutschen Rallyefahrer »Regerkurve« benannt.

11 Berchtesgaden

Vor überwältigender Bergkulisse duckt sich Berchtesgaden in einen Talkessel. Heute zählt der Besuch des Schaubergwerks zu den beliebtesten Touristenattraktionen. Weitere Sehenswürdigkeiten des seit dem 12. Jahrhundert bestehenden Ortes sind das prächtige »Hirschenhaus« mit Lüftlmalerei am Marktplatz, das Königliche Schloss und die Stiftskirche. Der Marktplatz ist gesäumt von zahlreichen mittelalterlichen Bürgerhäusern. Ein Blickfang ist in ihrer Mitte der schöne Marktbrunnen aus dem Jahr 1558.

12 Ramsau

In Ramsau pflegt man eine besondere Beziehung zu den Bergen, vor allem zum Watzmann. Der Erste, der die legendäre Ostwand durchstieg, war Johann Grill (1835–1917), ein Ramsauer. Seine Statue ist vor dem Rathaus zu finden. Nirgends wohnen so viele Bergführer, weshalb der Alpenverein Ramsau als ersten deutschen Ort mit dem Prädikat »Bergsteigerdorf« ausgezeichnet hat. Wahrzeichen ist die idyllisch gelegene Kirche, ein beliebtes Motiv und Sinnbild für den sanften Tourismus, dem sich die Gemeinde verschrieben hat. Wer´s ein bisschen aufregender haben möchte, besucht die Wimbachklamm oder macht eine Tour zum Blaueisgletscher.

13 Bad Reichenhall

Es ging erstaunlich intensiv auf und ab bei dieser Tour, vorbei an einer bei Sonnenschein traumhaften Landschaft. Wer jetzt noch Zeit hat in Bad Reichenhall, dem sei die wunderschöne Rußertus-Therme empfohlen. Saunen und schwimmen mit fantastischem Bergpanorama. Das hat schon etwas.

Von der Rossfeld-Panoramastraße bieten sich spektakuläre Ausblicke, hier auf den Hohen Göll.

Gästehaus Siegllehen

Sieglweg 6

83471 Schönau am Königssee

Tel. 08652/4432

www.siegllehen.de

_____

Wirtshaus Hocheck

Wimbachweg 5

83486 Ramsau

Tel. 08657/2396024

www.wirtshaus-hocheck.de

_____

Seerestaurant Seekirchen

Seestr. 2

A-5201 Seewalchen

Tel. +43/0650/5103313

www.seerestaurant-seekirchen.at

Bräustüberl Berchtesgaden

Bräuhausstr. 13

83471 Berchtesgaden

Tel. 08652/976724

www.braeustueberl-
berchtesgaden.de

ROUTE 42

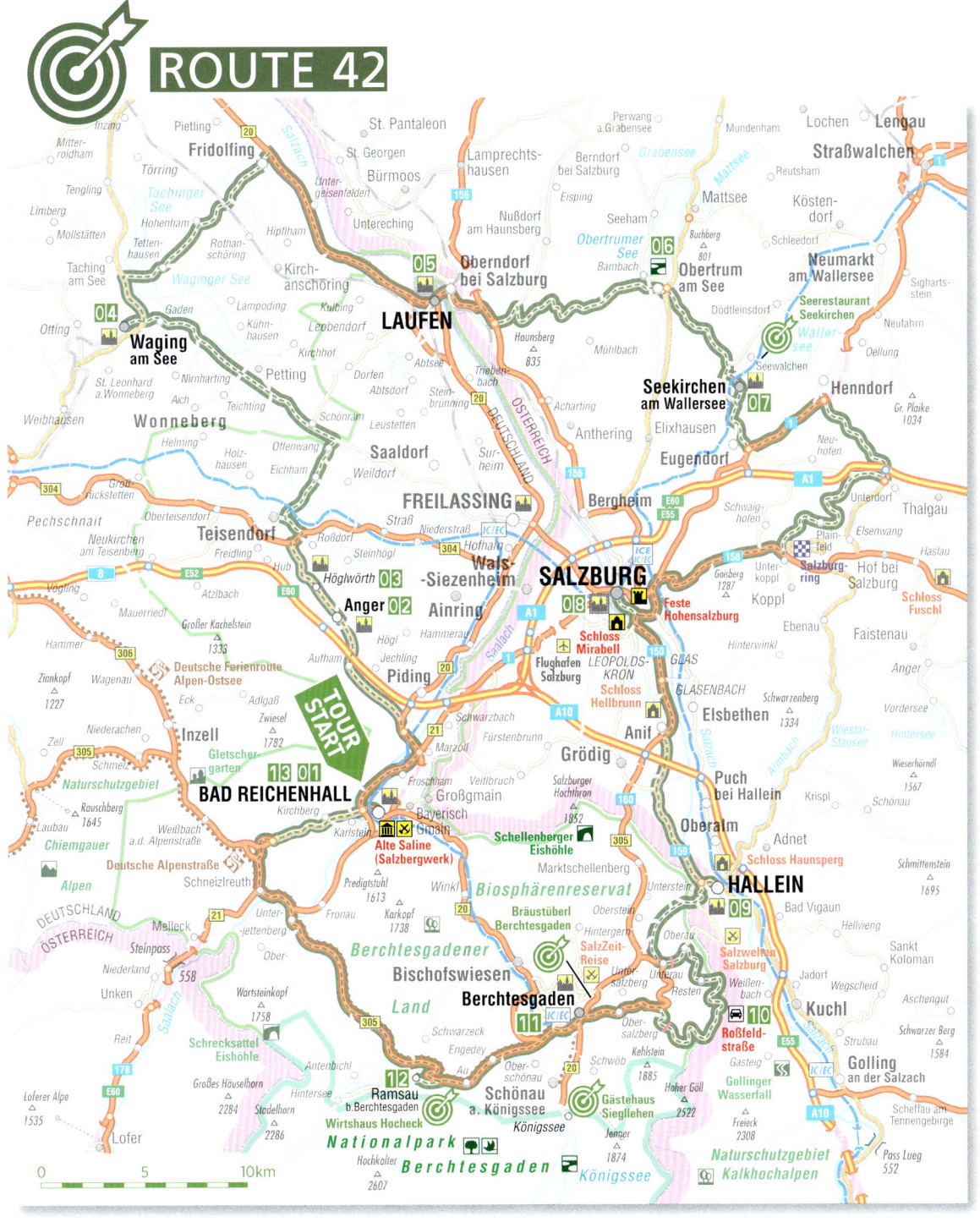

REGISTER

BILDNACHWEIS/IMPRESSUM

A = Alamy, C = Corbis, G = Getty, L = Look,
M = Mauritius,

Cover: Vorderseite: lookphotos/Jan Greune; Buchrücken: lookphotos/Jan Greune; Rückseite: shutterstock/ Konstantin Yolshin

S. 2-3 M/Heinz-Dieter Falkenstein, S. 4-5 M/Ralf Gerard, S. 6-7 G/Florian Gaertner, S. 8-9 M/Ralf Gerard, S. 12-013 Look/Ulf Böttcher, S. 14-015 M/Fotosol, S. 15 Look/Heinz Wohner, S. 16 BikerBetten/TVV Touristik Verlag GmbH, S. 18-019 M/Rphstock, S. 20-021 M/Manfred Habel, S. 21 M/Manuel Gloger, S. 22 M/Thomas Robbin, S. 22 M/Steffen Beuthan, S. 22 M/Ingo Boelter, S. 22 BikerBetten/TVV Touristik Verlag GmbH, S. 25 Look/Ulf Böttcher, S. 26-027 G/Darius Dzinnik, S. 28-029 M/Movementway, S. 29 M/Klaus Neuner, S. 30 M/Fritz Mader, S. 30 M/Movementway, S. 30 C/Hans P. Szyszka, S. 32 BikerBetten/TVV Touristik Verlag GmbH, S. 34-035 M/Andreas Vitting, S. 36-037 Look/Heinz Wohner, S. 37 M/Veronika Rix , S. 40-041 M/Thomas Robbin, S. 42-043 M/Christian Bäck, S. 43 M/Ralf-Udo Thiele, S. 45 Look/Ulf Böttcher, S. 45 M/Travel Collection, S. 45 M/Thomas Ebelt, S. 45 BikerBetten/TVV Touristik Verlag GmbH, S. 47 Look/Ulf Böttcher, S. 48-049 Look/Ulf Boettcher, S. 50-051 M/Hans Zaglitsch, S. 51 Look/Olaf Bathke, S. 52 G/Arnt Haug, S. 52 Look/Rainer Mirau, S. 52 H. & D. Zielske, S. 55 Look/Arnt Haug, S. 55 C/Andreas Jäkel, S. 55 M/Rainer Mirau, S. 56 BikerBetten/TVV Touristik Verlag GmbH, S. 58-059 G/Slow Images, S. 60-061 M/Hans Zaglitsch, S. 61 M/ImageBroker, S. 62 M/Robert Harding, S. 62 M/Christian Bäck, S. 62 BikerBetten/TVV Touristik Verlag GmbH, S. 62 Look/Heinz Wohner, S. 66-067 M/Dave Derbis, S. 68-069 C/Helmut Meyer zur Capellen, S. 69 Look/TerraVista, S. 71 BikerBetten/TVV Touristik Verlag GmbH, S. 72-073 M/ImageBroker, S. 74-075 M/Natalie Thill, S. 75 M/Siegfried Kuttig, S. 76 BikerBetten/TVV Touristik Verlag GmbH, S. 78-079 G/Hans Blossey, S. 80-081 M/Wilfried Wirth, S. 81 M/Alamy, S. 82 M/ImageBroker, S. 82 BikerBetten/TVV Touristik Verlag GmbH, S. 82 Look/Thomas Grundner, S. 86-087 M/Alfred Buellesbach, S. 88-089 C/Hans P. Szyszka, S. 89 H. & D. Zielske, S. 90 BikerBetten/TVV Touristik Verlag GmbH, S. 92-093 M/Alamy, S. 94-095 M/Alamy, S. 95 M/Torsten Krüger, S. 96 BikerBetten/TVV Touristik Verlag GmbH, S. 96 G/Marc Venema, S. 98-099 M/Alamy, S. 100-101 M/Werner Otto, S. 101 M/Andreas Hermanspann, S. 102 BikerBetten/TVV Touristik Verlag GmbH, S. 104-105 M/Alamy, S. 106-107 Look/Heinz Wohner, S. 107 H. & D. Zielske, S. 108 Look/Heinz Wohner, S. 108 M/Alamy, S. 108-109 Look/Brigitte Merz, S. 109 M/Novarc, S. 110 BikerBetten/TVV Touristik Verlag GmbH, S.

110 M/Alamy, S. 112-113 BikerBetten/TVV Touristik Verlag GmbH, S. 114-115 H. & D. Zielske, S. 115 M/Klaus-Gerhard Dumrath, S. 117 Look/Heinz Wohner, S. 118-119 M/Andreas Vitting, S. 120-121 M/Catharina Lux, S. 121 M/ImageBroker, S. 122 M/Julie Woodhouse, S. 124-125 Look/Hauke Dressler, S. 126 Look/Konrad Wothe, S. 126-127 H. & D. Zielske, S. 127 Look/Ulf Böttcher, S. 129 BikerBetten/TVV Touristik Verlag GmbH, S. 129 M/Lothar Steiner, S. 129 M/Hans P. Szyszka, S. 131 M/Dr. Wilfried Bahnmüller, S. 132-133 M/Alamy, S. 134-135 M/Andreas Vitting, S. 135 M/ImageBroker, S. 136 BikerBetten/TVV Touristik Verlag GmbH, S. 137 M/Alamy, S. 137 C/Jerome Levitch, S. 137 M/Alamy, S. 139 M/Hans P. Szyszka, S. 140-141 M/Chris Seba, S. 142-143 G/G. Körtner, S. 143 M/Manfred Mehlig, S. 144 M/Chris Seba, S. 144 M/Hans P. Szyszka, S. 146 BikerBetten/TVV Touristik Verlag GmbH, S. 148-149 G/Raimund Linke, S. 150-151 M/Helmut Hess, S. 151 H. & D. Zielske, S. 152 BikerBetten/TVV Touristik Verlag GmbH, S. 153 M/Hans P. Szyszka, S. 154-155 M/Andreas Vitting, S. 156-157 M/Dietmar Najak, S. 157 M/Andreas Vitting, S. 158 BikerBetten/TVV Touristik Verlag GmbH, S. 160-161 M/Nicolas Alexander Otto, S. 162-163 H. & D. Zielske, S. 163 H. & D. Zielske, S. 164 H. & D. Zielske, S. 165 C/Andreas Jäkel, S. 166 H. & D. Zielske, S. 166 BikerBetten/TVV Touristik Verlag GmbH, S. 168-169 BikerBetten/TVV Touristik Verlag GmbH, S. 170-171 M/Stephan Schulz, S. 171 M/Volker Preusser, S. 172 M/Rphstock, S. 172 H. & D. Zielske, S. 174-175 G/Markus Volk, S. 176-177 H. & D. Zielske, S. 177 G/Keren Su, S. 178 M/Rainer Waldkirch, S. 178 M/Dieter Heinemann, S. 180-181 Look/Heinz Wohner, S. 182-183 M/Erhard Hess, S. 183 M/Erhard Hess, S. 184 G/Steiner Steiner, S. 184 Look/Brigitte Merz, S. 184 H. & D. Zielske, S. 186 Look/Hendrik Holler, S. 186 BikerBetten/TVV Touristik Verlag GmbH, S. 188-189 C/Top Photo Corporation, S. 190-191 Look/Arthur F. Selbach, S. 191 M/Alamy, S. 193 Look/Brigitte Merz, S. 193 Look/Brigitte Merz, S. 193 Look/Brigitte Merz, S. 193 M/Hans-Peter Merten, S. 194 BikerBetten/TVV Touristik Verlag GmbH, S. 196-197 M/Radius Images, S. 198 C/Franz-Marc Frei, S. 198-199 Look/Florian Werner, S. 200-201 Look/Brigitte Merz, S. 201 M/Bernd J. Fiedler, S. 202 BikerBetten/TVV Touristik Verlag GmbH, S. 204-205 M/Raimund Linke, S. 206-207 BikerBetten/TVV Touristik Verlag GmbH, S. 207 M/J.W.Alker, S. 208 M/Ernst Wrba, S. 208 M/Udo Siebig, S. 208-209 M/Radius Images, S. 210 M/Martin Siepmann, S. 210 BikerBetten/TVV Touristik Verlag GmbH, S. 212-213 M/Hans P. Szyszka, S. 214 M/Jacek Kaminski, S. 214-215 M/Martin Siepmann, S. 217 M/Harald Nachtmann, S. 217 Look/Andreas Strauß, S. 217 G/Heinz Wohner, S. 218 M/Martin Moxter, S. 220-221 M/Ralf Gerard, S. 222 M/

Martin Siepmann, S. 222-223 M/Martin Siepmann, S. 223 M/ImageBroker, S. 224 BikerBetten/TVV Touristik Verlag GmbH, S. 224 M/Günter Gräfenhain, S. 224 M/Alamy, S. 225 M/Martin Siepmann, S. 226 H. & D. Zielske, S. 226 M/Werner Otto, S. 228-229 M/Werner Otto, S. 230-231 M/Ernst Wrba, S. 231 M/Franziska Maier, S. 233 G/Heinz Wohner, S. 233 M/ImageBroker, S. 233 M/Martin Siepmann, S. 233 G/Panoramic Images, S. 235 BikerBetten/TVV Touristik Verlag GmbH, S. 236-237 Look/Heinz Wohner, S. 238-239 Look/Thomas Peter Widmann, S. 239 Huber/Reinhard Schmid, S. 240 BikerBetten/TVV Touristik Verlag GmbH, S. 240 L/Peter Hirth, S. 240 M/Siepmann, S. 240 M/Alamy, S. 242 M/Dieter Reimprecht, S. 244-245 M/Martin Siepmann, S. 246 M/Daniel Kieslinger, S. 246-247 G/Fotofeeling, S. 247 BikerBetten/TVV Touristik Verlag GmbH, S. 249 M/Alamy, S. 249 M/Alamy, S. 249 M/Otto Stadler, S. 250 M/Busse & Yankushev, S. 250 M/Alamy, S. 252-253 G/Steffen Egly, S. 254-255 M/Andreas Vitting, S. 255 M/Manfred Mehlig, S. 256 M/Markus Lange, S. 256 M/Steffen Beuthan, S. 256 G/Dobromir Varbanov, S. 258-259 M/Markus Keller, S. 260-261 Look/Daniel Schoenen, S. 261 G/Michael Milfeit, S. 262 M/Westend61, S. 262 M/Alamy, S. 262 Look/Daniel Schoenen, S. 264 M/ImageBroker, S. 264 G/Flavio Vallenari, S. 266-267 Look/Heinz Wohner, S. 268-269 M/Alamy, S. 269 M/Knöll, S. 271 BikerBetten/TVV Touristik Verlag GmbH, S. 271 M/Andreas Vitting, S. 272-273 M/Franziska Maier, S. 274-275 G/Westend61, S. 275 M/Klaus Neuner, S. 276 H. & D. Zielske, S. 277 M/Martin Siepmann, S. 277 M/Knöll, S. 277 M/Markus Lange, S. 278 M/Martin Siepmann, S. 278 M/Martin Siepmann, S. 279 BikerBetten/TVV Touristik Verlag GmbH, S. 280-281 G/Westend61, S. 282-283 Look/Arthur F. Selbach, S. 283 M/Alexander Schnurer, S. 284 G/Janek, S. 284 M/Alamy, S. 284-285 M/ImageBroker, S. 287 BikerBetten/TVV Touristik Verlag GmbH, S. 288-289 M/Alamy, S. 290 M/Udo Siebig, S. 290-291 M/Martin Siepmann, S. 292 BikerBetten/TVV Touristik Verlag GmbH, S. 292 M/Bernd Römmelt, S. 294-295 G/Jan Greune , S. 296-297 Look/Jan Greune, S. 297 Look/Florian Werner, S. 298 Look/Florian Werner, S. 298 M/Martin Siepmann, S. 298 Look/Florian Werner, S. 300 Look/Jan Greune, S. 300 G/Altrendo travel, S. 302-303 M/Ralf Gerard, S. 304 Look/Florian Werner, S. 304-305 Look/Florian Werner, S. 307 M/Stefan Schurr, S. 307 M/Hans-Peter Merten, S. 308-309 Look/Heinz Wohner, S. 310 BikerBetten/TVV Touristik Verlag GmbH, S. 310-311 G/Moritz Wolf, S. 312-313 Look/Jan Greune, S. 314 M/Stefan Schurr.

© 2021 Kunth Verlag, München -
MAIRDUMONT GmbH & Co. KG, Ostfildern
St.-Cajetan-Str. 41
81669 München
Telefon +49.89.45 80 20-0
Fax +49.89.45 80 20-21
www.kunth-verlag.de
info@kunth-verlag.de

Printed in the EU

Redaktion: Stefanie Schuhmacher
Gestaltung: Ulrike Lang
Texte: Andrea Lammert, Gerhard von Kapff, Stephan Fennel, Snežana Šimičić, Thomas Krämer, Sabine Welte, Stephanie Fischer